三晋百位历史文化名人传记丛书

追寻先贤的足迹 倾听历史的回声
守望伟大的传统 成就时代的梦想

杨西江 / 著

# 裴度传

山西出版传媒集团

北岳文艺出版社
·太原

## 图书在版编目（CIP）数据

裴度传 / 杨西江著. —太原：北岳文艺出版社，2020.11
ISBN 978-7-5378-6307-0

Ⅰ.①裴… Ⅱ.①杨… Ⅲ.①裴度—传记 Ⅳ.①K827=423

中国版本图书馆CIP数据核字（2020）第207647号

---

书　　名：裴度传
著　　者：杨西江
责任编辑：邹　伟
装帧设计：张永文
篆　　刻：刘　刚
插图设计：阎宏睿
印装监制：郭　勇

---

出版发行：山西出版传媒集团·北岳文艺出版社
地　　址：山西省太原市并州南路57号
邮　　编：030012
电　　话：0351-5628696（发行部）
　　　　　0351-5628698（编辑室）
传　　真：0351-5628680
网　　址：http://www.bywy.com
E-mail：bywycbs@163.com
经销商：新华书店
印刷装订：山西人民印刷有限责任公司

开　　本：710mm×1000mm　1/16
字　　数：392千字
印　　张：28.5
版　　次：2020年11月　第1版
印　　次：2020年11月　山西第1次印刷
书　　号：ISBN 978-7-5378-6307-0
定　　价：38.00元

本书版权为本社独家所有，未经本社同意不得转载、摘编或复制

# 《三晋百位历史文化名人传记丛书》组织机构

## 策划

杜学文　张明旺　王宇鸿　梁宝印

## 专家审读小组

**主　任**：杨占平

**副主任**：续小强

成　员：周宗奇　韩石山　降大任　赵　瑜　哲　夫
　　　　李书吉　陈为人　乔忠延　魏荣汉　范兆飞

## 编辑出版办公室

**主　任**：杨占平

**副主任**：续小强

成　员：郭　松　孙　茜　李金山　王　姝　吕轶芳

◎裴度像

裴度传
Peidu zhuan

◎裴度汉白玉雕像

◎裴氏五祖像

◎裴柏村凤翔柏

◎裴氏碑馆

裴度传

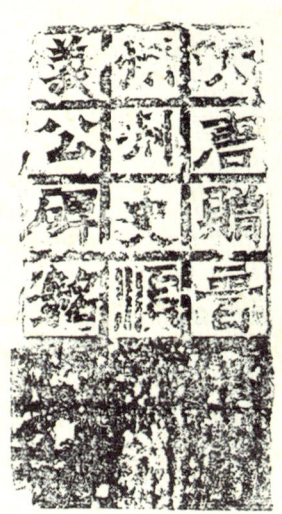

◎唐晋州刺史顺义公碑

◎裴府君碑

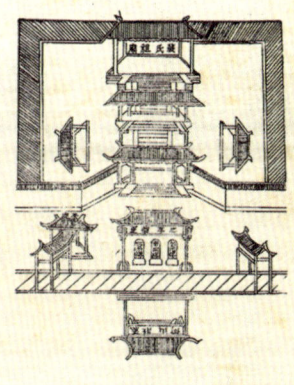

◎裴氏宗祠

◎唐晋国公裴度故里碑

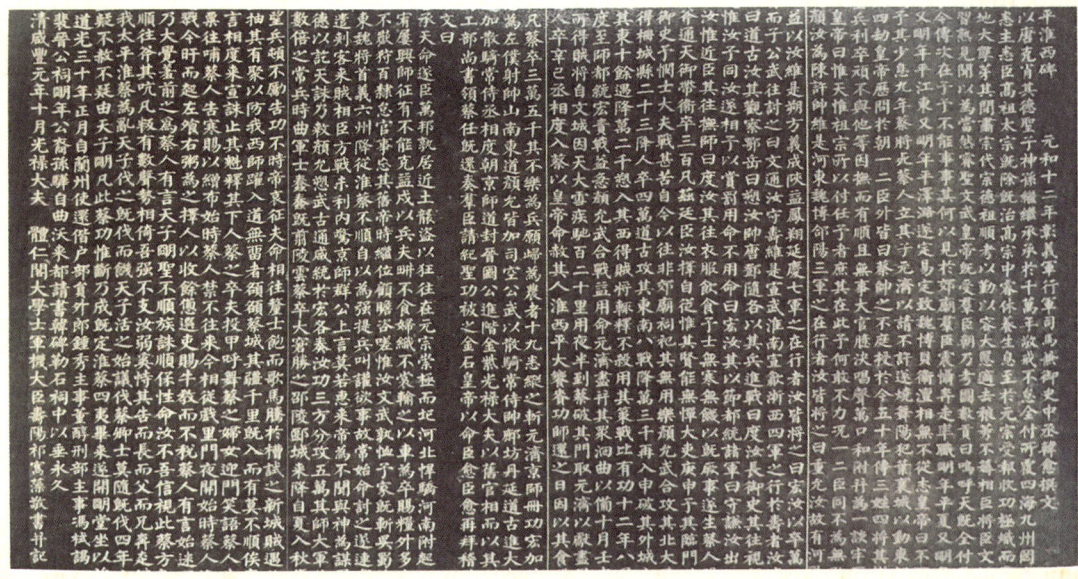

◎平淮西碑

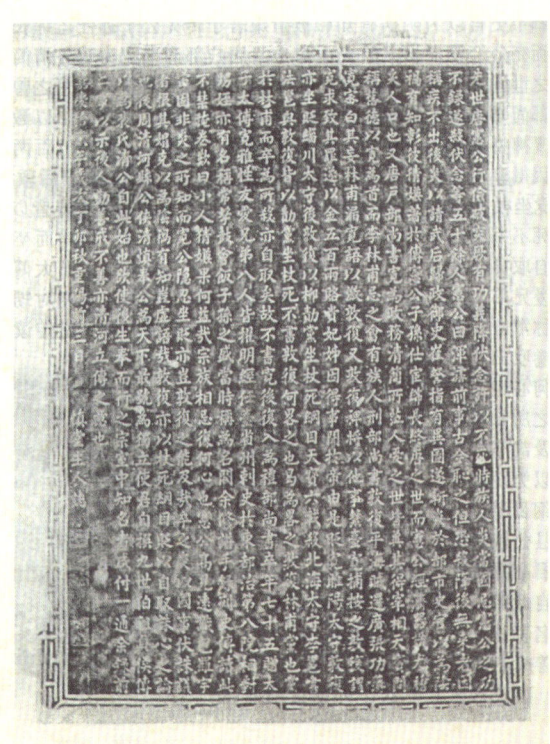

◎裴氏劝戒碑

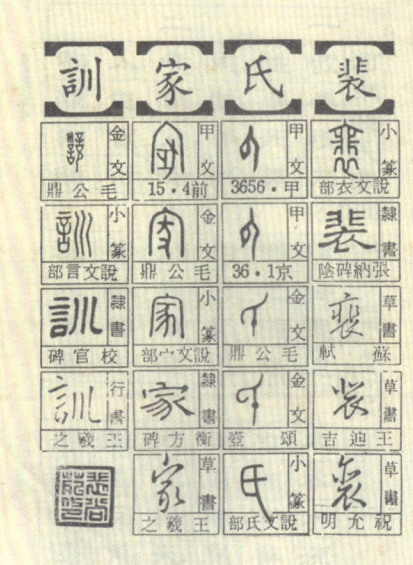

◎裴氏家训

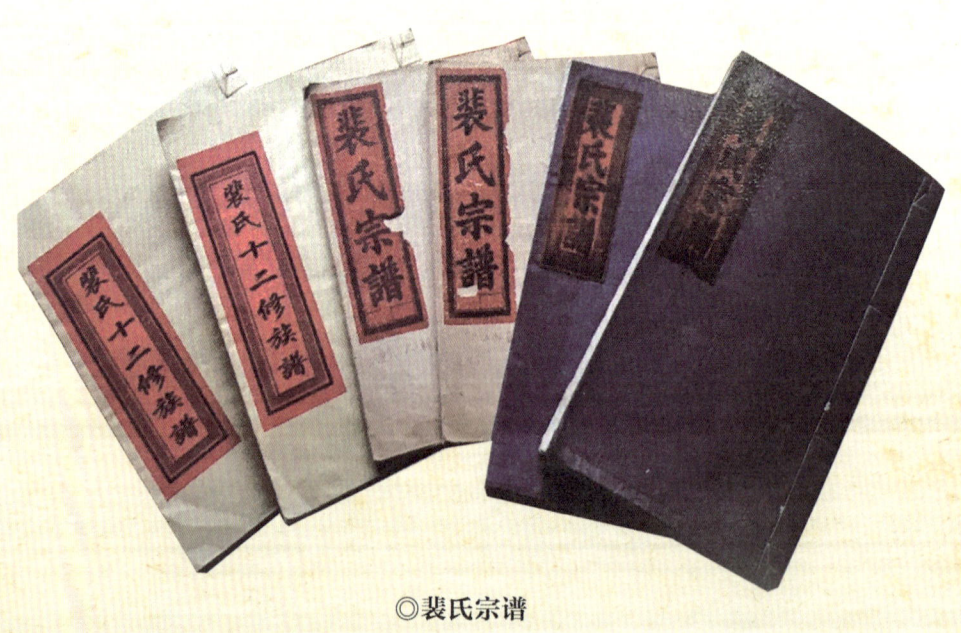

◎裴氏宗谱

# 序：现代化进程中的山西文学

杜学文

从传统社会向现代社会的转化是人类发展进程中的重大课题。每一个国家、每一个民族都将面对，难以回避。个人，作为社会的组成细胞，也同样如此。这并不以我们自己的意志来转移。综观世界各国，在这种转化的进程中，都有了不同的选择，并表现出各异的特色。但总的来说，还是目前我们称之为"发达国家"的率先实现了现代化。其成功的转化有诸多原因，但从文化的角度来看，与其自然环境的特殊性、农耕文明的不发达，以及突出的个人奋斗精神、重利思想、实用主义等有极大的关系。而目前世界上的欠发达国家或发展中国家，则在向现代化转化的历史进程中，又表现出各自不同的特色。就中国而言，在其漫长的历史进程中，农耕文明得到了充分发展，并达到了最为繁荣的境界。现在的发达国家在转型早期的生存压力等表现得并不明显，从而一种自给自足、自得其乐的生活方式逐渐固化。向现代化转型的原生性动力并不强大。从某种意义来看，中国实际上进入了一种人类最美好的发展境界，那就是，依靠劳动来创造财富，与大自然和谐共处，有剩余的时间来体验人生的乐趣等等。中国从传统社会向现代社会的转化主要靠外部的强力推动。就是说，因为先发国家对财富、权力、欲望的强烈追求，在吸纳了东方文化，其中非常重要的是中国文化之后，骤然表现出突飞猛进的发展状态。其商业首先得到了快速的发展。特别是依靠对海外市场的分割，使过去形成的传统的世界市场在大航海时代变得更加活跃。同时，工业技术得到了快速的进步。人类的新发明成几何级数增长。新技术的出现使社会生产力得到了空前的解放，物质生产表现出前所未有的丰富。而与之相应的是社会制度的进一步变革。一种能够服务新的生产力发展的社会管理系统逐渐建立，并在血与火之中不断完善。在这样的变革转型中，东方古老的中国受到了西方先发国家的强烈冲击。传统的农耕文明与新发展的工业文明之间出现了严重了错位，并引发了控制、占有与反控制、反占有的残酷斗争。中国从农耕文明的辉煌顶峰跌落，中国人开始睁开眼睛看世界，并反思自身文明存在的问题。在外力的冲击下，中国不自觉地开始了向现代化转化的历史进程。一代又一代的中国人筚路蓝缕、奉献牺牲，前赴后继、求索奋斗，就是要重新找到国家独立、发展、进步的正确道路，实现民族的复兴。在不同的历史时期，他们承担了不同的历史使命。不同的人们从自己所从事的事业中为这样一个艰难而宏伟的目标做出了自己的贡献。而中国的文学，同样没有疏离民族的历史追求，甚至在许多关键的历史时刻，承担了开启民智、传播思想、激发斗志、重塑文明的历史重任。在这样一个艰难的充满了探索的转型进程中，中国人民表现出了自己最大的智慧与韧性。一直到新中国的建立，才基本形成了主权统一、独立自主的现代国家形态，并以超人的勇气与奋斗精神、惊人的创造力与发展速度迈向现代化。在这样一个伟大的转化进程中，中国虽然经历了失败、屈辱、挫折，但终于创造了他人所没有的成就。而我们的文学，正是这一历史的亲历者、推动者、表现者。就山西文学来说，是中国文学的重要方阵，当然也是这一历史的组成部分。其努力与贡献非常突出。

首先是推动了现代汉语的大众化，为现代汉语从知识阶层走向普通民众，并使二者有机结合做出了积极的贡献。在中国追求现代化的进程中，经历了一个从"器"到"道"的转变。所谓"器"，就是中国人在最初以为是西方发达国家的技术、器物先进，因而倡导"洋务运动"，开办现代工厂，引进西方设施，等等。这些努力从历史发展的必然来看，当然是非常重要的。但是，事实很快证明，仅仅引进西方的先进技术并不能解决问题。之后发生了制度层面的改革，包括推翻清王朝，建立立宪政权，仿效欧美三权分立及选举制度等等。但是，这种形式上的制度变革没有使中国强大起来，反而使中国成了一盘散沙，四分五裂。于是，更多的人开始反思中国的文化。一方面，对中国传统文化中的落后部分进行批判；一方面引进国外的思想如无政府主义、新村主义，包括马克思主义等等。新文化运动成为当时风生水起的社会思潮。从今天来看，其对中国传统文化的批判有许多过激之言。但是如果我们回到具体的历史场景，就会感到这些批判背后所表露的急切心情及历史合理性。在新文化运动中，一个最为突出的问题，也是最为重要的成果就是把中国人使用了数千年的文言文转化为白话文。从文化发展传承的角度来说，以文言文为代表的中国书面语言具有其重要的历史价值、文化价值、文明意义。可以说，文言文的简洁、精炼、典雅，以及其表情达意的丰富性，是世界上任何语言都难以企及的。这也正是其生命力之所在。但是，从历史发展的现实来看，文言文也具有非常严重的局限性，难以适应现代社会的发展要求。首先是缺乏精确性。由于中国传统文化中思维追求整体感、人文感、艺术感，中国的语言缺少对事物的准确表述。这种特点虽然具有非常强烈的人文色彩，以及超越了具体现象的整体感，但是与现代工业技术发展中对事物精确性表达的要求有很大的距离。语言的背后体现的是思维方式。如果语言难以体现精确性要求，人们的思维同样将不能适应时代发展的要求。其次是书面语言与口头语言的分离。虽然任何语言都会表现出书面与口头的差别，也就是说，人们不可能把口头语言照搬为书面语言。但这种差别在汉语中表现得尤为突出。这就是作为书面语言的文言文与口头语言的"白话"之间的区别。这种区别使更多的普通民众与书面书写脱离，对开启民智、提升大众的文化素养产生了障碍。而现代化的实现并不仅仅是少数"文化人"的事，而是全民族的事。因此，语言的变革，使之更能够适应现代化的需要就成为一种时代的必然。20世纪的新文化运动，除了其在价值观方面的追求如"科学""民主"等之外，对语言的解放也是一种非常强烈的期待。一些有识之士率先放弃了对古代汉语的使用，积极采用白话文来构建现代汉语。这其中，出现了许多具有代表性的人物，如鲁迅、胡适等。今天我们仍然能够感受到鲁迅的语言中存留有古代汉语的元素。这是中国语文从古代汉语向现代汉语过渡的典型表现。而胡适等人则努力使自己的书面语言更加通俗化、口语化，也显示出某种过分倾向于白话的特点。另外一些具有欧美留学背景的人则企望借鉴外来语言对中国的语言进行改造，因而出现了许多非常欧化的表达方式。就中国现代汉语的成熟完善来说，这些努力都是非常珍贵的。但是，真正使新生的现代汉语从古代汉语中出走，并吸纳了民间语言的丰富、生动的特质，使之成为一种既有古代汉语的节制、典雅，又有民间口头语言的生动、活泼，从而使现代汉语能够成为一种具有完整的语法体系、鲜活的表现力，以及体现民族语言特色的"现代汉语"形态，则是以赵树理为代表的作家们做出了重要的不可忽略的贡献。

就赵树理个人的创作而言，其早期也是走欧美语法特色浓重的路线。但是当他发现这条路难以被普通民众接受后，其语言表达发生了转化，开始更加注重民族语言与现代性的融合。他的语言生根于中国古代汉语与民间语言的丰厚土壤。在保持语言典雅品格的同时，至少从这样两个方面进行了努力。一是更多地吸收了民间语言的表达方式，使普通民众能够走进这样的语言，使用这样的语言。也正因此，他的语言表现出非常鲜活、生动的状态，使语言的活力大大增强，表现力得到了拓展甚至突破。二是他的语言在规范性方面进行了重大的努力。一方面剔除了民间语言、方言中粗俗的、生僻的元素，使之更加典雅、庄重，另一方面，他保持并强化了以北方方言为主的结构形式，使之在语法形态方面更加完善严谨。所以，今天我们读赵树理的作品，其语言的流畅、生动、鲜活仍然非常突出。可以说，在中国现代汉语出现、发展、完善的进程中，赵树理做出了不可跨越的贡献。当然，这种贡献不可能是他一个人完成的，而是在特定历史条件下，由包括他在内的一大批作家共同努力，并在一代又一代作家的接力中实现的。赵树理丰富了现代汉语的表现力，并使这种获得新生的语言成为广大民众自己的语言。这后一方面的贡献更为重要。因为如果一种新生的语言难以得到民众的认可，其生命力是非常值得怀疑的。可以这样说，如果没有这些作家的努力，中国的现代汉语很可能成为一种"精英"的语言。也就是说，很可能成为一种少数有"文化"的知识分子的语言。这不仅将使语言的普及受到阻碍，也将因为得不到大众的认可而导致中国现代化的迟滞。

山西的作家受赵树理的影响甚深。除了创作理念、题材选择等方面外，在语言的运用上也同样如此。这也就是说，从赵树理以来的几代山西作家不仅坚持了赵树理的创作方向，也共同为中国现代汉语的进一步完善、发展做出了努力。尽管今天我们可以说，这些作家个人的成就不同，在语言表达方面风格各异，但是他们有一个共同的特点，即在坚持语言的民族化方面都进行了非常积极的实践。进入新时期，随着改革开放的不断深化，各种创作观念竞相显现。山西作家虽然与全国的创作相比更多地表现出固守的姿态，但是新的创作手法、元素等也在自觉不自觉地借鉴当中。其中就语言表达的追求而言，大体表现出两种特点。一种是仍然坚持语言表达的民族风格，并随着时代的发展变化使之更加丰富生动起来。他们的语言，不仅缘于题材选择的民间性、地域性，以及人物、故事的原生性，更缘于吸纳了民间语言的鲜活元素，在叙述、描写等诸多方面更多地体现了植根于本土的语言活力。另一种虽然也注重题材的地域性选择，但在语言表达中更多地呈现出一种开放的意识，比较侧重吸纳外来语言中的合理成分。如修辞的繁复，语句的长结构，象征意象的频繁使用等等。虽然这两种追求表现出各自不同的倾向，但他们随着时代的发展而推动现代汉语不断进步的努力是一致的。

　　需要我们重视的是，山西作家在自己的创作中表现了中国文化的原生态及其变化。这种原生态不是指文化最初形成的形态，而是指数千年来一直呈现出来的未经现代化浸染、改变的文化。从某种意义来看，它已经成为生活在这样的历史环境中每一个人不自觉的潜在意识，并支配着人们的思想与行为。文学的表达虽然是语言与形象的表达。但是隐藏在语言与形象背后的却是生成这种语言与形象的文化。如果一种文学性的描写没有隐晦地展示出某种文化及其价值观，我以为就是一种表面性的甚或肤浅的描写。山西作家在自己的创作中表现出一个非常突出的特点，即对自己生活的土地、家园有一种执着的关注。而就山西这一地域来说，其文化又具有某种典型性。这就是生根于黄土高原的农耕文化。在中国现代化的进程中，一个非常艰难的任务就是要改变这种文化，使之蜕变为一种新的文化：现代化。这一过程是非常艰难的，也是非常痛苦的。数千年的农耕劳作，已经形成了一种自足的完善的文明体系。但是，就在这种文明体系达到顶峰的时刻，我们突然发现她已经不能适应现代化的要求。于是，开始不自觉地改变自己。这一过程伴随着战争、灾难、屈辱、失去国土与家园等等。在经受这种外在考验的同时，还有我们内在的情感、思想、精神等诸多方面的考验。一方面，救亡与重生成为一种时代的必然使命。另一方面，精神与文化的重建、新生也面临着更大的挑战。就前者而言，山西作家的创作并不是真正的重点。而后者却是其在描写社会变革进步中隐藏的中心。山西是中国最早开始工业化、现代化建设的地区，但是我们很少能够看到山西作家所描写的这方面的作品，而曾经作为抗日战争敌后根据地中心的山西，实际上也没有太多的文学作品来表现。反倒是有许多作品在这样的社会背景下来描写当时的人们如何生活，并参与了这一影响世界文明进程的历史。可以说，这些作家们表面上看起来对社会变革更关心。但是一到拿起笔的时候，就情不自禁地流露出他们对于特定文化及其价值观的不自觉的关注。这实际上成就了他们，也局限了他们。如果就当代文学而言，最早的表达在于农民群体的觉醒。他们感受到了时代的变化，并参与、推动了这样的变化。比如小二黑，虽然具有了杀敌英雄的身份，但作家所要说的却是旧的文化观念，以及由此形成的生活方式对人性的伤害——当然是从爱情的角度切入的。作家的贡献不仅在于表现了时代变化中人性尊严的重新确立，更重要的是，作家生动地再现了这种旧的文化制约在人们劳动、生产、生活、情感，以及社会关系诸多方面的表现。也就是说，作家不是把一个关于追求自由恋爱、自主婚姻的故事作为一种孤立的现象展示出来，而是生动地表现了这种文化观念在旧的生活方式中的普遍性，以及其荒谬性。也就是表达了必须改变这种文化观念的必然要求。这当然是非常符合时代需要的，也是中国在现代化进程中必须跨越的。在山西作家的创作中，相当多地表现了劳动者——当然主要是农民，以及农民出身的、具有农耕文化背景的其他身份的人们对劳动的热爱，对土地的执着，对家庭的重视等等。从历史的层面来看，这些内容都构成了农耕文明的重要组成部分，也是这一文明能够发展、生长的原动力。但是从时代的要求来看，这种文化又成为那些最终必然要离开土地，不再是农民的人们内心世界与精神领域的时代痛苦。比如在改革开放之后，工业化的浪潮漫卷一切。在最具现代化特点的大型露天煤矿当工人的吴福却难以适应这种快节奏的标准化的生活方式。他无限怀恋地回到了自己的家乡。但是家乡已经不再是曾经的家乡，吴福也不再是过去的吴福。他身跨两界，无所归依，内心充满了痛苦。这是一种时代转换、文明更替的痛苦，是一种具有重大典型意义的内心再现。而在现代化程度日益加深的历史时期，农村也已不再是传统意义的农村。农民也不再是仅仅从事农业生产的农民。更大的市场与财富吸引了更多的农民，城市成为新的生活中心。虽然从某种意义来看，城市化可以作为现代化程度的一种标志。但是城市化也同时带来了传统文化的消失、传统生活方式的改变，以及传统人际关系的新建。老甘，这个仍然坚守在内心世界的"过去的农村"中的农民，痛苦地怀恋着昔日活色生香的农村及农村的生活。但是，过去的一切似乎已经义无反顾地过去了。他的农村已然不再。如果说这样的农村随着市场化程度的提高有新生的希望的话，也与过去的农村大不一样。老甘的痛苦同样是一种时代的痛苦，是我们在走向现代化进程中不可回避的痛苦。当然，山西的作家也描写了这种进程中人们的希望、新生，以及由此而来的快乐、自信。宋老大进城送公粮时那种发自内心的自豪感、主人感，那种终于直起了腰板的幸福感将永远感动我们。而在首都打工并学会说普通话的小雪也动人地透露出新一代农民美好的未来。

　　山西的作家们也企图从比较宏大的层面来揭示中国文化的品格，以及由此而反映出来的中国精神。这些描写不在意于对现实生活具体人事的再现，而是企图通过某种具象化的人事具有隐喻意味地表达作家对民族性的理解。他们营造的人物生活环境不太具体，而是具有某种概括性，超越了具体的、实指的时间、空间。其中人物的行为，以及由这种行为所表现出来的文化内涵、价值选择体现出一种超越了具象的恒久性。由此可以使我们领略一种民族的生存状态与价值操守。其中的一部分作品甚至具有进行人生意义、价值意义探求的哲学性努力。这时，作家关注的不再是现实生活中具体的人事，以及其中透露出的社会文化内涵，而是超越其上的价值追寻。在临危受命的戴夫人身上，作者赋予她民族人格最为优秀的内涵。她不仅具有一般人所可能具有的大局观，以及人性的智慧，而且作为生命个体，她具有了一种古人所言的"浩然之气"。她在漫长艰难的商旅途中，没有感受到生命的渺小，而是站在太行山顶吟诵前人的诗篇。她感受到的是生命的博大、伟岸，以及大自然的神奇、浩渺，是一种天人合一、物我两忘的至高境界。这不仅是她个体生命的壮美华章，也是民族文化中价值体系的完美内化。张马丁的遭遇则从另一种角度表现了不同文化短兵相接所引发的一系列事件，以一种宏阔的视野描写了文化境遇背后各异的价值体系之间的交锋、错位、融合。还有许多作品通过对具体人物生命境遇的描写，表现了具有历史意味的在潜意识中特定价值观支配下的民族精神世界。

　　读山西作家的作品，事实上也可以看到中国从农耕文明的顶峰跌落到重新崛起，实现现代化的历史进程。在当代文学中为数不多的抗日战争题材的作品中，我们可以看到以中国北方农民为主的人们如何从屈辱中觉醒、抗争，并取得了历史性意义的胜利。抗日战争的胜利，不仅仅是军事的胜利，而且是中华民族在经历了无数的失败、屈辱之后终于走向独立、自主，重新以一个文明民族的形象自立于世界民族之林的标志；也是中国在经历了种种探索，尝试了不同发展道路之后，终于表现出走向正确发展道路，迈出实质性转型步伐的标志。

尽管一直以来我们都有这方面的创作，但是具有宏观性、历史深刻性的作品还不多。新中国的建立是中华民族终于在百余年的努力之后有了自己独立政权的大事，也是中国开始以超人预料的成就向现代化迈进的起点。山西的作家以自己敏锐的笔触描写了这一关键时刻中国普通人内心世界的喜悦、自豪，以及对未来的憧憬。还是在1949年10月1日，诗人高沐鸿就创作了诗歌《这是我们人民自己的胎生》，为新中国的建立而欢歌。之后的一系列文学作品生动地表现了站起来的普通民众内心世界的巨大变化，特别是其人格世界的变化。他们实实在在地感受到了新社会的进步，以及当家做主的自豪。他们不仅在经济上得到了解放，在政治上得到了翻身，而且在精神世界上发生了积极的蜕变。一个新的时代带来了新的发展与进步。也正是这些作品成就了这个新文学史上一个最具典型意义、产生重大影响的文学流派——"山药蛋派"。他们有共同的创作追求，有共同的题材选择，有以赵树理为代表的领军人物。这个流派出现的意义，不仅仅是属于文学的，更是属于中国文化的。他们在尊重并表现中国优秀传统文化价值观的前提下，呈现在这种价值体系影响下中国民众，主要是农民如何生活、生产、思考、发展。读这些作家的作品，不仅使我们能够了解到特定历史时期中国发生的事情，而且将使我们了解中国人是怎样的一种生活方式，中国人在新的历史时期发生了怎样的变化。在20世纪70年代末、80年代初，山西的作家们非常敏锐地感受到时代将要发生的巨变。这种感受不是源于理性的分析研究，而是源于他们对现实生活的关注与热爱，是他们从具体的生活中感受、发现了时代变革的动力。其中有他们对极"左"路线的批判，以及对中国变革发自内心世界的呼唤。这首先是已经成名的一批被称为"老作家"的人们走上了历史的舞台。而另一批将在中国文学园地表现出勃勃生机的作家以自己的敏锐发现了生活的变化。至20世纪80年代中期，以《当代》发

表一组山西作家的作品为标志，文学"晋军崛起"成为中国文坛的一个重要事件，引起了广泛关注。这批作家一进入文坛即表现出不俗的活力，显得生龙活虎，风生水起。他们首先成为对极"左"路线的批判者。通过一系列生动的、充满生活意蕴的人物形象来揭示中国曾经走过的弯路，以及即将出现的变革。而后，出现了一系列呼唤改革的优秀作品。一些小说被改编为影视作品，在当时传媒欠发达的条件下产生了极大的轰动效应，甚至有万人空巷之叹。其中的朱克实、李向南、李高成等成为新的历史条件下拨乱反正、推进改革的典型人物。这些作品既是文学的，更是时代的、历史的。它们表达了中国人内心深处希望变革的期待，也呼唤着一个新的历史时期的到来！

中国的改革是中国从传统的农耕文明出走，迈向现代化的重大事件。随着改革开放的不断深化，中国表现出强劲的发展态势。同时，也遇到了许多需要解决的问题。一方面是现代化程度的不断提高，另一方面是这一进程的艰难演进。一个时期，那种充满浪漫主义色彩的乐观情调被现实生活中的艰难前行所生发的复杂性代替。改革并非一帆风顺，充满了困惑、曲折，有许多困难需要智慧与勇气来克服。这一时期，山西的文学创作沿两条主线展开。一方面是直面现实，表现新的发展时期人民的智慧力量，及时代的进步，如农村改革，国企改革，全球化背景下的商业博弈，以及反腐倡廉、环境保护、民主选举、基层生活、重大事件等等。总的来说，山西文学表现出社会的艰难进步，这种进步首先是积极的、正义的、人民的力量战胜了消极的、不义的、损害人民利益的力量。同时也表现出了中国传统社会在时代的发展进步历程中逐渐变化：如传统农村的式微与新盛；农村人口向城镇的转移；土地的工业化、商业化等等；商品经济的蔓延，城镇化的发展；以及身处其间人们内心世界的彷徨、痛苦、选择；人对土地以及建立其上的生产生活方式的依恋；对改革进程中传统国有企业的情感等等。从这些作品中，我们可以观察、感受到中国正在发生的翻天覆地的变化。另一方面，许多作家企图从超越现实的具有形而上意味的层面来探求中国的民族精神。一些作品甚至具有了某种哲学性品味。他们可能借助于某一历史事件，或者设计一个与现实生活隔离的故事来表现自己理解的民族精神。这一类作品可能表面上与现实生活没有直接的关联，但是对我们认识民族文化、民族品格具有积极的意义。事实上这些作品为我们提供了一种思想文化资源，是对现实生活中剧烈变革引发人的价值观的迷茫进行的某种文化性指引。它不涉及现实问题，不为我们思考感受现实生活提供具体的形象。但是，为我们提供观照现实、解决现实问题的精神力量、价值选择和思想资源。这其中也有一个如何认识人生、如何认识民族、如何面对个人价值的问题。

总之，不论是对现实生活的直接表现，还是以隐晦的笔法对现实生活提供精神资源，都可以看到山西作家对社会生活、人生价值的一种积极的态度。他们试图以自己的描写来表达某种具有积极意义的思想内涵，为今天的人们提供精神力量，以推动中国社会的发展、进步，以及在历史蜕变中人的完善。这些努力也可以视为是在现代化进程中对民族精神的一种回顾与追寻。读山西作家的作品，可以使我们从一个侧面感受到中国走向现代化的历史进程。

山西作家在艺术创造上也进行了积极的努力。就山西文学的当代面貌来看，表现出一种从一元向多样的发展态势。当代山西文学受以赵树理为代表的"山药蛋派"影响甚重。一代一代的作家不仅受到这一流派作家关注现实生活、关注社会民生的创作理念的影响，而且在表现手法上也多承续这一流派。因此，直至改革开放前，山西文学基本呈现出一种"山药蛋派"式的一元状态。但是，进入改革开放的新时期后，这种局面开始发生变化。一些人更注重语言描写、心理表达等等。不同于"山药蛋派"风格的作品开始大量出现。首先是题材选择表现得更加多样，其次是表现手法更加多样，再次是创作观念也呈现出多样化的格局。山西文学终于形成了从一元走向多样的创作态势。那些坚持以农村为主要创作题材的作家们也积极地吸纳了其他的表现手法，使农村生活的表现领域大大拓展。另一方面，山西也出现了典型的所谓"现代派"小说。心理结构、借鉴侦探小说手法的"悬念"结构、无情节结构、意象结构、寓言式结构等等次第登场，宏大叙事与个人化叙事并存一体。这些作品有的已经产生了比较大的影响。无论如何，他们都是山西作家对文学自身进步的积极探索。

从某种角度来看，山西文学似乎为我们呈现出了中国走向现代化的百年变迁史。这不仅表现在人们广为关注的小说创作之中，同时也更加丰富地表现在文学的其他领域，如诗歌、散文、戏剧，以及逐渐从散文文体中独立出来的报告文学及传记文学之中。当我们追寻这种变迁的历史时，不能割断由山西而表现出来的中国五千年文明史。山西是华夏文明的主要发祥地，从远古以来，这一文明代代相传，承续不绝，其中涌现出众多的仁人贤士。作为个人，他们有自己所处的具体的历史环境、成长条件，对人类文明的进步做出了自己的贡献。但是，作为一种文化现象，他们似乎勾勒出中国文明发展进程的历史脉络。在他们身上体现了中华文明的历史贡献、价值选择，以及思维模式。对他们进行研究，并用传记的方式表现出来，使今天的人们了解并感受他们所具有的闪光的人文价值，不仅对今天的改革发展具有积极的意义，对我们现代化进程中的文明重建同样具有非常重要的意义。这将首先使我们看到历史发展进程中文化的影响力，进而使我们能够进一步确立文化的自信心与自觉性。在这些如星光一般闪烁的先人身上，我们将体会到中华文化的魅力、价值和绵延不绝的生命力。承续山西文学的精神品格，创作出新的能够表现时代精神的优秀作品，是我们这一代人的使命。而对五千年文明发展进程中那些曾经做出突出贡献的英杰才俊进行文学式的描述，也将是我们传承民族精神的一种努力。因此，组织编辑出版山西文学"双百工程"，有着非常积极的现实意义。

这一"工程"包含两个序列三个方面的内容。一是"百部长篇小说"，其中一部分是已经发表出版并产生了较大影响的现当代小说。通过集中编辑出版，可以使我们比较全面地回顾审视山西文学某一方面的成就与贡献。另一部分是新创作的长篇小说。其目的是推动山西长篇小说的不断繁荣。把它们列入这一工程，即是对文学发展的新推动，也可以延续已有的成果，使人们看到山西文学创作的最新成就及更加生动的面貌。二是"百部山西历史文化名人传记"。山西的报告文学近些年来表现出非常活跃的态势。不仅参与创作的作家比较多，出现的作品比较多，而且产生的影响也比较大。其中一些作家应该说是中国报告文学领域的领军人物。同时山西也是华夏文明的重要发祥地，在五千年的文明发展历程中涌现出许许多多的对中华文化发展进步做出重大贡献的英杰先贤。以传记的方式把这些先人在中华文化发展进程中的贡献表现出来，有助于我们重新认识中华文明对人类的重大贡献，有助于我们进一步追寻中华文化的精神、操守、品格，并使我们从先人的风采中找到自己前行的楷模和动力，激励我们推动中国的改革发展进步。所以，这也就成为我们的一种责任。相信通过这一努力，既将促进山西文学的进一步繁荣，也将进一步增强我们的文化责任，重塑我们的文化形象，展示中华民族在漫长发展历程中表现出来的精神力量与智慧，为实现民族复兴的中国梦做出积极的贡献。

# 目 录

第 一 章　生于忧患 …………………………… 001
第 二 章　刻骨铭心 …………………………… 012
第 三 章　香山还带 …………………………… 019
第 四 章　及第成婚 …………………………… 025
第 五 章　永贞革新 …………………………… 031
第 六 章　入幕蜀中 …………………………… 038
第 七 章　玉洁不玷 …………………………… 045
第 八 章　宣慰魏博 …………………………… 059
第 九 章　奉诏入朝 …………………………… 069
第 十 章　裴度遇刺 …………………………… 075
第十一章　中流砥柱 …………………………… 091
第十二章　督师蔡州 …………………………… 104
第十三章　统兵平蔡 …………………………… 117
第十四章　凯旋班师 …………………………… 130
第十五章　弹奸震虎 …………………………… 140
第十六章　义还原配 …………………………… 155

第十七章　运筹帷幄 …………………………………… 162

第十八章　平叛山东 …………………………………… 169

第十九章　佛骨之争 …………………………………… 177

第二十章　韩碑之讼 …………………………………… 184

第二十一章　留守北都 ………………………………… 193

第二十二章　三镇再叛 ………………………………… 202

第二十三章　勉为其难 ………………………………… 215

第二十四章　征讨河朔 ………………………………… 227

第二十五章　以文制武 ………………………………… 240

第二十六章　请立太子 ………………………………… 250

第二十七章　拥立敬宗 ………………………………… 256

第二十八章　谣言中伤 ………………………………… 271

第二十九章　平定沧景 ………………………………… 279

第 三 十 章　宦海浮沉 ………………………………… 294

第三十一章　绿野赋闲 ………………………………… 308

第三十二章　诗酒怡情 ………………………………… 325

第三十三章　甘露宫变 ………………………………… 343

第三十四章　平叛易定 ………………………………… 366

第三十五章　临终还带 ………………………………… 378

第三十六章　千年回响 ………………………………… 397

附录一　裴氏主要人物关系 …………………………… 420

附录二　裴度年谱与中唐大事记 ……………………… 423

后　记 …………………………………………………… 441

# 第一章　生于忧患

唐朝永泰元年（765）岁次乙巳。为了更新气象，国泰民安，唐代宗于正月癸卯日，改元为永泰。古代改元有多种原因，或为改朝换代，或为天降祥瑞，或国有喜庆，或有危难灾异，或因发生事变等。而这次改元，纯粹就是想改个年号，祈求苍天垂怜，减灾赐福。为了应付大灾，改善财政，朝廷任命王翊为诸道钱税使。

三月壬辰朔，命左仆射裴冕、太子少傅裴遵庆、右仆射郭英乂等十三位于集贤殿待制。三月己酉日以太子宾客刘晏为河南、江淮以来转运使，议开汴水，沟通运河。继续采用裴耀卿分段运输之法，充实了关辅储粮。

虽说，皇帝是金口玉言，但仅改了个年号"永泰"，并未能使国家真正永久太平。

当时，长达七年的安史之乱，刚于广德元年（763）才初步平定。战乱，使社会经济遭到极大破坏，日本与大唐中断了邦交，已取代高丽的新罗也不朝贡了，丝绸之路中断，吐蕃、回鹘交逼，藩镇割据，内乱频仍，百姓涂炭，使大唐空留一幅骨架，国势由极盛转为衰落。尤其严重的是，安史之乱使老百姓丧失了对朝廷的信心，削弱了百官对朝廷的畏惧和忠诚。

当时，连年战乱，国力不支，人心思安，朝廷只得屈尊隐忍，以迁就宽容，收容安抚为主。朝廷又担心归降将领们嫌待遇不高而再度作乱，只好招降纳叛，高封厚赏。藩镇父死子继，兄终弟及，擅立继位，朝廷也只能默许承认。唐王朝成批地接收安史降将，并就地任命为节度使：李怀仙得以为幽州卢龙节度使；安禄山义子李宝臣为成德节度使；田承嗣为魏博节度使，以魏州为大都督府，其军号称"天雄军"，且赐其子田华尚永乐公主。此三者发展为后来的"河北三镇"——最强大的割据势力。"河北三镇"和剑南、岭南、山南、河南、淮南等军阀，拥兵自重，抗拒朝廷，官吏自任，不纳赋税，不时叛乱，又形成了藩镇割据的新局面。

肃宗虽说保住了大唐江山，恢复了李氏统治，但却也为大唐的衰亡埋下了深深的祸根。

首先，他对骄兵悍将的跋扈行为，一味委曲求全，放任纵容。如平卢节度使王玄志死后，其部将李怀玉推荐侯希逸代任节度使。肃宗因鞭长莫及，只好承认既成事实。此举导致悍将驱逐杀害节度使，甚至无视朝廷的存在，擅行废立，逐渐养虎成患。朝廷命令如秋风过耳，无人奉行，致使朝廷权威尽失。

其次，肃宗一朝，还开启了宦官专权的先例。这是肃宗朝的两大政治遗产。当安史乱起，肃宗留守北方，宦官李辅国得以参与政事。不久，他又升为太子詹事，判元帅行军司马事，还掌握了禁军，逐渐专权。一时之间，政出李辅国的专断，朝臣均畏之如虎，没人敢直呼其名，而呼为"五郎"。

肃宗一朝，本来可以平定安史之乱，但由于他屡屡失策，遂使其本来可能的"易世"之功，颓变成了"救时"之举。若要说"救时"之功的话，充其量只是收复了东、西两京，撑起了几乎危亡的大唐王朝的半边天，使李唐大旗没有扑地倒下罢了。

截至永泰元年秋天，作为安史之乱尾声的仆固怀恩之乱还在持续。随后，又爆发了吐蕃内侵、汾州兵乱、河东灾荒、山南起义、五镇联兵对抗朝廷、永贞政变、幽州兵变，以及魏博、淄青、成德三镇叛唐、宫廷政变等变乱。迎接本书传主——裴度的，就是这样一个一乱接着一乱，需要奇才巨擘来重整山河的非常乱世。

时任渑池县丞的裴溆，骑着一匹雪花白马，带着两个役夫，一个童仆，利用朝廷为各级官员所放的节庆假，沿着豫陕古道，一路往西，从茅津渡口，摆渡过无风三尺浪的滔滔黄河，翻过中条山，穿越舜王坪，赶回故乡——河东闻喜县北五十里的裴柏村，为列祖列宗清明节扫墓。另外，他这次返乡，还有一件大事，将迎接夫人临盆为自己奉献的第一个孩子。虽然，战后路途仍然不太安宁，好在还没有路遇兵匪强盗。且一出冷口，又遇簌簌小雨，即使打着油布雨伞，还是被斜风细雨打湿了袍服衣衫。但远远望见董泽湖那万顷碧波，家乡就在眼前，想象亲人团聚的欢乐，裴溆心中还是温暖欣喜的。

久别重逢的喜悦，上坟扫墓的虔敬，自不必细说。全家其乐融融、其父裴有邻虽已由濮阳县令职位上休致，但年逾七旬，仍然康健，让作为儿子的他十分庆幸。

永泰元年（765）岁次乙巳三月三日，当一轮旭日喷薄欲出时，裴府一个男婴呱呱坠地。前一天晚上，夫人裴刘氏做了一个吉梦，梦见一只麒麟进入裴府大门。次日清晨，果得一子，自然是喜不自胜。当屋内传来了婴儿的第一声啼哭，初为人父的裴溆，悬着的一颗心才放了下来。他正在想夫人生的，是儿，是女？突然，隐约听到院子中央的鱼池中咕嘟咕嘟的。他走近一看，一池浊水随着气泡不断冒出，居然变清了，且清得澄澈见底，水下的鱼儿历历可见。虽为三春，桃杏花期已过，却又闻到满院一股异香。不一会儿，稳婆出来向他道喜："恭喜大人！生了一位公子。"裴溆万分高兴。

官身不由己，他为儿子"洗三"之后，便匆匆赶回任所去了。

满月时，裴谞一家前来道贺，裴刘氏夫人却为生于乱世的儿子担心。生于乱世，是灾难，还是幸运？是命运的捉弄，还是上苍的眷顾，先贤有言"祸兮福所倚，福兮祸所伏"，全在人的把握。世事纷纭难遂心，人生舞台由人演，全看个人如何作为。祖父眼见安史之乱的灾难已经安然度过，便为长孙赐单名为"度"，希望他能安度平生，光宗耀祖。裴度一降生，就走进了历史。他即将创造的历史新篇章，正向他扑面而来。且看裴度极不平凡的命运，叱咤风云的一生，也许会对每个人都有若干启示。

永泰二年岁次丙午。春风又是一年三月三，小裴度已经满一周岁了，全家本来想遍请亲友，大摆宴席，同喜谢神，但兵荒马乱，只好从简。裴溆与夫人试儿，让已经牙牙学语的小裴度抓周，不料他竟然抓了笔、剑和印，以及寿桃和象征多子的闻喜石榴花馍。俗语云，从小观大。小裴度所抓异于其他孩子，据说这预示他不同凡俗的命运。裴溆与夫人自然喜出望外。裴度之父裴溆绕道长安，向亲族报喜。他对族人裴遵庆、裴冕讲述了得子之异。裴冕听说此事，高兴地说："可喜可贺呀！有幸三十年后，我裴氏一门，又要出一位名将贤相了。"

他何出此言？绝非空穴来风。首先是基于安史之乱后，朝廷特别倚重士族的政治考量。譬如，安史之乱前拜相的，河北清河崔氏四人，范阳卢氏有二人，赵郡李氏八人，太原王氏有两人，而河东裴氏在迄今的唐代任宰相的竟然达三十多人，仅安史之乱前就有十五人。一荣俱荣的现象，经常上演。一时间，上品无寒门。第二个原因在于，河东丰厚的文化底蕴与裴氏家族的优良传统和政声。

　　裴氏这个三晋望族，上自周秦，下迄于今，绵延两千七百多年。特别是，自魏晋至隋唐的六个多世纪里，更是代有才人，各领风骚。裴氏一门历代出过宰相五十九人。其实，还不止此数，裴坚任吴越钱氏中书令与丞相，尚未计算在内。历代裴氏共出过中书侍郎十四人，尚书五十五人，侍郎四十四人，常侍十一人，御史十二人，使节二十七人，刺史二百一十一人，大将军五十九人，太守七十七人，皇后三人，太子妃四人，王妃二人，驸马二十一人，郡守以下官员不计其数，可谓蔚为大观。尽管官位并不等于贡献，但至少也说明了裴氏人才济济，英杰辈出，在中华民族不下三千姓氏中，无任何家族可以与之比肩并论。

　　裴氏家族源远流长，源出于有熊氏，风姓，为中华民族人文初祖黄帝的后裔。直到伯益时，才由大舜赐姓为嬴，与秦王室为同一祖先。此后，历经二十世，才传到非子。周孝王（前891—前886在位）让非子到汧渭两水一带去为秦王室养马。由于他精心饲养，繁衍了许多良马，立了大功，被赐封为侯爵，因封邑乡侯。非子后人便以邑乡之地名为氏。至邑乡侯的六世孙陵任解邑君，才将"邑"字去"邑"从"衣"，以"裴"为氏。"裴"字的字义为"衣长之貌"。裴陵在周僖王（又写作釐王）（姬）胡齐（前681—前677）时，封为解邑君。《唐书·宰相世系表》与《裴氏世谱》却又记道，晋平公（前557—前532）封颛顼之孙裴鍼于周川之裴中，号裴君。随着战国以来姓氏混一，"裴"这个氏才演变为姓。史书与《裴氏世谱》所记，虽各有所据，互有参差，但裴氏确实是历史上得姓最早的"姓氏"之一，这是毫无疑问的。因为"裴氏"至少比孔子（前551—前479年）的"孔"还早130年。依此推算，裴姓产生距今约有二千七百年的历史了，堪称源远流长。后人研究裴氏，也当以裴陵为得姓祖。由于裴姓是由氏演变而来，若上推二十七世至非子，裴氏远代始祖就是二千九百年前（注：2020+891）的非子。

裴遵的曾孙裴晔，东汉末年任并州刺史、度辽将军。从"度辽"这个名号可知，他也许参加过征讨辽东的战役，为汉朝开发东北做出过卓越的贡献。裴晔有两个儿子：一个叫羲，在东汉桓帝时（147—167）任尚书令、侍中，封开国公；一个叫茂，字巨光，汉灵帝时（168—189）任侍中、尚书令，封阳吉平侯。裴茂生有四个儿子：辑、潜、绾、徽（一说三子、无绾），裴潜、裴绾世居闻喜的祖庄裴柏村，号为"中眷裴"。裴辑移居幽燕，号为"东眷裴"；裴徽移居长安与西凉，号为"西眷裴"。这就是《世谱》所说的"始自一宗，次分三眷"。裴茂的七世孙裴邕南渡黄河，移居湖北襄阳一带。裴茂的五世孙裴冼及其侄裴瑾，自河西返回解县洗马川定居，遂称"洗马裴"。裴茂的八世支孙裴寿孙迁居到了安徽寿春一带，其后人在荆、皖、吴郡一带繁衍，号为"南来吴裴"。这两个支族与以上三眷合称"三眷五房"。

裴度这一支属于东眷裴氏，他属第十八世。这一支也是人才济济，绝不亚于其他各支。其祖父裴有邻曾任濮阳令，其父亲裴溆任渑池县丞，显然已家道中落，且官爵与其列祖列宗的高位相比简直就是芝麻绿豆了。

历史上赫赫有名的裴氏家族，名人迭出，灿如繁星，"将相接武，公侯一门"，文治武功，令史学家赞叹；德业文章，使后人景仰。裴氏历史人文现象诞生于中华文明摇篮核心地带——闻喜县。闻喜，物华天宝，人杰地灵。正是这片底蕴丰厚的文化沃土，孕育了三晋第一文化世家——河东裴氏家族，涌现了众多风流人物，演绎了一幕幕壮阔的历史传奇：缔造政权、开拓疆土、抵御外侮、制约藩镇、平息叛乱、治国安邦、立法执法、惩奸肃贪、平反冤狱、抢险救灾、扶危济困、著书立说、修身树德等等。裴氏人物凭借其天下情怀与历史使命感，积极参与了许多历史大事，从而流芳百世。在长达二千七百多年间，裴氏一门形成了一条人才链，多个人才团。本人据不完全史料的统计，裴氏一门历代考中进士者计一百六十八人（裴氏宗祠楹联就有"二百进士三鼎甲"之语），高中状元的六人

（其中武状元一人），考进前三名的还有裴遵庆、裴守真、裴瑾、裴涛、裴坦、裴赞、裴丽泽、裴丽正、裴纶等九人。考中贤良与将帅科的有七人，中了辟举与宏辞科、秀才、明经、孝廉、神童、文学、拔萃、举人的有六十五人，在北国名门世族中可谓首屈一指。有唐一代，仅裴氏出任宰相者就多达十七人，海内无任何家族可以望其项背，在全世界也是绝无仅有。

二十五史为诸裴立传的达六百余人，附记载录者也达数百人。裴氏在几乎社会生活的所有领域，均卓有建树，历史贡献冠吾中华，真可谓令史册增色，使汗青生辉。诸裴在政治方面，有裴潜、裴楷、裴嶷、裴延儁、裴度、裴寂、裴炎、裴政、裴佗、裴枢、裴肃、裴冕、裴维安等；在经济方面，有裴蕴、裴耀卿、裴光庭、裴庄、裴宗锡等；在军事与军事科学方面，有裴度、裴行俭、裴茂、裴叔业、裴宽、裴骏、裴果、裴仁基、裴绪、裴守一等；在外交方面，有裴矩、裴世清、裴嶷、裴璆、裴怀古、裴羽等；在立法方面，有裴政、裴休、裴宏猷等；在执法惩贪、平反冤狱方面，有裴文举、裴政、裴坦、裴漼、裴琰等；在廉政方面，有裴宪、裴侠、裴休、裴度等；在治家方面，有裴元晦、裴让之、裴邃、裴遵庆、裴谦、裴再兴、裴元长、裴安祖、裴志灏等；在海防工业方面，有裴荫森；在经学研究面，有裴秀、裴安时、裴侨卿、裴道子、裴士淹；在史学方面，有裴松之、裴子野、裴骃、裴庭裕等；在史学与家训谱牒学方面，有裴良、裴松之、裴子野、裴怀贵、裴若弼、裴嘉祥、裴杨休、裴再兴、裴度、裴宗锡、裴正文、裴嘉滨、裴叔祯、裴国治、裴中銮、裴吉煜、裴汝曾、裴汝灿；在哲学方面，有裴頠；在天文学与历法方面，有裴伯寿；在地图学方面，有裴秀；在地理学方面，有裴矩、裴渊等；在医药学方面，有裴宗元、裴王庭、裴一中、裴仲卿、裴玼；在考古学方面，有裴文中；在音韵学方面，裴务齐、裴瑜、裴良甫等；在文论方面，有裴子野、裴度等；在诗词方面，有裴让之、裴迪、裴度、裴说、裴敬宪、裴伯茂、裴谦、裴维安等；在小说方面，有裴玄、裴启、裴约、裴铏等；在文字音韵学方面，有裴瑜、裴务齐；在书法方面，有裴行俭、裴休、裴度、裴潅、裴潾等；在绘画方面，有裴宽、裴谞、裴文睆等；在国画鉴赏方面，有裴孝源；在音乐舞蹈方面，有裴神符、裴大娘、裴兴奴、裴奉俭等。截止民国时期，裴氏人物著述尚存著作三百一十二部，计二千三百六十卷，零星散篇文章三百三十篇，其中半数为奏章；赋作二十六篇；诗歌六百八十二首；词一百五十三首。

裴氏一门多有享誉当世者，如晋代裴秀时称"儒林文人"。裴楷世称"玉人"。裴頠因著有《崇有论》而被誉为"言谈之林薮"。裴邈被誉为"清才"。北周的裴汉有誉"日下灿烂有裴汉"。北魏裴延隽被誉为"三河领袖"。裴骏有誉"神驹"。裴侠因清廉为官，被誉为"独立使君"。裴宽被北魏皇帝拓拔珪称为"疾风劲草"。北魏的裴良有八个儿子，皆为名将高官，号称"裴门八虎"。北周裴果被誉为"勇冠三军，才治五州"。南朝宋裴松之被誉为"廊庙之才"；而裴松之、裴子野、裴駰四代人被称"史学三裴"。南朝梁代的裴邃为一代名将，曾数次击退北魏的南侵，并一直进击到汝水、颍水一代；他的子侄之礼、之横、之高、之平、之悌，在他的言传身教下，个个文韬武略，名冠当时，时称"裴门五虎"。北齐裴让之兄弟六人均以才学品德为时人称颂，号称"六杰"。唐代的裴行俭被誉为"文武全才""儒将之雄"，位列古今六十四名将之一。裴光庭被誉为"开元名相"。裴守真被誉为一代"礼乐宗师"。裴怀古被誉为"国之名将"。裴遵庆被誉为一代"文伯"，在满朝文武中被评为"吏事第一"。裴惇被朝廷群臣称为"老博士"。唐代裴宽、裴谞一家因为官清廉，政绩卓著，而五代人相继出任河南尹，世人称羡，唐玄宗还称赞他"德比代云布，心如晋水清"。裴敬彝聪明绝顶，有誉"甘露顶"。裴休被唐宣宗称为"真儒者""升平宰相"。裴度被誉为唐代"中兴宰相"。裴坦被誉为"太平宰相"。裴庭裕文思敏捷，被称"下水船"。裴约被称为五代罕有的"一代忠烈"。宋代裴庄被誉为"能臣"；明代裴琎被誉为"荆南五君子"之一。

裴宗智号称"篆书大家"。清代裴之仙善讲濂洛关闽之学,被誉为"一代文宗"。裴裹则号称"一代真儒"。

  诸裴被历代王朝封赐爵位、谥号的多达二百多人,得以陪葬皇陵的达十余人,多人像悬凌烟阁,被各地乡贤祀供奉的达30余人。裴氏的纪功碑,建的祠庙、立的碑等,现存的仍有四五百处。石碑、庙宇、牌坊,只能立在地表,难免坍塌、湮没,英名只有留在人们的心中,才能永不磨灭,而那些实实在在为民办事的人,才能升格为神。一部裴氏发展史,堪称中华几千年文明史的缩影,裴氏英豪不愧中华儿女的杰出代表。宋代大史学家欧阳修赞叹道:"宰相世系……岂不盛哉!"《闻喜县志》则称其"魏晋迄唐,史册林列,族望为天下第一家"。

## 第二章 刻骨铭心

　　大历六年（771）岁次辛亥，小裴度已六岁了。春正月二十三日，裴度入学。他坐在父亲的肩头，前往学堂董泽书院。其实，这座书院就是裴氏家族合族兴办的私塾，但也收他姓与邻村的子弟。裴溆牵着孩子，见了先生，裴度要向先生行礼，先生看他太小，摇头说："乳臭未干，岂能读书，莫如及早回府，明春再来。"父亲见先生不接受，很是为难，就只好央求道："犬子虽小，却记忆过人，可过目不忘。五岁诵六甲，六岁认得上千字，可读百家诗，现已能对得了对子。请先生还是收下他吧！"

　　先生说："呵！"裴度答："有劳先生启蒙。"先生高兴地拍拍他的头，说："此子堪成大器"。裴度答："童子不负厚望，还须恩师栽培。"先生满意地摸摸裴度的头，笑容满面地说："孺子可教。这个弟子，老夫收下了。"

　　古代儿童入学开蒙，均须举行开学仪式，通常包含正衣冠、净手净心、祭拜先师、拜业师、朱砂开智等七个环节。

（一）正衣冠。《礼记》曰："礼义之始，在于正容体，齐颜色，顺辞令。"入学首日，家长已为学童穿戴一新。进入学堂，先依序站成一排，先生依次为学童整理好衣冠，学童自报姓名。因为，只有"先正衣冠"，端庄仪容，才能"后明事理"。

（二）净手净心。这是祭奠先圣孔子，拜见授业师的准备。即使在家已洗漱干净，在礼圣拜师前还得再洗一遍，既体现了尊师重道的精神，更是纯洁身心，去除杂念，心无旁骛，专心致志读圣贤书，学习做人的开端。

（三）祭拜至圣先师。在先生的率领下，众学童照先生的行止对焚香设供的孔子像行三拜九叩大礼。

（四）拜业师。学童向众家长学童介绍先生尊姓。先生入座面南，众学童依序向先生行三叩首礼。礼拜前要自报个人姓名，表示志学决心和愿受教诲的心愿。

（五）朱砂开智。拜师礼后，先生用朱砂在学童眉心正上方额心点一个如朱砂痣般的红点，以示开启智慧，耳聪目明心亮，在受业中一点就通。

（六）由先生检查学童所带文房四宝是否齐全。纸要一刀五百张；毛笔须中楷、小楷、大楷各一二支；墨两碇；如为墨饼，则须备足三个，且须有研棒；砚台一方。

（七）然后发售教材《说文解字》《千字文》《诗经》《尚书》《春秋》《孝经》《论语》《算经》等书籍。然后由先生为每位学童号书，即用朱笔勾画出要背诵的经文段落。

拜完先生，学生向先生赠送六礼束脩。所谓六礼，分别是芹菜：寓勤奋好学，实现业精的目标；莲子，莲子味苦，寓意苦心求学之意；红豆：寓意鸿运当头；红枣：寓意及早高中；桂园：寓意学业修德做人功德圆满；肉脯：答谢先生诲人不倦的良苦用心及辛苦。所谓束脩（郑玄说"束脩，十脡脯也"，即十条一束的干肉），有人认为是《礼记·少仪》中所记"其以壶酒、束修、一犬赐人"的借代。而在《论语·述而》中，孔夫子曾说："自行束脩"（一说"自行束脩"指起居、整理、梳洗已能自理）以上，"吾未尝无诲焉。"可见他对于有志于学者，奉行"有教无类"的原则，来者不拒。正是这一点，才打破了贵族对文化的垄断独享，将文化传播到了民间，对推动文明进步，功莫大焉。

先生的伙食费一般由官府拨给或家族学田收获供应，有专门的厨子。若不设食堂，则由学童家长轮流管饭，可用食盒送到学堂，也可到学童家中就餐。私学先生的薪水由学童家长均摊。官学先生则拿朝廷俸禄。

先生授课，先讲《说文解字》。先生席地盘腿而坐，面前置几。几上摆放着"九经"、《说文》、墨、砚台、毛笔与笔架、麻纸、笔洗。旁边放着戒尺、响堂木。他先轻轻地拍了一下响堂木，使学童们肃静，便开始宣布学规："尊师重道，躬自奉行，勤学用功，日就月将，谨言慎行，励志成人。光宗耀祖，报效朝堂。持之以恒，定然有成。进入讲堂，保持肃静，礼敬师长，友爱同窗。专心听讲，默记于心。"

先生要求：关于执笔，讲究食指在上，中指在下，拇指与二指相对居中，握紧，小指支撑，无名指不用，缩回手心。笔身直立，不斜不歪，徐徐运笔，字形正方。

先生要求：读前写后须净手，读过听讲后洗手。书读百遍，其意自见。

下学逢雨，众弟子以书做伞。书一湿，晾干后，岂能不皱巴；唯独裴度把书揣在怀中，淋成了落汤鸡，但其书却完好无损。

裴度听裴武讲了打金枝这件事，对代宗的英明豁达和老将军郭子仪的严谨家风非常钦佩，希望自己以后能遇到这样贤明帝王、忠正大臣。

当时，裴延龄得宠用事，其建言没有不让皇帝称意的。但他嫉贤妒能，中伤俊良。大臣们每每揭发其罪恶，延龄早知，就先言于帝，许多人反而被他诬陷。裴度之父裴溆拜访裴旭，本想将裴度托付裴旭照料。但是，父子俩因看不惯其子裴延龄的所作所为，不愿与他走得太近，便打消了这一念头。归途中，爷儿俩又谈及此事，裴度说："恶木垂荫，志士不息；盗泉飞溢，廉夫不饮。"说得其父直点头。

节度使段秀实为政简约，颇有威惠，奉身清俭，室无姬妾，非因公聚会，未尝饮酒听乐。九月辛酉，裴武会见段秀实，裴度于屏风后仔细观看，模仿客人举止。裴武责问，裴度答道："为人当如段公。"裴武说："不料你小小年纪，竟有如此大志！"

大历十二年（777）。当年岁考，裴度与老少童生入试。经考核，裴度以年岁最小的一名，转入香山书院。书院在闻喜城东南五里的香山顶峰，院中三塔并峙，历来就是当地的文笔峰，故闻邑文人辈出。

大历十三年，平卢节度使李正己原先已拥有淄、青、齐、海、登、莱、沂、密、德、棣十州的领地，到李灵曜叛乱时，又得到曹、濮、徐、兖、郓五州。田承嗣则占据了魏、博、相、卫、洺、贝、澶七州。李宝臣占据着恒、易、赵、定、深、冀、沧七州，他们各自拥有兵众五万。梁崇义占据着襄、邓、均、房、复、郢六州，拥有兵众二万。两京长安、洛阳处在藩镇夹缝之中，自都门之外，叛逆横行。

成德节度使李宝臣与李正己私下商定，一定要确保河北诸镇的职爵传子惯例。为此，他们不惜与朝廷军事对抗，乱兵四出，烧杀抢掠，奸淫妇女，无恶不作，搞得朝野惶惶不安。

久无家人消息，裴度深为家人安危担心。他吟诵杜甫的"烽火连三月，家书抵万金"。一日，不知怎么，总觉得六神不宁，心惊肉跳。不几天，果闻噩耗。其母亲与姊妹在这次兵乱中为免遭乱兵祸害，毅然投井自尽。裴度与父亲赶回奔丧，众人打捞其母妹遗体，草草安葬。裴度在母亲坟前立誓："苍天怜见，善恶不两立。他日得志，决心讨逆，誓报国恨家仇。"恰在国丧期间，小裴度家丧国丧同服谨守。

大历十四年（779）正月，裴度入学，成为朝廷供应廪食的秀才。年底，裴度参加县学的岁试，成了县魁。次年二月，裴度之父裴溆中了进士，就任渑池县丞，举族庆贺，即日前往赴任。

三月，裴度随父回闻喜原籍，祭奠了母亲与姊妹。他瞻仰碑碣，缅怀祖宗风烈。坟前、碑楼石碣、石人石马无数，还有两座守坟寺，一在爱里村，一个在裴家寺村。清明节，裴氏合族依辈分祭拜列祖，朝山扫墓。凤凰垣祖茔，下临周川。方圆百里内，安葬着裴氏的列祖列宗，功高天下，名标史册的将相就有三百多位。

关于裴氏祖茔，还有一则古传说。话说当年裴陵选中了峰环水抱、柏林丛郁的定居地，并为之命名裴柏村。裴氏祖庄裴柏村，在闻喜城北五十里处的官道旁。村庄北依峨眉岭，南望翠色的中条山，东临凤凰垣，西濒周川平原，前有一带涑水，波光潋潋，夹岸苇丛簇簇，夏天绿叶摇风，秋天芦花飘荡。近有董泽，十里荷花飘香，风景秀美。裴柏村周围绕着九个海螺状的山包，如九星拱月一样守护着村落，故被称为"九凤朝阳"的风水宝地。每座山包顶部，均有一棵千年古柏，郁郁葱葱，形态各异。特别是村东的那棵凤柏，真如凤凰展翅飞往凤凰垣，栩栩如生。

裴陵想为族人选一块好坟地。多年寻访，毫无所得。一天，他去村东紫金山麓打猎，突然发现一个喇嘛仓皇逃来，且大喊："佛祖救命，菩萨保佑。"裴陵往远处一看，窜过来一只猛虎。想必自己的箭也难以一下射死它，便急中生智，将他预先堆在一起用以藏身的柴草堆点燃，并拉过一支野扫帚，点着了，朝扑过来的老虎扑打过去。不想，就这一下子，把老虎的眉毛胡子全烧光了，痛得老虎哀号一声，就掉头逃走了。看看安全了，那喇嘛才双手合十，向他深深一躬，连声念叨："阿弥陀佛，善哉！善哉！施主，贫僧这里有礼了。老衲该如何谢你这位活菩萨呢？"裴陵说：

"路见危难，出手相救，理所当然。何况，我这样做也是在死里求生。师父大德，何必言谢！"那老僧说："有缘有缘，施主有舍，自会有得。贫僧就给施主一家指片风水宝地做祖茔坟山吧。"于是，他就指着方圆五十里的凤凰原说："这一地盘，正处于紫金凤凰的背上，安坟于此，此后会出比一斗芝麻还多的各级官员。"说罢，向他合十一揖，并说："施主珍重。"便头也不回地走了。裴陵虽然半信半疑。但他去世后，还是让后人将他葬在这里。果然，河东裴氏代有才人，千年不绝。

裴柏村前官道旁有座碑楼，额刻"浩气英风"，为唐太宗所题。

裴氏宗祠坐落于村北高阜之上，居高临下，俯瞰周川。该祠建于唐初贞观三年。门前牌楼额题"气壮山河"，第二道牌楼额题"忠孚华夏"，均为前代帝王墨宝。祠门前并排矗立的是世系碑、状元碑、宰相碑，分别载列着自非子以来数十代人的世系传承、若干位状元，五十九位宰相的辅君治国业绩。长廊两侧是茶庵。祠门前门墙八字张开，门内是照壁、过殿、献殿、正堂五间。额题"裴氏祖祠"。殿前两楹对联为："濡笔咏神功一代高文光日月；刊碑昭祖德千秋遗泽袷云礽。"两厢偏殿有联云："一堂父子三驸马，七世兄弟八宰相""从古衍椒蕃三十六传光前裕后，历今绵葛庇东西中眷异派同源""世胄重河东千万年支分派别，系碑隆庙左百余代子继孙承""几千年将相公卿，数十世诗书礼乐"。十余通碑中最著名的是唐玄宗赐裴光庭的御书碑、隋代大将军裴鸿碑。

诸偏殿额题："巍峨殿宇""阀阅人家""唐天一柱""万枝共本"等。

奉祀生焚上香，让裴度父子聆听他讲述裴氏先贤118位将相的丰功伟绩。族长介绍裴氏三眷五房传承。裴度首次见识了合族诵读《族规》《家训》，子弟自述遵行家训情况的场面。其母妹被列入族谱为烈妇；裴志清因参与叛军，被除去族籍；表彰孝子二人，并将裴冕生前所立《家传》上报国史馆……族众共同参与了展验家谱、续补家谱的活动。对前辈文章德业、高风亮节的钦佩景仰，以及作为裴氏家族——名门之后的自豪感，使小裴度克绍祖业，再立新功的使命感油然而生。从此，光宗耀祖的志向，植入裴度的心髓。

裴氏北魏时的先祖裴良制订的《宗制》《序言》中交代其宗旨说："九族斯睦，事光圣典，实欲驱末反本……规模宏远，有可观焉。今则行于宗族，以为不刊之训。"《宗制》作为最早抄行族内的家训，共二十章：含《耕读》《明理》《存心》《立身》《言行》《君臣》《父子》《夫妇》《兄弟》《亲戚》《朋友》《戒律》《奖惩》《族学》《族田》《族产》《婚嫁》《丧葬》《祖庙》《祖茔》。父亲让裴度抄写裴氏家训、家戒，默默记诵。其总训仅有四句话："重教守训，崇文尚武。德业并举，廉洁自律。"又有："推诚为应物之先，强学为立身之本，勤俭为持家之基，清廉为从政之道。"其目的全在于堂正为人。家教祖训使裴度在立身处世上受益很大。一款款，一条条，裴度均铭记在心，恪守遵行，从而一步步迈向成功。

# 第三章 香山还带

父亲带着裴度,冒着连天烽火,好不容易,才将他送到了洛阳姨夫家。建中二年(781)岁次辛酉,十七岁的裴度在洛阳学宫苦读圣贤经书,学问日见深博。

建中四年(783)十月,德宗征发调集京西泾源一万二千兵马救援河南襄城,又引发了另一场大乱。乱兵拥立朱泚称帝,占领长安,哄抢府库,德宗匆忙逃往奉天,又遭乱军围攻,几乎使德宗蒙难。这一事变,史称"奉天之难"。裴度父亲主政的地方,正当其要冲。他马上组织兵民,加强城防。但乱军却折回去了。虽说提心吊胆了好一阵子,幸亏安然无恙。

其父亲在渑池,率众守城,抵抗乱兵,不久便为国捐躯。裴度要去寻找父亲遗骸,姨夫姨母坚决不许。从此,裴度心中便埋下了对叛乱藩镇的刻骨仇恨。裴度只好在姨夫王员外家寄居。姨父感慨:"宁为太平犬,莫作乱世人。"但裴度却说:"姨父可也知,乱世出英雄呀!"裴度感慨:"偌大天地,竟然难以安放一张书桌!"他想投笔从戎,姨夫不准,说:"贤甥大才,岂能仅充行伍一卒!"

裴度本来寄身在东都洛阳其姨夫王员外家。王员外家财巨万,后来何以让裴度厕身寒寺?这里还有一段故事:

话说这王员外本为汴梁人氏,字彦实,原来于洛阳开了一家解典库,即后世的当铺,半世经营,故颇有些资财。于是,人们遂称其为王员外,即没有具体职事的编外官员。父母双双亡故后,族人就将孤苦无依的裴度依然委托其母亲的妹妹刘氏与妹夫抚养。这也是河东裴氏家族的一个家教传统——易子而教。因为,亲不见怪,孩子在父母面前,容易肆无忌惮;而父母总是出于长辈之爱,往往将孩子的缺点错当优点,溺爱娇惯,养成一身坏毛病。而养在别家,可以让他从小不敢骄纵,懂得谦虚谨慎,忍让处世,看脸色行事,懂得爱心,宽以待人。而且,还可以让他从小懂得生活的艰难,以便寒门出贵子。

安史之乱中,河南惨遭兵燹,王员外便举家逃到河东闻喜的汤王山。姨姨和姨夫见裴度立志于学,怕家中杂务,耽搁他读书,欲激他早日成才,就想试他一下。一天,二老问他:"度儿,常言道,太平读书乱从军。外甥呀,连年科举停考,眼看功名无望,你还不如去当兵吧?"裴度说:"读书虽未成,但还有望。小甥从未看过兵书,如此去从军,当不得将帅,不过行伍间一介小卒罢了。姨夫、姨娘,依小甥之见,还是不去的好。"闻言,二老心中暗喜,但不露声色。姨夫又试着问他:"现在我家资助你一笔钱,你自己去做点小买卖如何?"裴度说:"自古,万般皆下品,唯有读书高。二老岂不闻'书中蕴有千钟粟,秀才前程不可量'。我裴度虽然身无分文,却心怀天下,眼观苍生难,胸卷风云际,志在青霄外。岂能去算两拨斤,做一个奸商?"闻言,姨夫勃然大怒;"竖子,竟敢这等无礼。我家供养着你,你倒好,居然看不起我这买卖人。罢,罢,罢!从今后,你走你的青云路，我拨我的算盘珠。你简直就是一只白眼狼，你，你，你，还是走吧！让你这穷酸饿醋，做你的发迹白日美梦去吧。"没想到事情会这样，一气之下，裴度就包起书籍，分文不带，愤然离去。

二老见他出走，也不阻拦。姨娘叫了一声"度儿"，裴度也没应声。等他去远了，二老这才笑出声来，并说："外甥真是个有出息的。"他们马上让家童悄然跟踪。半日后，家童回报说："裴度寄居在香山寺中。"隔了两天，王员外着人给香山寺方丈暗中送去百两纹银，托他好生关照裴度，只是不让他知道。不料，这一住，就是八年。直到裴度中了进士，才从老方丈口中获知了真相，如梦方醒，立即去登门致谢。但他当时不知这激将法，只是一心苦读。

裴度因兵荒马乱，屡误科考。当地有位相师赵野鹤，被缙绅誉为"神算"。裴度偶尔经过，相师对他左瞧右看，露出诧异的神色，自语道："老父阅人无数，但这个年轻人怎么让我越看越不明白。"非要送他一卦。裴度也只好故妄听之。相师说："郎君形体神色，稍异于常人，不入相书。恐无科级的缘分。若不至贵，就当饿死。现在看不到可贵之处，可别日垂访，为君细看。"裴度不待听他唬人，径自离去。

十二月的一天，裴度于香山寺廊庑间徘徊读书。忽见纷纷大雪中，一老一少两位素衣女子，匆匆进得院来，随手将缇褶放在僧伽栏杆之上，就到佛前膜拜祈祝，过了许久才离去。裴度只顾读书，过了好大一会儿，才看见两个女子的缇褶落在原处。知是她们遗忘，又料想追赶不及，只好暂且收起，等妇女再来。裴度眼巴巴地瞅着，但直到日暮，竟然没见个人影。裴度只得将东西携归住处。傍黑，裴度才回到耳房门前。突然，积雪竟然将他所住的耳房压垮，轰然倒塌。幸亏等候失主，拖延了一阵，否则，想必已经葬身断梁碎瓦之下了，这真是不幸中的万幸。当晚，他只好借宿僧舍之中。

第二天天刚亮,他就携缇褵前往。寺门刚开不久,就看见两个女人匆匆赶来,一路连声哀叹。裴度迎上去,问她们:"二位女施主,为何这么早来拜佛?",老妇人还在喘息,未及应声。小女子说:"家父韩御史,被奸人诬陷系押大狱。几天前,求告老父故友汾阳王郭令公后人,借了犀角玉带两条,去请托通天人物,伸张正义,为父亲平反昭雪。路经此处,听说这里的菩萨特别灵应,便来布施祷告。不幸将宝物丢失在此。父亲的杀头之祸,恐怕难免了。"裴度细问物件品色,核对无误,才取来交给她。那女子再拜饮泣,感激不已,请裴度留下其中的一条玉带,以表谢意。裴度笑而不纳。那对母女又问恩人尊姓大名,好日后重谢。裴度说:"帮人出于本心,并非日后图报。不过,在下还得感谢二位女菩萨的活命之恩哩。"女子问:"此话怎讲?"裴度说:"昨天为了等候二位失主,至晚方归,如小生早回片刻,恐怕早葬身被雪压塌的屋顶之下,已是故人了。这真是'助人便是自助,救人也在救己。'"那女子说:"天下竟有此等巧事?"裴度说:"看来,凡人也有奇遇。"因有拾金不昧之恩,那姑娘便央求其母:"该问明恩人姓名籍贯,好日后报恩。"其母说:"嗯!"了一声,便转向裴度:"恩公,敬请留下尊姓大名。"裴度感恩戴德地说:"两位救命的女菩萨,小生姓裴名度,就是这河东闻喜人氏。在下也请赐下尊府贵姓。"那个女孩马上接口说:"老母柳氏,家父姓韩。"互相通报姓氏后,方丈慧明正巧从身旁经过,闻言,顺便念叨了一句:"这恐怕当算一桩善缘了。还是救人要紧。"母女一再致谢。方丈慧明、裴度便打发她们母女下山去了。送走两人,裴度因该背的没有背会,就又潜游在诗书的海洋里。

韩琼英对这位英俊少年拾金不昧,施恩不图报的品操,心生敬意。她扶母亲下台阶时,刚走了几步,便乘母亲不注意,将亲手绣的凤蝶手帕,偷偷丢在台阶上。她在心中默祷,"如果有缘分,苍天怜见,让施恩人与受恩人再度相逢。如果无缘,绢帕就留于恩人他揩汗吧!"母亲看她若有所思，便问她"咋的？"她见母亲发问，才急忙答道："没事。"慌忙追上扶住母亲。

入夜，琼英见一弯新月初升，像嫦娥咧着嘴向自己微笑。她遥拜新月，暗自祷告："恳请月下老人，能遥牵红线，保佑自己能找到那个'心中想'的如意郎君。"回房，她还在李瑞《拜新月》五言绝句基础上，写了一首小诗：

开帘见新月，即便下阶拜。细语人不闻，清风吹裙带。遥望广寒宫，欲诉口难开。月老请牵线，玉人可在猜？

话分两头，裴度于雪地里捡到那方绢帕，心想这真是个丢三落四的丫头，恐怕明日就不好意思再来取了吧。他怎么也不会想到竟惹下了这位俏冤家。

香山还带后，裴度又偶遇那位算卦先生无虚道人赵野鹤，乍一相见，其神色突变，直言相告，言其"相貌方显出其君子本色，将来一定会有功名，可位极人臣"。

千年之后，王肖明《香山寺》还不无感慨地写道：

古寺建山巅，下为晋公里。宝塔应三峰，文笔插天宇。香山得佳名，百世同仰止。四朝唐业兴，大半皆出此。恒言地有灵，地亦因人美。堪叹近时人，昼夜徒尔尔。恧行愧先贤，忙忙何所底。

香山寺人杰地灵。寺因人称圣地，地因人成名山。裴度的君子之风，历代传扬。

兴元元年（784）初，裴度奔赴洛阳应试，但不幸的是该年的科考因战乱而停止，裴度等士子未能参加考试，只好羁留东京，等待开考的消息。

裴度羁寓洛阳，常乘跛驴。一次，他正要上天津桥，有两个老人倚着桥柱，正在议论世道不宁，山东用兵日久，征发兵马粮草，百姓困苦不堪，不知何时是个尽头？他们一看裴度，相互挤眉弄眼，惊讶而退。裴度的书童携书箱跟在后面，相距不远，听老人说，刚还忧虑蔡州难平，须等此人为将。回来后，书童把老人的话告诉裴度，裴度说："他们见我羸态龙钟，故意奚落我。"

直到四月，裴度等才等到参加州府试的机会。裴度于绛州参加四月科举贡院复试，参考的为各县学馆生徒、私塾肄业诸生。

八月，裴度又赴晋阳参加乡试，一举高中，拔得河东道头筹，成了举人，时称解元。

十月，裴度等考取者，随贡物一起送京师长安尚书都省，参加吏部秀才考试。这秀才选举可谓难于登天。因为自唐高祖至高宗三十年间，全国只录取了二十九名秀才，堪称万里挑一了。而进士每年录取多达三十名左右，明经则可录取百名左右，且分通五经、三经、二经共三等，中式率甚高。故有"三十老明经，五十少进士"之说。意思是，三十岁中明经科，年龄已显老大了；而五十岁能考中进士还属于年轻的。另外，还有俊士、明法、明字、明算、通一史、通三史，或通开元礼、道举、童子科等。秀才科测试"方略策"八道；明经科先试帖经文，然后测试时务策三道。自武则天长安二年才开设武举，科目有马射、步射、马枪、负重等。众举人议论各自科目，裴度欲弃秀才而考进士科。

## 第四章 及第成婚

贞元五年（789）岁次己巳，裴度参加礼部进士考试，考时务策五道，帖一大经，又考诗、赋。二月末，礼部贴出金榜，众举子一早就赶来看金榜，各色人等竞相观看。裴度高中头甲。高中的同科进士欢天喜地，互相道喜。一时间，报喜的，道喜的，奏乐的，放鞭炮的，认同年的，看热闹的络绎不绝，人山人海，好不热闹。当然，名落孙山的，只能垂头丧气，悄然离去，向隅而泣，黯然神伤。

次日，新科进士骑着高头大马，披红插花，由吏部乐队导引，一位接着一位，迤逦而过，转街夸官。京华满城万民瞻仰，好不荣耀。

三月三日的上巳节，这一天恰巧是裴度二十五岁生日，也是唐代一个很隆重的节日，皇帝要为新科进士赐宴于曲江池，都城士人都出城踏青。裴度与新科进士共游曲江池，题名大雁塔。

曲江池为细腰宝葫芦状，故称曲江。碧波荡漾，近岸种着望不见边际的荷花，还长着许多菖蒲、水芙蓉、水草。花开时节，十里飘香。湖东为地势较高的芙蓉园。其西为杏园、大慈恩寺。此地自古就是个快乐的去处，故名乐游原。每年三月三，春光明媚，柳绿花红，游人如织，都到水边举行袚禊活动，以洗去尘垢，焕然一新。皇家也常于此处大宴群臣。湖中还有许多随波穿行的彩舟画船。唐代，慈恩寺共计十三个院落，殿宇多达一千九百间，常住僧人有三百余，香火最盛。

寺塔何以叫雁塔，有则传说。唐三藏取回的经书为小乘教派经典，该派为法相宗。小乘教派原来是吃肉的。香积厨师正在因弄不到肉给方丈僧众吃而发愁。忽见一群大雁从寺院上空飞过，心头就闪过一个念头"如能掉下一只大雁就好了。"不料，果然有一只最肥大的雁掉在院中，摔死了。吃饭时，饭僧说起这件事，方丈说："那不是雁，而是菩萨舍身饭僧的布施。"众僧闻后，十分感动，从此就不再吃肉。于是，众僧就在大雁坠落处，修了一座佛国天竺制式的塔，并命名为雁塔。当时，塔高八丈，砖面土心。底层正南塔壁上嵌着一块石碑，上题"大唐三藏圣教序"。武则天长安元年（701）重修雁塔，增至十层，由实心改为空心，每层各面均有楼窗，内砌青石台阶。人们可拾级而上，直至顶层，四面远眺，一览长安全景。诗人章八元还写了一首《题慈恩寺塔》：

十层突兀在虚空，四十门开面面风。却怪鸟飞平地上，自惊人语半天中。回梯暗踏如穿洞，绝顶初攀似出笼。落日凤城佳气合，满城春树雨蒙蒙。

荐福寺位于长安南门外三里处，原为隋文帝称帝前的住所。唐初改成了襄城公主府第。唐高宗逝世百日，即睿宗文明元年初，群臣为他献福，而捐资在开化坊南部建了这座献福寺。武则天却让改称荐福寺。至中宗复位的景龙年间，又在寺院隔街对过的安仁坊修了座塔院，其中有一座十五层的密檐塔。因形制娇小，故称小雁塔。大雁也叫鸿雁，有"鸿图万里""大展鸿图"之说。故新科进士们多在大雁塔题名，以百世流芳。而小雁塔则无人问津。当时，一般由新科进士留下亲笔姓名墨宝，由寺僧代为刻泐。仿此，元明清时国子监则有朝廷负责刊刻的进士题名碑。

众新科进士奉旨游园，观景赏花。你赋柳丝，他咏新荷，一路谈笑风生。达官富贾、仕女闲人，夹道围观，都想一睹这些新贵的风采。一些皇家公主、郡主在花丛掩映，假山遮蔽处，偷看风流倜傥的新科进士。一位公主相中了裴度，派侍女去打问。聪明的她请裴度在团扇上题字，裴度为自称所谓的"黄家小姐"题了"惠风和畅"四字，并署上"河东裴度"。公主回宫禀告母后，由其转告父王，欲请旨赐婚。

次日，皇上召见裴度，说要赐婚。裴度奏明已有父母之命、媒妁之言，正准备完婚。君臣只好一齐向他道贺。

唐代开国之初，皇家公主大多嫁与勋贵子弟。至安史之乱后，藩镇割据，往往撼动大唐社稷，故朝廷转而依重士族，仅裴氏家族就有裴律师、裴居士、裴铃士、裴虚己、裴虚舟、裴颖、裴倣、裴液、裴令仪、裴损、裴仲将、裴齐邱、裴徽等二十一人得以尚皇家公主。由此可见，大唐江山确实是以裴氏这一门忠烈来为主要心臂股肱的。

唐代十九个帝王，共有二百一十一个公主。高官权要子弟，谁不想攀皇族的高枝，荣尚公主，当然是求之不得的好事，故曰"皇帝的女儿不愁嫁"。但此话仅说对了一半，她们不愁嫁妆倒是真的，但要适龄出嫁，并嫁一位如意郎君，也并非易事。尤其是，有的公主专横跋扈，个别还淫乱无度，也实在令人头痛。特别是其婚嫁往往属于政治联姻，有的还要和亲，远嫁绝域异邦，出阁就等于生离死别。故为了公主的终身幸福，唐玄宗时，朝廷特地专门设立了礼会院，掌管公主媒介下嫁事宜。即便是从公主及笄的十五岁起，就开始着手物色驸马。有的公主还因挑来拣去，耽误了青春，成了大龄剩女。这不，元和元年（806）正月，年仅46岁的唐顺宗撒手西去，他的十一个女儿，就有浔阳、平恩、邵阳三位公主，都老大不小的二十几岁了，仍未嫁出去，只好出家当了女道士。唐代宗、唐宪宗的女儿都有没嫁出去而孤独一生的。可见政治联姻变数太多，也可能一荣俱荣，一损俱损，所谓天意难测。

不久，裴度又登宏辞科，补校书郎。裴氏举族庆贺，众人道喜，韩府也来贺喜。皇上又赐给和合盒一个，花烛一对，锦缎六匹，喜帐一悬，准其择日成亲。

裴度春风得意，衣锦还乡，喜得娇妻，举族庆贺，邻里道喜，自是双喜临门，好不惬意。办完婚事，才忙里偷闲，放松一下。一晚，裴度身着便服，到镇上酒店独自小酌。有幸与白居易、胡证结下了一生情缘。若干年后，胡证成为裴度的卫士。后来，他又中了进士，在咸宁王浑瑊帐下做幕僚。宝历初年，由户部尚书判度支，他固辞不就，拜为岭南节度使。去世时，七十一岁，追赠尚书右仆射。

贞元八年（792）岁次壬申，二月初一为中和节。裴度参加制科考试由德宗亲自主持的殿试，举贤良方正异等，能直言极谏、博通坟典、达于教化、详明政术、可以理人等，因见识高远，才华出众，而授河阴县（荥阳东北）尉。须知当时，中试者如果没有一定的治国理政才能，只能授校书郎等职，而不会授亲民实职的。

该年的试题为《中和节诏赐公卿尺》。裴度的应制诗为：

阳和行庆赐，尺度及群公。荷宠承佳节，倾心立大中。短长思合制，远近贵攸同。共仰才成德，将酬分寸功。作程施有政，垂范播无穷。愿续南山寿，千春奉圣躬。

结果大得皇上赏识。裴度得以高中宏词科。

四月初六乙未日,诏裴延龄兼理度支事务。这位裴延龄正是裴度的族人。深秋,裴度因考科卓异,升迁为监察御史。十月十九日,裴度受众同窗二十一位好友的推举,执笔为其恩师刘太真题撰了《刘太真府君神道碑铭》(并序)。

贞元九年(793)八月初四庚戌日,太尉、中书令、西平忠武王李晟薨逝,朝廷册赠太师,赐谥号曰忠武。李晟有十五个儿子,其闻名者有愿、宪、愬、听等四兄弟。

裴度祭奠李晟,刘禹锡代他写了《代裴相祭李司空文》。其文曰:

> 四年月日,特进守司空兼门下侍郎平章事裴度,谨以清酌少牢之奠,敬祭于故相国魏郡公之灵:

> 呜呼!玉贞而折,不能瓦合。鸾杀而菱,不同鸡群。生分若浮,守道不屈。唯公之生,福自维嵩。金石高韵,珪璋德容。元和之初,左右宪宗。以才视草,以望登庸。振起直声,激扬清风。实有正气,号为名公。名成身退,犹系人望。入为羽仪,出领藩方。既师百辟,又副丞相。道冠缙绅,事参翼亮。某与公游,四十余年。风期合契,禄位相先。某忝司言,公持化权。应同宫征,馥若兰荃。猥以姓名,称于上前。发迹从微,芳阙获宣。某为免相,待罪梁山。公拜右揆,来从东川。极其欢娱,著在诗篇。某忝三入,公东亦还。里门相迩,宾阁常闲。退朝休浣,道旧开颜。嗟呼!山川间之,忽在旦夕。岂意仓卒,遂成今昔。衣冠丧气,风物含戚。强魂诉天,冤血成碧。呜呼哀哉!某在病中,讣书始至。无力以哭,不言垂泪。今闻袚窆,首路而归。隐几临风,其心孔悲。嘉肴百笾,旨酒一卮。寄此情愫,神其来思。呜呼哀哉!

十一月，裴谞逝世，享年七十五岁。朝廷追赠他为礼部尚书。皇上悲悼叹惋，失去了一位贤臣。史书评论裴谞的执政特点为"和易为理，庶几近仁"。裴度决心仿效这位同宗先辈做一个好官。

裴度喜得长子裴譔，三日洗三，十日报喜，百天命名，一岁抓周，全家乐不可支。十来年间，韩氏夫人一共给裴度陆续生了七个男孩，只是没有女儿。

贞元十五年（799）岁次己卯二月庚辰，浙东观察使裴肃于台州擒获作乱的栗锽，送至京师斩首。裴度向裴肃写信祝贺。

唐代，参加科举的士子，往往将自己的诗文送呈文坛宗师，以展示才气，赢得青睐。时称"行卷"。白居易拜见顾况，呈上历年诗作，恳请："顾先生雅正。"又过了十天，白又呈上新作若干，时称"温卷"。当顾看了新诗中"野火烧不尽，春风吹又生"句，赞赏不已，喜形于色，便大力举荐他。四月丙午，制举取士，元稹、白居易、独孤郁、萧俛等高中进士。裴度向诸位道贺。从此，彼此结下了一生情缘。

白居易初得官职，欣喜地写下了《初除官蒙裴常侍赠鹘衔瑞草绯袍鱼袋因谢惠贶兼抒离情》一诗：

新授铜符未著绯，因君装束始光辉。惠深范叔绨袍赠，荣过苏秦佩印归。鱼缀白金随步跃，鹘衔红绶同绕身飞。明朝恋别朱门泪，不敢多垂恐汙污衣。

# 第五章 永贞革新

贞元二十年（804）岁次甲申二月。顺宗刚即位，就起用王伾、王叔文"二王"推行革新。

为此，元稹上书建言，提出"十事"：一，教太子，正邦本；二，封诸王，固磐石；三，出宫人；四，嫁宗女睦邻邦；五，时召宰相议庶政；六，封任群臣，增广聪明；七，恢复正衙奏事；八，许方副纠弹；九，禁非时贡献；十，省出入游畋。

柳宗元也非常同情百姓疾苦，不满胥吏的横行，写了许多同情百姓疾苦的诗文。如他在《田家诗》中写道：

蚕丝尽输税，机杼空倚壁。里胥夜经过，鸡黍事筵席。

从而引起朝廷的注意。

二王引荐了韩泰、韩晔、柳宗元、刘禹锡、陈谏、凌准、程异、韦执谊等，齐心协力，推行新政：免去百姓历年欠税，禁额外向皇上进献"月进钱"，惩办贪官李实，解除巨贪李锜的诸道盐铁使，由政治家宰相杜佑兼领，王叔文自任盐铁副使，降低盐价。江淮盐价由每斗三百七十文降到二百七十文，北方每斗盐也降到了三百文。同时，废止宫市、五坊小儿，释放宫女三百人、乐伎六百人，禁止宫中设乳母。这些措施，无疑对化解社会矛盾、发展生产都有相当积极的意义。

王叔文对柳宗元以"宰相器待之"，不时"密引禁中，与之图事"，"言无不从"。而柳宗元也心怀入相之志，遂"不自贵重顾藉"，准备大刀阔斧，"行乎其政"，"理天下"，以"利安元元"。他甚至说："所忧在道，不在乎祸"。这种除弊兴利，不计个人安危的大无畏精神，实在可嘉。

但好景不长，顺宗却因风疾所困而失音，从登基后，没几天就不能说话，旨意全由王伾、王叔文传达，导致二人用事专权。二月癸卯，群臣于紫辰门外等候朝拜，由宦官隔帘传话。皇帝近在咫尺，但龙颜难得亲见，且片言未闻，不免都怀疑皇上被宦官控制，成了傀儡。裴度与众朝臣忧心忡忡，建议早立太子。不得已，便于三月癸巳日，立广陵郡王李纯为太子。皇上下达的《命皇太子摄位诏》曰：

> 朕承九圣之烈，荷万邦之重。顾以寡德，涉道未明，虔恭畏惧，不克祗荷。常恐上坠祖宗之训，下贻卿士之忧，夙夜祗勤，如临渊谷。而积疾未复，至于经时。怡神保和，尝所不暇。永唯四方之大，万务之殷，不躬不亲，虑有旷废。加以山陵有日，霖潦逾旬，是用儆于朕心，思答天戒。其军国政事，宜权令皇太子纯勾当，百辟群后，中外庶僚，悉心辅翼，同底于理。宣布朕意，咸所知闻。

这种情况，使许多人对改革丧失了信心。在此之前，刘禹锡骤入枢密，官拜监察御史，踌躇满志，想大展身手，就去拜见武元衡，求为判官，但连门也没能进去。而现在刘禹锡、柳宗元想约见裴度，不想两次未遇，这一信号让王叔文十分失望。

不久，新政就遭到了保守派既得利益者的激烈反对。面对这股阴风，刘禹锡便写了《聚蚊谣》：

> 我躯七尺尔如芒，我孤尔众能我伤……清商一来秋日晓，羞尔微形饲丹鸟。

他以无畏的态度表达了对众小人的蔑视。

王叔文等谋划限制地方割据势力，夺取宦官兵权，也遭到各方抵制。

无独有偶。这时，革新集团内部因意见不一，也出现了矛盾。首先，王叔文与韦执谊心生芥蒂。汀州宁化县尉羊士谔因公事来长安，曾与人议论王叔文的过失，被王叔文得知。王叔文欲通过皇帝下诏将其斩首。韦执谊却不同意；王又想杖杀之，执谊仍以为不可。因此，王叔文对韦执谊极为不满。此事传出，有人甚至称"二王"与韦执宜为"三奸"。

四月，宰相韦执谊因为专权，引起太子不悦，就以陆质为太子侍读，想借他与太子接近的机会，了解太子李纯的态度。当陆质每每借机对朝政有所建言时，太子就恼怒地说："陛下令先生为寡人讲经义罢了，为何干预政事！"在内外交困、岌岌可危的形势下，为巩固自己的地位，五月，王叔文以右金吾卫大将军范希朝为右神策统军，充任左右神策军、京西诸城镇行营兵马节度使，以韩泰为其行军司马，准备接管宦官手中的兵权。王叔文派韩泰和范希朝至奉天，去接管原由宦官掌握的神策军军权。权宦们发觉，先期嘱咐神策军诸将："千万不要将兵权交给他人。"范希朝到了奉天，神策军将领竟无一人去见他。王叔文得知，连呼："奈何！奈何！"

他本欲"挟天子以令诸侯",却秀才造反,难成大事。历史经验是:凡欲谋大事者,必大权在握,才能呼风唤雨。

五月,宦官俱文珍厌恶王叔文专权,让顺宗削去王叔文的翰林学士头衔,改任户部侍郎。这使王叔文失去了"裁定可否"的权力。形势对王伾、王叔文集团极为不利,王叔文也感到事态非常严重。

皇上病体与太子的态度,决定了改革前景必然不妙。尽管其不少革新主张是好的,裴度与柳宗元、刘禹锡是挚友,又心气相投,但裴度明知其不可,也就决计不参与。凡事讲天时、地利、人和三要素,此三者缺一不可。视其可而为之,才是明智之举。这是孔孟之道赋予裴度的政治智慧。凭着这一点,使他一生所向披靡,无往而不胜。在历史转折期的正确抉择,影响了他的毕生命运。否则,他就会坠入柳宗元、刘禹锡二人那样万劫不复的深渊。

这期间,剑南西川节度使韦皋,因王叔文拒绝其兼领东川、西川、山南西道三川节度使的要求,乘机上表顺宗,指斥王叔文、王伾"隳纪紊纲",请求顺宗专门养病,令皇太子"亲临庶政",而宦官俱文珍等也屡请让太子监国。

韦皋特派刘辟到京,对王叔文进行威胁利诱。王叔文拒绝了其无理要求。韦皋等更是怀恨在心。不久,荆南节度使裴均、河东节度使严绶弹劾"二王"的表章也相继到京。裴均是裴光庭的曾孙。朝廷权贵奸宦均倚仗他们为外援,大有群起而攻之之势。对此,革新派深感震惊。

六月,在走投无路的情况下,王叔文已手足无措,迫不得已,便以母病为由,提出辞职。临行,举行了盛大酒宴,邀请诸学士及宦官李忠言、俱文珍等聚饮于翰林院。王叔文说:"我等竭尽心力,不避危难,革除弊政。不料权臣勾结朋党,盘根错节,积重难除。看来,铲除奸党比撼山还难。我等已无计可施,只能知难而退。"他无可奈何地说:"我等一旦归政离去,百般诽谤交相而来,谁肯体谅我等,说句公道话来救助呢?"自王叔文离职，王伾更加势单力孤，见势不妙，也声称自己"中风"，匆匆回家去"养病"。因社会基础薄弱，革新派在夺取神策军与宦官权力中失利，永贞革新失败。

七月己未，太子李纯监国，拜杜黄裳为门下侍郎，袁滋为宰相。

八月庚子，宦官俱文珍、刘光琦等联合大官僚和军阀节度使韩皋等，以顺宗久病为借口，逼顺宗退位，矫诏禅位于太子李纯。八月初九日乙巳，时年二十八岁的李纯在宣政殿即位，决定次年改元元和，以张良娣为太上皇后。九月，二王被贬。柳刘等八人也都被贬为远州司马，宗元往邵州，禹锡往连州，而且必须即日离京。史称"二王八司马"事件。诏书不好再用顺宗的年号贞元，必须改元，才改元永贞。这一事件，史称"永贞内禅"。

裴度爱莫能助，送柳宗元、刘禹锡离京，安慰他们说：

> 官场浮沉如清波，有时升来有时落，此日跌落入谷底，他日登峰又如何。

裴度又为他们吟了高适的《别董大》：

> 莫愁前路无知己，天下谁人不识君。

保守的传统，将惰性积淀在古老民族的性情里，往往不自觉地成为无形的巨大阻力，看不见的魔爪，断送了几多改革，埋葬了无数革新派。实在可哀可叹！这也启示我们，大凡触动根本利益的深层次改革，必须以文化思想的创新为前提，并具有强大的权力后盾，广泛的群众基础。

李纯出生时，安史之乱虽早已结束，但他在读书时，对这场大乱已有所了解，且感同身受，自然难忘史鉴。他又历经了代宗、德宗、顺宗三朝的乱离与事变，当然刻骨铭心，终生难忘。所以，自他登基之时起，就决心誓除藩镇之祸，绝不姑息。有志者事竟成。正是这一点，成就了宪宗毕生的可观功业。元年正月丁卯，李纯改元，率领百官至兴庆宫拜见顺宗，奉上尊号"应乾圣寿太上皇"，赐文武官员勋、爵，普赐庶民年寿高者米帛羊酒。他又颁布大赦令，但"八司马"不在当赦之列。

裴度于贞元初年，进士及第，又中博学宏词科优等，补为校书郎。不久，他又举贤良方正优等，调为河阴县尉。没多久，又升为监察御史。元和初年，因议论朝政，言辞过于激切，刺痛了权贵，贬为河南府功曹参军。

为此，韩愈写了《酬裴十六功曹巡府西驿途中见寄》：

相公罢论道，聿至活东人。御史坐言事，作吏府中尘。遂令河南治，今古无俦伦。四海日富庶，道途临蹄轮。府西三百里，候馆同鱼鳞。相公谓御史，劳子去自巡。是时山水秋，光景何鲜新。哀鸿鸣清耳，宿雾褰高旻。遗我行旅诗，轩轩有风神。譬如黄金盘，照耀荆璞真。我来亦已幸，事贤友其仁。持竿洛水侧，孤坐屡穷辰。多才自劳苦，无用只因循。辞免期匪远，行行及山春。

宪宗刚即位，对谏官们的絮叨很听不惯，就对李绛说："谏官多谤议朝政，朕欲处罚几个，以儆其余。"李绛说："文死谏，武死战，人臣生死系于人主喜怒，敢直言者能有几人？即使有进谏者，均是昼夜苦思，朝删暮减，待上达陛下，已是十余一二。人主孜孜求谏，犹恐不及，何故还要加以处罚呢？"皇上闻言，感慨良久。他认为，为政关键在于知人用众，看人，不仅应闻其言，更应观其行。

僧人鉴虚收受藩镇巨贿，为之交通权宦，御史中丞薛存诚将之拘禁，权贵纷纷求情，宪宗也想赦免他，薛存诚说："陛下非要释放此僧，请先斩为臣之头。不然，臣绝不奉诏。"宪宗不仅没有发怒，反而嘉奖了刚正不阿的存诚，并将横行不法的僧人斩首。宪宗兼听则明，择善而从，和谐君臣，激发了效国忠心，为中央夯实了政治基础。

从此，宪宗从善如流，广开言路，鼓励群臣指陈时政得失，以防偏救弊。一天，他对宰臣们说："太宗皇帝那么英明，群臣反复进谏，多能采纳。从今以后，如有不妥，诸位不要怕我生气，须十数次进谏才是。因为言者无罪，闻者足戒。"他能广纳忠言，明辨是非、忠奸，使君子尽忠，小人无以进谗，避免了过失，革除弊政，开启了一个开明宽松的政治局面。

## 第六章　入幕蜀中

元和元年（806），西川节度使韦皋去世，其副使刘闢便依样画葫芦，自任留后，但他并不满足于仅任副职，得寸进尺，马上上书，请求朝廷委任他为节度使，并兼领剑南西川、东川、山南西道等三州之地。皇上偏不让他如意，征他入朝任给事中，而任命袁滋去任西川节度使。他一气之下，错估了形势，竟效法前朝藩镇，兴兵威胁朝廷，以求一逞。他举兵包围了梓州（今四川三台），想凭当地的山河之险，迫使朝廷妥协。但这一次，他高估了自己，找错了对象。朝中虽不乏主和之臣，但皇上却力排众议，采纳了杜黄裳等少数主战派的建议，决定先拿刘闢开刀。

当时，左神策军使高崇文屯驻在长武城。他太平不忘战备，常备不懈，练就了精兵五千。古语云，养兵千日，用兵一时。在危难突发时，幸亏他兵杖器械，粮草马匹，一无所缺，马上派上了用场。正月癸未，朝廷命令一下，高崇文等率领四支官军立即由斜谷出兵，讨伐刘闢。九月二十一日辛亥，高崇文攻克成都。刘闢、卢文若等人往西逃往吐蕃，高崇文派高霞寓等追击，终于在羊灌田追上刘闢。他穷途末路，投江自杀未遂，被活捉押回。而卢文若先杀了妻子与孩子，然后自捆巨石，沉江自杀了。十月初，蜀乱彻底平定。

蜀地初平，寇乱余孽尚未肃清，恶俗未正，秩序有待恢复，百姓急需休养生息。朝廷便派高崇文出任节度使，但他却不通地方吏治。皇上就让宰相临淮公武元衡以秉钧之重，暂辍机务，以使相之名，前往治蜀。十月丁卯，朝廷下诏，以元衡检校户部尚书、门下侍郎、同平章事，为剑南西川节度使。武元衡感到重任在肩，又当蜀地新平，应该配备一个精明强干的僚属班底，就特请裴度、柳公绰为辅，遂上表举荐裴度为掌节度府掌表书记，杨嗣复、柳公绰均辟为幕僚。裴度仰慕武公施治方略，堪为己师，便欣然前往。

宪宗元和二年（807）正月己酉，御史中丞武元衡升为门下侍郎、同平章事，赐金鱼袋，紫色朝服。李吉甫同时拜同平章事。当时，裴垍为中书舍人。他找到裴垍，央求道："我从任尚书郎时被逐出朝廷，沉沦外远，十余年才得复归，对朝中后起之秀，几乎一无所知，而宰相的职责主要在选贤任能，可我心中无数，裴舍人慧眼识人，明以教我。"裴垍于是给他开列了含李绛、崔群、萧俛、韦贯之等十三人的名单。李吉甫完全照单予以任用。新阁僚任命，朝野称许，都称赞李吉甫知人善任。李吉甫对裴垍的慧眼识人之才深为叹服。裴垍是裴度的族人。

八月辛酉，武元衡兼判户部，兼剑南西川节度使。冬十月，武元衡继任西川节度使。他是山西文水县人，系武则天伯父武士逸的第五世孙，贞元二十年任御史中丞。顺宗立，永贞元年三月，他左迁为太子右庶子，得以结识李纯。宪宗立，当即恢复其御史中丞之职，不久便兼任户部尚书。他"持正无私"，很快使"纲条悉举"。

裴度要离家入蜀，夫人韩琼英折柳洒泪送别。

入蜀途中，裴度为缓解众人困乏，朗吟李白的《蜀道难》：

　　蜀道之难，难于上青天。……连峰去天不盈尺，枯松倒挂倚绝壁。……剑阁峥嵘而崔嵬，一夫当关，万夫莫开。所守或匪亲，化为狼与豺……

这末句让众人陷入了深思。
入蜀途中，在嘉陵江畔，船家女唱起了婉转悠扬的《杨柳枝词》：

　　山桃红花满上头，蜀江春水拍山流。花红易衰似郎意，水流无限似侬愁。

　　杨柳青青江水平，闻郎江上唱歌声。东边日出西边雨，道是无晴却有晴。

武元衡的治蜀方略为"百废待兴，尽心庶务，诸事节约，要在便民"。恢复蜀地吏治和经济，需要拨乱反正，事务千头万绪，府州县两级官员均要尽快配齐、配足。所以，他下车伊始，就与裴度等人商定先整顿吏治，于各地设都督府，总理当地事务。且需根据情况分出大、中、下三个等次的都督府，各府设都督、长史、司马等官。他们相信只要励精图治，不出三年，不愁蜀地不又成为"天府之国"。

中秋良宵，武元衡与几位宦游僚属以《中秋夜听歌》为题进行联句：

　　此夕来奔月，何时去上天（崔备）。云鬟方自照，玉腕更呈鲜（裴度）。燕婉人间意，飘飘物外缘（柳公绰）。诗裁明月扇，歌索想夫怜（武元衡）。暗染荀香久，长随楚梦偏（卢放）。会当来彩凤，仿佛逐神仙（卢士玫）。

二月，裴度随武相公游览了武侯祠。由于崇拜武侯文功武治，遂写下了千古名文《蜀丞相诸葛武侯祠堂碑铭并序》：

> 度尝读旧史，详求往哲，或秉事君之节，无开国之才；得立身之道，无治人之术。四者备矣，兼而行之，则蜀丞相诸葛公其人也。公本系在简策，名盖天地，不复以云。当汉祚衰陵，人心竞逐，取威定霸者，求贤如不及；藏器在身者，择主而后动。公是时也，躬耕南阳，自比管乐，我未从虎，时称卧龙。《诗》曰："潜虽伏矣，亦孔之炤。"故州平心与元直神交，洎乎三顾而许以驱驰，一言而定其机势。繇是翼扶刘氏，缵承旧服；结吴抗魏，拥蜀称汉。刑政达於荒外，道化行乎域中。谁谓阻深？殷为强国；谁为遵脆？励为劲兵。则知地无常形，人无常性，自我而作，若金在镕。故九州之地，魏有其七，我无其一，由僻陋而启雄图，出封疆以延大敌。财用足而不曰浚我以生，干戈动而不曰残人以逞。其底定南方也，不以力制，而取其心服；震叠诸夏也，不敢角其胜负，而止候其存亡。法加於人也，虽从死而无怨；德及於人也，虽奕叶而见思。此所谓精义入神，自诚而明者矣。若其人存，其政举，则四海可平，五服可倾。而陈寿之评，未极其能事；崔浩之说，又诘其成功。此皆以变诈之略，论节制之师，以进取之方，语化成之道，不其谬欤？夫委弃荆州，不能遂有三郡，此乃务增德以吞宇宙，不黩武以争寻常。及出斜谷，据武功，分兵屯田，谋久驻之计，与敌对垒，待可胜之期。杂乎居人，如适虚邑，彼则丧气，我方养威。若天假之年，则继大汉之祀，成先主之志，不难矣。且权倾一国，声震八纮，上下无异

词，始终无愧色。苟非运膺五百，道冠生知，曷以臻於此乎？故元德知人之明者，倚杖曰"鱼之有水"；仲达奸人之雄者，嗟称曰"天下奇才。"度每迹其行事，度其远心，愿奋短札，以排群议，而文字蝧鄙，志愿未果。元和二年冬十月，圣上以西南奥区，寇乱余孽，罢甿未息，污俗未清，辍我股肱，为之父母。乃诏相国临淮公，由秉钧之重，乘推毂之寄。戎轩乃降，藩服乃理。将明帝道，陬落绥怀；溥畅仁风，闾阎滋殖，府中无留事，宇下无弃才，人知向方，我有余地。则诸葛公在昔之治，与相国当今之政，异代而同尘矣。度谬以庸薄，获参管记，随旌旆而爰止，望祠宇而修谒，有仪可象，以赫厥灵，虽徽烈不忘，而碑表未立。古者或拳拳一善，或师长一城，尚流斯文，以示来裔。况如在之叹，终古不纪，其可阙乎？乃刻贞石，庶此都之人，存必拜之感云尔。铭曰：

昔在先生，思启疆宇。扰攘靡依，英雄无辅。爰得武侯，先定蜀土。道德城池，礼义干橹。煦物如春，化人如神。劳而不怨，用之有伦。柔服蛮落，铺敷渭滨。摄迹畏威，杂居怀仁。中原盱食，不测不克。以待可胜，允臻其极。天未悔祸，公命不果。汉祚其亡，将星中堕。反旗鸣鼓，犹走司马。死而可作，当小天下。尚父作周，阿衡佐商。兼齐管晏，总汉萧张。易代而生，易地而理。遭遇丰约，亦皆然矣。呜呼！奇谋奋发，美志天遏。吁嗟严立，咸受谪罚。闻之痛之，或泣或绝。甘棠勿翦，骍邑斯夺。繇是而言，殊途共辙。本於忠恕，孰不感悦。苟非诚悫，徒云固结。古柏森森，遗庙沈沈。不殄禋祀，以迄於今。靡不骏奔，若有照临。蜀国之风，蜀人之心。锦江清波，玉垒峻岑。入海际天，知公德音。

元和二年，岁次己丑，二月二十九日建

他对诸葛武侯的"开国之才""事君之节""立身之道""治人之术"无比推崇，决心以诸葛武侯为楷模，孜孜效法，以实现修齐治平的人生理想。该碑以诸葛丞相辅佐之功，裴度雄文，柳公绰书法，石匠鲁键精湛的镌刻工艺，并称"四绝碑"。至今，该碑还矗立在成都武侯祠内。

《论语》有言曰："政者，正也。子帅以正，孰敢不正？"诸葛武侯正是秉承了儒学这一事必躬亲，死而不已的奉献精神。与此相反，李泌则主张无为而治，往往在功成名就之后，急流勇退，不讲鞠躬尽瘁。这正是儒家与道家思想的根本区别。

不久，柳公绰奉召入京为吏部郎中，裴度用薛涛笺写了《送柳公绰诗》"两人同日事征西，今日君先捧紫泥"相赠，且说："士别三日，当刮目相看。日后相见，恐怕柳兄已出将入相了。"柳公绰说："彼此彼此。愿以此共勉。"他回朝就推荐了裴度。

武元衡《送柳郎中（一作柳侍御，一作李侍郎）》曰：

沱江水绿波，喧鸟去乔柯。南浦别离处，东风兰杜多。长亭春婉娩，层汉路蹉跎。会有归朝日，班超奈老何。

裴度虽未幸运回京，其子裴识，字通理，因有过目不忘之才，于该月推荫补为京兆府参军。

裴度离家既久，天各一方，年复一年，韩琼英思夫之情，与日俱增。这一天，夫人韩琼英盼归心切，便用镜听之法，占其归期。她虔诚地向月神行礼祷告后，双手捧镜，默念咒语。其实，她念的是王建的《镜听词》：

重重摩挲嫁时镜，夫婿远行凭镜听。回身不遣别人知，人意叮咛镜神圣。怀中收拾双锦带，恐畏街头见惊怪。嗟嗟瞭瞭下堂阶，独自灶前来跪拜。出门愿不闻悲哀，郎在任郎回不回。月明地上人过尽,好语多同皆道来。卷帷上床喜不定,与郎裁衣失翻正。可中三月得相见,重绣锦囊磨镜面。

不过,她将诗中的"日"字改成了"月"字。祝毕,她又在心中默默祷告夫婿能早日回还。

没多久裴度也奉调入朝,被任命为起居舍人。武元衡《送裴起居(度)》:

望乡台上寿人在(一作去),当射山中杜魄哀。落日河桥千骑别,春风寂寞筛窦回。

武元衡主政西川,"绥靖约束,简己宽民",使"上下完实,蛮夷怀归"。仅七年,蜀地就富足了。

# 第七章 玉洁不玷

元和三年（808）岁次戊子。

针对当时物贱伤农，百姓须用几倍的物品换钱纳税的情况，裴垍建议："封疆大吏应靠收税自给，若迎送朝使、留州备用不足，才能申请批准，再向辖区内另行征收。但必须一律采用省估标准，不得擅自确定税额，坑害盘剥百姓。"同时，朝廷还批准了李绛、白居易的奏请，赦免、释放天下囚犯，蠲免租税，放出宫人，杜绝进奉、禁止强行掠卖。

当时惯例，官员每月均要贡献"羡余"供皇上"私宴"享乐，但宰相李绛却不献分文，还对皇上说："大臣厚敛百姓以取悦皇上，其实是用皇上之钱来取悦皇上。我为皇上理财，皆有账目，怎么会有'羡余'。若舞弊扣出一部分贡献陛下，无非是将陛下东库的钱挪到西库。为臣不敢沿袭这一弊政。"故皇上称他"真宰相"。正月，皇上下诏"令长吏诣阙，不得进奉"。

四月，山南东道节度使裴均在免赋德音颁下后，首先进奉银器一千五百余两。翰林学士李绛，白居易等上言："裴均竟然想借此来报答陛下，希望陛下能一概拒收。"皇上遂命把那些银器交付度支，并下诏"从今后各道不得进奉。否则，将申报御史台，上交国库；如要朝见的，应先通报姓名，等候召见，不得礼在人先，强求一见。"裴均是裴度的同族兄弟，但裴度很不赞成裴均屡屡进贡的做法。裴度信奉"君子之交淡如水""秀才人情一张纸"，为人当以义交，不染铜臭，才不会有辱裴氏"清廉"门风。

宪宗去苑中行猎，中途突然返回。左右问他"为何？"他说："若被李绛知晓，怕又要劝谏，我索性不去了。"不久，皇上提拔李绛为兵部侍郎。正因敬畏诤臣，才开启了清明政治局面。

五月，朝廷以荆南节度使裴均出任右仆射。裴均拜为仆射后，有点娇气，又因不熟悉朝规，入朝列班，曾越位而站立。中丞卢坦向他作了个揖，并示意他稍退后一些，并说："昔日姚南仲为仆射，位列于此。"裴均不听，还反问："余岂非仆射？南仲是什么人？"卢坦曰："操守坚正，不结交权幸的人。"裴均闻其语中带刺，怒目而视，就是不挪窝。不久，卢坦被贬为右庶子。裴度闻知此事，婉转地劝裴均应谨慎一些，以弘扬门风。

知枢密使刘光琦奏请派众宦官为中使，到各地去传达圣旨，实际是想让他们去打秋风，大捞一把。裴垍、李绛看穿其用心，认为这必生烦扰，不如将圣旨附在驿马快递中，更为便捷省事。刘光琦却说："这是旧制惯例。"宪宗则说："惯例对，就遵行；不合时宜，岂能不改！"

杜黄裳具有经略谋划之才，达于权变。一次，宪宗问他，自古有的帝王勤劳庶政，有的帝王端拱无为，二者互有得失，如何处置？黄裳答："上承天地宗庙，下抚百姓四夷之帝王，必昼夜辛勤，却不必独揽一切，而应上下有分，纲纪有序，做到有功则赏，有罪则罚，选用以公，赏刑以信；然而，垂拱而治之君，关键在用好相臣，君主待臣以诚，臣下待君以忠，上下一心，各司其职，天下无不大治。"可惜，元和三年（808）九月，晋绛节度使邠宣公杜黄裳突然薨逝，享年才刚七十岁。裴度写了一篇感天动地的祭文，吊祭贤相杜黄裳。

此前的四月间，大臣建议开设"贤良方正、直言极谏"科考，决定由户部侍郎杨于陵、吏部员外郎韦贯之主考，由裴垍、王涯复审。结果，陆浑、皇甫湜、伊阙尉牛僧儒、前进士华州参军李宗闵，因痛陈时弊，指斥贪腐，脱颖而出。乙丑日，执政李吉甫厌恶这几个儒生直言犯上，向皇上泣诉。他倚老卖老，说这些文士都是权贵子弟、外甥，相互勾结，合伙诋毁他。宪宗没法，就黜落了四人；并罢翰林学士裴垍为户部侍郎，王涯为都官员外郎，韦贯之为梁州刺史。五月，白居易上疏，认为："牛僧孺、裴垍、杨于陵、裴均、卢坦等人敢于直言，均为当世人望，天下视其进退，却被贬官，陛下宜召回他们，以接纳听取极谏。"凭别人一句话，就罢免他们，似为不妥。其建议纵然不被采纳，又何忍加罪贬斥呢？"闻奏，宪宗才醒悟了。几个月后的九月丙申日，才下了道《除裴垍中书侍郎同平章事制》：

> 门下：朕闻后德唯臣，臣德唯良。在玄宗时，实有房、杜赞贞观之业；在元（玄）宗时，实有姚、宋辅开元之化。咸克佑我烈祖，格于皇天。朕祗奉丕图，懋继前烈，思欲贞百度、和万邦，建中于人，垂拱而理，永维房宋之化，寤寐求思，至诚感通，上帝眷佑，果赉良弼，辅予一人。正议大夫、行尚书、户部侍郎、上柱国、赐紫金鱼袋裴垍器得天爵，文为国华；行有根源，词无枝叶。忠敬恭顺，贯之以诚心；方洁贞廉，辅之以通识。玉立不倚，金扣有声。洎内掌纶言，密参枢务，严重有大臣之体，温雅秉君子之文。每献纳之时，动有直气；当顾问之际，言无隐情。远图是经，大事能断。匡予不逮，时乃之功。及领地官，且司邦赋，会计务剧，出纳事殷，投利刃而皆虚，委菁丝而

必理。历试已久，全才益彰。宜登中枢，以副金望。夫宰辅者下执邦柄，上代天工，为国蓍龟，注人耳目尔。尚降乃德，以亲百姓。广乃志以序九流，匡朕心以清化源，从人欲以致和气。予欲宣力，汝为股肱；予欲询谋，汝为心膂。予违望于汝弼，勿谓不从汝言。逆于朕心，必求诸道。独立勿惧，直躬而行。明听斯言，敬践乃位。呜呼！周俾房、宋专美于前。可中书侍郎、同中书门下平章事、散官勋赐如故。主者施行。

裴垍上表辞让，朝廷又下《答裴垍让中书侍郎平章事表》：

卿自登台辅，每竭忠贞，一身秉彝，百度唯序。致君尽力，久积股肱之勤；忧国劳心，微生腠理之疾。暂从休告，遽献表章，所陈虽是卿心，所请殊非朕意。宜加调摄，速就平和，以副虚怀，无为固让。

朝廷没有回音，裴垍又上了《让宰相表》。不久，便接到《答裴垍让宰相第二表》：

卿疾病以来，表疏相继，虽辞乞之诚颇切，而注望之意方深，所以来章久而未报。然念卿勤恳之请，至于再三，若心不甚安，即疾难速愈，是用辍枢剧之务，加崇重之官。稍遂优闲，伫期痊复。勉从尔志，深抑予怀。

在钻营买官成风的大气候下，裴垍却一再谦让，能不让爵蠹禄鬼们羞愧难当。

戊戌日，打压新人的李吉甫被罢免为检校兵部尚书、兼中书侍郎、同平章事，出为淮南节度使。

当众大臣向能及时纠错的宪宗祝贺时，宪宗说："太宗、玄宗何等英明，尚须众贤臣辅佐，与列祖相比，朕万不及一，自然更离不开众卿出谋划策了。"宪宗问裴垍："执政合乎情理的关键何在？"裴垍答道："唯'正心'二字。"说得宪宗细细玩味，频频点头。

宦官吐突承璀新近得宠，每每想干预大政，宪宗警告他们："裴垍公正无私，德高望重，千万别让他抓住你的尾巴。"

裴垍早年应试宏辞科时，曾被崔枢黜落。他当政后，却提拔崔枢为礼部侍郎。崔枢不解地问："裴相公忘了当年之事？"答道："我正是这样报答你啊。"崔枢又惭愧又感激地说："裴相公真是大人大量，大德大福啊！"裴垍说："彼此彼此吧。"

三年九月庚申，裴均加同平章事，仍兼山南东道节度使。于頔出任宰相。

李吉甫撰成《元和国计簿》，据其统计：全国总计方镇四十八个，州府二百九十五个，县一千四百五十三个，但仅能收取东南四十九州的财赋，约一百四十四万户，比天宝年间减少了四分之三。沙陀朱邪尽忠背离吐蕃而归附大唐，由于奸臣从中作梗，致使降将途中被抓并杀害，其子朱邪执宜率余众逃至灵武，被安置在盐州，便以执宜为阴山都督府兵马使。

牛僧孺、李宗闵等人因在科考试卷中直言极谏，痛斥时弊，事涉宰相李吉甫等。李吉甫十分恼火，便贬了主考官，黜落了已录取者。从此，牛僧孺、李德裕结怨成仇，各自拉帮结派，争权夺利，钩心斗角。长达四十年之久的牛、李党争拉开了序幕。牛党为进士出身的牛僧孺、李宗闵、元稹等，李党主要为由门荫入仕的李德裕等。

元和三年冬至次年四年春，江浙一带发生旱灾，饿死了许多人。白居易在《轻肥》中，将"是岁江南旱，衢州人食人"的惨状，与权贵"樽罍溢九酝，水陆罗八珍。果擘洞庭桔，脍切天池鳞。食饱心自若，酒酣气益振"，两相对比，揭露了权贵内宦对百姓的疾苦视而不见、却轻车快马去赴盛宴的行径。

在元和二年至元和四年这三年期间，白居易任谏官，他总是直言急谏，情辞激切，反对委派宦官为监军讨伐王承宗和赦免元稹。这都是与权贵宦官集团相抗争。他甚至当面指责皇上说："陛下错了！"其仗义执言让宪宗变色。宪宗对李绛说："白居易这小子，是朕擢致名位的，而他无礼于朕，实在难耐！"但白居易禀性难移，还写了一首诗以明志：

至宝有本性，精刚无与俦。可使寸寸折，不能绕指柔。愿快直士心，将断佞臣头。

元和四年（809）岁次己丑，宪宗又一次大赦，仍无革新党人柳宗元、刘禹锡等。

三月里，成德节度使王士真病死，其子王承宗以副大使身份自称留后。河北三镇也纷纷仿效，以嫡长子为副大使，企图父亡子继。为了得到朝廷的任命，王承宗假意表示要献出德、棣二州。宪宗正想让王承宗割出德、棣二州，另设一镇，与李师道一样，由朝廷委派官吏，并责令成德按规定交纳夏秋两税。李绛等学士认为："割其两州，必招致军阀不满而抗命。不如派专使去祭吊，劝他们仿照李师道行事，自献领地。他若听命，最好不过；即使不听，也不会失了朝廷体面。"宪宗又说："刘济、田季安均已病重，乘机委任节度使取代他们；否则，就发兵征讨如何？"因局势复杂严峻，他心中也没底。

当时，河北的形势是：淄青李师道在东，盘踞在山东北部；魏博田季安在南，盘踞在河北南部一带；成德王承宗在北，盘踞在河北中部一带；而卢龙镇刘济又在成德之北，盘踞在幽蓟一带。他们交互结为姻戚，相互勾结，遥相呼应，订立攻守同盟。一有战事，他们就权衡利弊，或表面响应朝廷，实为虚张声势，仅夺得一关半城便逗留不进；或只拉弓，不放箭；或拥兵自固，见死不救；或徘徊观望，见风使舵，首鼠两端；或乘虚而入，取渔翁之利。总之，这几路藩镇都和朝廷离心离德，挟二不渝。

翰林学士李绛认为："河北形势与吴、蜀的孤立无援不同，他们年深日久，根深蒂固，相互勾结，恐怕难以用武力征服。强行征讨一家，更促使各镇联成一体，对抗朝廷，引发战祸。若戎狄再乘虚而入，朝廷就不得不双线作战，后果将不堪设想，还是慎重行事为好。"宰相裴垍把当时形势看得十分透彻，保持着清醒的头脑。他对宪宗的战略决策持有异议，极力劝阻皇上勿贸然出兵。他为宪宗分析道："蜀、夏、镇海三镇四周均是国家股肱之臣，而非反侧无常之地。刘闢、杨惠琳、李锜独生狂谋，却孤立无援，故大兵压境，一朝覆灭。而成德则不然，他外联别藩，内部稳固，外有支援，毗连千余里，如铁板一块；诸镇已悖逆数代，年深日久，盘根错节，绝非前三者可比。父死子代是他们的共同目标，且循以为常。如今，朝廷杜绝其世袭之门，邻道为子孙谋，恐再造成德厄运，必定一心附逆，支持王承宗，一致对付朝廷。朝廷一旦出师河北，恐难一举成功，很可能捅了蜂窝乱蜂起，铺天盖地而来。到时候，难免兵连祸结，旷日持久，师老财竭。除恶不尽，反而贻害无穷。自古太平大业，非一朝一夕可成，当容忍时且隐忍。君子报仇，十年不晚。愿陛下深思。"这番鞭辟入里的分析，使宪宗心服口服，就暂时搁置了征伐河北之事。

然而，宪宗已被前三次连连得手的小胜冲昏了头脑，低估了河朔的复杂局面和力量，并未真正予以采纳。不久，征讨河朔之役，便又紧锣密鼓地准备起来。

五月初七日，朝廷任命王承宗为成德节度使、恒、冀、深、赵四州观察使，并以薛嵩之子薛昌朝（王承宗之女婿）为德棣二州观察使。田季安闻讯，感到此举打破了诸藩镇共同对抗朝廷的大局，就派人去挑拨王承宗："昌朝暗地勾结朝廷，才被任命。河北大有一穴溃堤之势。"王承宗便派几百骑手偷袭真定，捉来昌朝，囚禁起来。同时将朝廷传达诏命的使者扣留了好几天。当使者赶到德州，昌朝已下落不明。德棣二州归顺的事，就这样化为泡影。朝廷又命令王承宗将薛昌朝送回保信军驻地德州，但他却拒不从命。

八月初九日，宪宗只好又派京兆少尹裴武到真定（今保定），以祭吊王士真之名去慰问，实则行招安之实。王承宗接见朝使裴武时，十分恭谨地说："我被三军将士所胁迫，没等朝廷下旨意，就被拥立，犯下了难赦大罪。请让我献上德、棣二州，以自赎，表明我归顺朝廷的诚意。"

元和四年（809）八月十日，唐宪宗李纯下诏《命裴冕配享肃宗李晟段秀实配享德宗庙庭诏》：

> 朕闻昔之佐时制物者咸有大功，是唯五官以配五帝。自时厥后，有国家者莫不以辅弼之寄社稷之勋名，登大烝陪享清庙。苟非茂德，孰允盛仪。赠太尉冕望重岩廊，为时贞干。灵武艰阻，首赞经纶；宣力股肱，平心鼎铉。任戡定之成业，推翼戴之嘉猷。赠太师晟识精韬钤，神假雄武。建中寇孽，躬践忧虞，垂饵虎狼，致威樽俎，刷宫庙之尘秽，回日月之光辉。赠太尉秀实气全刚柔，节固金石。凶渠僭逆，潜蹶根萌，矫命还师，袁刃决死，纾贴危于怵迫，挫狂狡之奸谋。并材为时生，用当国否。感云龙而应变，炳辰象以降灵。光复寰区，振扬风概。勋庸藏于盟府，宠饰备于前朝。光阴不追，盛烈如在。朕顷因郊祀，爰举典常。俾差茂勋，以配殷祭。唯咸有一德，允属乎三臣。庶昭示于将来，式崇恩于既往。冕宜配享肃宗庙庭，晟、秀实宜配享德宗庙庭。

其实，此时距裴冕去世已二十年了。可见君王祸乱思忠良之心是何等急切。

九月初一日，裴武回朝复命，如实汇报，皇上大喜。裴度向裴武道贺。但是，王承宗送走裴武，并未真献出德棣二州。

宪宗认为裴武是欺君妄上，又有人说坏话诬陷他说："裴武出使回来，先留宿在裴垍家里，次日早晨才入朝晋见。"宪宗十分生气，就把这事告诉了李绛，想把裴武贬到岭南去。李绛说："裴武从前陷身在李怀光的叛军中，能坚贞不屈，怎么突然就欺瞒皇上！想必是贼人狡诈多变，裴武他不摸底里。肯定是王承宗起初害怕朝廷讨伐，才请求献出德、棣二州。而承蒙皇恩宽恕之后，邻近各道都不愿成德首开分割领地的先例，暗中挑拨，引诱胁迫，使他变卦。我想这并非裴武罪过。陛下选派裴武他只身进入叛贼地界，即使恩威并用，想彻底制伏贼首，谈何容易！现在出使刚回来，一句话还没问，就要把他放逐边荒。为臣担心，从今以后，奉命出使贼区的人，都会以裴武为戒，得过且过，明哲保身。恐怕再没人竭尽忠诚，这肯定对国家不利。再说裴垍、裴武长期在朝为官，熟悉典章制度，哪会奉使回来，还没见天子，就先去见宰相呢？臣敢向陛下担保，肯定不会有这种事！这一定是有人要中伤裴武和裴垍，希望陛下明察。"宪宗过了很久才说："按理或许是这样。"便不再追责。但这场风波，却使裴垍于十一月庚申日罢免了宰相。

朝廷迟迟没有批准王承宗为留后，他心中焦急忧虑，便上表申诉。十月十一日，宪宗皇帝却下诏削夺了王承宗的官爵，用兵讨伐。由于宪宗系宦官所拥立，素来依重阉人。吐突承璀也想借机掌握兵权，自请率军去讨伐王承宗。宪宗迟疑难决。宗正少卿李铦就上奏建议由吐突统军征讨。宪宗对众人说："这人顺旨发言，一定是奸臣，不堪重用。"但还是任命大宦官吐突承璀为左右神策军、河中、河阳、浙西、宣歙等道行营兵马使、招讨使、处置使。

翰林学士白居易上奏："以宦官为监军，有失朝廷体面，受其节制的众将以此为耻，恐不肯效力。"众臣劝阻，众人皆以为非，但皇上却独是其是。十六日，皇上驾临延英殿。度支使李元素、盐铁使李鄘、京兆尹许孟容、御史中丞李夷简、谏议大夫孟简、穆质、右补阙独孤郁等一致反对以宦官为监军。众情难犯，宪宗只好削去吐突四道兵马使，并将处置使改为宣慰使。

王承宗果然造了反。二十七日，朝廷命吐突承璀从长安出发去处置平乱，双方陈兵对垒。

魏博田季安怕唇亡齿寒，便准备救援王承宗。幽州刘济的部将谭忠是个智囊，替刘去见田季安，劝其不要因举措不当而招致朝廷讨伐，可以用阳奉阴违的办法来应付朝廷。官军来到魏州，田季安就依计而行，盛宴慰劳，且将军队开到魏博边境，声称要攻打赵州。他们却暗中商定由王承宗让出一座堂阳城来搪塞朝廷，以为魏博镇表功，使魏州在朝廷与王承宗间左右逢源。谭忠返回幽州，又劝刘济做作样子，去讨伐承宗。

元和五年（810）岁次庚寅正月，刘济率八万人南下，攻下饶阳、束鹿，与河中、河东、振武、义武官军在定州会师。元宵节，各军联欢了三天后，才出兵。二十六日，河东大将王荣虽攻下洄湟，神策军左大将郦定进却兵败战死。范希朝、张茂昭进军至新市，就迟滞不前；刘济围攻乐寿，也是久攻不下。另一路，刘济虽进兵到乐寿（河北献县），但却出战不卖力，致使敌我相持不下。一直主战的卢从史一到前线，就连吃败仗，转而临阵不进，还暗中勾结叛藩，诬告诸将。李师道、田季安各自攻占了一个县城后，也不再进军，一面敷衍朝廷，一面乘机与王承宗眉来眼去，暗通消息，甚至让士兵化装成叛军援助王承宗，袭击官军。他让军士们牢记成德军的口令，与叛军彼此呼应，避免冲突，以求自保。他还挟贼自重，要挟朝廷封他为使相。为了争取卢从史，宪宗便命裴垍为从史讲述人臣之道，效忠之理，以使他回心转意。吐突承璀来到前线，只知发号施令，但军威不振的官军，只能是损兵折将，屡战屡败。出师不利，使士气一落千丈。

由于深入贼境，官军粮草须远途运输，很不方便，只好就地筹措。卢从史便乘机抬高价格，从中牟利。他还贼喊捉贼，声称诸道已与叛军达成妥协，使他难以进兵。皇上虽看穿了其拙劣表演，十分震怒，却又无可奈何。直到三月，战场仍一片沉寂，没有任何进展。

白居易上奏，指出劳师动众，旷日持久却无战果的危害：一则，诸藩夺取钱粮，虚耗库银；二则，藩镇若任战场僵持，请求免罪原谅，朝廷也只好答应，如此杀伐与夺将操于藩镇之手；三则，炎热将至，士气堪忧；四则，吐蕃若袭扰西界，内忧外患，恐难支撑。宪宗闻奏，暗自心惊。

至此，宪宗才认识到河北形势是如此的错综复杂，三藩是如此凶顽，难以凭武力制服。官军打不下去，进退维谷，骑虎难下，又无以自拔。宪宗苦思冥想，也无计可施。当此危难之际，皇上见从史执迷不悟，便命宰相裴垍设法除掉他。针对从史外联承宗，内挟朝廷，又玩寇轻敌的状况，裴垍凭其谋略胆识，计划说服卢的牙将，利用其与都知兵马使乌重胤不和的矛盾，除去这条蛀虫。

卢从史假意与官军协同作战，并主动前往吐突军营与之饮酒赌博。承璀便假戏真做，拿出自己的瑰宝来炫耀，使从史的所有金玉显得相形见绌，不由得流露出贪婪的神色。凡是他所喜爱的，承璀就送给他。从史大喜，与之更亲昵，一点也不怀疑。

上党表里山河，东南为太行山的丛山峻岭，内有泽潞盆地，其东与河北平原相邻，其南居高临下，势逼东都洛阳，西可威胁长安，战略地位十分重要，故曰："得上党者得天下"。而今，卢从史身在官军之营，却心向贼党，已成为朝廷的心腹大患。裴垍对卢从史的悖逆十分震怒，就令王翊元先回本军，谋划除掉卢从史，嘱咐其一定保密。宪宗说："只有李绛与梁守谦知道。"不久，翊元就得到了卢从史部下都知兵马使乌重胤等人的暗中相助。裴垍对宪宗说："卢从史名为朝廷方镇，实助叛贼，且狡猾放纵，手段狠毒，必将作乱。他与吐突承璀对阵，却把吐突承璀看成小孩，丝毫不加防备。可借机解决他。如果失去这一时机，以后即使出动大军，也未必能在一年半载内除掉他。"宪宗仔细想了很久，才同意了此策。

四月十五日，吐突与李听请卢从史过营下棋，预先埋伏好刀斧手，从而一举成功擒获了卢从史。卢从史久去不回，他的手下感到情况有点异常，纷纷披甲持刀，要冲出军营去营救。眼看一场哗变即将发生，乌重胤堵住其军门，喝道："卢从史已经伏法。天子有令，胁从不问。听命者有赏，抗命者斩首。尔等立即各回本部待命。"乌重胤很快就收伏了这些群龙无首的军兵。他将卢从史押解上车，天还不亮，便飞车驶出其境，平定了昭义军乱，去除了朝廷的心头之患。朝廷调河阳节度使孟元阳镇守昭义，终于使昭义军权重归朝廷，真正控制了俯视河北贼境的上党地区，并扭转了战局。三十日，朝廷贬卢从史为欢州司马。除去了内奸，四月，张茂昭才于木刀沟大败王承宗。

王承宗见丧失了外援昭义军与朝内的靠山，才被迫上书向朝廷请罪，申诉说自己是中了卢从史的离间计，现在如梦方醒，愿向朝廷缴纳贡税，请朝廷委派官吏；并请求允许从史改过自新。王承宗的言外之意就是保留其官职，也不用到朝廷服罪接受惩处。淄青李师道也上表为王承宗说情，请求洗雪其罪名。宪宗只得借坡下驴，趁机下诏罢兵。

朝廷鉴于久战无功，虚耗钱粮，七月初二庚子，赦免了王承宗的罪名，仍任命他为成德军节度使，归还其德棣二州。此役不了了之，额外耗费了大笔军饷和二十八万端丝帛。五日，裴垍曰："吐突承璀首倡用兵，最终劳而无功，陛下纵然因其旧功，不加以公开惩处杀戮，岂能全不贬黜，以谢罪天下吗！"九月十七日，降吐突承璀为军库使。

一场讨伐王承宗的战争就这样不了了之，以双方的妥协而告终。看似打了个平手，但成德军并没伤筋动骨，而朝廷却颜面尽失，威权大为受损，两相比较，犹如儿子打了老子，老子却拿他没法，确有一股难以承受之痛。但这一失败,并未改变宪宗制服藩镇的意志和决心,相反还更加坚定了其削藩的决心。他接受了这次失败的惨痛教训,改变一味征讨的单一做法,转而采用恩威并用、打谈相济、双管齐下的策略。

宪宗想立纪美人之子李宁为冢子。元和四年(809)闰三月丁卯,终得册立邓王李宁为皇太子,更名为宙。但从孟夏至孟秋,整整五个月,册封典礼屡次因刮风下雨,而未能办成。直到十月,册封礼才勉强完成。人们都私下议论"看来这主儿没这个命"。裴垍正告人们"休得乱说!"人常说"千夫所指,万口有毒,真能咒死人。"果不其然,元和六年(811)闰十二月,惠昭太子李宁就薨逝了,年仅十九岁。其太子妃为裴氏。皇后在其中做了什么手脚,没人说得清。可见,嫁入皇族,并不一定是好事。裴度主持了祭祀仪式中的亚献终献。为此,他还写了《享惠昭太子庙乐章》:

重轮始发祥,齿胄方兴学。冥然升紫府,铿尔荐清乐。奠斝致馨香,在庭纷羽籥。礼成神既醉,仿佛缑山鹤。

裴垍器局峻整,执法有度。谏官指斥得失,执政多忌之,而裴垍却鼓励众人知无不言,言无不尽,以广开言路。他任人唯才,量才赋职,选任之精,前后莫及。议政者都盛赞裴垍做宰相,才与时会,知无不为,使百业兴旺,史称"元和之治"。

裴垍为人正气凛然,一派君子大儒之风,威重稳健,上下不敢用私事请托他。有位故友远道而来,裴垍热情款待,馈赠丰厚。但当对方表示想出任京兆制司时,他一脸严肃地说:"公也算个人才,但难称此官。我不敢徇私迁就,有伤朝廷体制。有朝一日,如果有位瞎眼宰相可怜你,你不妨一试。至于我,绝然不行。"

当时,郑絪为相,毫无主见,尸位素餐,任命官员过于随便。河东节度使严绶在位九年,政务全交给李辅光办理,他仅是拱手点头而已,裴垍就上奏罢免了他们，以很有才干的李藩为相，以李郦主政河东。不到半年，河东政务就焕然一新。

徐州刺史张建封病故，濠州刺史杜兼飞马赶到徐州治所，阴谋窥测这一职位，并欲吞并徐州兵马。李藩哭着劝他："张公新丧，地方不宁。君宜谨慎守土，为何弃郡而来？应该火速赶回。否则，我将依法弹劾你。"杜兼也憎恨李藩，便秘密上奏诬蔑他："建封刚死，李藩就动摇军心，恐有非分之想。"德宗震怒，下密诏命令徐州节度使李佑杀了李藩。李佑却以身家性命为李藩担保。德宗不信，又下诏征李藩入朝。等到召见，皇上亲见了李藩魁梧的身材，儒雅的仪容，才感慨地说："这难道会是作乱的人吗？"马上拜他为秘书。

河东节度使王锷贿赂权贵，谋求宰相，皇上下密诏于中书门下曰："锷可兼宰相。"李藩为了阻止此事，急切间，便用笔涂去"宰相"二字，在其旁署了"不可"二字，并退回奏上。宰相权德舆见了，大惊失色地说："臣下若不认可皇上诏命，应另作奏章，岂可用笔涂改诏书？"李藩说："情势紧迫，过了今日，便无法阻止了。臣下情急之下所为，还请宽恕。"权德舆认为他只是方式欠妥，并没有责怪他。因他本人也反对以王锷为相，便不再追究。这件事才未再起波澜。

裴垍举荐李藩，称他有宰相的"器局"。果然，正月，就任命给事中李藩为门下侍郎。李藩字叔翰。二月丁卯，郑絪罢职，就以很有才干的李藩为宰相。

李藩提倡勤俭，曾上奏："俭则足用，奢则匮乏。朝野重视以农立国之根本，则民富国强，反之，则用度匮乏。"他反对祈禳，上奏德宗："神仙之事，本为虚妄。孔子患病，不许子路为之祝祷。汉文帝每次祭祀，敕命有司极尽礼敬，而不祈祝。若神无知，则不能降福；若神有知，固不可私己求媚而悦之也。且义于人者和于神，人乃神之主，人安而福至。"

# 第八章 宣慰魏博

元和五年（810）九月丙寅，以太常卿权德舆为礼部尚书，同中书门下平章事，以接替李藩。《权德舆守礼部尚书制》曰：

> 文昌六官，宗伯掌礼，选授之重，自昔攸难。非夫台衮之臣分全于终始，缙绅之义素洽于群伦，则无以允是优崇，膺兹名物。正议大夫、守礼部尚书、同中书门下平章事、上柱国、扶风郡开国公权德舆，奥学雄词，虚襟旷度，禀中和之气，宏信厚之规，凤彰厥猷，历践清贯。乃者，徊翔省阁，祗服大僚，咸推镇俗之风，遂致济川之望。朕永惟理本，宵旰在怀，尝期献纳之功，深属弼谐之任。爰征金论，俾列鼎司，勤劳亟涉于岁时，谦挹每形于造次。是用委春卿之职，辍枢务之殷。任事呈能，庶先会府，帅属而理，汝往钦哉！可守礼部尚书。

十月戊辰朔，十七日庚辰，裴垍进呈与史官蒋武合编的《德宗实录》五十卷。这部《实录》精要翔实，时称信史。宪宗看了，十分赏识。特下诏褒奖。《褒裴垍等进德宗实录诏》曰：

朕获缵丕绪，宪章成式，永维皇祖之训，巍乎一代之典，爰俾撰录，垂之无穷。以卿台辅元臣，清直正气，博贯程制，该通古今。载笔之司，遂命监领。果谐朕志，克就厥功，缧绁永存，风烈尽在。祇若遗范，感慰良深，眷乃勤劳，增用嘉叹。所进知。

中书侍郎、同平章事裴垍因病多次请求辞职。

该年，被贬到湖南永州的柳宗元写了"永州八记"的前四记。其夫人去世后，他又续娶了"影子夫人"马室女雷五。而雷五的姨母曾与柳宗元有过夫妻之实。

元和五年（810），白居易秩满，在朝堂再议其叙用时，宪宗对崔群说："可听自便。"白居易亲见了朝堂深似海，风骤波险，难以适应，便主动请求外调，遂改授京兆府户曹参军。

元和五年秋，岭南宦官监军许遂振因与节度使杨于陵不睦，就借种种流言诬陷他，宪宗将他召回，安排了个闲职。裴垍面见宪宗说："仅凭监军几句话，未经核实，就罢黜耿直清廉的杨于陵这样的封疆大员。从今以后，谁还敢为陛下出朝独镇一方。此事怕不能草率呀！"

七月十九日，宪宗任杨于陵为吏部侍郎，未降反升，而让许遂振抵了诬告之罪。

因积年封赏混乱，朝廷欲整顿吏治，遂任裴度为司封员外郎，严把司封关。八九月，裴垍突然患了暴风痹，行动不便，言语不清。他请求辞职，宪宗不许。他上表称自己并非"肯将衰朽惜残年"，实际是因为病体难支。白居易代他撰写了《让宰相表》，宪宗非常惋惜，不断派御医予以诊治，可是见效甚微。裴度寻医找药，天天至床前护理。十一月戊戌朔，二十三日庚申，裴垍以中书侍郎同平章事，罢为兵部尚书，进阶银青光禄大夫。白居易代其上《答裴垍谢进阶为银青光禄大夫、兵部尚书》表陈谢。

元和六年（811）岁次辛卯正月庚申，李吉甫为中书侍郎、同平章事。元和六年二月壬申，李藩罢为太子詹事。六月，由于身体原因，李藩又罢为太子宾客。李藩病卒，年仅五十八岁，追赠户部尚书，谥曰"贞简"。可惜，这样的忠直之臣却过于短命，英年早逝。惜哉！痛哉。夏，四月戊辰，兵部尚书裴垍又左迁为太子宾客。这完全是由于李吉甫厌恶他，而乘机排挤之故。

因为久乱之后，人口锐减，不少大臣纷纷上奏撤并州县，以减少吏员，节省开支。六月，裴度遂上奏《废金牛等十六县为乡奏》：

> 兴元府废金牛县为乡三，洋州废洋源县为乡五，阆州废岐平县为乡四，利州废景谷县为乡五，通州废三冈县为乡四，废石鼓县为乡五，巴州废奇章县为乡四，废盘道县为乡五，蓬州废郎池县为乡六，废良山县为乡六，集州废通平县为乡十，璧州废广纳县为乡六，渠州废大竹县为乡三，废潾水县为乡三，凤州废黄花县为乡二，开州废万岁县为乡六。准今年二月敕，废金牛等十六县为乡，令并随便近割隶属诸县讫。

历来，省事不如省官。皇上当即批准。

元和六年（811）十一月底，裴垍病情加重。不久，便病逝于长安光德里私第。宪宗特地为之停朝一日，表示哀悼，赠赙十分优厚。朝命追赠其为太子少傅。白居易受命拟《赠裴垍官制》：

> 故太子宾客裴垍忠正恭慎，佐予为理。事君尽礼，殉国忘身。积忧与劳，构成疾恙。以致沦逝，念之恻然。顷属多故，未申礼典。永惟褒饰，宁忘于心。今则命数之间，宜从加等。庶使忠于君者，有以劝焉。可赠某官。

他享年仅仅五十余岁，不幸英年早逝。裴度作为家人，自始至终操办了其葬礼。家乡万民将裴垍的画像奉入闻喜乡贤祠中，作为后世修齐治平的楷模。

由于李绛从不顺意承旨，多有匡正，宪宗才更器重他。十一月己丑，拜李绛为户部尚书、中书侍郎。不久，便拜他为宰相，以接替贤相裴垍。《李绛守礼部尚书制》曰：

> 辅相之任，所贵乎纳忠；进退之宜，实重于申礼。其有以劳奉国，以疾固辞。聿怀谦让之风，是与优崇之典。朝议大夫、守中书侍郎、同中书门下平章事、上柱国、高邑县开国男、食邑三百户、赐紫金鱼袋李绛，端庄秉彝，亮直循道，抱凌寒之劲节，标肃物之贞规。尝以懿文，参于内署，亦以公望，贰于地卿；竭其器能，茂著宦业。洎居衮职，左右朕躬，远虑必陈，谠言无隐，竭致君之志，宏济俗之方。确角真心，郁有休问，而步履婴疹，趋侍为难。披诚上闻，稽首求免，乃眷毗倚，久之未从。星霜屡迁，衷恳弥激。宗伯秩礼，时惟大寮，宜从喉舌之班，用辍盐梅之寄。庶因清简，俾遂颐真，膺兹宠章，敬服尔命。可守礼部尚书，散官封赐如故。

十二月，裴度因卓异升为翰林学士，又以司封员外郎升为知制诰，成为专门为皇上起草诏书的"内相"。不久，他又升为司封郎中，负责三品以下官员的封授。这一年，裴度才四十七岁。裴度在吏部选官时，对一同过目的给事中说："吾辈侥幸已多，此辈优予一职半级，有何不可？"

该年江淮大灾，地方官上报灾情，派出视察灾情的御史却上言"不至为灾"。李绛上奏参劾，建议免租，广开营田。仅四年，灾区就增垦良田达四千八百顷，多收谷物四十余万斛，每年可节省调拨转运的度支钱二十余万缗。皇上连下两道圣旨，其《置两税使诏》曰：

> 两税之法，悉委郡国，初极便人，但缘约法之时，不定物估。今度支盐铁，泉货是司，各有分巡，置于都会。爰命帖职，周视四方，简而易从，庶叶权便。政有所弊，事有所宜，皆得举闻，副我忧寄。

其《令百官职田权充度支诏》曰：

> 百官职田，其数甚广。今缘水潦诸处，道路不通，宜令所在贮钱，充度支支用。百官却令据数，于太仓请受。

这件事详情一波三折，大致是这样的。

元和七年（812）七月己亥，宪宗立遂王李宥为皇太子。

元和七年（812），魏博节度使田季安死了，其党羽故伎重演，拥立其年仅十一岁的幼子田怀谏为副大使，总领军务。宪宗无法容忍这一恶例再现，宰相李吉甫也力主讨伐。但李绛却不主张立即用兵，还为宪宗做了一番鞭辟入里的分析，他说："河北诸藩使，担心部将权力过重，对自己不利，便将兵众分别隶属于各将，分而治之，使他们彼此势均力敌，以互相牵制，难以自专。当主帅威严明强时，足以制约各位悍将。而今，田怀谏尚属孩童，必须倚重委任一位部将代理军务。这样一来，本来平起平坐的诸将，就会厚薄不均，怨怒必起，难免纷争。以往的分兵之策，恰成今日祸乱根苗。我推测，无须官军出兵，怀谏必然会被不满的部将所杀。这样，朝廷便无须一兵一卒，不用一刀一枪，不战而屈人之兵。而杀田氏自代者，必然也不为内外众将所容，一定会被其他部将或邻道节度使所诛灭。因邻镇也怕同样的悲剧降临。而杀田氏者，如不归顺朝廷，必然会被其他藩镇所灭。因此，朝廷无须出兵，只需加紧演练兵马，静观其变，相机而动。如有魏博部将前来归顺效命，朝廷应不吝爵位重赏，厚加礼遇，以感召其余。只要有一二人前来归顺，其他人就会惴惴不安，驯顺恭谨地听命于朝廷了。"宪宗听了这番入木三分的剖析，不由得脱口喝彩："妙哉，妙哉！"

于是，朝廷对田怀谏的请封要求置之不理，坐待其变。事态果然如李绛所预料的那样，部将田兴举兵擒获田怀谏，举魏博属地与兵马，归顺了朝廷，并诚恳表示严格奉行朝廷法令，输纳贡赋，由朝廷任命官吏。李绛见时机成熟，便劝宪宗趁热打铁，派朝使去抚慰，并顺水推舟，下诏封田兴为魏博节度使。

十一月初六日辛酉，朝廷派有胆有识的司封郎中、知制诰裴度至魏博进行宣达慰问，宪宗李纯下《宣慰魏博制》：

裴度奉诏前往，其文曰：

> 奉君亲，竭忠孝，人伦之大端也，贤智所以尽心；赏功劳，懋名节，国家之急务也，皇王所以致理。朕嗣服丕业，恭临万邦，每念政之未孚，化有不暨，怵惕惟厉，载瘝于怀。尝以为肖质禀灵，皆思向善，亦在甄明抚导，推示至诚。树绩必使其光扬，罹患必图其安缉，永言及此，终食岂忘。魏博大藩，东夏雄屏，军戎勇于见义，黎庶怀于有仁。自中原始兵革之虞，河朔为用武之地。抱才器者，或感恩而尽力；申节效者，果因事而彰

明。时将大宁，斯获予志。近田季安薨谢，其子幼童，奸邪凭依，妄肆威福。一境危慄，惧致覆亡；比屋凋伤，疲于杼轴。田兴仗义奋发，翦去憸人，大安方隅，屡献忠恳。达三军奉上之志，激千里望阙之诚，誓遵典彝，丕变旧俗。忠谏指切，感于朕心，是用特授旌旄，俾靖封略，言念将士，同德叶谋。守正如金石之坚，凌寒挺松柏之操，垂令名于不朽，示臣节于将来。清风载扬，丹款可鉴，嘉尚叹息，劳于寝兴。赏不逾时，式示旌劝。其管内百姓等，身劳耕稼，力竭征徭，每念予怀，用当忧悯。宜令司封郎中、知制诰裴度往魏博宣慰，亲谕朕意，仍赐钱一百五十万贯，以河阳院诸道合进内库绫绢绵等支送充，赏给将士及六州县百姓。差科宜给复一年，使之苏息。州县之中，或有残破偏甚者，委田兴逐便宜处分。

朕以布泽之时，务从人欲，好生之德，期洽众心。魏博管内，宜赦见（现）禁囚徒。其与田兴协心立功大将及判官等，委兴具名衔闻奏，当有甄升，如有父母在，别加优恤。当道从前以来官吏将校等，或忠义可嘉，而刑戮滥及。如有此色，委田兴条录奏闻，当加追赠；如有家口见（现）存，宜厚加优恤。管内高年茕独，或天宝遗人，凤霑皇化，或孤独废疾，不能自存，委田兴差官存问，仍量给粟帛。管内有清勤奉职，为众所知者，委田兴具事迹奏闻，当加进改。如身在邱园，行义素著，或才兼文武，名节可称，亦委田兴具名闻荐。赠太尉（田）季安，姻戚旧臣，尝任将相，饰终之典，宜示优崇。其葬事委田兴差官勾当，礼物之间，务从周厚。田怀谏在疚之初，政出群小，因致军府骚然不宁。以其幼年，有足矜悯，待其到京之日，一门量加存恤。

呜呼！奖善念功，唯恐不及；恤人厚下，唯恐不丰。庶洽雍熙，遂櫜弓矢。为善繇己，其道信然；树德务滋，在乎终始。凡百多士，宜悉朕怀。

田兴请求朝廷命令，朝廷感念他的一片忠心，特地为其赐名弘正。裴度将至，田弘正郊迎趋拜。裴度宣达《授田兴魏博节度使制》曰：

经邦制理，先务于安人；秉义纳忠，谅存乎体国。其有坚持正性，动合众心，才当与能，善足垂劝，则宜荷推毂之寄，为分阃之臣，建侯贞师，宣我利泽。魏博军步射都知兵马使、同节度副使、检校秘书监、兼御史中丞、沂国公田兴，深明有融，忠孝是力，介若金石，通乎弛张，效用思齐于昔贤，洁诚期报于君父。生此王国，迹沦戎藩，逢时乃彰，会节有立。日者，元臣即代，裔子幼年，小人任事以作威，诸将屏息而增惧，政理滋紊，刑章亟乖，群臣危疑，几致颠越。朕用忧悯，方图辑宁，而兴任在辕门，深惟大体，义勇斯奋，奸雄伏辜，士心所归，不令而肃，征镇安固，厥庸茂焉。既而，保贵胄之家，将到上国；全故帅之绩，求复中军，表章屡疏，情恳备至。以勋则特异，以义则可观，周旋令图，盖有余裕。朕高悬爵命，以待能贤，嘉尔殊劳，允宜懋赏。晋军谋帅，郤縠尝学于《诗》《书》；汉将议功，窦融实冠于名节。魏郊巨镇，河上奥区，杖钺可以宣国威，观风可以率彝典。习俗至于丕变，疲甿俟而佇康，仁光册书，用寄心膂。荣级继登于七命，显秩超践于六卿，仍兼副相之雄，以重元戎之寄。服兹休命，其懋戒哉！可银青光禄大夫、检校工部尚书、兼魏州大都督府长史、御史大夫、充魏博等州节度管内支度、营田、观察、处置等使，勋封如故。

裴度对田弘正讲述"君臣之义"，使之心悦诚服地归顺。裴度又广泛地存问当地高年、孤独、废疾不能自养者，使六州军民感悦，使之"奉上益谨"。裴度遵圣旨，"赐三军赏钱一百五十万贯，以河阴院诸道合进库物充值赐给。六州百姓合覆（免租税）一年，兼赦管内现系囚。"田兴感激涕零，对朝廷忠贞不二，士卒也无不欢欣鼓舞。河北诸镇多次派说客引诱他背叛，弘正均不为所动，一遵旧约。此后长达十年之间，这是河北归顺朝廷的唯一藩镇。终田兴之世，魏博镇一直是朝廷所倚重的力量，成为插入河北诸藩镇心窝的一把利刃，使他们后顾生虑，不敢再肆无忌惮地向朝廷叫板。二十年间，几十万大军难以制服的藩镇，竟然让裴度这一介书生降伏了，不能不说是一个奇迹。

裴度返京，进拜中书舍人。白居易拟《除裴度中书舍人制》：

> 司勋郎中知制诰裴度以茂学懿文，润色训诰，体要典丽，甚得其宜，施之四方，朕命惟允。况中立不倚，道直气平，介然风规，有光近侍。台郎满岁，班列当迁，纶阁之职，所宜真授。可中书舍人。

王建写了《上裴舍人度》以致贺：

> 小松双对凤池开，履迹衣重（一作香）逼上台。天意皆从彩毫出，宸心尽向紫烟来。非时玉案呈宣旨，每日金阶谢赐回。仙侣何因记名姓，县丞头白走尘埃。

# 第九章 奉诏入朝

元和八年（813）三月甲子日，武元衡被征拜为门下侍郎、同中书门下平章事。《复授武元衡门下侍郎平章事制》曰：

门下：邦国之兴，将相是资，选众而举，思贤俾乂。故有台臣外抚，宣力已靖于四方；衮职迭居，懋功复凝于庶绩。允兹崇践，爰属上才。前剑南西川节度副大使、知节度事、管内支度、营田、观察、处置、统押近界诸藩及西山八国、云南安抚等使、银青光禄大夫、检校吏部尚书、兼门下侍郎、同中书门下平章事、成都尹、上柱国、临淮郡开国公、食邑二千户武元衡，粹厚端庄，简易常一，有诚明之道以致用，有宏茂之略以佐时。贞方自得于性术，操尚不怼于风雨，加以懿文合雅，聚学承师，通礼乐刑政之源，达古今治变之要。历登华贯，休闻穆然；洎处钧衡,中立不倚。致君思尧舜之盛,修职以郦魏为宗,翼戴之勤,夙夜弥亮。彝伦攸叙,鼎饪载和,益部大藩,比仗兼济。而能布宣威惠,抚茬蛮髦,县道辑宁,疲黎安息。推心而下皆率附,正己而人自响方,临之累年,理有殊等。朕以出纳王命,缉熙帝图,总庶官之职业,为百度之扃键,唯此重任,属于黄扉,分忧遂辍于殿邦,具瞻再归于硕望,尔尚行之以中正,煦之以和平。毗于一人,膏润天下,祗膺礼命,无替徽猷。可守门下侍郎、同中书门下平章事、兼崇元(玄)馆大学士、充太清宫使。

己巳日,武元衡准备启程自西川回京为相。蜀中人士为武元衡举办烧尾宴。席上,众人贺道:"鱼将化龙,雷为烧尾。武相公入相,我等期待着新官升任三把火。一把火,照明前程;二把火,烧开局面;三把火,烧出一片新气象。"不久,裴度就以本官判东都尚书省事,充东都洛阳留守。这正是:用一贤人,群贤毕至。

李吉甫编撰的《元和郡县图志》完成,配有全国各道、府、州、县疆域地图,成为一部图文并茂的地理志,对治国理政很有助益。武元衡与裴度均以之为资治宝图。

十二月庚辰朔,裴武被任命为京北尹,于天子脚下执政。其一门属于裴氏三眷中的中眷,自裴光庭起,四代人就有多人任为尚书以上官员。

韩愈是孟郊(751—814)的好友,对其诗语言质朴、情感真挚、寒苦酸楚的独特风韵十分赞赏。他有众人传颂的《游子吟》。时人有"郊寒岛瘦"之评,并将韩愈、孟郊、贾岛、刘叉等并称"韩孟诗派"。他们的诗具有多为拗句,好用奇僻生词,爱押险韵,以文为诗的特点。裴度唯独欣赏韩文而不喜欢韩诗。他曾说:"政坛李绛,文坛韩愈,堪为吾师。"

元和九年(814)岁次甲午,二月癸卯,李绛罢为礼部侍郎。李绛,字深之。自元和六年(811)十一月拜相,至九年正月,为相共计二年两个月。他曾向宪宗献言如何实现中兴,说:"陛下如果真能正身励己,尊行道德,远斥邪佞,奖进忠直。与大臣言,恭敬而诚信,屏退小人;与圣贤交游,亲近而礼敬,不让不肖之辈参与;黜庸人任贤能,内销怨旷,精择将帅,士卒勇毅;官师公正,治风自变。"宪宗赞叹道:"美哉!斯言。朕将书写在绅带上。"这是将以之为座右铭。

当时,宦官当权,李绛提醒宪宗:"自古宦官败国的事,备载史册,陛下岂能不防?"吐突承璀专横跋扈,宪宗十分不满,反而责怪李绛。李绛说:"陛下视臣为心腹耳目,若臣临事畏避,保持沉默,爱身不言,是臣辜负陛下;据实直言,而陛下不听,就是陛下有负为臣。臣所谏论,对臣无利,却有利于国。"宪宗感动地说:"卿尽节于朕,人所难于启齿的,卿全讲了出来,使朕闻所未闻,确属忠臣。"于是,委任他为中书舍人。

官场里进奉行贿成风,唯李绛没有。宪宗问他,李绛说:"镇守一方的地方大员,变本加厉剥削百姓,转而奉上,以换取恩宠,难免成为天下万人所指。何况,为臣担任的是户部长官,管着陛下府库里的资财物品,进出都有账册登记,哪里会有剩余。为臣不屑这样做!"皇上十分嘉许他的忠直,更加看重他。在他的努力下,终于使宪宗下诏:"蠲免租税,放出宫人,杜绝进奉,罢宫市,禁掠卖。"

李绛的至理名言尚有:"理生于危心,乱生于肆志""自古纳谏昌,拒谏亡。"

商人张陟欠了杨朝汶的高额利息,无力偿还,就逃跑了。五坊使杨朝汶滥捕民人,逼以拷捶,责令追缴利息钱,众百姓受刑不过,就辗转互相牵扯,牵连在案的多达上千人,搞得民怨沸腾。杨仗着皇帝的威势,就抄了张陟家,在其商务往来账册上,发现了西川节度使"卢坦"的欠条,于是就抓捕了卢坦在京城的家人。这件事,债权与债务人并非同一桩债务,本应隔手不打人。但卢慑于五坊使的威势,也不敢去申辩,就私下筹钱结清了这笔"债务"。事后才查清那原来是郑滑节度使卢群所写的欠据,而非卢坦，显然是张冠李戴了。真相大白之后，卢坦之子要求杨朝汶退还其钱物，杨却说："事情固然是弄错了，但你交来的钱已经入账，不能再退还给你了。"天下竟有这等蛮不讲理的人。

中丞萧俛、崔群上言劾奏，裴度也一再论及此事。九月，裴度着手处理杨朝汶利息钱事。不料皇上却说："朕正和众爱卿讨论用兵之事，此等小事，朕自会处理。"裴度说："用兵事小，担忧的不过是山东。五坊使横行天子脚下，恐怕祸乱整个朝廷。"皇上不悦，退朝后召来杨朝汶责备说："为了你，几乎使朕羞见宰臣。"至冬十月，赐杨朝汶自尽，全数释放了因欠系押者。

元和七年（812）岁次壬辰。八月戊戌，魏博节度使田季安卒，时年仅三十二岁，朝廷追赠其为太尉。其夫人元氏诸将立田怀谏为副大使。不几天，而其部将们却拥立了步射都知兵马使田布。十月己未，朝廷采取反制措施，偏以田兴为知军府事，取代怀谏。田兴就率其治下六州归顺了朝廷。元和九年（814）六月壬寅，河中节度使张弘靖为刑部尚书，同平章事。可是不几天，就因病而免官。

元和九年（814）十一月二十五日戊戌，裴度改任御史中丞，他处处抵制宣徽院的扰民暴行，沉重打击了宦官势力。当时，为了维持皇室宗族的奢靡生活，设置了许多供奉皇族玩乐的机构。唐宫苑五坊含花草坊、鸡坊、狗马坊、象兽坊、鱼鸟坊（鹦鹉、八哥、猎鹰）等。每坊有小儿五百余人，总计不下两千五百人。这是除梨园歌坊以外，另一套供奉皇帝斗鸡走马专司玩乐的机构。

这些宣徽院五坊小使，每年秋天在京郊一带训练鹰犬。所到之处，各级官吏必须热情迎候，盛宴款待。在酒醉饭饱后，还得送一份厚礼。宫使们随心所欲，强行勒索，甚至在百姓门口张网捕鸟，不准人出入惊扰。或者是把网张在井台上，不让人靠近打水。百姓们畏之如虎，唯恐避之不及。稍不如意，他们就装腔作势地说："你惊吓了我供奉的鸟雀，该当何罪！"他们又常常聚集在酒店里大吃二喝，店主从来不敢要钱。离开时，他们还会留下一筐子蛇，命令主人说："我用这些蛇来供养皇上的鸟雀，你可要好好饲养它，不要让它饥渴。"主人惹不起，又是赔不是，又是给他们私下塞钱行贿，百般恳求，他们才肯带走。元和初年以来，虽然多次整治，但已相沿成习，故态难除。

宫市的巧取豪夺，搞得民怨沸腾。白居易对这一弊政也深恶痛绝，他连续写了《宿紫阁山北村》：

晨游紫阁峰，暮宿山下村。村老见余喜，为余开一尊。举杯未及饮，暴卒来入门。紫衣挟刀斧，草草十余人。夺我席上酒，掣我盘中飧。主人退后立，敛手反如宾。中庭有奇树，种来三十春。主人惜不得，持斧断其根。口称采造家，身属神策军。主人慎勿语，中尉正承恩！

《红线毯》：

红线毯，择茧缲丝清水煮，拣丝练线红蓝染。染为红线红于蓝，织作披香殿上毯。披香殿广十丈余，红线织成可殿铺。彩丝茸茸香拂拂，线软花虚不胜物。美人蹋上歌舞来，罗袜绣鞋随步没。太原毯涩毳缕硬，蜀都褥薄锦花冷，不如此毯温且柔，年年十月来宣州。宣城太守加样织，自谓为臣能竭力。百夫同担进宫中，线厚丝多卷不得。宣城太守知不知，一丈毯，千两丝。地不知寒人要暖，少夺人衣作地衣。

《卖炭翁》：

  卖炭翁,伐薪烧炭南山中。满面尘灰烟火色,两鬓苍苍十指黑。卖炭得钱何所营?身上衣裳口中食。可怜身上衣正单,心忧炭贱愿天寒。夜来城外一尺雪,晓驾炭车辗冰辙。牛困人饥日已高,市南门外泥中歇。翩翩两骑来是谁?黄衣使者白衫儿。手把文书口称敕,回车叱牛牵向北。一车炭,千余斤,宫使驱将惜不得。半匹红绡一丈绫,系向牛头充炭直。

  五坊小使曾经窜到下邽县,县令裴寰生性刚正,疾恶如仇,除给其安排了公馆,让他们住了一夜之外,全无曲意供奉。小使一无所得,怒气冲天,悻悻而去。回到朝廷,他们就诬陷裴寰口出狂言,轻慢朝廷。这些话传到宪宗耳朵里,震怒无比,命令把裴寰抓来下狱,想要定他"大不敬"之罪,依律重处。

  宰相武元衡等人苦口婆心,说了许多道理来启悟皇上。皇上还是恼怒不已,裴寰仍然被捕关押。裴度进延英殿上奏政事完毕,看皇上高兴,顺便替裴寰辩护,皇上反倒更为震怒,气呼呼地说:"像爱卿所说的,裴寰若没有罪,就应该处治五坊小使;如果小使没罪,就该处治裴寰。"裴度回答道:"按律,确实像皇上所言。但裴寰作为陛下的臣僚,百姓的父母官,他如此爱惜陛下的百姓,怎么可以加此重罪呢?"皇上的满脸怒色这才消散了。第二天,皇上就命令释放了裴寰,并让他官复原职。

  京城百姓听说此事,欢呼雀跃。下邽百姓出城三十里,夹道欢迎这位刚正的县令。满朝文武也为有裴度这样刚正忠直之臣而深感庆幸。民心顺了,才能大力支援前线。

  武元衡欣闻洛阳香山寺修葺一新,便往游览,随后写了《春题龙门香山寺》:

  众香天上梵仙宫,钟磬寥寥半碧空。清景乍开松岭月,乱流长响石楼风。山河杳映春云外,城阙参差茂树中。欲尽出寻那可得,三千世界本无穷。

十二月戊辰,尚书右丞韦贯之出任宰相。

## 第十章 裴度遇刺

早在元和四年（809）冬，蔡州吴少诚病得连人都认不出来了。其家僮鲜于熊儿假传吴少诚的命令，召来吴少阳代理副使职务，让他主管军镇和州府事务。十一月二十七日己巳，吴少诚逝世，其子吴少阳自立为留后。吴少诚还有个儿子名叫吴元庆，骄纵狂妄，暴戾难制。

听说吴少阳自立，李吉甫在淮南，自请移治至寿州，并以天子之命前往招抚吴少阳，并计划用反间计离间其将帅。恰逢朝廷讨伐王承宗，无暇顾及，未能采纳他的计策。李绛等人也上奏说："吴少诚定然一病不起。淮西的情况与河北不同，它四周不与叛贼相邻，没有外援，较易讨伐。当务之急，宜先稳住河朔，集中兵力讨伐蔡州。"宪宗因为河朔正在用兵，无力讨伐吴少阳，遂于三月十九日，顺水推舟，任命吴少阳为淮西留后。吴氏不仅不感恩，还四处攻城略地，抢劫商民财物，远涉淮海至关东间的一千余里，甚至兵逼洛阳。朝廷派使者去蔡州吊唁，以观察其虚实。他借口内部不稳，有人闹事为由，连谎带吓地将朝廷使臣赶了回去。

八月，吴少阳召见吴武陵。吴武陵先写信告诉他："您不要相信什么部下不会欺骗您，别人的心思与您一样。您反叛天子，别人也会反叛您。换位细想，别人的心思就可知晓十之八九。"闻言，吴少阳良久无语。从此，吴少阳忧郁成病。闰八月丙辰，淮西彰义军节度使吴少阳病死，其子吴元济自称知军事。他控制着申州（信阳）、光州（潢川）、蔡州，屯兵吴房（遂平）、洄曲（商水）等千里沃野，成为中原大地上的一支最大割据势力。然而，朝臣多数主和，裴度却认为淮西是不得不除的"心腹大患"，认为"其破败可立待"，从而坚定了宪宗平叛的决心。

元和七年（812），宪宗发兵讨淮西前，为了加强周边，支援前线，特任命薛平为滑州刺史、郑滑观察使、御史大夫。滑州地处黄泛区，百姓久受其害。为了减缓水患，他与魏博节度使田弘正协商，达成一致，另行赐地于民，将河道拓宽了二十里，使当地免受水灾之苦。薛平因此升为金吾大将军。元和八年（813）岁次癸巳正月辛未，权德舆罢为礼部尚书。

元和九年九月，宪宗宣布由严绶、李光颜，乌重胤等讨伐淮西，并召见裴度筹划此事。河北藩镇闻讯，怕失去外援，便按捺不住，磨刀霍霍，相机而动，准备援助淮西。这使讨蔡之役牵一发而动全局，形势变得更加复杂严峻。

十月，讨伐淮西之战终于打响。丙午日，主政宰相李吉甫却突然暴病而亡，年仅五十七岁。朝廷任裴度为御史中丞。甲子日，严绶出任申、光、蔡州招抚使，督统诸道兵马讨伐吴元济。

元和十年（815）岁次乙未。朝廷几路兵马围攻淮西，却久攻不下。二月，严绶于磁州兵败，休战主和之声又是一片喧嚣。幸亏，宪宗在裴度等主战大臣的支持下，未曾动摇，才使平定藩镇的行动得以继续实施。

裴度十分同情刘禹锡等天下知名才子。刘禹锡等人被贬十年，韩愈以刘禹锡有老母在堂为由，劝皇上重新起用刘禹锡。裴度也说："刘禹锡虽说确实有罪,然而母亲年老,和她儿子生离如同死别,实在令人伤心。"宪宗说:"为人之子,更应谨慎,不让父母忧,无贻父母羞,这正是刘禹锡应该加以重责的原因。"裴度说:"陛下正奉养太后,恐怕刘禹锡也在应予怜悯之列。"宪宗过了一会儿才说:"我所说的话,只是用来责备做儿子的罢了,并不想伤他母亲的心。"退朝后,对左右的人说:"裴度爱我之心,终归是很深切的。"次日,下命改任刘禹锡为连州刺史,任所比原贬谪地近了许多。

刘禹锡十分感激地上了《上门下裴相公启》:

某启:向者,淮右逋诛,即戎岁久。天子斋戒,以命元臣,登坛之日,上略前定,从九天而下,纵以神兵;分六符之光,扫其长彗。授钺于西颢之半,策勋于北陆之初。功成偃节,复执大柄。君臣相遇,播于乐章;山河启封,载在盟府。上方注意,人益具瞻。因鱼水之叶符,极夔龙之事业。时属四始,恩覃万方,致君及物,其德两大。古先俊贤所未备者,我从容而保之。殆非人事,抑有幽赞夫!异同之论,我以独见剖之;文武之道,我以全材统之;崇高之位,我以大功居之;造物之权,我以虚心运之。然持盈之术,古所难也。实在阴施拯物,厚其德基,以左右功庸,而百禄是荷。人所欣戴,久而愈宜。昔袁太尉不忍锢人,而楚狱衰息,一言之庆,而子孙丕承。以今日将明之材,行前修博施之义。笔端肤寸,泽及九垠。犹夫疾耕必有滞穗。某顷堕危厄,常受厚恩,谊盟于心,要之自效。常惧废死荒服,永孤愿言。敢因贺笺,一寄丹恳。顾非奇理不足以萦于冲襟,利于行者固在乎常谈,而卓诡孤特之言,未必利于行也。伏惟以愚言与贤者参之。谨启。

此后，永贞革新的主要成员刘禹锡、柳宗元、韩泰、韩晔、陈谏五人才被相继召回内地或京城。当时，白居易任东宫左赞善大夫。

三月庚子日，李光颜于临颖打败了吴元济的军队。四月、五月又于时曲击败了叛军。

五月，宪宗因讨淮西久未成功，决计派遣中丞裴度到前线行营宣达抚慰，察看各兵营的形势。裴度分别会见了各路将领，一一问明用兵详情才返回。他坚信淮西必定能攻下，并且说："观察众位将领，只有李光颜忠勇而又深明大义，必定能立功。"不几日，李光颜果然打了胜仗。宪宗赞叹裴度知人善任。三日后，升任裴度为刑部侍郎。

宪宗从李吉甫逝世后，就把用兵征讨大计全交付给武元衡统筹。王承宗派牙将尹少卿入朝奏事，为吴元济游说。尹少卿来到中书省，说话很不恭逊，武元衡把他呵斥了出去。王承宗就上书诋毁武元衡。二十三日，宪宗把王承宗前后三次所上的奏表拿给百官看，议定其反复无常之罪，决定拒其朝贡，以示警告，并允许其改过自新。

李师道豢养的一个刺客王士元劝李师道说："天子之所以坚决讨伐蔡州，全怪武元衡、裴度等强硬派辅佐他。请让我去刺杀他。如果武元衡一死，其他宰相，就不敢再主张伐蔡，定会劝天子停止用兵，我们山东自然就可以高枕无忧了。"李师道认为有理，便立即派他前往谋刺。

四月，李师道气焰十分嚣张，"发兵四出，屠舞阳，焚叶县，掠鲁山、襄阳"，一直"及于东畿"。他派出的几十个强贼攻打河南转运院，杀死十几个吏卒，焚烧了钱帛三十万匹缗，谷物三万余斛，使关东震骇。

六月初三日癸卯，头饰红布鸡冠的鸡人用竹梆刚敲过五更（更筹），天色已近拂晓。武元衡起床梳洗，带上奏表，准备上朝。当时，天还没完全亮，星光灿然。武元衡离府，刚出了靖安坊东门，贼人就突然从暗处窜出，打灭了导从的灯笼，用箭射中了武元衡的肩膀，又用刀砍伤了他的左大腿。随从的侍卫抵敌不住,都四散逃跑。贼人拉着武元衡的马,走了没几步,就砍下了他的头颅,火速离去。武元衡死时,仅五十八岁。惊马跑回武府,家人才知道发生了惨案,马上派家人去看,抬回的却是武相残缺的遗体。一时间,合府哭成一片。巡逻士卒大喊"盗杀宰相",喧呼声传十余里,致使京城一片恐怖气氛。一时间,草木皆兵,风声鹤唳。

另一路刺客赶往通化坊袭击裴度。贼人左右夹击,接连三刀砍伤了裴度的头部。裴度掉到沟里。但他戴的毡帽很厚,才伤不致死。侍从王义从身后抱住贼人,大声呼救,贼人砍断了王义的手臂,跑掉了。刺客逃走,王义咬着牙,才和几个卫士将裴度拉出壕沟,抬回家中,慌忙请医家急救,幸无大碍。一会儿,武丞相元衡的死讯传来,裴度不顾伤痛,大放悲声,恨不得替他去死。卫士还捡回了那顶已被砍破的毡帽。那是前一天一位友人刚送来的,很厚实。不料,第一次戴上,竟救了一命。

皇上车驾刚进了紫宸门,就听到噩耗,十分震惊,哀痛得哭出了声。他马上升座延英殿,召见几位大臣,追赠武元衡为司徒,赠谥"忠愍",且赠赙厚葬。皇上悲伤得好几顿都未吃饭。皇上派重臣赶往裴度府上探望,传达口谕:"皇天上帝为国为朕留下了裴爱卿!"并叮嘱他安养一月,痊愈后再上朝也不迟。皇上命金吾卫去日夜守卫值宿裴度与诸重臣府第,并每天派御医前来诊视。

从此,朝廷士大夫们,天不亮,都不敢出门。有时,皇上上朝很久了,官员们还没有到齐,更别说列班朝见了。为了安全起见,皇上下令,宰相出入,加派金吾骑士,箭上弦,刀出鞘,严加护卫,所过之处,必须仔细搜索。

裴度受伤后,卧床养了二十天。有人建议让他上疏加紧搜捕刺客,裴度说:"皇上若不下决心,我若催促,倒像为了报私仇。反而无益。"

面对暗杀,满朝人情恐惧,主和派纷纷要求罢兵,以缓和与藩镇的关系,安定恒郓藩镇之心。有的人请求罢免裴度官职,以安抚恒州、郓州的割据势力。宪宗生气地对主和众臣说："若是罢了裴度的官，让奸人计谋得逞，如何重振朝纲。我任用裴度一人，足以打败两镇逆贼！"裴度才疗养二十天，就来上朝。二十四日，宪宗召裴度入朝问话，裴度表示与叛贼势不两立。他见宪宗默默无语，就说："淮蔡为朝廷心腹大患，不得不除。现在即已开始讨伐，两河藩镇跋扈者，均在看形势变化，所以征讨只能一鼓作气，直至全胜，不可中途停止。"宪宗很赞同裴度的意见。

裴度带伤看望在太医院诊治的王义，恭请御医精心疗治，答应让他永远留在裴府，看家护院，并妥为安置其家。同时嘱咐他仔细回忆当时情况，以便查明刺客。该年，科举考试中，新科进士撰写《王义传》者，十人中竟有两三个。

武元衡身死，裴度受伤，威胁临头，朝廷不得不应战。

贼人投寄黑信给金吾和各府县，进行恐吓："不要急着抓我。不然，我先杀你。"不久，京兆尹、兵部、金吾尉，均收到类似威胁信件。所以，捉贼的人也不敢太急迫。兵部侍郎许孟容对皇上说："自古以来，从来没有宰相横尸街头，而刺客却捉不到的。这是朝廷的奇耻大辱啊！汉朝重用了一位汲黯，奸臣们的计谋就全部破产了。当今朝廷并无失德之处，而狂贼竟敢这样，显然是认为朝廷没有能人啊！我希望天子能起用裴中丞辅政，让他执掌兵权，大举搜捕贼党，追查元凶，刺客一定能抓到。"不久，孟容累迁吏部侍郎，他在中书省擦着泪说："请上奏皇上，起用裴中丞当宰相，搜索贼党。"初八日，唐宪宗李纯下《捕杀武元衡盗诏》：

> 朕以不德，君临万邦。不敢自逸，每怀兢惕。而凶狡窃发，残我股肱。是用当宁废朝，通宵忘寐，永怀良辅，何痛如之！宜极搜擒，以摅愤毒。天下之恶，天下共诛。念兹臣庶，固同愤叹。宜令京城及诸道所在同捕逐。有能获贼者，赐钱一万贯，仍与五品官。有官超授，如本。虽同谋或曾停止，但能纠告其罪，

仍同此科。敢有藏匿,全家诛戮。布告远近,使明知之。

朝廷下令京畿内外各地搜捕凶犯,抓到凶手的人赏钱一万缗,赐五品官;胆敢包庇窝藏的,诛灭全族。"金吾展开全城拉网式大搜捕,闾里坊市,无所不至,连公卿家中有夹墙和楼阁的,全都搜索到了,但仍一无所获。

白居易上组诗《放言》,其(三)曰:

劝君王分辨忠奸,其诗云"赠君一法决狐疑,不用钻龟与祝蓍。试玉要烧三日满,辨材须待七年期。周公恐惧流言日,王莽谦恭未篡时。向使当初身便死,一生真伪复谁知?"

皇上读了,若有所思。想到"大难不死,必有后福"的古谚,暗中下定了重用裴度的决心。元和初,裴度为监察御史。这监察御史最早始置于隋朝,其职司为巡查州县,检视刑狱,整肃朝仪,纠察百官。但他年轻气盛,论权倖话语过于切直,而违忤了圣旨,被擢出朝廷,任为河南府功曹参军。武元衡为帅四川,表请裴度为节度掌书记。不久,又自西川召为起居舍人。元和六年,裴度以司封员外郎知制诰,拜中书舍人。二十多年间,他见惯了朝政风云变幻,战场刀光剑影,看透了世道人心,认清了邪不压正,裴度逐渐成长为一位成熟的政治家。

元和十年(815)六月乙丑日,宪宗下《授裴度中书侍郎平章事制》,即以御史中丞裴度为宰相。韩愈时任考功郎中、知制诰,代拟此制。全文如下:

门下:辅相之任重,作予股肱;经济之才难,注人耳目。苟非虑周物表，识洞事先，则何以出纳中枢，平章大政。询于时论，佥曰：汝谐朝议郎、守御史中丞、兼尚书、刑部侍郎、飞骑尉、赐紫金鱼袋裴度，劲直循道，清通秉彝，文融菁华，行茂枝叶，居然廊庙之器，出于领袖之门。西掖司言，南台执宪，常怀远略，屡告嘉猷，实宣力以徇公，况处身而忧国。霜雪无改，雷风有恒。朕欲旋观其能，用试于事。俾历戎闻，载驰使轩，王泽涣汗以遐宣，军情密勿而上达。将议抽擢，因罹震惊。崇道德之藩篱，士有致命；资忠信之甲胄，兵无容刃。人具瞻尔，天方贵予。昆命于龟，爰立作相。尔其展四体，坚一心，广其道以用贤，厚其风以易俗。五兵未戢，尔惟保定武功；百姓未康，尔惟勤恤人隐，临事必断，当官而行。齐台阶于底平，补衮职之有阙。光膺慎选，其戒之哉！可朝议大夫，守中书侍郎、同中书门下平章事。勋赐如故。

裴度一再辞让，韩愈又应邀为其写了《为裴相公让官表》：

臣某言：伏奉今日制书，以臣为朝议大夫，守中书侍郎、同中书门下平章事。承命惊惶，魂爽飞越，俯仰天地，若无所容。臣某诚惶诚恐，顿首顿首。

臣少涉经史，粗知古今，天与朴忠，性唯愚直。知事君以道，无惮杀身；慕当官而行，不求利己。人以为拙，臣行不疑。元和之初，始拜御史。旋以论事过切，为宰臣所非，移官府廷，因佐戎幕。陛下恕臣之罪，怜臣之心，拔居侍从之中，遂掌丝纶之重。受恩益大，顾己益轻。苟耳目所闻知，心力所迨及，少关政理，辄以陈闻。于裨补无涓埃之微，而谤讟有丘山之积。陛下知其孤立，赏其微诚。独断不谋，奖待逾量。

臣诚见陛下，具文武之德，有神圣之姿，启中兴之宏图，当太平之昌历，勤身以俭，与物无私，威怒如雷霆，容覆如天地。实群臣尽节之日，才智效能之时。圣君难逢，重德宜报，苦心焦思，以日继夜。苟利于国，知无不为。徒欲竭愚，未免妄作。陛下不加罪责，更极宠光。既领台纲，又毗邦宪。圣君所厚，凶逆所仇。阙于防虞，几至毙踣。恩私曲被，性命获全。忝累祖先，玷尘班列。未知所措，祗自内惭。岂意陛下擢臣于伤残之余，委臣以燮和之任。忘其陋污，使佐圣明。此虽成汤举伊尹于庖厨，高宗登傅说于版筑，周文用吕望于屠钓，齐桓起宁戚于饭牛，雪耻蒙光，去辱居贵。以今准古，拟议非伦。陛下有四君之明，行四君之事。微臣无四子之美，获四子之荣。岂可叨居，以彰非据。

方今干戈未尽戢，夷狄未尽宾。麟凤龟龙未尽游郊薮，草木鱼鳖未尽被雍熙。当大有为之时，得非常人之佐，然后能上宣圣德，以代天工。如臣等类，实不克堪。伏愿博选周行，旁及岩穴。天生圣主，必有贤臣。得而授之，乃可致理。乞回所授，以叶群情。无任恳款之至。

数日，不见答复，他又上《让平章事表》：

臣某言：臣闻知足不辱，知止不殆，若险危而久处，驽劣而又病，则颠陟之期，斯须可待。况臣本性褊狭，久尘枢近。众所谓否，心有可焉；众所谓可，心有否焉；则皆尽言，莫敢畏避。所以居多忤物，动不适时。圣恩虽为曲全，人理终难自咎。臣某中谢。伏惟尊号皇帝陛下绍开洪业，再受景命，荡诸夏之妖孽，致群生於仁寿。臣之厚幸，遇此昌期，徒荷圣功，莫效分寸，乞避贤路，少安疲病。臣不敢广引前事，崇饰虚辞，直以折足为忧，冀有保身之望。若任在（阙二字）可以匡辅朝廷，则臣以生前，岂敢爱惜性命？但以去之无损，留则可哀。傥受始终之恩，是全进退之道。无任悃款之至。

宪宗不许，裴度只好拜受，入主钧轴。消息传出，人心才安定下来。这是裴度首次入相，时年五十岁。

皇上于内殿召见裴度，对他说："蔡州用兵，选择元帅甚难。天子用将帅，像造大船渡沧海，立功已多，其成就大，一日万里，无所不达；若乘一苇而蹈洪流，就会劳多功寡，其倾覆也快。朕今托卿以摧狂寇，可谓一日万里矣。"裴度曰："臣虽不才，敢以死效命。"说着，泣下沾襟。皇上亦为之动容，热泪盈眶。

裴度上奏说："臣愿带兵去讨平淮西。"宪宗就把用兵的事全部交由裴度统筹。从此，讨逆才日益急迫起来。当时，从代宗朝，四镇叛乱后，为防结党营私，制度规定，宰相不得在私宅接见宾客。朝廷还派人监视，一旦发现，就去告密，随后就可能贬官撤职。为了安全，裴度上奏说："现在寇盗还没平定，宰相应当广泛召请天下四方贤才，共同参与谋划。请允许宰臣可以在私第接见宾客。"皇上特许了此事。

七月庚子朔，二十日乙未，以京兆尹裴武为司农卿，因其维护京城治安与捕盗不力。

白居易首先上疏，请加紧搜捕刺客，限期破案，志在必得，以洗刷朝廷的耻辱。宰相张弘靖、韦贯之认为白居易是东宫属官，不宜越位在谏官上奏前就议论朝政，实属僭越。在裴度遇刺的"国之奇耻大辱"中，他上书力请"捕盗"，竟被视为"越职奏事"。表面是嫌他越权出位，其实，他是既"得名于文"，也是"得罪于文"。其真实原因在于白居易写了许多讽喻诗，如"直道速我尤，诡过非吾志。胸中一年内，销尽浩然气"，揭露贪腐,抨击宦官,同情人民,刺到了执政者的痛处。不久,有人上疏说:"居易老母亲系坠井而死,而居易竟然赋了首《新井》诗,言辞浮华,实无德行,不可大用。"白居易初涉官场,真不知河水深浅。老母亲去世本与《新井》诗毫无关系,但现在做官了,众人瞩目,一句话就能兴起波浪,一件事就能招来灾祸。这真是"居高声自远,非是藉秋风"(虞世南《蝉》)。他深感官场纯粹是个是非场,许多爵蠹禄鬼个个都是善于兴风作浪的是非之人。他真后悔步入宦海,便写了一首《白云泉》:

  天平山上白云泉,云自无心水自闲。何必奔冲山下去,更添波浪向人间。

不久,白居易又入为司门员外郎。没多久,便以主客郎中身份知制诰。秋八月,李师道在东都洛阳设置了留后院,淄青与平卢的人员杂沓往来,官吏们不敢过问。他们把兵丁暗藏在留后院中,蓄养悍卒多达百人,企图焚烧宫阙,纵兵杀人抢劫。成德军吏发现后,暗中上奏说,院中有恒州士兵张晏等几个,行动举止十分可疑。初十日,神策军王士则等人控告王承宗派张晏等人刺杀武元衡,朝廷便捕捉了张晏等八人,命令京兆尹监察御史陈中师审讯他们。

陈中师严刑拷打审问张晏等人,都被迫承认了杀害武元衡的事。张弘靖怀疑口供不实,多次对宪宗说起,宪宗不听。裴武、裴度想再审,但宪宗已下《诛杀武元衡贼张晏等敕》:

  敕:张晏、李惠嵩、李寓、严清,受命孽臣,害我良弼,凶虐之甚,古今所无。虽奸源不穷,而天网难漏。擒捕斯获,兵刃具存。自相证明,遂得情实。宜从极法,以快众心。并康少贡,造端合谋,不可异等,宜处斩。张公佐少宁、徐良季、胡弟奴、高志巡、田再兴、杨日晖、华季进、胡抱直、刘宪生（阙）奉诠及李惠嵩妻阿马等，并合从坐。况乃同情，宜付京兆府决痛杖一顿，处死。苏表藏蓄兵器，炫耀军谋，朋游悉无赖之徒，取受多不轨之物。属当（阙）索，爰得其人。京辇之下，岂容此辈。宜决仗八十，配流费州。其妻阿康奴、绿耳等，不识阴情，难书罪罚。赵环等妻阿樊、阿唐、张晏女二，初则不知，终然同恶。悉付京兆府各决二十，放其镇州。进奏赵环并官健，及王承宗、行官家人魏升朝等一十八人，并赴京兆府收管，待后疏理处分。侯伦、李英虽言已归本道，欲于何处逃刑，待投获日，准例处分。张晏、赵环等七人，如更有亲族，并合搜检，准今年八月敕处分。其刀剑器械等，并付所由，准法处分。

六月二十八日，当众处斩了张晏等五人，暴尸三日，还杀了其同党十四人。李师道所派的真正刺客王士元等，终于逃脱了。裴度对此存疑，仍暗中安排王义等继续暗查真凶。

这一天，东都留后院中，贼党已经杀牛煮肉，款待兵士，准备第二天天亮将发难出击。有个金吾小卒，发现了其蛛丝马迹，立即向东都留守吕元膺报告。吕元膺急忙调集伊阙的军兵，包围了留后院，尚未来得及向裴度报告。因包围兵丁较少，众贼兵突围而去，追兵紧随其后，但不敢接近。贼兵逃出了长夏门，向山里逃去。东都兵少，人心震恐，只好上报朝廷。裴度闻讯，觉得事关重大，便禀明宪宗，请求亲赴指挥。裴度让吕元膺坐镇皇城，由他亲自指挥部署。他神态从容，指挥若定，安排周密，人心才赖此安定下来。

裴度调集军兵，把贼人包围在山里，逐步收网，全部抓获，居然有上百人。经过审问，追查出了贼首，原来是中岳寺的和尚圆净。这老家伙曾做过史思明的部将，凶狠勇猛过人，他给李师道出主意，为了作乱，在伊阙、陆浑之间购买了许多田地，或建山棚居住，以打探东都消息。连朝廷两名防御将领訾嘉珍、门察等，也被圆净收买。圆净用了李师道上千万银钱，假装修缮佛光寺，让訾嘉珍等人暗中侦察相府、皇城与驻军情况，甚至让人化装进入相府侦察。东都留守、八名驿卒，都接受了李师道授的伪职，自甘为逆贼充当耳目，伺察军情，通风报信，准备发动变乱。发难时，圆净在山中点起大火为信号，聚集伊阙、陆浑两县的山棚贼人党羽总共有好几千人，攻击城池，而由訾嘉珍、门察等在城中接应。

官军抓到圆净，当时他已八十多岁了。兵卒举铁锤用力打他的小腿，竟没能打断。圆净骂道："你们这些无能鼠辈！连打断别人的小腿都办不到，还敢妄称什么健儿！"于是，就自己放好小腿，让兵卒把腿打断。临刑时，他叹息说："小人误了我的大事，再不能让洛阳城流血了！"

吕元膺审问訾嘉珍、门察，才知道刺杀武元衡的谋主是李师道。吕元膺秘密奏报宪宗，用囚车押解二人，送往京城。秋七月初一，田弘正解送刺杀武元衡的贼人王士元等十六人到京师，宪宗正在讨伐王承宗，担心日前错斩刺客之事传扬出去，便下令处死了众乱党，没再细究，也不想再加辨别，就把他们全杀掉，并以十六颗人头，秘密祭奠武元衡。这正是：血债还须血来偿，在劫难逃罚有定。

当初，逆贼屡次派人进关，砍断陵寝的列戟，焚烧仓库和草料场，用飞箭发射恐吓信，使京师震恐，阻挠官军讨伐。官吏督察得非常严，守卫潼关的官吏甚至打开行人的口袋、箱子来搜查，却始终无法禁绝乱党。及至田弘正看了李师道的档案文书，里面有奖赏刺杀武元衡的刺客王士元等，还有奖赏潼关、蒲津吏卒的文书，方知是吏卒接受了贼人的贿赂，才使乱贼横行无阻的。

白居易因母丧丁忧牵连而解职。服除，拜左赞善大夫。其上书仍然语涉诙谐，意存劝惩。至元和十三年（818）十二月十二日，朝廷将白居易由左赞善大夫贬为忠州刺史。他遂写了《别草堂》：

> 三间茅舍向山开，一带山泉绕舍回。山色泉声莫惆怅，三年官满却归来。

中书舍人王涯却说："白居易不适合治理州郡。"朝廷又将之贬为江州司马。这年白居易才四十四岁。白居易"况为刚狷性，难与世同尘"，对这种流言中伤之风，深感厌恶，难免对王涯心存芥蒂。于是，他便写了《放言》（五选一）：

> 赠君一法决狐疑，不用钻龟与祝蓍。试玉要烧三日满，辨材须待七年期。周公恐惧流言日，王莽谦恭未篡时。向使当初身便死，一生真伪复谁知。

裴度于兴化池设饯送别白居易。他即席赠诗一首：《宴兴化池亭送白东归》：

> 澄澈连天境，潺湲出地雷。林塘难共赏，鞍马莫相催。

白居易《宿裴相公兴化池亭（兼蒙借船舫游泛）》：

> 林亭一出宿风尘，忘却平津是要津。松阁晴看山色近，石渠秋放水声新。孙宏阁闹无闲客，傅说舟忙不看人。何似抡才济川外，别开池馆待交亲。

白居易在江州浔阳江的湓浦口泛舟江上，听到远处舟中妙不可言的琵琶曲，不由得移舟靠近。他问歌妓身世，说是名叫裴兴奴，声称武则天篡国前，其先祖被杀，全家没为官奴。再细问详情，她已哽咽得泣不成声。看她往事不堪回首，白司马也就未便再问。

白居易为之写了著名的《琵琶行》。三日后，又来到船上，裴兴奴给他与客人演唱白居易的新作《琵琶行》：

> 大弦嘈嘈如急雨，小弦切切如私语。嘈嘈切切错杂弹，大珠小珠落玉盘。间关莺语花底滑，幽咽泉流冰下滩。冰泉冷涩弦凝绝，凝绝不通声暂歇。别有幽愁暗恨生，此时无声胜有声。……今年欢笑复明年，秋月春风等闲度。……同是天涯沦落人，相逢何必曾相识。……座中泣下谁最多，江州司马青衫湿。

白居易贬到江州，赋了闲，料想从此将长期沉居下僚。元和十一年（816）秋，他便于庐山香炉峰下修建草堂，五架三间，直至次年春才竣工。

白居易他作为将仕郎，官阶从九品。按规定七品以下官员住宅只能如此。为此，他写了《草堂初成，偶题东壁》：

> 五架三间新草堂，石阶桂柱竹编墙。南檐纳日冬天暖，北户迎风夏月凉。洒砌飞泉才有点，拂窗斜竹不成行。来春更葺东厢屋，纸阁芦帘着孟光。

他常于此赏景赋诗，如《山中独吟》：

> 人各有一癖，我癖在章句。万缘皆已消，此病独未去。每逢美风景，或对好亲故。高声咏一篇，恍若与神遇。自为江上客，

半在山中住。有时新诗成，独上东岩路。身倚白石崖，手攀青桂树。狂吟惊林壑，猿鸟皆窥觑。恐为世所嗤，故就无人处。

言语之间，流露出了对茅舍的眷恋。不久，他便任满而去。

如此遭遇，使他由前期的"兼济天下"，转为"独善其身"，甚至后悔自己"三十气太壮，胸中多是非"，而今明白了"多知非景福，少语是元亨"，便顺天安命，明哲保身，事不关己，高高挂起，"面常灭除忧喜色，胸中消尽是非心"。他不再像以前那样，总是关注"伤农夫""苦宫市""戒边功""忧蚕桑""叹贫女""斥恶吏""戒求仙""念贫寒""戒奢靡"等内容，而将人生托于浮屠之说，每日独坐参禅，若忘形骸。他深知伴君如伴虎的道理，极力摆脱政治旋涡，自请去任地方官。在为百姓办了不少实事的同时，他又写了《长恨歌》这样的感伤诗。但其晚年之作，更多的是号称"闲适诗"的自娱自乐篇什。元稹自白居易被贬江州，十分想念他，随着时间的推移，这种思念与日俱增。这天他突然收到白居易的书信，激动不已，便写下了《得乐天书》："远信入门先有泪……应是江州司马书。"

裴度与白居易虽远隔千山万水，却通过竹筒传书，与老友休戚与共，堪称"天涯若比邻"了。

# 第十一章　中流砥柱

此前的元和七年（812），地处山东、河北、河南交界处的魏博藩镇，归顺了朝廷，朝命以胡证为魏博节度副使、兼御史中丞、左庶子。他任满后，入朝为谏议大夫。元和九年，党项犯边，朝廷又任命胡证为大都护、振武节度使，以戍边护卫长安。

元和十年（815）正月，朝廷加宣武军度使韩弘为司徒。至九月二十九日癸酉，又任命韩弘为淮西各军的都统。大军途经潼关，韩愈写了《次潼关上都统（指韩弘）相公》：

　　暂辞堂印执兵权，尽管诸军破贼年。冠盖相望催入相，待将功德格皇天。

因李光颜在众将中作战最得力，韩弘想得其欢心，寻遍大梁城（开封），找到一个绝色美女，不惜重金，教她唱歌跳舞，弹奏乐器，用价值数百万的珠玉金翠打扮她，派使者把她送给李光颜。使者先送信给李光颜，李光颜正在犒劳将士，使者把美女送了进来，容貌之美世上罕见，头戴凤冠，身着宽袖短衫，下曳长裙，头插玉珠步摇，腰佩承露囊，脚穿如意履。满座的人都为之惊艳。李光颜对使者说："将士们别妻离子，生死相托。纵然韩相公怜悯光颜，我怎么忍心独享声色之乐呢！当年高常侍适写诗《燕歌行》讽刺张守珪轻敌好色，有诗曰："山川萧条报边土，胡骑侵凌杂风雨。战士军前半死生，美人帐下犹歌舞。"我若受之，岂不又成了张守珪第二。在下万万不敢领受，理当奉还。岂不闻儿女情长，英雄气短；坐怀不乱，大事可办。"说着，不由得流下了眼泪，在座的人也都为之感泣。李光颜当即赠送使者许多缯帛，连同美女，一并送了回去，并说："你替光颜多谢相公。光颜我已经把生命许给了国家，我与逆贼不共戴天，誓不两立，至死也不会有二心的。"裴度将此事详情奏报了皇上。

当时，光颜与其兄光进，均为名将，军中称其小大夫、大大夫。他们并非汉人，本姓阿跌，至此，才赐国姓为李。姓氏本为避免同姓结婚、近亲繁殖灾难而制定的。皇帝乱赐姓氏，势必造成严重后果。由此，足见其缺乏科学文化的一面。

秋八月二十七日，李光颜在进攻时曲时，打了败仗。朝廷又派严绶为帅，坐镇襄阳，督军围攻淮西。但严绶无能，一到任，就倾尽府库的钱财，赏赐士兵，多年的积蓄，一天就分发光了。他还厚馈宦官，以为内援。裴度屡次上言，指陈他的军队纲纪不振，难以致胜，但宪宗无将可用，未置可否。

冬十月庚子日，任命户部侍郎李逊为襄、复、郢、均、房节度使，右羽林大将军高霞寓为唐、随、邓节度使，以代替无能的严绶。从西北两面压迫淮蔡。朝中商议，因为唐州和蔡州接壤，所以让高霞寓集中兵力，进攻蔡州，李逊负责调运五州的草料，以供粮饷。

十一月，李光颜、乌重胤、寿州刺史李文通奏报，又打败了淮西兵马。为了干扰围剿讨伐，十一日，盗贼又焚毁了乾县献陵的寝宫、永巷。

当初，王承宗背叛朝廷。他的叔父和兄弟们听到消息，都不愿附逆，遂逃入京城。王士则被任命为神策大将军，效命京兆。裴度请旨，用他为邢州刺史，让他的部队隶属于昭义军，以对付赵州的叛军。王怡是王武俊的侄儿，为王承宗镇守南宫，士则以君臣大义召他，相约归顺朝廷，结果密谋泄露，王士则、王怡均遇害；他的儿子元伯只身逃回京城，朝廷擢升他为监察御史，并下诏赠王怡为尚书左仆射。可见，不忠不义，当然会众叛亲离。

朝廷拒绝了王承宗的朝贡，但为了全力对付淮西，仍迟迟没有下令讨伐他。

元和十一年（816）岁次丙申，正月十七日，宪宗才下诏削去王承宗的爵位，而把实封赐给王士平，让他继承王武俊，并命令河东、义武、卢龙、横海、魏博、昭义六镇节度兵马，合力进讨王承宗。几十万大军，围困敌境，战线上千里，以分散叛贼的兵势。然而，各军屯扎分散，号令不一，相互观望，唯有昭义军郗士美、卢龙刘总迫近贼境，略获小胜，贼人就固守壁垒，不肯轻易出击。官军久攻不克，无计可施。

裴度劝朝廷任命统一元帅，宪宗却拿不定主意。正月己巳日，张弘靖罢相，出任河东节度使。二月乙巳日，李逢吉出任宰相，韦贯之为中书侍郎。宪宗让朝臣各抒己见，应如何讨伐吴元济。多数朝臣觉得取胜无望，坚持建议罢兵，尤其是翰林学士钱徽、萧俛更是坚决主张罢兵，言辞激切。恰在此时，兵败消息传来，主和之声更是甚嚣尘上。唯有裴度力主讨贼，毫不动摇。

四月，李光颜、乌重胤又于凌云栅大败吴元济。

六月初十日甲辰，高霞寓在铁城（又名文城栅，在河南遂平县西南），与淮西军交战，结果惨败，只身逃脱，仅免于一死。有的朝臣觉得皇上这一下肯定改变了主意，就成群结队，借风扬沙，异口同声，劝皇上罢兵。恰巧裴度正在劝说皇上，当众人开口声称"臣等有本上奏"时，宪宗就先说："胜败乃兵家常事。王师若常胜不败，就不会留下'用兵难'的古训了。当今朝廷与吴贼势不两立，只能是有我无他，朝廷已没有退路。今日朝议，但议如何破贼，休提罢兵之事。众卿可就此畅所欲言，如所选将领当与不当，兵力部署是否合理，进兵方略是否正确？怎能因一次小败，就轻议罢兵，而改变朝廷大计呢。否则，请免开尊口。"皇上表明了态度，堵住了停战派的嘴，主和者才不再鼓噪。裴度说："能否破贼，关键在陛下决心如何。决策定则成，大计游移不定则败。讨蔡成败，全局一决于陛下圣裁。"秋七月十三日，贬谪作战不利的高霞寓为归州（秭归、巴东、兴山一带）刺史。从此，再也没人敢公开反对用兵主张了。

鉴于朝臣对讨贼意见不一，有的人甚至是藩镇在朝中的代言人，裴度认为平藩必须整肃朝纲，整顿朝纲须先从整顿吏治入手。裴度处事大器，虽不拘细枝末节，但却是非分明，绝不模棱两可。他曾说："本人执政绝不做苏模棱。"他给吏部交代设官原则与定额是：

"我朝上承隋朝的三省六部制，改为六省六部。尚书省设尚书令一人（正二品）典领百官，执行政务。设左右仆射各一（从二品），为之副，下设六部：吏、户、礼、兵、刑、工，各设尚书一人，侍郎二人，郎中、员外郎、主事、督事各若干。六部共设二十四司。"

门下省设侍中二人（正二品），"掌领取圣旨和驳议谬误，执相礼仪。"设门下侍郎二人（正三品），下设左散骑常侍、左谏议大夫、给事中、左补阙、左拾遗等。

中书省设中书令二人（正二品），负责拟旨，配侍郎二人，下设中书舍人，又设散骑常侍、右谏议大夫、右补阙、右拾遗等。

秘书省有秘书监、少监、丞等官。掌管经籍图书。

殿中省设殿中监、少监等官。掌皇帝服御。另有内侍省，为宫内宦官机构。

另设御史台等三台掌检察。国子监掌教育。九寺含太常、光禄、卫尉、太仆、宗正、大理、鸿胪、司农、太府分掌朝廷诸务。各统其属,以分职定位,分掌朝廷诸务。论功叙级,则有品、爵、勋、阶,按时考核以决定升降。吏治整顿必须从中央入手,"其身正,不令而行"。

他按岗选人,裁撤了许多主和的冗官,免得无事生非,互相推诿。如此分工明确,职责落实到人,办事立马见效。八月壬寅,韦贯之罢为吏部尚书。内政理顺,正准备大举用兵,而宪宗的庄宪王皇后突然薨逝,裴度被任命为礼仪使。国丧期间,皇帝不听政,欲任裴度为冢宰。他考虑到设一位冢宰,必然增加一系列机构,难免与其他部门权力交叉,徒生是非或扯皮。于是,裴度决定谏止此事,他建议政务由中书门下处理即可。裴度《不置冢宰议》曰:

> 冢宰是殷周六官之首,既掌邦理,实统百司。故王者谅暗,百官有权听之制。后代设官,既无此号,不可虚设。且国朝故事,或置或否,古今异制,不必因循。其诸司公事,望请中书门下处分。

八月庚申日,葬庄宪皇后于丰陵。朝野认为此事处置十分合宜。

节度使王锷镇守岭南。他善于理财,巧于征缴,盘夺商民,又有权铸币,聚敛了大量财富,以至连续八年都向洛阳发送十几船货物,除进奉朝廷、贿赂权贵外,其家已富可敌国。社会上流传有"王锷钱币流行天下"的说法。王锷于元和十年去世时,临终留下遗表,要将大部分浮财贡献朝廷。十一月,王锷的两个家奴,告发王锷之子王稷篡改父亲遗表,隐匿所应献家财。皇上命将其子拘禁于内仗,遣中使到东都检括王锷家财,裴度谏曰:"王锷既没。其所献之财,确为不少。今因恶奴告主,检括其家。

当今文武，贪贿成风，个个敛财不少。如听凭恶奴告主，此事恐会层出不穷。臣恐诸将帅闻讯，各忧后事，与朝廷离心。如此处置，恐怕不利前线战事。请皇上立即制止。"己巳日，命把王家两个奴才交付京兆尹，用刑杖打死。裴度通过制止恶奴告主，稳定了众将帅之心。

唐邓节度使高霞寓又战败了，朝廷便以荆南节度使袁滋代为主将。十二月，袁滋到达唐州，撤去侦察兵，不准军队进入吴元济的辖境，对淮西叛贼采取怀柔之策，袁滋军当然未立寸功。十二月丁未，朝廷又任命王涯为相。

前线诸帅贪图朝廷饷银以自肥，又同床异梦，各打小算盘，裹足不前，千方百计保存自己的实力。这一切致使讨蔡之役持续四年，几无进展，还耗费了无数资财，使国库空虚，供应困难。长期的战争，使无数人家破人亡，妻离子散。孤寡妇孺还要奉命为前线将士赶制征衣。

该年，诗人李贺去世，年仅27岁。裴度痛惜不已，他悲悯地自语道："短命才子去矣！'雄鸡一唱天下白'、'少年心事当拏云'（《致酒行》）、'天若有情天亦老'（《金铜仙人辞汉歌》）。李长吉凭这几句诗，足以名垂千古。"

元和十二年（817）岁次丁酉春正月二十四日，朝廷贬袁滋为抚州刺史，另择平蔡主帅。

宪宗为众将长久未能立功，又无良策而恼怒。恰逢兵部侍郎韦处厚拟的《代裴度论淮西事宜表》呈了上来。其文曰：

> 臣某言：臣伏以方岳之任，职主分忧。苟事涉安危，利深社稷，词得专达。臣敢备言，是用轻冒上闻。伏惟少纾，仅逾数月，朝廷未议所伐。臣恐日长奸谋，彼将胶固士心，必希傲倖啖利。滋蔓，事则难图。当其神情尚摇，足以观衅。臣自闻少阳权主留务，众未甚宁。昨知少诚之子诱煽其军，又以诛戮。天其

或者剿绝奸类，大振皇纲。陛下得不上顺天心，秉时废置，而又谋之迟久。

臣窃为陛下惜之。何则？夫以少诚怙兵，偷安二十余载，恩惠自己。人知素怀，众之所怀，必厚其子弟，其势以分。臣度具闻，不与者半。所以人心持两，至有动摇。以斯观之，或未尽附少阳。又以新杀其子，必有疑众志成城之心。今若及未宁，出其不意，择四方节制之臣，可为其帅者，使驰而入之。移少阳于他镇以待之。彼得所安，必效顺承，而无固众之志，则其党自离心矣。因其所离，而制其命，何求而不克哉！《易》所谓"见机而作，不俟终日"。然以方布大信，不宜隐情。若先命中贵奉明诏，将告易位，以诚谕之，从而后行，事可以济。

臣又度当今节制，可以处淮西任者，莫若河中节度使王锷，宽厚慎重，练识军情，必能悦慰群心，镇抚疑党。若将移锷于淮西，而俾于少阳不远矣。朝廷立迁受之权，而内足以除奸蠹之本。使少阳感恩以效命，王锷推诚以莅众。是淮西绝继代之党，朝廷存宏贷之德。亦将以息河北狐鼠之势，示去逆效顺之利。自然风靡以成化，从此不希于苟得矣。斯事体大，伏惟陛下行之。

议者以为少阳兵戎贼臣，曾居叛党，若将易处于关辅之地，宠任以兵戎之权，何异夫朝四暮三而终不离其数，是不然也。夫根深者难拔，源长者难绝，彼深结众根，其人久矣。我能绝之使安，植施于他，以变其所庸，非至计乎！且事不先渐化之道，而欲顿归于大政，亦难矣。方今征承宗以名闻于天下者，岂不恃众违命邀爵乎！若使少阳复而行之，则其罪均矣。不可独赦，则必分师以讨之。当淮楚灾旱之余，征复耗竭之日。是使苍生兴流亡之叹，甲兵无暂息之时。上以伤陛下子育之心，下以竭邦赋资用之费，得不审慎其举，而保其成算哉！伏以国家艰难以来，河北戎臣，窃据州郡。父殁子代，兄终弟及，皆朝廷稽缓其事，不时既谋，使生人之心，率以沿袭，为患久矣。陛下神略独断，超冠百王，事当其机，宜以时革。臣不胜诚恳悃款之至。

裴度分析了当时形势，认为：河北三镇为患，尚有黄河天险阻遏，暂时不会对朝廷形成直接威胁。山东淄青李师道力量相对较单薄，又有黄泛区居间，也不足为虑。唯淮西藩镇接近东都洛阳，近年十分猖狂，四周频出骚扰，使社会震荡，人人自危，又阻断了江淮贡赋之路。对朝廷而言，淮蔡不平，如鲠在喉，不可不除。但如果双线作战，三面出击，朝廷又力不从心。为今之计，只能放二打一。先以缓兵之计，稳住河北与山东诸贼，全力进剿淮蔡。然而，平蔡四年，耗资巨万，却进展不大，其根本原因有二：一为诸路兵马各自为战，无统一元帅，无全局部署，又无长远方略，步调不一，自然收效甚微；二为千里用兵，却以不懂军事的宦官为监军，临机向朝廷请命。别说前线战况不明，即便朝廷有破敌妙计，千里传令，延缓时日，战局已变，又岂能奏效。我建议：拟设讨淮蔡前线总指挥，撤掉宦官监军，统一军令。授予前线诸将临机决断之权。在战略上，四面合围淮蔡，多方佯攻，吸引敌军主力四面出击，然后相机以奇兵突袭，避实就虚，乘虚而入，直捣敌巢，以黑虎掏心之法，擒贼先擒王。抓捕吴元济，则树倒猢狲散，兵败山倒，大局可定。"

裴度这一套雄视高蹈的作战方案，周密谨严，分析透辟，韬略兼具，切实可行，让皇上频频点头称是。

李愬也请求赴淮西前线自试。宰相裴度、李逢吉等人也以为李愬可用，遂封李愬为检校左散骑常侍，为随、唐、邓节度使。

讨伐淮西之役屡战屡败，急需鼓舞士气，为此，杜牧写了《题乌江亭》：

胜败兵家事可期，包羞忍耻是男儿。江东子弟多才俊，卷土重来未可知。

唐军败阵丧师后，士卒都害怕作战，李愬（字元直）到达唐州，得知此情，有出来迎接的，李愬就对他们说："天子知道我李愬软弱怯懦，能够屈己忍耻，所以让我来安抚你们。至于作战进攻，不是我的事。"众人听信了他的话，才安下心来。李愬斥退倡优歌妓，杜绝嬉乐，全心推诚待士。李愬因士气不高，就不设斥候，李愬不摆架子，亲自巡察各处，伤病的，就抚恤。有的副将说他号令不严，李愬说："我知道。袁尚书专用恩惠怀柔，贼人轻视他，听说我来了，必然增加防备，我故意装出号令不严的样子，迷惑他们，他们必然对我不屑一顾，松懈怠惰起来。然后，我们就可以谋取叛贼了。"淮西人自以为曾经打败过高霞寓、袁滋两个元帅，小瞧李愬这个无名晚辈，认为他容易对付，不由得也放松了戒备。

二月，根据裴度的总体战略部署，李愬计划袭击蔡州，上表请求增兵。宪宗下诏，把昭义、河中、鄜坊的步骑两千人拨给他。初七日，李愬派遣十将马少良率领十多名骑兵巡逻，遇上吴元济的捉生虞候丁士良，以车轮战术与他交战，使之精疲力竭，终于捉住了他。丁士良，是吴元济的一员猛将，成为唐、邓东面的劲敌。众人请求剜了他的心，李愬答应了。不久，又叫他来问话，丁士良丝毫没有害怕的样子，李愬说："真是个大丈夫！"命令解开捆他的绳子。丁士良说："我本不是淮西人，贞元年间还隶属安州，和吴氏交战，被他捉住，自己料想死定了，吴氏却释放了我，并加以任用。我靠吴氏重生，所以才为吴氏父子效力。昨日力尽被捉，自料必死，不料您又让我活命，请让我竭力报答您吧。"李愬于是就给了他衣服、兵器，安排他当捉生将。这正是：无毒不丈夫，量小非君子，举大事者，当有大度。初九日，淮西行营奏报攻克蔡州的古葛伯城。

丁士良对李愬说："吴秀琳率领三千兵众占据文城栅，他是逆贼的左臂，因有陈光洽为他出谋划策，官军不敢靠近。然而，陈光洽勇猛而轻率，爱自己出战！请让我先捉住陈光洽，吴秀琳自然就会投降。"十八日一战，丁士良用小败诱敌之计果然捉回了陈光洽。

淮西之战持续几年，吴氏的库粮用尽，兵民没饭吃，就采菱芡、捉鱼鳖、捕鸟兽来吃，不久也吃光了，不断有人逃亡，先后投奔官军的，共有五千多户。贼人怕百姓耗费粮食，就不再禁止逃跑。三十日，宪宗下达敕书，设置行县，来安置归降者，并派兵保护，选派县令，进行安抚。贼军来投降的人接连不断，李愬让各随其便，安置了他们。家中有父母的，就发给一些粟米布帛，放他们回去，说："你们都是天子的百姓，不要抛下亲人不管。"众人都感动得落泪。愿意加入官军的，就留下编入部伍。

随着战局的巨变，宪宗对裴度更是言听计从，有求必应。凡裴度奉请，皇上一概照准。

三月初五日，李愬率军从唐州开到宜阳栅驻扎。

二十八日，李愬领兵来到文城以西，派遣唐州刺史李进诚率领甲士八千人开到文城栅城下，招降递来降书的吴秀琳，突然城上箭石如雨点一样而下，军兵无法靠近。李进诚回报："城头滚石檑木，难以靠近。贼人假投降，不可轻信。"李愬说："这是在等我呀。"于是，亲自来到城下，进行招抚，许其不死。吴秀琳才丢下兵器，出城跪到李愬马前。李愬抚摩着他的后背，安慰他，招降了他的三千人。吴秀琳的部将李宪勇而有才，李愬就给他改名叫忠义，毫不怀疑地任用了他。接着把文城的妇女全迁到唐州，而后让官军入城。这样，唐州、邓州官军的士气又振作起来，人人不甘落后，都想打仗建功。

官军与淮西贼兵隔着溵水两岸对峙，各路官军互相观望，没有敢先渡河的。只有陈许兵马使王沛首先领兵五千，渡过溵水，占据险要，修筑城池。于是，河阳、宣武、河东、魏博等军才都跟着渡过河去，逼近郾城。二十七日，李光颜在郾城打败淮西兵马三万人，赶走淮西的将领张伯良，杀其士卒十分之二三。

二十九日，李愬派遣山河十将董少玢等人分兵进攻敌军各栅。当天，董少玢攻下马鞍山。不日，又攻取了路口栅。

春三月，为了减轻淮西压力，王承宗在河北发难。朝廷驻将郗士美在柏乡被打败，全军撤回，士兵战死一千多。初八日，宪宗赐名程执恭，改叫权。十八日，王承宗又派兵二万进入东光，切断了白桥的通路。程权不能进兵，只好带兵撤回了沧州。程权陈兵黄河边，使蔡州叛军的外援被彻底切断。

在河北前线，讨伐王承宗的六镇军队共有十多万人，蜿蜒数千里，既没有统帅，又互相距离很远，要约定一个进攻时间也很难。因此，经过两年围攻，仍没有成功，千里迢迢运送粮饷，死掉的牛驴十有四五。刘总攻下武强后，刚进兵五里，就不肯再前进。朝廷每月要供给他十五万贯钱。南北两线作战，使朝廷顾此失彼，陷入困境。裴度和朝臣们都说："应先全力攻取淮西，等淮西平定了，乘胜再回兵攻取恒冀，就易如拾芥了。"宪宗犹豫不决，过了很久，才听取了这一意见。十七日，便撤销了河北唐军行营，各自回镇。看似无功而返，却使官军形成了一个强有力的铁拳，以集中优势兵力攻打吴元济叛军。

李师道一边招募勇士，一面观望蔡州的形势，其衙前虞候刘晏平愿意前往。他从汴、宋之间出发，偷偷溜到蔡州，去见吴元济。吴元济见了山东来人，非常高兴，订立攻守同盟，厚礼把他送走。刘晏平回到郓州，李师道屏退别人，问他蔡州的情况。刘晏平说："吴元济把军队好几万人暴露在城外，覆灭在即，却每天游戏下棋，全无忧虑。让我看来，恐怕不久就会灭亡。"李师道一向倚仗淮西为援，听了这些话，又惊恐又恼怒，让他不要乱说话。不久，便借故用刑杖打死了晏平。

夏四月初二，山河十将马少良攻下嵖岈山，捉住淮西将领柳子野。

吴元济任命蔡州人董昌龄为郾城县令，却把他的母亲杨氏扣作人质。

董昌龄赴任前向母亲辞行，杨氏对董昌龄说："归顺朝廷而死，胜过跟随逆贼而生。你离开逆贼，而我死了，你是孝子；你跟随逆贼，而我活着，那是羞辱我。"恰逢官军围困青陵，断绝了郾城的归路。郾城守将邓怀金和董昌龄商议去就，董昌龄便劝他归顺朝廷。邓怀金于是就向李光颜请降，说："城里人的父母妻子都在蔡州，请您来攻城，我燃起烽火求救，救兵来时，你迎头痛击，蔡州救兵必定大败，然后我再投降。这样，郾城人的父母妻子就可免于被害了。"李光颜答应了他的要求。初六日，董昌龄、邓怀金以此法献城投降，李光颜顺利进占了郾城。

吴元济听说郾城失守，官军向南压来，非常害怕。当时，董重质率领骡军守卫战略要塞洄曲，吴元济派出精兵驰援董重质，以抵抗官军。

李愬部下的山河十将妫雅、田智荣攻下冶炉城。初七日，十将阎士荣攻下白沟、汶港两个营栅。十四日，妫雅、田智荣又攻破西平。十七日，游弈兵马使王义攻破了叛军的楚城。

五月初二日，李愬派遣柳子野、李忠义袭击朗山，活捉了叛贼的守将梁希果。

十八日，李愬派遣方城镇遏使李荣宗攻克了青喜城。旧军令规定，凡窝藏贼兵间谍的，就杀光全家。李愬废除了这条军令，结果，吴氏的间谍反而把敌情告知官兵。李愬每次抓到投降兵士，必定亲自详细询问敌军情况，因此贼区各处的险要、道路的远近、兵力的虚实，全了如指掌。不久，史用诚按照李愬的计谋，活捉敌方名将李祐。因李祐从前杀了许多官军，将士们对他恨之入骨，纷纷请求杀掉他。李愬不答应，并解开其绑绳，以礼相待，从而收降了他。

当时，李愬计划出奇兵突袭蔡州，因而更注意保密，他屏退众人，只召李祐和李忠商议，常谈到半夜。众将劝李愬提防这个刚投降的人，担心李祐会借机制造变乱。李愬对李祐却更加亲密。为此，士卒们很不理解，议论纷纷。每有军书送来，竟说李祐是逆贼的内应，且说捉到的贼军间谍都交代了此事。李愬将这些书信拿给李祐看,并当面烧掉。李祐十分感激。李愬担心毁谤的话传到皇上那里,自己也救不了李祐。无奈,他们相拥哭泣着说:"难道是上天不让平定逆贼吗?为什么我们相知至深,却不敌众人的猜疑呢!"他对众人说:"诸君既然怀疑李祐,请让我把他送到天子那里去受死。"说罢,就给李祐戴上镣铐,送往京师。他先秘密上表说明与李祐谋划袭蔡的情况,并说明:"如果杀了李祐,就成功无望了。"

李愬请裴度向皇上进言,放归李祐,以配合攻打蔡州。裴度马上草表,上报朝廷。宪宗果然下诏,释放了李祐,将他送还给李愬。李愬看见李祐,高兴得拉着他的手,说:"你能够保全性命,这是社稷的威灵保佑啊!"于是,安排李祐当散骑兵马使,让他佩刀巡逻警卫,可以自由出入李愬营帐,有时还和李愬一起住宿。有人在帐外偷听,常听见李祐的感叹哭泣。

二十六日,李愬派兵进攻朗山,淮西军队赶来援救,两面夹攻,官军失利。众人都很失望,只有李愬高兴地说:"这是我的计策啊!"于是,召募了敢于拼死的五千勇士,号称"突将",早晚亲自训练,让他们经常做好随时紧急出动的准备。恰逢久雨不停,到处积水,计划才没能实施。

五月辛酉,李愬于张柴击败了吴元济的兵马。

闰五月,吴元济的部下屡有叛逃,兵势一天天窘迫。

六月初四日,吴元济上表谢罪,愿意自缚其身,归顺朝廷。宪宗派遣中使赐给他诏书,许诺其归顺,并免他一死,却被大将董重质扣下诏书,控制了吴元济,使之无法出城。

不过,当时吴元济还控制着方圆千里的地盘,兵马不下二三十万,彻底平灭淮蔡仍遥遥无期。

# 第十二章 督师蔡州

至秋七月，征讨淮西已经四年，但仍然未能讨平，人马疲惫不堪，财力不支，兵源枯竭，百姓甚至有用驴或人力耕田的。

二十八日，皇上召众臣至延英殿重议此事，问宰相们究竟该如何办。众人七嘴八舌，但争来争去，莫衷一是，只能无果而终。宰相李逢吉、王涯欲借"兵饷严重困难""师老财竭"，建议乘此小胜，见好就收，请求罢兵。宪宗深为忧虑、苦恼，开始动摇起来，只有裴度默默无言。当李逢吉等出去，皇上才将裴度单独留下，想听听裴度的主意。裴度说："臣请求亲自前往督战。"宪宗简直不敢相信自己的耳朵，满怀疑惑地试探着问："爱卿果真能为朕到前线督战吗？"由于事出突然，皇上一时难以决断，就让他先回府，再深思一番，好进一步商讨。这正是：成大事者，必用大谋。

裴度态度凝重地说："孙武论兵，重在五事：道、天、地、将、法。'道者，令民与上同意也，故可以与之死，可以与之生，而不畏危。天者，阴阳、寒暑、时制也。地者，远近、险易、广狭、死生也。将者，智、信、仁、勇、严也。法者，曲制、官道、主用也。凡此五者，将莫不闻，知之者胜，不知者不胜。'臣发誓不与淮蔡逆贼共存于世。臣最近看了吴元济上的表章，他的处境实际上已经相当窘迫。只因众将人心不齐，不去合力进逼他，他才没投降罢了。若让臣亲自到前线行营，众将恐怕为臣抢了他们的功劳，必定会争着进兵攻打，反贼一定能消灭。"宪宗听了很高兴。这真是千人诺诺，莫如一士之谔谔。

元和十二年七月二十九日丙辰，宪宗任命裴度为门下侍郎、同平章事、兼彰义节度使，申、光、蔡观察使，充任淮西宣慰使、招讨使、处置使。这是裴度首次成为使相。

宪宗李纯下《授裴度观察处置使宣慰使制》：

> 制曰：辅弼之臣，军国是赖。兴化致理，则秉钧以居；取威定功，则分阃而出，所以同君臣之体，一中外之任焉。属者问罪汝南，致诸淮右。盖欲刷其污俗，吊彼顽人。虽挈地求生者，实繁有徒；而婴城执迷者未翦其类。何兽困而犹斗，岂鸟穷之无归欤？由是遥听鼓鼙，更张琴瑟，烦我台席，董兹戎旃。朝议大夫、守中书侍郎、同平章事、飞骑尉、赐紫金鱼袋裴度，为时降生，协朕梦卜。精辨宣力，坚明纳忠。当轴而才谋老成，运筹而智略前定。司其枢务，备知四方之事；付以兵要，必得万人之心。是用祷于上天，拣此吉日。带丞相之印绶，所以尊其名；赐诸侯之斧钺，所以重其命。尔宜宣布清问，恢壮皇猷。感励连营，荡平多垒。招恤孤疾，字抚夷伤。况淮西一军，素效忠节。过海赴难，史册书勋。建中初，攻破襄阳，擒灭崇义。比者，胁于凶逆，归命无由。每念前劳，常思安抚。所以内辍佐辅，为之师帅。实欲保全慰谕，各使得宜。尔往钦哉！无越我丕训。可守

门下侍郎、同中书门下平章事、使持节蔡州诸军事、兼蔡州刺史、充彰义军节度、管内度支营田使、申、光、蔡等州观察处置等使、仍充淮西宣慰处置使。散官勋如故。

同时，朝廷又任命户部侍郎崔群为中书侍郎、同平章事，以暂代卸任的裴度执掌朝政。

讨蔡决策一定，朝中主和反战的诸大臣，如宰相李逢吉、王涯等，虽不敢再公开反对，但心中都深感失落，他们各自盘算着如何以事实证明其反战主张的正确。李逢吉苦思冥想，终于想出了一条妙计，在拟制诏书时，巧设措辞，既表示了对圣意的支持拥戴，又要在任命上埋下将相不和的绊脚石；还要将改变朝廷原决策，另搞一套的责任全安在裴度一人头上，为日后讨蔡失利，追究其罪责设下陷阱。只有阻止了平叛，才能使裴度功不成名不就，再扳倒裴度，并达到其固宠保位的目的。

李逢吉不想看到裴度伐蔡立功，翰林学士令狐楚与李逢吉关系极好，裴度担心他们勾结内外势力，从中作梗。裴度几次谈及这一担心，但宪宗未置可否。

不过，裴度保持着清醒的头脑，从来未敢低估过反战派的能量。他很快从精心炮制的诏书中，看出了奸臣从中作梗的端倪。次日，裴度为皇上剖析诏书措辞下暗藏的刀剑。由奸党编制的这份文书，看似周正，其实却布满玄机，步步暗藏刀枪剑戟。譬如说裴度"坚明纳忠""才谋老成""智略有定""备知四方之事""付以兵要，必得万人之心"；又有"感激连营，荡平多垒""招怀孤疾，字抚夷伤"，大有暗讽诸将无能，既让裴度蒙受过誉，又很容易使众将惶愧不安。

且诏书委任裴度诸种职务，也欠妥当，极易引起前线将帅的疑忌，妨害团结，不利于激发斗志，同仇敌忾，共同讨贼。于是，裴度请来韩愈，共同斟酌诏书中的措辞，找出了多处"暗礁"。

诏书任命裴度为"淮西宣慰招讨处置使","招讨处置"就有军事指挥之权,这就意味着裴度取代了原任淮西行营都统李光颜,但朝廷又没有明确将李光颜免职,这样势必导致权力冲突,引发将相不和,会成为招致失败的根本原因。要想将相和谐,必须去掉"招讨"二字,改为"宣慰处置使"。恐怕诏书中的话,还算与"宣慰"中的"宣""慰"二字之义相符,具有宣达圣命旨意,慰问将士百姓、抚恤伤残、激励斗志、惩其首恶、招怀胁从之义。

且诏书中有一句"婴城执迷者未翦其类"的话,竟然要将胁从执迷者统统"翦"灭,这就扩大了打击面,把被胁迫的百姓也推到负隅顽抗者一边,势必强化敌众顽抗到底的决心,不利于分化瓦解、争取可争取的胁从者。于是,裴度将"未翦其类"改为"未革其志",意思为"尚未改变其态度",从而为叛众归降朝廷打开了方便之门。

诏书中原有"更张琴瑟"一句,琴瑟协奏,音律和谐,用于代指君臣将相关系和谐融洽。但前面的"更张"则指"重新挂上琴柱之弦",其中难免有"另搭台子另唱戏"的意思。此话难免意味着将原战略方针搁置不用,将原班人马撇在一边,另行部署,从头再来。这显然容易极大地伤害原任诸将的积极性,导致离心离德,还怎么打仗。拟将"更张琴瑟,烦我台席(指裴度)"改为"近辍枢衡(暂停总理朝政之权),授以成算",即让宰相裴度暂停朝廷政务,去宣达朝命,将皇上既定作战方针传达给前线指挥官。这就表明了对前线原派将帅的依重,并没有要取代他们的意思,不至于挫伤前线将帅的积极性。

草拟的修改意见呈上,又听了裴度的诠释,皇上才恍然大悟,频频点头称是,故一一照准。众朝臣也无不佩服裴度的谨严缜密,只有李逢吉等奸佞见裴度将他们预设的暗箭,全拔掉了,使其阴谋败露,听得脸上红一阵,白一阵,心中恨得咬牙切齿,又无法流露,只好讪讪地说:"裴公文才,鄙人实在自愧不如。"他以"文才不嘉"掩饰了他的"心术不正""暗设陷阱"。裴度应了一句:"果真如此,鄙人倒要深感荣幸了。"

于是,裴度又奏请任用刑部侍郎马总为宣慰副使,右庶子韩愈为彰义行军司马,司勋员外郎李正封、都支员外郎冯宿、礼部员外郎李宗闵等为两使判官书记。这些都是朝廷第一流的人选,宪宗全部准允。裴度满意地朗吟李贺的《南园》之五:

男儿何不带吴钩,收取关山五十州。请君暂上凌烟阁,若个书生万户侯。

听说裴度这一介书生,要统兵出征,人们无不为他捏了把汗。尤其是裴度的从表兄弟兼弟子李翱,就写了一封《劝裴相不自出征书》,劝他不要亲自出征:

三两日来,皆传阁下以淄青未平,又请东讨。虽非指的,或虑未实,万一者有之,只可先事而言,岂得后而有悔。且如房、杜、姚、宋时,政大耀而无武功;郭汾阳、二李太尉立大勋而不当国政。阁下以舍人使魏博六州之地归矣。自秉大政,兵诛蔡州。久而不克,奉命宣慰,未经时而吴元济生擒矣。使一布衣持书涉河,而王承宗恐惧,委命割地以献矣。自武德以来,宰相居庙堂而成就功业者,未有其比。是宜以功成身退,养德善守为意。奈何如始进之士,汲汲于功名,复欲出征,以速平寇贼之为事耶!自秦汉以来,亦未尝有立大功而不知止,能保其终者,即韩侍中亲率重兵以压境矣,田司空深入贼地以立功矣。凡人之情亦各欲成功在己,唯恐居下。顾宰相衔命,领三数书生,指麾来临,坐而享其功名,夺人之功,不可一也。功高不赏,不可二也。兵者,危道。万一旬月不即如志,是坐弃前劳,不可三也。

凡三事昭灼易见，岂或事在于己，而云未熟耶？伏望试以狂言访于所知之厚者。意切辞尽，不暇文饰。伏惟少赐省察。翱再拜。

裴度的《寄李翱书》，针对从表弟关切地劝自己莫亲自出征的好意，表明了自己"治国、平天下"的志向。

更有甚者，右神武将军张茂和，是张茂昭的弟弟，曾经向裴度自我炫耀如何有胆略。裴度这次上表推荐他任都押牙，张茂和却以生病为由，推辞不干，裴度请求斩了他。宪宗说："此人出身于忠顺之家，我为你把他贬谪到远方就算了。"初四日，贬张茂和为永州司马。

宪宗下达《讨吴元济制》：

> 天地之化，由肃杀而成岁功；帝王之道，以威武而辅文德。朕祗荷鸿业，抚临庶邦，务先含宏，每慎征战，俾怀仁者有耻且格，畏罪者见善即迁。而或昏迷不恭，告命不及，固兴悖乱之孽，自速原野之诛。除害正刑，国有彝典。
>
> 吴元济逆绝人理，反易天常，不居父丧，擅领军事。谕以诏旨，曾无敬恭。荧惑一方之人，迫胁三军之众。以其父少阳常经任使，为之轸悼，命申奠祭。临遣使臣，凌虐封疆，遂致稽阻，绝朝廷之礼意，忘父子之恩情。旋又掩袭武阳，伤残吏卒，焚烧叶县，强扰闾阎。恣行寇攘，无所畏忌。朕尝念赏延之义，又重伤藩帅之门，尚欲纳于忠顺之途，处以显荣之列，未能饬法，犹为包荒。再以诏书，俾申招抚，而蛊毒滋长，奸心靡悛。寿春西南，又陷镇栅，穷凶稔恶，纵暴挺灾。覆载之所不容，人神之所共弃。良非获已，致此兴戎。盖以方伯连帅，同请讨除，伐罪吊人。故兹申命，宜令宣武、忠武、太原、武宁、淮南、宣歙等道兵马合势山南东道，及魏博、荆南、江西、剑南、东川等道兵

马，与鄂南计会东都防御，使与怀汝郑节度及剑南义成军兵马，掎角相应，同为进讨吴元济。旧有官秩，宜并削除。大军既临，计即戡殄。嗟我淮右之众，本为勤王之师，虽是胁从，频已昭洗。念此勋力，未尝弭忘。适罹狡童，又此诖误。心怀忠顺，迫在凶威。苟能率诚，即可收效。

其淮西将士，有能枭斩凶渠者，先是六品已下官，授三品正员官；其先授五品已上官者，节级升进，仍与实封五百户，庄宅各一区，钱二万贯。如能率所管兵马以城镇来降者，并超三资与改官，仍与实封二百户，钱一万贯；以一身降者，亦与改转，仍赐钱帛。诸道应赴行营将士，如有斩元恶者，亦准此处分。吴元济如能来身归朝，并与洗雪；若不能改过，罪止其身。其余污胁，一切不问。接贼界州县百姓，军兴已来，供馈繁并。言念疲瘵，良增悯然。元和九年（814）两税斛钱物等，在百姓腹内者，并十年复税，并宜放免。其有城镇将士百姓，守节拒贼，身死王事者，各委长吏优给其家，仍具事迹申奏，当加褒赠，并赐钱帛，仍与一子官。百姓，莫非吾人。诸军所至，不得妄加杀戮；焚烧庐舍，据夺财产，并有拘执，以为俘馘。事平之后，给复二年。三州内有自置义营堡栅，王师所至，能相率来降，各加酬奖。

时当春候，务切农桑，应缘军务所须，并不得干扰百姓。如要车牛夫役，及工匠之类，并宜和雇。情愿，乃给优价。贼平之后，应立功将士，并与超资改官，节级赐物。于戏！朕率理道，靡敢荒宁，思致中和，以康亿兆。而德之寡薄，化未昭宣。爰用甲兵，良深愧叹。非重武，其在止戈。宣示中外，咸令知悉。

再说李宗闵，字损之，系郑王李元懿的四世孙，擢为进士，调任华州参军事，又举贤良方正，曾与牛僧儒等痛切批评时政，触怒权贵，被宰相李吉甫所厌恶，调补为洛阳尉。长期流落不偶，他就去藩府辟署。经裴度拔擢，才入朝后授监察御史、礼部员外郎。裴度伐蔡，引荐李宗闵为彰义观察判官。按理说，裴度于他有恩，但好心未必有好报。总之，此次荐拔，却注定了两人后来的恩冤情仇。

出征在即，朝廷完全遵照裴度的建议为其配齐了行辕班底，又调整了周边地方官，以为大战前的总体部署。裴度东征，以马总为其副手。韩愈写了《赠刑部马侍郎》：

> 红旗照海压南荒，征入中台作侍郎。暂从相公平小寇，便归天阙致时康。

两千里远征，战场驱驰，岂可无马。裴度特意为从军的文职人员，每人赠送了一匹好马。

出征得马，极大地鼓舞了这些参战者的士气。他们似乎已想见了那金戈铁马搏顽敌的英气雄风。

为了策应淮西征战，朝廷任兵部侍郎张贾为华州刺史。出征前，韩愈为友人张贾送别，其《送张侍郎》写道：

> 司徒东镇驰书谒，丞相西来走马迎。两府元臣今转密，一方逋寇不难平。

裴度特地送给张贾一匹好马，且赋诗一首《酬张秘书因寄马赠诗》：

> 满城驰逐皆求马，古寺闲行独与君。代步本惭非逸足，缘情何幸枉高文。若逢佳丽从将换，莫共驽骀角出群。飞控著鞭能顾

我，当时王粲亦从军。

张贾《和裴司空答张秘书赠马诗》曰：

阁下从容旧客卿，寄来骏马赏高情。（司空诗云，古寺闲行独与君）。任追烟景骑仍醉，知有文章倚便成。步步自怜春日影，萧萧犹起朔风声。须知上宰吹嘘意，送入天门上路行。

同时，裴度也赠送诗友张籍一匹好马，张籍的《谢裴司空寄马》一作《蒙裴相公赐马谨以诗谢》云：

騄耳新驹骏得名，司空远自寄书生。乍离华厩移蹄趾，初到贫家觉眼惊。每被闲人来借问，多寻古寺独骑行。长思岁旦沙堤上，得从鸣珂傍火城。

白居易《和张十八秘书谢裴相公寄马》曰：

齿齐膘足毛头腻，秘阁张郎叱拨驹。洗了领花翻假锦，走时蹄汗踏真珠。青衫乍见曾惊否，红粟难赊得饱无。丞相寄来应有意，遣君骑去上云衢。

据说：裴度赠诗有句云："君若有心求逸足，我还留意在名姝。"大概是引用以妾换马的典故为戏谑，而旨意则另有所属，其实是借"名姝"喻指谋臣勇士。

白居易的《酬裴令公（度）赠马相戏》曰：

安石风流无奈何，欲将赤骥换青娥。不辞便送东山去，临老何人与唱歌。

见宰相如此礼贤下士，李绛也写下一首《和裴相国答张秘书赠马诗》的和诗：

高才名价欲凌云，上驷光华远赠君。念旧露垂丞相简，感知星动客卿文。纵横逸气宁称力，驰骋长途定出群。伏枥莫令空度岁，黄金结束取功勋。

裴度赠张籍马的和诗中有"他日着鞭能顾我"之句。韩愈见诗，便写了《贺张十八秘书得裴司空马》曰：

司空远寄养初成，毛色桃花眼镜明。落日已会交辔语，春风还拟并鞍行。长令奴仆知饥渴，须著贤良待性情。旦夕公归伸拜谢，免劳骑去逐双旌。

桃花指马。《尔雅》曰："马黄白杂毛曰駂。注云：今桃花马也。"

刘禹锡任同州刺史，经常出巡观风，了解民困，故受到百姓赞颂。裴度将赠马诸诗寄给诗友刘禹锡，刘当即作了《裴相公大学士见示答张秘书谢马诗并群公嘱和因命追作》相和。其诗曰：

草玄门户少尘埃，丞相并州寄马来。初自塞垣衔首蓿，忽行幽径破莓苔。寻花缓辔威迟去，带酒垂鞭躞蹀回。不与王侯与词客，知轻富贵重清才。

裴度出征，向皇上辞行。他慷慨激昂地对宪宗说："若贼灭，则朝天有日；贼在，归阙无期。"宪宗感动得流下了眼泪。皇上要再为他派三万人马，裴度说："微臣一身，还不抵十万大军？"皇上不由惊叹："壮哉！"又任命嘉王傅高承简为都押牙。

　　裴度请携三个儿子裴识、裴譔、裴让去前线锻炼，皇上准允。回家与夫人刘氏商议，夫人想在身边留一个，说："还是把小儿子让儿留下吧。"闻讯，皇上准了此请。但裴度坚持要带上小儿子，以使之军前历练。这才写了《乞留男让奏》：

　　　　京兆府参军裴让是臣男，年甚幼小，官无职事。今准近敕，须令守官。伏以臣男之官无虑，数人悉是资荫授官，所以置之散冗，守官既无功事，离任从无妨阙。伏乞天恩，使前令在臣所任。

　　皇上为裴度三个儿子赐了官职。

　　元和十二年（817）八月初三庚申日，裴度启程出征，前往淮西，宪宗到通化门为他赐酒壮行，说："祝爱卿马到成功！"裴度说："陛下静候佳音！"皇上亲授玉带一条，裴度跪受。因为裴度是文臣，赐玉带犹如武将赐尚方宝剑。宪宗说："卿系此带，如朕同在。"这就是等于赐给裴度生杀决断权。裴度拜谢，翻身上马，望京师东门再拜，衔涕而辞。皇上赐五百神策御林军士为其护卫，保护裴度的安全，随行左右。

　　裴度仅带着千余人，乘浩浩秋风，由灞桥出征。宪宗目送，征尘已落，但仍久久不愿回宫。

　　裴度细看皇上所赐玉带，竟是当年拾带归还韩夫人而今岳母的那其中一条，甚感惊奇，当年的一幕幕往事不由浮想在眼前，只是王命在身，没法与爱妻共享这种欢欣。

战马蹄疾,仅三日就到了河南地界。鸿沟在河南荥阳附近二十里,汉四年,刘项割鸿沟为界,以西为汉,以东为楚。八月,韩愈为行军司马,从晋公出征淮西,经此,他作《过鸿沟》,其诗曰:

龙疲虎困割川原,亿万苍生性命存。谁劝君王回马首,真成一掷赌乾坤。

韩愈同李二十八(李正封在族兄弟中排行二十八)夜次襄城,又赋五律一首:

周楚仍连接,川原乍屈盘。云垂天不暖,尘涨雪犹干。印绶归台室,旌旗别将坛。欲知迎候盛,骑火万星攒。

女几山在河南福昌县三十余里。白居易因晋公东征必经女几山,遂作诗云"待平贼垒报天子,莫指仙山示武夫。"韩愈作诗和之。其《奉和裴相公东征途经女几山下作》云:

旗穿晓日云霞杂,山倚秋空剑戟明。敢请相公平贼后,暂携诸吏上峥嵘。

马总为裴度的副使,于郾城夜间宴请京官冯宿、礼部员外郎李宗闵。韩愈参与,故写下《郾城晚饮奉赠副使马侍郎冯李二员外》曰:

城上赤云呈胜气,眉间黄色见归期。幕中无事惟须饮,即是连镳向阙时。

裴度在馆舍偶遇张氏学子,请献破敌之策,裴度甚为欣赏。至洛阳,张正甫时任河南尹,设宴于公府西厅。裴公向其荐举一人,可为乡试解元头名,因其词艺尤好,且愿从征淮西。张正甫却说:"相公此行是何公干?何以还记得河南府解头?"裴中令说:"老父与他素不相识,仅一面之缘,念他一片报国之心。阁下,难道不知,为政之要,在于得人,尤其是人才。"

# 第十三章 统兵平蔡

元和十二年八月二十七日（一说二十九日甲申），裴度到达郾城。他虽然辞去了"招讨使"之名，实际上却仍行使元帅之权，就以郾城为泊所。他每天接见军将，巡行兵营，视察地形，商讨策略，夜观兵书，枕戈待旦。

在此之前，各道兵马都以太监为监军，进退不由主将，打胜了，中使就抢先向朝廷报捷，冒功自居；若出师不利，就对主帅百般凌辱，甚至治罪。八月癸亥，乌重胤在贾店被吴元济叛军打败，中宦竟当众羞辱乌将军。乌重胤上书裴度。裴度立即上奏，请命全部罢除了监军中使，才使"兵权专制于将"。裴度在郾城为如霜打般的宦官钱行，众将才像小媳妇离了恶婆婆，如释重负。他严明军纪，号令划一，扭转了长期以来进展不利的战局。为了杜绝瞎指挥，裴度在宏观战略不变的情况下，给军将以充分的临机决断权。他真正做到了"善禁者，先己而后人"。这正是：打铁先须本身硬，为政首要自身正。《传》曰："其身正，不令而行；其身不正，虽令不从。"他处处以"不恭不亲，庶民不信"为戒，事必躬亲，故能有力地控制整个战局，使一切全在掌握之中。

皇帝以段文昌、张仲素为翰林学士。韦贯之说"学士进言以备顾问，不宜仅看其辞艺。"他就上奏，请求罢免这几个人。

张宿与裴度论兵，彼此话不投机。因此，张宿怨恨裴度，时时暗中构陷。他曾出使淄青，裴度欲为之请赐银青之服。韦贯之说："张宿素来奸佞，吾等纵不能斥逐他，也不必假以恩宠？"皇上竟然用张宿为谏议大夫，崔群、王涯劝谏阻止，皇上不听。崔、王又请救改任张宿为权知谏议大夫，皇上才准允了。张宿因此怨恨执政及正直之士，便和皇甫镈互为表里，常进谗言中伤，以排挤他们。所以，皇上又将张宿罢为吏部侍郎。翰林学士、左拾遗郭求又上疏驳议。皇上见彼此争斗不休，就下诏免去郭求的学士，贬韦贯之为湖南观察使。不到三天，韦顗、李正辞、薛公干、李宣、韦处厚、崔韶因与贯之友善，全被贬为州刺史。韦顗、正辞、处厚等为官清正，因此罢职，由此，朝廷内外更加厌恶张宿。

知己知彼，百战不殆。九月，裴度决定亲自去视察前线。他只带了五百骁骑。当路过襄城南面的白草原时，突然遭遇淮西骁骑拦击，裴度几乎遇险。因邻近贼区，裴度当即让胡证带着五十骑前行探路，他在后面细细观察。不料，胡证与敌骑上千遭遇，并被包围。胡证一面抵敌，一面大声命令五十骑护卫裴公突围："回救裴令公"。不料，敌将听得清楚，只留下百余骑纠缠他们，其余八九百骑紧追突围而去的官军。看看即将追上裴度，恰到一处三岔路口，官兵为了引开贼骑，突然分成三队，分路而逃。贼兵也分为三百骑一伙，分头追击。刚追了几十步，贼首大叫："应向有迎面而来马蹄印的来路追。"于是，又集合三路人马，直扑裴度去路。贼将大叫："捉住裴度，每人赏金十万。"

幸亏镇将楚丘人曹华早有防备，奋力拼杀，才保护裴度脱险。裴度回来清点人数，五百护骑已折损了一些。裴度叮嘱："一定要安排好这些壮士的后事。"

裴度虽脱了险，却丢失御赐玉带，吴元济得到玉带，知其为皇上所赐，如获至宝。他先召集将士百姓，拿出玉带炫耀胜利，以鼓士气。接着派专使送给李师道，以为凭信，牢结外援。

裴度巡察各营，慰问前线将士，授权于将。只要对打击叛军有利，允许他们可以临机决断，约定一月之内，看哪支部队先建首功。

九月十四日，淮西兵马侵犯溵水镇，杀死韩全义手下三位将领，烧了许多草料。当初，淮西民人被李希烈、吴少诚暴虐胁迫，难以自拔，年长的衰老了，年幼的长大了，不得已而安于悖逆，只知有吴贼，不知还有朝廷。从吴少诚主事以来，每每出兵，均不加约束，放任其烧杀抢掠，以至久而成习。针对淮蔡叛军常四处劫掠的行径，裴度让周边唐将一齐向敌人施压，以吸引敌人向周边增兵，使他们内部空虚；或布好口袋阵，让敌人来自投罗网，再围而歼之。

韩全义在溵水战败，丢失了营盘。叛军在他的帐幕中得到朝廷权贵写给韩全义的信件。吴少诚拿出一沓散发给部众们看，说："这些都是朝廷公卿嘱托韩全义的信，信中说，攻下蔡州后，要一个蔡州将士的妻女做婢妾。"众人闻言，个个满腔愤怒，从此拼死为逆贼卖命。

李逢吉乘机诋毁裴度，说他不懂军事，后果不堪设想。宪宗也感到留逢吉在朝中掣肘使绊，必定引起不必要的麻烦，不利于讨蔡。九月丁未日，便将奸臣李逢吉罢相，黜为剑南东川节度使。

九月甲寅，李愬于吴房打败了吴元济一支劲旅。

裴度采用将计就计之法，让李愬派人给吴元济写了一封信，声称："你方不要进犯周边各州，我们也不攻打你，咱们相安无事，过好这个冬天。"吴元济竟然信以为真。

元和十二年十月初，裴度与李愬一同分析敌兵部署，认为有隙可乘，为平蔡之役制订了"四面进逼，切断外援；围困小打，引敌分兵；乘虚而入，黑虎掏心；直捣贼巢，擒贼擒王"的总体方略，并授意李愬谋划奇袭蔡州的具体安排。

十月甲戌，李鄘为相。可惜，他也不懂军事，至十二月末戊寅日，就被罢了职。

武陵自恃才高，借韩愈之口为裴度出谋划策："把那些不得志的宦官调回朝廷，作为朝中内线，再拿出内府百万锦帛来赏赐将士，还有谁不与丞相同心呢？然后，派三位大将迫近贼境屯扎，派精兵侦察敌情，杀羊宰牛，设宴犒军，秘密地把所谓的总攻时间告给前线将领，到时却不发动总攻；如此三番，以麻痹敌人；再让能言善辩的说客带着书信劝说吴元济投降，这样分化瓦解，叛贼就四分五裂了。"韩愈遂献《论淮西事宜状》：

> 右臣伏以淮西三州之地，自少阳疾病，去年春夏已来，图为今日之事。有职位者劳于计虑抚循；奉所役者，修其器械防守。金帛粮畜耗于赏给，执兵之卒四向侵掠，农夫织妇携持幼弱，饷于其后。虽时侵掠，小有所得；力尽筋疲，不偿其费。又闻畜马甚多，自半年已来，皆上槽枥。譬如有人，虽有十夫之力，自朝及夕，常自大呼跳跃。初虽可畏，其势不久，必自委顿。乘其力衰，三尺童子，可使致其死命。况以三小州残弊困剧之余，而当天下之全力，其破败可立而待也。然所未可知者，在陛下断与不断耳。夫兵不多，不足以必胜。必胜之师，必在速战。兵多而战不速，则所费必广。两界之间，疆场之上，日日相攻劫，必有杀伤。近贼州县，征役百端，农夫织妇，不得安业。或时小遇水旱，百姓愁苦。当此之时，则人人异议，以惑陛下之听。陛下持之不坚，半途而罢，伤威损费，为弊必深。所以要先决于心，详度本末。事至不惑，然可图功。为统帅者，尽力行之于前；而参

谋议者，尽力奉之于后。内外相应，其功乃成。昔者殷高宗大圣之主也，以天子之威，伐背叛之国，三年乃克，不以为迟。志在立功，不计所费。《传》曰："断而后行，鬼神避之。迟疑不断，未有能成其事者也。"臣谬承恩宠，获掌纶诰。地亲职重，不同庶寮，辄竭愚诚，以效裨补，谨条次平贼事宜，一一如后。

一、诸道发兵或三二千人，势力单弱。羁旅异乡，与贼不相谙委，望风慑惧，难便前进。所在将帅以其客兵难处使，先不存优恤，待之既薄，使之又苦；或被分割队伍，隶属诸头。士卒本将，一朝相失，心孤意怯，难以有功。又其本军，各须资遣，道路辽远，劳费倍多。士卒有征行之艰，闾里怀离别之思。今闻陈许安唐汝寿等州，与贼界连接处，村落百姓，悉有兵器。小小俘劫，皆能自防。习于战斗，识贼深浅。既是土人护惜乡里，比来未有处分，犹愿自备衣粮，共相保聚，以备寇贼。若令召募，立可成军；若要添兵，自可取足。贼平之后，易使归农。伏请诸道先所追到行营者，悉令却牒归本道。据行营所追人额器械弓矢，一物已上，悉送行营充给。所召募人兵数既足，加之教练三数月后，诸道客军，一切可罢。比之征发远人，利害悬隔。

一、绕逆贼州县堡栅等，各置兵马，都数虽多，每处则至少。又相去阔远，难相应接，所以数被攻劫，致有损伤。今若分为四道，每道各置三万人，择要害地，屯聚一处，使有隐然之望。审量事势，乘时逐利。可入，则四道一时俱发，使其狼狈惊惶，首尾不相救济；若未可入，则深壁高垒，以逸待劳，自然不要诸处多置防备。临贼小县，可收百姓于便地，作行县以主领之，使免散失。

一、蔡州士卒，为元济迫胁，势不得已，遂与王师交战。原其本根，皆是国家百姓，进退皆死，诚可悯伤。宜明敕诸军，使深知此意。当战斗之际，固当以尽敌为心；若形势已穷，不能为恶者，不须过有杀戮。喻以圣德，放之使归，销其凶悖之心，贷以生全之幸，自然相率弃逆归顺。

一、《论语》曰："欲速则不达，见小利则大事不成。"比来，征讨无功，皆由欲其速捷，有司计算所费，苟务因循，小不如意，即求休罢。河北淮西等，见承前事势，知国家必不与之持久，并力苦战，幸其一胜。即希冀恩赦，朝廷无至忠忧国之人，不惜伤损威重，因其有请，便议罢兵。往日之事患皆然也。臣愚以为淮西三小州之地，元济又甚庸愚，而陛下以圣明英武之姿，用四海九州之力，除此小寇，难易可知。太山压卵，未足为喻。

一、兵之胜负，实在赏罚。赏厚可令廉士动心，罚重可令凶人丧魄，然可集事。不可爱惜所费，惮于行刑。

一、淄青恒冀两道，与蔡州气类略同。今闻讨伐元济，人情必有救助之意，然皆暗弱，自保无暇，虚张声势，则必有之。至于分兵出界，公然为恶，亦必不敢。宜特下诏云：蔡州自吴少诚已来，相承为节度使，亦微有功效，少阳之殁，朕亦本拟与元济。恐其年少，未能理事，所以未便处置。待其稍能缉绥，然拟许其承继。今忽自为狂悖侵掠，不受朝命，事不得已，所以有此讨伐。至如淄青恒州范阳等道，祖父各有功业，相承命节，年岁已久。朕必不利其土地，轻有改易，各宜自安。如妄自疑惧，敢相煽动，朕即赦元济不问，回军讨之。自然破胆，不敢妄有异说。

以前件谨录奏闻，伏乞天恩特赐裁择。谨奏。

当时，裴度部署已定，所以，对其建议未置可否。
决战之前，武陵从硖石眺望东南，只见天空的云气像颠倒横斜的旗鼓矛楯。一会儿，黄白之气出于西北，蜿蜒相交。武陵告诉韩愈说："而今西北为王师所在，气色黄白，乃大喜之象也。衰败之气笼罩着叛贼上空，日子又恰逢属木，推算时日，不过六十天，叛贼一定会灭亡。而今，天降祥瑞，我们应该上承天命，积极行事。况且，我军突袭，洄曲敌军远水不解近渴，而吴城贼将赵晔又奸诈轻敌，假若用小股兵马引诱他，设下埋伏，一举可夺取吴城，杀掉赵晔，就砍断了吴元济的右臂。"裴度对这些说法一笑置之，说："若成事在天，何用人谋！我等岂不是可以坐享其成？"

二十八日，李愬要进攻吴房，众将说："今天是个往亡日，极凶，怕是有去无回？"李愬说："我们兵少，又远离后方，不足以与强敌硬拼，应当出其不意。他们因今天是往亡日，自然不太防备，我们正好出其不意，突然攻击。"这正是：兵不厌诈，鬼神也怕。

他立即出兵，攻克了吴房的外城，斩敌一千多。其余贼兵退守子城，不敢出来。李愬领兵退回，以引诱敌军。淮西将领孙献忠果然上当，率领五百骁骑追击。官军人众大惊想逃，李愬下马，站在巨石上，喝道："胆敢退却者，斩！"将士们只好又返身拼死力战，孙献忠战死，淮西兵开始败退逃走。有人劝李愬乘胜去攻打子城，必定能攻下。李愬说："这不符合我的计策。"便带兵回营。

李祐对李愬说："蔡州的精兵都在洄曲等四面，守卫蔡州城的，都是年老弱病残，可乘虚直取州城。等贼将得知，吴元济已被捉住了。"李愬说："不出裴丞相胜算，这正合我意。"

为此，裴度写了《三驱赋》（以"蒐畋以时，网去三面"为韵）：

古之畋猎，自天子达诸侯，秋则蒐，春则狝，非有情于杀戮，固无取于盘游。盖以除时稼之所害，示军容之克修。故王者有三驱之礼也，职此之由。夫生杀之柄，主之于天。生诚有之，杀亦宜然。是乃张我武，出于畋。植灵旗以准的，应晋鼓以周旋。兵作于后，兽驰于前。背主而去者，以其逆而必杀；委质而来者，以其顺而必全。是知从禽之中，有古义焉。何哉？三驱之义，我则有以。且以驱为名，至三而止。驱者以无合围之道，三者以有知足之理。盖以明上帝之心，见圣人之旨。初其择吉日，戒师期。既逐兽以礼，亦使人以时。不如追军，讵设左右之翼。有异捕鹿，宁分掎角之师。夫尧舜而来，殷周以往。皆顺时而行令，非害物以示养。无违者不杀，知有异于焚林；犯德者取之，固无间于漏网。故知树德务滋，除恶务去。所以欲万国之畏威，使四方之即叙。柔者来服，则必解其罻罗；挺而背走，则必烹于鼎俎。若然者，必沮其强梁，而销其旅拒也。逮乎大汉，游盘是恣，驰骋是耽。崇苑囿而大开，里宁止百；取庖厨之屡饫，畋岂惟三。不然者，何以子云有《长杨》之讽，相如有"亡是"之谈。我国家修古典，斥游宴。狩不夺于三时，网惟留于一面。大田多稼，聊会猎以长苗；四海无虞，徒因蒐而教战。美矣哉！三驱之礼，因兹而又见。

古代，为政讲究轻徭薄赋，与民休息，不得竭泽而渔；围猎则三面驱逐，网开一面，不得赶尽杀绝。这体现了圣君良将的好生之德，也体现了古人业已觉醒的经济与环保生态意识。

十月甲子，李愬派掌书记郑澥赶到郾城，向裴度密报直取蔡州的奇袭计划。裴度批复："兵非出奇不胜。照准。"

大战在即，裴度将幕府迁往距蔡州仅七十里的前沿。裴度一到，就命人深挖壕堑。挖土时，见一处土层有异，一挖，得到一块石头，上面竟雕有古字铭文，封人抬来献给裴度。裴度仔细端详，还算认得。其文写道："井底一竿竹，竹色深碧碧。鸡未肥，酒未熟。小儿欲挡车，凶顽众人弃。"裴度得石，对其文义却迷惑不解，就让众从事来看，以解析其义。但众人都不明白。有人说：这一定是吴元济让人埋的咒语镇物。"井中竹"是说官军孤军深入，竹入井中，自然难以生根，显然是咒官军站不住脚。"鸡未肥，酒未熟"，是说官军羽翼未丰，粮草不足，如天下没有不散的筵席一般，不久将散去。其结果"挡车小儿"与"弃"，是说官军终将放弃讨伐而撤退。裴度冷笑一声，说："吴元济黔驴技穷，装神弄鬼，怕也难救其败亡。"此时，有一兵卒在侧，向裴度贺喜道："吴元济违抗天命。仰赖天子圣明，与丞相盛德相得益彰。不日逆贼定能擒获。斗胆祝贺丞相。"裴度问他为何，他说："封人所得石铭，这是吉兆。井底一竿竹，竹色深碧碧。"是说吴少诚本行伍间一卒（与"竹"同音），不多时竟拥有十万兵马，成为一方主帅，喻其荣也。"鸡未肥"，说是无肉。将"肥"字去"肉"，就为"己"字。"酒未熟"，是说无水。将"酒"字除去"三点水"，为"酉"字。"挡车小儿"指兵革之士。"弃"的意思，是说吴匪只能众叛亲离。推断言之，"当在'己酉'日攻克蔡州。"裴度闻言，回头对左右说："这位将士也真善辩呀！诚如所言，灭了淮西叛贼，也是朝廷之福，万民之幸呀。不过，孙子云：'先知者，不可取（祈祷）于鬼神；不可像（类比）于事，不可验于度（日月星辰运行的位置度数），必决于人。'"

军前小校武昭果敢而善辩，裴度让他只身去劝降吴元济。面对敌人的刀枪剑戟，武昭面不改色，侃侃而谈，且一席话恩威并用，让吴元济折服。元济动了心，但又提出只有朝廷答应让其世袭官位封爵，才可休兵归顺。武昭返回，尽管可说是无功而返，仍被裴度署为牙将。

裴度率幕僚参佐，轻骑十余，到洄曲附近的沱口一带，视察新修筑的赫连城堡垒。董重质哪能容忍这颗眼中钉，突然率领骑兵，从五沟窜出，拦击裴度。他们大声呐喊，新修的城墙居然被震塌了。敌骑呼啸而来，高举兵刃，弓弩蝗飞，几乎伤到裴度。董重质见其中一人紫袍犀带，众骑士护卫前后左右，且战且退，料定是宰相裴度，便鞭催胯下快马，飞奔直扑而来。李光颜、田布和众骑手返身拼死抵抗，左砍右劈，裴度才虎口脱险，安然返回。这正是，命不该绝，万难一可。冥冥之中，似有神佑。

李光颜料定敌人会由五沟退逃，便提前让田布埋伏精兵，断其退路。贼兵刚要撤退，田布却挡住了其归路。敌兵无路可逃，多被杀死，余众只好弃马下沟，因沟壁陡峭，全部被摔死踩死压死在沟里，多达千人。这正是：狭路相逢勇者胜。

十月丙申，陈州刺史李光颜奏报在时曲打败淮西精锐。早晨，淮西兵马逼近官军营垒而布阵，光颜不得出营，就自己毁坏营栅，从两边出兵突击。光颜自带数骑，准备冲击敌阵，其子揽住马缰阻止他，光颜举刃斥退他，直冲敌阵，横冲直撞，贼人都认识他，箭如飞蝗向他射去，顿时身中数箭，但他毫不畏惧，拔箭再战，还越战越勇。他身先士卒，士兵们各个奋勇争先，淮西兵大败，死了数千人。

敌人兵马众多，双方又相持两月，仍难分胜负。此举迫使吴氏将精兵派往周边前线。

获此谍报，裴度才密令李愬可考虑突出奇兵，直取吴元济的巢穴——蔡州。李愬立即准备起来。

十月十日辛未，李愬命令马步都虞侯、随州刺史史旻等人留守文城，命令李祐、李忠义率领三千突骑为前锋，自己率领三千人做中军，命令李进诚率领三千人殿后，点集兵马，誓师出发。士兵不知往哪里去，就问，李愬说："只管向东走。"走了约摸六十里，天黑时到达张柴村，悄悄包抄上去，乱兵仍未发觉，他们就占据了营栅，一阵突袭把守兵和看烽火台的贼兵全解决了。李愬命令士兵稍事休息，吃些东西，整理好马具兵器，带足两天的干粮，留下成义军的五百人镇守，以阻断朗山的援兵。他还命令丁士良率领五百人，拆断洄曲通向各地的道路桥梁，继续前行。

众将问往哪里去，李愬只是说："突袭蔡州，活捉吴元济。"众将闻言，都大惊失色。有人甚至哭着说："果然落入了李祐的奸计。"李愬呵斥道:"休得胡言!"众人才不敢再吭气。当时,风雪很大,旗帜也被吹裂了,人马被冻死的随处可见。部队在李愬的催促下,顶风冒雪,快速行军。李愬在马上朗吟岑参的《走马川行奉送封大夫出师西征》:

　　……汉家大将西出师。将军金甲夜不脱,半夜行军戈相拨。风头如刀面如割,马毛带雪汗气蒸,五花连钱旋作冰,幕中草檄砚水凝。虏骑闻之应胆慑,料知短兵不敢接,车师西门伫献捷。

张柴村以东近百里,情况不明,人人都以为此去必死无疑;只是害怕李愬,没人敢抗命。半夜,雪下得更大了。士兵们都异常紧张,李愬又口吟马戴的《出塞》:

　　金带连环束战袍,马头冲雪过临洮。卷旗夜劫单于帐,乱斫胡兵缺宝刀。

他还命令士兵们低声背诵此诗,背不会的受罚,既打消了心中惊惧,又赶走了睡意。军兵又走了七十里,终于到了蔡州城下。州城外有一个鹅鸭池,李愬命令:惊起鹅鸭乱叫,以掩盖行军的声音。因李光颜吸引了淮蔡敌兵主力,李愬才得以乘虚而入。这正是:出其不意,攻其不备。

自从吴少诚抗拒朝廷以来,官军已五十年未曾到过蔡州城下,所以蔡州人毫无防备。面对一片死寂的蔡州城,士兵们才淡去了恐惧,佩服起李愬的神勇来。十一日四更时分,李愬推进到城下,城里竟毫不知晓。这真是神不知,鬼不觉,出人意料。李祐、李忠义用刀剑在城墙上挖出脚窝,先登上城去,壮士们跟着攀上去。守城门的士兵正在熟睡,全被杀死,只留下几个打更的,押解着照常打更。先进城的官兵,打开城门,放进兵众。城内个别巡逻兵丁,几乎没有组织起像样的抵抗,就被三下五除二制伏了。鸡叫时分，雪也停了，李愬的军兵已进占了吴元济的外宅。有人报告吴元济说："官军到了。"吴元济还在睡觉，笑着说："不过是几个俘虏和囚犯捣乱罢了。天亮后，把他们杀掉就完了。"不一会儿，又有人来报："州城已经陷落了。"吴元济说："这必定是洄曲的子弟，来找我要御寒衣服。"他再也睡不着，就起了床，正准备到庭堂前打趟五禽拳，突然听见传达军令之声："李常侍传话：攻打府衙，活捉吴元济！"应答"得令"的，居然有好几千人。吴元济这才害了怕，说："什么常侍，能到这里！"他万万没想到，李愬已与他仅有一墙之隔。慌忙率领左右，登上牙城，组织抵抗。

唐、邓、随节度使李愬派李进诚攻打牙城，砍毁了牙城的外门，占了武器库，搬出兵器。十二日癸酉，继续攻打牙城，火烧牙城的南门。老百姓争着背来柴草，帮助官军，焚烧城门。官军射到城上的箭像飞蝗一样。城头敌兵根本抬不起头。倘敢露头的，非死即伤。傍晚时候，城门已被烧坏了。吴元济见救兵未来，万般无奈，只好爬上城头，打着白旗，请求投降。李进诚用梯子把他弄下来，捆了个结实。这正是：强将手下无弱兵，强中更有强中手。吴元济自恃强大，最终却败在名相强将手下。

当时，董重质率几万精兵尚在洄曲据守。李愬说："吴元济所指望的，就是董重质的救援，现在，马上解决他。"于是，李愬就通过俘虏指点，去看望董重质的家属，送了很丰厚的礼物，安抚他们，晓以利害，劝其迷途知返，弃暗投明。董母对其子附逆，深以为耻。而今总算拨云见日，反正有路了。其母就给儿子写了封亲笔信，让次子董传道拿着信，去晓谕董重质，劝其归降。见信，董重质知道大势已去，就单人匹马来归降李愬。董重质离营，李光颜带着几十个骑手，飞马闯进他的营垒，喊话说："蔡州已破，吴元济已被擒。何去何从，快做决定。若归降朝廷，就是国家臣民，既往不咎，前途光明。若想抵抗，请拿刀枪！"洄曲城内几万人，无一人抵抗，纷纷丢掉兵器，跪地请降。于是，李光颜兵不血刃，就收服了董重质手下的兵众，并招降了他的其余兵众。

十三日甲戌，李愬向裴度报捷，并让人用囚车押解着吴元济，由裴丞相起草捷报，一并送往京师。一两天内，申州、光州及各镇叛兵，都纷纷相继来降。一切全在裴度的预谋之中。

## 第十四章 凯旋班师

捉住了首恶吴元济后，李愬安抚降卒与俘虏，再也未杀一人。他们驻扎在球场，封存府库，清点战利品，登记造册，以等候丞相裴度前来检视。

二十三日，淮西行营上奏朝廷称，已俘获了吴元济，皇上闻报，喜不自胜；满朝文武都高呼"万岁！"光禄少卿杨元卿向皇上道贺后，却对宪宗说："淮西有许多珍宝，臣知道在哪里，若派臣去取，必定能拿到。"宪宗说："我讨伐淮西，是为民除害，有什么东西能比土地和人民还可贵呢？珍宝岂是我想要的。"元卿惺惺而退。捷报传来，宪宗赞叹道："裴爱卿果然不负厚望！"群臣纷纷山呼万岁，齐声道贺。

二十四日，裴度派遣马总进蔡州抚慰军民。二十五日，裴度高竖彰义军节度使的旌旗，率领投降的兵卒一万多人进城。李愬佩戴着弓箭，戎装出城迎接，他在大路左边，向裴度跪拜，裴度想避开，不肯受其跪拜。李愬说："蔡州人冥顽叛逆，不懂得上下尊卑的名分礼节，已经几十年了，希望您借此机会，做给他们看，让他们知道朝廷的尊严。"裴度这才接受了李愬的跪拜。

李愬拜会了裴度，统计移交清点战利品。吴元济虽说已山穷水尽，仍有米粮十余万石，草料三万余捆，战马万匹，兵器铠甲数万，船千艘，金银珠玉无算。除兵器铠甲外，裴度全令分给当地百姓。百姓无不感激朝廷恩德。

裴度回到文城，众将问裴度："开始时，李愬朗山兵败，而不担忧；吴房获胜，而不攻城；大雪飞扬，却继续进军；孤军深入敌境，而无丝毫畏惧，最后竟成功了，这些都是我等不明白的。请问这是什么缘故？"裴度说："岂不知《孙子兵法》云'始如处女，敌人开户；后如脱兔，敌不及拒'。朗山交战失利，这是骄敌之计，贼军就会轻视我军，而不加防备，我等正好乘虚而入。如果夺取了吴房，敌军就会逃回蔡州，合力坚守，而我留下吴房，围而不打，这是分敌之计，分散了对方的兵力。风雪交加，天色阴暗，烽火难以看清，就不能传递军情消息，这是韬晦之计，敌人就会顾此失彼。孤军深入绝境，人人都会拼死一战，所谓置之死地而后生，战斗力自然倍增了。放眼长远的人不会盯住近处不放，考虑大事的人不计较小事的得失。若为一次小胜，就自骄自夸；一次小败，就忧虑不安，扰乱了自己的方略，哪里还能立功呢！"裴度继续说："李愬很节俭，而待士人却很丰厚，认准的贤能就任用，化敌为友，毫不疑忌，事情应办，就当机立断，这就是之所以成功的原因。总之，须顺时而为，循势而进。"众将都非常佩服裴度知人善任，胸有韬略。

闲言少絮，言归正传。话说裴度让蔡州降卒做自己府中的牙兵，有人劝谏说："蔡州人反复无常，不能不防。"裴度笑着说："我做彰义节度使，是为朝廷，也是为蔡人除害。现在，元凶已经捉住，蔡州民众就是朝廷的百姓，还怀疑什么呢？"此话很快传遍全城。蔡人听到这些话，都感动得流下泪来。

在此之前，吴氏父子依仗强大军力，禁止人们在路上交谈，夜里不许点灯，有互相来往宴饮的就判死罪。裴度上任之后，下令只禁止偷盗抢劫、打架杀人，其余的一概不问，人们交往，不限白天黑夜，蔡州人这才重新享受到了生活的乐趣。被吴氏胁迫的兵众"十分之九，均不愿当兵，而愿回家务农"，裴度就全部释放了他们。无疑，这既有利于社会安定，又有利于生产恢复。

大战之后，必有大疫；大乱之余，必有大灾。正是担心此类天灾重现，宪宗下令，战区乘寒冬时节，搜寻烈士遗体，运送回乡，妥为安葬。无名死尸，也要入土为安。掩埋阵亡兵士，还要和那些吃人吃红了眼的野狗争抢尸骸。

蔡州叛贼平灭，李宗闵也因功拜为驾部郎中，知制诰。穆宗即位，他又进位为中书舍人。当时，其父李翾（xūan，小飞）为华州刺史，父子同拜，世人以为荣宠。

朝廷下诏分上蔡、郾城、遂平、西平四县为溵州，拜高承简为刺史，治所设于郾城。为了恢复生产，他号召垦荒屯田，兴修防庸，濒临溵水二百里内才免除了水患，变为良田。此前，叛贼修筑武宫，以夸耀战功，承简夷平了其中的垣丘，将之改为平蔡死难将士烈士祠。盛设俎豆，岁时年节祭拜行礼。裴度介绍了颜真卿的英雄事迹，闻者无不泣下。他又主持祭奠了颜真卿，并下令为他兴修庙宇，立碑纪念，永远享受祭祀。高承简还捐出家财，埋葬死难的兵士；观察府责令交纳租赋，尤为急迫，高承简代治下数百户平民交纳了租赋。高承简还修葺了儒宫，兴办了学堂，使失学儿童得以复学；第二年，田地有了收获，民众方得饱食。将吏们立碑为他颂德，遂升为邢州刺史。

十月二十八日，宪宗下诏，命令裴度、韩弘把平定蔡州的将士的军功，以及蔡州降将，分出等级，逐条列出，奏报朝廷。淮西州县的百姓，免税两年。附近四州，免除第二年夏天的赋税。阵亡的官军士兵，都予以收尸安葬，免费供给遗属五年衣服粮食；那些因作战受伤残废的，终生供给衣粮，不得停发。

裴度推算攻克蔡州之日，果然是"己酉"日。于是裴度更加惊奇那位小卒的明辨善断，就将他擢为裨将。

平蔡胜利，马上广为张贴露布，祝捷安民。冯宿代裴度拟呈《为裴相公谢淮西节度使表》向朝廷报捷：

> 臣度言：伏奉去年七月二十五日制书，除臣门下侍郎、同中书门下平章事，充淮西节度观察处置等使、蔡州刺史，并淮西宣慰处置等使。缘逆贼吴元济尚拒王师，遂于郾城县权为理所。臣笃励群帅，潜设多方，倾其重兵，屯在洄曲。今月十七日，唐邓节度使李愬承（同乘）虚直进，生致元凶。臣与贾栅三营诸军，便降洄曲三万余众。积年逋寇，翌日殄除，淮右千里，通行无碍。臣以二十五日领所部兵马及归顺将士，至蔡州上讫。豺豕旧穴，迎风而迅扫；鸱枭故林，应节而黄落。瞽瞽者咸观尧日，蹯蹯者重识汉仪。臣以不才，猥当重寄，力排苟且之议，上赞圣明之心。不敢偷安庙堂，遂乞亲临疆场。陛下初犹未（一作不）许，微臣亟请是行。睿旨叮咛，宠光照耀。臣中心自警，毕命无憾。若不成事，必当死绥。伏赖神道恶盈，罪人斯得，而今而后，方保余生。就天地削平之功，贻策书不朽之美。足使懦夫增气，犷俗刳心。方偃武以修文，故暂劳而永逸。臣谨敷扬帝泽，宣布国章，涤其瑕疵，衣以襦裤。俾斯污俗，咸若新邦厎宁，但以才乏折冲，任兼中外，摩顶至踵，谅无非其渥恩。知臣者君，庶不辱于元鉴。无任感激忻喜之至。其承荐人自代，具于别状。

元稹上《贺裴相公破淮西启》，祝贺平淮西胜利：

某启，伏见当道节度使牒，伏承相公生擒吴元济，归斩阙下，功高振古，事绝称言，亿兆欢呼，天下幸甚！某闻举世非之而心不惑者谓之明，群疑未亡而计先定者谓之智。日者天弃淮、蔡，蓄为汙潴，五十年间，三后垂虑。眇尔元济，继为凶妖，谓君命可逃，以父死为利。圣上以睿谟神算，方议剪除。群下守见习闻，咸怀阻沮。公英猷独运，卓立不回，内排疑惑之词，外辑异同之旅。三军保任，一意诛锄。投石之卵虽危，拒轮之臂犹奋，赖阁下忠诚愤激，亲自捫巡，灵旗一临，余沴电扫。此所谓俟周公而后淮夷服，得元凯而后吴寇平。凡在陶甄，孰不忻幸。况某早趋门馆，忭跃尤深。僻守遐荒，不获随例拜贺，无任踊跃徘徊之至。

刘禹锡献上《贺门下裴相公启》：

某启：伏以相公含道杰出，降神挺生，坐筹以弼睿谟，秉钺以行天讨。风云助气，山岳效灵。制胜于樽俎之间，指踪于韝緤（gōuxiè，臂套与拴兽的绳索）之末。萧斧既定，衮衣以归。君心如鱼水，人望如风草。一德交畅，万方和平。运神思于洪炉，纳生灵于寿域。文武丕绩，冠于古今。某恪守遐荒，不获随例拜贺。瞻望欣跃，无任下情。

柳宗元写的《上裴晋公度献唐雅诗启》曰：

宗元启：伏以周、汉二宣中兴之业，歌于《大雅》，载于史官。然而申、甫作辅，方、召专淮夷之功；魏、邴谋謩，辛、赵致罕羌之绩。文武所注，中外莫同。伏惟相公，天授皇家圣贤，克合谋，叶德一，以致太平。入有申、甫、魏、邴之勤，出兼方、召、辛、赵之事。东取淮右，北服恒、阳，略不代出，功无与让。故天下文士皆愿秉笔牍，勤思虑，以赞述洪烈，阐扬大勋。宗元虽败辱斥逐，守在蛮裔，犹欲振发枯槁，决疏潢汙，馨效蛮鄙，少佐毫发。谨撰《平淮夷雅诗》二篇，恐惧不敢进献。私愿彻声闻于下执事，庶宥罪戾，以明其心。出位僭言，惶战交积。无任踊跃屏营之至。不宣。宗元谨启。

裴度写了《箫韶九成赋》（以"曲终九成，百兽皆舞"为韵）：

圣人顺天道，防人欲。布和以调其性，宣乐以察其俗。气将导志，五声发以成文；化尽欢心，百兽率而叶曲。茫茫大空，乐生其中。声随化感，律与天通。交四气之溥畅，贯三光乎昭融。将君子以审乐，故先王以省风。致同和于天地，谅难究其始终。唯乐之广，于何不有。包阴阳兮不集不散，降神灵兮或六或九。故季札聆音而感深，宣尼忘味于甘否。昭覆焘兮煦姁，召游泳以飞走。演自窅冥，发于性情。将不动而为动，自无声而有声。王者通三，我则贯三才而作；阳数有九，我则至九变而成。不然者，何以调大中，何以继光宅。作终乐于数四，历君子之凡百。其声转融，其道弥赫。大哉至乐，於以洪覆。收之而合乎希夷，张之而散乎宇宙。感天神与地祇，格灵禽与仁兽。扇风化而以攒，则雍熙之可就。大韶命曲，大章同侪。既和且乐，亦孔之皆。且箫为器之所细，风为王之所怀。若滞涩之音感，清净之化乖。则歌已而于狂客，孰来仪于克谐。恭惟我君，配天作主。命工典乐，考法师古。浃声教之汪洸，合尧禹之规矩。士有闻韶嘉於蕴道，击壤希乎可取。同鸟兽之归仁，承德音而率舞。

传说箫韶是大舜时的古乐名。《尚书·益稷》曰："箫韶九成，凤凰来仪。"箫为竹制管状吹奏乐器，有双管相并的，也有单管的。单管箫通长一尺八寸，故又名尺八。这里可能指以箫吹奏的《韶》乐。而《辞源》与《古代汉语词典》均将"箫韶"作为一个词，作者估计可能是专家们弄错了。裴令公赋中就说，"箫为器之所细"，明显将器与乐分开来讲，应是十分恰当的。

《论语·述而篇》有："子在齐闻《韶》，三月不知肉味，曰：'不图为乐之至于斯也。'"由以上所述可知，《韶》这支乐曲可能共分九章，故曰"九变而成"。当然，这里的"九"也可能指多数，并非实指。无论哪种解释更确切，反正是说《韶》曲极尽变化之能事，非常优美动听，竟然让《诗三百》"皆弦歌之"的孔子这位音乐家为之陶醉，而且余音袅袅，三月不绝于耳，堪称人间至味，天籁之音。此赋主旨在于"宣乐以察其俗"，"布和以调其性"，"致同和于天地"，使鸟兽蒙仁，天下归心。"

此赋申明了音乐娱其精诚、涤夫昏妄、养性弘德的功能，以及有助于发善令，播仁声，致中和的社会效能，同时又提出了好乐勿荒的告诫。

元和十二年十一月初一日丙戌朔，皇上驾临兴安门接受献俘。宪宗李纯下《诛吴元济诏》：

> 吴元济豺狼丑类，敢悖天常，不知覆露之恩，辄肆猖狂之计。拒捍成命，焚劫邻封。诖误我平人，残伤我赤子，县邑黎庶，号呼屡闻。朕为人父母，得不兴愧。亦当告谕，曾靡悛心。稔愆挺灾，日滋月甚。所以命貔貅之旅，致原野之诛。雷霆所当，巢穴尽覆。获此凶竖，正其刑书，与众弃之，兹为国典。宜准法处斩。其余支党，并从别敕处分。

当日，把吴元济献于宗庙，斩于一棵孤柳之下，暴尸三日。时年二十五。夜失其头。其妻沈氏被没入掖庭。二弟三男,流放江陵,不久均杀之。这正是:恶贯满盈孽自造,人神共愤天不饶。

初三日,任命李愬为山南东道节度使,赐给凉国公的爵位,加封韩弘兼任侍中,李光颜、乌重胤等人各自升官。十六日,任命唐随兵马使李祐为神武将军,掌管军事,并改任马总为淮西节度使。

裴度讨蔡,以韩愈为行军司马,出征前,他先行至汴。蔡平,他升迁为刑部侍郎,二十五日,把淮西的降将董重质贬为春州司户。董重质是吴元济的出谋划策者,屡次打败官军,宪宗想杀了他。李愬、裴度上奏说事先已经答应董重质,才饶其不死。

淮蔡平定,还有许多善后事情要做,故在撤军班师前,裴度任用马总为彰义军留后,以处理善后事宜。十一月二十八日,马总从蔡州出发上任。裴度则启程返京。

韩愈为此写了《酬别留后侍郎》:

为文无出相如(司马相如)右,谋帅难居卻縠(晋文公时三军统帅)先。归去雪销涔洧动,西来旌旆拂晴天。

宪宗赐封两把宝剑,授给梁守谦,让他前去诛杀吴元济的全部旧将。裴度返回郾城,途中与之相遇,怕他滥杀招怨,又与之一起返回蔡州,严格量罪施罚,赦免了许多被胁迫附逆的人,没全照皇上诏书的旨意办事,并上疏说明执行情况,皇上竟然也没责怪。

唐军平蔡班师,途经汝州神龟驿,韩愈作了《宿神龟招李二十八冯十七》:

荒山野水照斜晖,啄雪寒鸦趁始飞。夜宿驿亭愁不睡,幸来相就盖征衣。

韩愈对裴度指挥千军万马，日理万机，还不忘屡次为自己在寒冬深夜盖衣被的关爱，念念不忘，可见令公爱护兵卒僚吏如子的大爱，多么感人至深。

襄城在河南省中部平顶山以西八十里。途经襄城，已出叛军原属地盘。目睹昔日遍地烽火，而今化为国泰民安，韩愈遂又赋了一首《过襄城》：

郾城辞罢过襄城，颍水嵩山刮眼明。已去蔡州三百里，家人不用远来迎。

元和十二年十二月七日。凯旋之师，经灵宝县桃林塞，就夜宿于此。突然接到朝命，赐裴度晋国公爵位。韩愈当即作诗《桃林夜贺晋公》，以示祝贺。

西来骑火照山红，夜宿桃林腊月中。手把命珪兼相印，一时重坛赏元功。

裴度率部回到女儿山下，正逢大雪纷飞。虽然雪打人面，寒风凛冽，但全军作为胜利之师，意气高扬，仍昂首阔步，行军如常。

宪宗历年采集凤李花，酿成换骨醪。晋公平淮西回师，皇上以黄帕金瓶远赐二斗（共二十斤）。朝使送来御酒，恰逢雪过天晴。裴度下马，命全军列队，面朝西京肃立。朝使斟满三爵御酒，放在参军端着的托盘中。裴度端起第一爵，高举过头，高声命令："我全军将士，共同祭奠皇天后土！"然后撒空酹地；第二爵，他面向东南，连作三个揖，高声命令："我全军将士向后转，共同祭奠阵亡将士！"礼毕，又转回身；第三爵，他高高举起，朗声宣布："我代表全军将士，遥谢皇上隆恩！并代饮此爵，共庆胜利。回京之后，我们再共享犒赏盛宴。"三军齐呼"万岁"。

韩愈写了《次硖石》：

> 数日方离雪，今朝又出山。试凭高处望，隐约见潼关。

裴度《次潼关先寄张十二阁老使君》诗则记载了地方官迎候得胜之师的情形。

> 荆山已去华山来，日出潼关四扇开（据说潼关有两个城门洞，故城门有四扇）。刺史莫辞迎候远，相公亲破蔡州回。

这位张十二张贾，因战功任为华州刺史。《国史补》记："刺史、两省官员相互称呼阁老。"这是当时官场惯用尊称。而荆山在汉代的冯翊，《史记》记：黄帝铸于荆山下。华山在陕西华阴县。

班师回京的唐军，在腊月寒夜里，为了不扰民，便点起篝火，露宿西界郊野。韩愈又写了《同李二十八员外从裴相公野宿西界》。其诗曰：

> 四面星辰著地明，散烧烟火宿天兵。不关破贼须归奏，自趁新年贺太平。

蔡州一平，震慑了周围藩镇。十一月二十八日，裴度派人说服王承宗，使之狼狈鼠伏。

直至十二月六日，得胜之师方回到长安。

刘禹锡从几千里之外，寄来贺胜诗《平蔡州三首诗》：

> （其一）蔡州城中众心死，妖星夜落照壕水。汉家飞将下天

来，马箠一挥门洞开。贼徒崩腾望旗拜，有若群蛰惊春雷。狂童面缚登槛车，太白天矫垂捷书。相公从容来镇抚，常侍郊迎负文弩。四民归业闾里闲，小儿跳踉健儿舞。

（其二）汝南晨鸡喔喔鸣，城头鼓角音和平。路旁老人忆旧事，相与感激皆涕零。老人收泣前致辞，官军入城人不知。忽惊元和十二载，重见天宝承平时。

（其三）九衢车马浑浑流，使臣来献淮西囚。四夷闻风失匕箸，天子受贺登高楼。妖童擢发不足数，血污城西一抔土。南烽无火楚泽间，夜行不锁穆陵关。策勋礼毕天下泰，猛士按剑看常山。

裴度在回函中流露出将其内调的意思，故刘禹锡又上《谢裴相公启》曰：

某启：某遭罹不幸，岁将二纪。虽累更符竹，而未出网罗。亲知见怜，或有论荐，如陷还泞，动而愈沉。甘心终否，无路自奋。岂意天未剿绝，仁人持衡，纡神虑于多方，起埋沦于久废，居剥极之际，一阳复生。出坎深之中，平路资始，通籍郎位，分曹乐部。乔木展旧国之思，行云有故山之恋。姻族相贺，壶觞盈门。官无责词，始自今日。禽鱼之志，誓以死生；草木之年，惜其晼晚。章程有守，拜谢无由。瞻望岩廊，虔然心祷。谨启

## 第十五章　弹奸震虎

十二月初六日，朝廷举行盛大赐爵典礼赐给裴度晋国公的爵位，食邑三千户，又让他入朝重新执掌政事。这是裴度首次恢复相位。

韩愈《晋公破贼回重拜台司以诗示幕中宾客奉和》曰：

> 南伐旋师太华东，天书夜到册元功。将军旧压三司贵，相国新兼五等崇。鸰鹭欲归仙帐里，熊罴还入禁营中。长惭典午非材职，得就闲官即至公。

李愬回府，对其妻唐安公主讲了平蔡战事，请公主进宫为自己请功。公主进宫对父皇讲了，皇上对乘龙快婿大功赞不绝口，又对裴度的远见卓识、高风亮节赞赏不已。

李愬奏请奖励封赏手下将官，仅大将以下官员共一百五十员，再加上主和派奸人说三道四，使得皇上不悦，对裴度说："李愬诚然有奇功，然而奏请封赠太多。假使功劳像李晟、浑瑊那么大，又该如何封赏呢？"裴度说："皇上可以封赏申报名单中功劳最大的。"遂将奏请留置宫中，没有下达省部全部封赠。但此事造成了李愬对裴度的误会，以为是他从中作梗。一些反战的奸臣也传说裴度侵吞了吴氏的金银珠宝。这正是"长恨人心不如水，等闲平地起波澜"（刘禹锡句）。

元和十三年（818）岁次戊戌，新年伊始，大唐王朝出现了一派新气象。正月，全国大赦，免去百姓元和二年以前所欠赋税，普赐高年者爵位衣食。

平定淮西的胜利震慑了割据者，他们纷纷上表归顺朝廷。正月，割据沧景已传四世的横海程权上表，"请举族入朝"；幽州刘综，以卢龙八州归顺。经裴度去函，晓以利害，成德王承宗不再嚣张；各藩镇的气焰顿时收敛了许多，战事全消，东南漕运也重新打通，举国恢复了大一统局面，唐王朝呈现出一派起死回生的中兴迹象。裴度听送贡品的官员讲述了淮西光复后的一派新气象，心中甚为欣慰。

正月初九，群臣请刻石纪功。皇上下旨，为庆贺平淮西完胜，决定于襄城为平蔡之役立碑，以纪念这一盖世奇功。裴度以为不可，皇上仍然诏命由刑部侍郎韩愈起草碑文。这正是：主危臣忧，挺身而出。定国平乱，功高名传。急流勇退，势在必行。千古一理，势所必然。

韩愈自奉敕起草《平淮西碑文》，至三月二十五日，已七十日了。韩愈完成呈阅定稿，遂上《平淮西碑文表》。表文曰：

>臣某言：伏奉正月十四日敕牒，以收复淮西，群臣请刻石纪功，明示天下，为将来法式。陛下推劳臣下，允其志愿，使臣撰《平淮西碑文》者。闻命震骇，心识颠倒，非其所任，为愧为恐。经涉旬月，不敢措手。窃唯自古神圣之君，既立殊功异德卓绝之

迹，必有奇能博辩之士为时而生，持简操笔，从而写之，各有品章条贯。然后帝王之美巍巍煌煌，充满天地。其载于《书》，则尧舜二《典》，夏之《禹贡》，殷之《盘庚》，周之五《诰》。于诗则《玄鸟》《长发》，归美殷宗。《清庙》《臣工》、小大《二雅》，周王是歌。辞事相称，善并美具，号以为经。列之学官，置师弟子，读而讲之。从始至今，莫敢指斥。向使撰次不得其人，文字暧昧，虽有美实，其谁观之！辞迹俱亡，善恶唯一。然则兹事至大，不可轻以属人。伏惟唐至陛下，再登太平。划刮群奸，扫洒疆土。天之所覆，莫不宾顺。然而淮西之功，尤为俊伟，碑石所刻，动流亿年，必得作者，然后可尽能事。今词学之英，所在森列，儒宗文师，磊落相望。外之则宰相、公卿、郎官、博士，内之则翰林、禁密、游谈、侍从之臣，不可一二遽数。召而使之，无有不可。至于臣者，自知最为浅陋，顾贪恩待，趋以就事。丛杂乖庆，律吕失次。乾坤之容，日月之光，知其不可绘画。强颜为之，以塞诏旨，罪当诛死。其碑文今已撰成，谨录封进。无任惭羞战怖之至。

宪宗展阅韩愈的《平淮西碑》，文曰：

天以唐克肖其德，圣子神孙，继继承承，于千万年。敬戒不怠，全付所覆。四海九州，罔有内外。悉主悉臣，高祖太宗。既除既治，高宗中睿。休养生息，至于玄宗。受报收功，极炽而丰。物众地大，孽牙其间。肃宗代宗，德祖顺考。以勤以容，大慝适去。粮粻不薅，相臣将臣。文恬武嬉，习熟见闻，以为当然。睿圣文武皇帝既受群臣朝，乃考图数贡，曰："呜呼！天既全付予有家，今传次在予。予不能事事，其何以见于郊庙。"群臣震慑，奔走率职。明年平夏，又明年平蜀，又明年平江东，又明年平泽潞，遂定易定。致魏、博、贝、卫、澶、相，无不从志。皇帝曰："不可穷武，予其少息。"九年，蔡将死，蔡人立其子元济以请，不许。遂烧舞阳，犯叶、襄城。以动东都，放兵四劫。皇帝历问于朝，一二臣外皆曰："蔡帅之不廷授，于今五十年，传三姓四将，其树本坚，兵利卒顽，不与他等。因抚而有，顺且无事。"大官臆决唱声，万口和附，并为一谈，牢不可破。皇帝曰："唯天唯祖宗所以付任予者，庶其在此，予何敢不力？况一二臣同，不为无助。"曰："光颜，汝为陈许帅。维是河东、魏博、郃阳三军之在行者，汝皆将之。"曰："重胤，汝故有河阳怀，今益以汝。维是朔方、义成、陕、益、凤翔、延庆七军之在行者，汝皆将之。"曰："弘！汝以卒万二千，属而子公武往讨之。"曰："文通！汝守寿，维是宣武、淮南、宣歙、浙西四军之行于寿者，汝皆将之。"曰："道古！汝其观察鄂岳。"曰："愬！汝帅唐、邓、随。各以其兵进战。"曰："度！汝长御史，其往视师。"曰："度！唯汝予同，汝遂相予，以赏罚用命不用命。"曰："弘！汝其以节都统诸军。"曰："守谦，汝出入左右。汝唯近臣，共往抚师。"曰："度！汝其往，衣服饮食予士，无寒无饥。以节厥事，遂生蔡人。赐汝节斧、通天御带、卫卒三百。凡兹廷臣，汝择自从。唯其贤能，无惮大吏。庚申，予其临门送汝。"曰："御史！予悯士大夫战甚苦。自今以往，非郊庙祠，其无用乐。"

颜、胤、武合攻其北，大战十六，得栅城县二十三，降人卒四万。道古攻其东南，八战，降万三千。再入申，破其外城。文通战其东，十余遇，降万二千。愬入其西，得贼将，辄释不杀。用其策，战比有功。十二年八月，丞相度至师，都统弘责战益急。颜、胤、武合战益用命。元济尽并其众，洄曲以备。十月壬申，愬用所得贼将，自文城，因天大雪，疾驰百二十里，用夜半到蔡，破其门，取元济以献，尽得其属人卒。辛巳，丞相度入蔡，以皇帝命赦其人，淮西平，大飨赉功。师还之日，因以其食赐蔡人，凡蔡卒三万五千，其不乐为兵，愿归为农者十九，悉纵之。斩元济京师。册功，弘加侍中，愬为左仆射，帅山南东道。颜、胤皆加司空。公武以散骑常侍、帅鄜坊、丹、延。道古进大夫。文通加散骑常侍。丞相度朝京师，道封晋国公，进阶金紫光禄大夫，以旧官相。而以其副总为工部尚书，领蔡之任。既还奏，群臣请纪圣功，被之金石。皇帝以命臣愈，臣愈再拜稽首而献文曰："唐承天命，遂臣万邦。孰居近土，袭盗以狂。往在玄宗，崇极而圮。河北悍骄，河南附起。四圣不宥，屡兴师征。有不能克，益戍以兵。夫耕不食，妇织不裳。输之以车，为卒赐粮。外多失朝，旷不岳狩。百隶怠官，事亡其旧。帝时继位，顾瞻咨嗟。唯汝文武，孰恤予家。既斩吴蜀，旋取山东。魏将首义，六州降从。淮蔡不顺，自以为强。提兵叫讙，欲事故常。始命讨之，遂连奸邻。阴遣刺客，来贼相臣。方战未利，内惊京师。群公上言，莫若惠来。帝为不闻，与神为谋。乃相同德，以讫天诛。乃敕颜、胤、愬、武、古、通，咸统于宏，各奏汝功。三方分攻，五万其师。大军北乘，厥数倍之。常兵时曲，军士蠢蠢。既剪陵云，蔡卒大窘。胜之郾陵，郾城来降。自夏入秋，复屯相望。兵顿不励，告功不时。帝哀征夫，命相往厘。士饱而歌，马腾于槽。试之新城，贼遇败逃。尽抽其有，聚以防我。西师跃入，道无留者。颔颔蔡城，其疆千里。既入而有，莫不顺俟。帝有恩言，相度来宣："诛止其魁，释其下人。"蔡之卒夫，投甲呼舞。蔡之妇女，迎门笑语。蔡人告饥，船粟往哺。蔡人告寒，赐以缯布。始时蔡人，禁不往来。今相从戏，里门夜开。始时蔡人，进战退戮。今旰而起，左飧右粥。为之择人，以收余憝。选吏赐牛，教而不税。蔡人有言，始迷不知。今乃大觉，羞前之为。蔡人有言，天子明圣。不顺族诛，顺保性命。汝不吾信，视此蔡方。孰为不顺，往斧其吭。凡叛有数，声势相倚。吾强不支，汝弱奚恃。其告而长，而父而兄，奔走偕来，同我太平。淮蔡为乱，天子伐之。既伐而饥，天子活之。始议伐蔡，卿士莫随。既伐四年，小大并疑。不赦不疑，由天子明。凡此蔡功，唯断乃成。既定淮蔡，四夷毕来。遂开明堂，坐以治之。"

皇上御览后，十分满意，便命刻工照本刻泐。二十日后碑方刻成，举行隆重揭碑仪式，由礼部侍郎主持，兵部尚书揭碑。许多权要士大夫，文人墨客，参加仪式。人们竞相拓碑，赠送权要。儒商们还将之制为众学子习字的字帖。韩愈参与揭碑仪式，而裴度因政事繁冗，未能亲自参与这一盛事。

韩愈，字退之，邓州南阳人。

韩愈三岁而孤，由堂嫂郑氏抚养成人。他七八岁懂得读书，每天记诵几千字，二十几岁就精通五经与诸子百家之学。他高中进士后，就被宣武节度使董晋上表署为推官。董晋病逝，韩愈因操办丧事而离去。不到四天，宣武军汴州军营就发生变乱，他无法返回，又转入武宁节度使张建封幕下去任推官。

由于他操行坚贞正派，耿直敢言，无所顾忌，才调为四门学博士，不久升为监察御史。因他上疏指摘宫市弊端，德宗十分生气，将他贬为阳山令。他爱民如子，百姓生下孩子，不少人都以他的姓氏为名。不久，他调任江陵法曹参军。元和初年，他权知国学博士，分司东都。三年后真授实职。此后，他又改任都官员外郎，很快拜为河南令。此后，又入朝调为职方员外郎。因为华阴令柳涧一案,他弹劾刺史,再贬为封溪尉。不久,才调为国子博士。他才华绝高,但屡次贬谪,就写了篇《进学解》自我解嘲。执政者看了,觉得他是个奇才,又将他调入朝廷任比部郎中、史馆修撰,转为考功郎中、知制诰,进位为中书舍人。

他宣慰讨蔡诸军回京,上奏称蔡贼,"其败指日可待。然未可知者,在陛下决断与否。当断不断,必受其乱。当机立断,成功可盼。先决于心,详细估测轻重缓急,遇事不惑,才可图取贼军。"执政闻而不悦,有人揭发韩愈与裴均之子裴锷谤讪朝政,又将之贬为太子右庶子。

河南初定,百废待兴,朝廷便派李正封分司东都,可谓任重道远。韩愈《送李员外院长(李正封)分司东都》:

去年秋露下,羁旅逐东征。今岁春光动,驱驰别上京。饮中相顾色,送后独归情。两地无千里,因风数寄声。

第二年春,皇上下令,劝科农桑。立春前一天,于社庙前举行迎春仪式,家家户户的牛角上都涂上五彩颜色,骡马驴羊,鬃毛上均扎上了红布条,在搭好的彩棚内打春。农人用皮鞭抽打着土牛,口中念道:

一打风调雨顺,二打地肥土暄,三打三阳开泰,四打四季平安,五打五谷丰登,六打六合同春,七打七巧加身,八打八方归心,九打九霄降瑞,十打十面更新。

朝廷祠社于五色土祭社神。五色土集中了中原与东南西北四方的黄、青、红、白、黑五色土,象征整个中华大地。朝廷还于社稷坛、郊外举行籍田典礼,皇上扶犁三推,即犁三趟。各级官员也必须亲自耕地,或一分,或三分、五分地不等。而百姓庶民必须犁完一亩才能停止。这一习俗，其目的在于朝廷垂范，劝课农桑。

民间百姓聚集社庙，参加祭社，举行宴饮，共看社戏，尽欢而散。王驾《社日》诗云：

  鹅湖山下稻粱肥，豚栅鸡栖对掩扉。桑柘影斜春社散，家家扶得醉人归。

韩偓的《寄友人》则有句：

  此身愿做君家燕，春社散时也不归。

正月，宪宗命令神策六军兴修麟德殿、凝晖殿，疏浚龙首池，以举办平淮西庆功宴。这条渠始修于隋朝开皇二年（583），以沟通大兴（长安）东城与内苑水道。因年久失修，多处淤塞，故此次疏通延伸，工程浩大。而凝晖殿雕梁画栋，移植花木，堆砌假山，更是耗费巨大。当时，程异、皇甫镈主管度支，专事刻剥，到处搜刮，借宫市巧取豪夺，以维持皇室的巨大开支，极力取悦皇上。为此，皇上就提拔了他二人。裴度因遭程异、皇甫镈排挤，他耻于和奸臣同列，准备交回相印，并三次上书，言其不可任用。可是，皇上既不准裴度辞官，也没有罢免奸臣镈、异。

右龙武将军张奉国、大将军李文悦，以淮西初平，国库空虚，无钱可支，不宜大规模修缮，就此与宰相裴度商议，希望他劝谏宪宗。借在内廷议事之机，皇上问众人，能否让众官员捐钱资助兴修，裴度说："陛下，皇家营造，由将作监承办，怎么能让功臣良将出钱呢？"皇上认为张、李二人不会办事，让自己失了颜面，遂将二人贬官，或逼令其提前退休。修缮宫殿的事也不了了之。

难怪后来的皮日休在《鹿门隐书》中批评中唐以来乱政弊端时说：

"古之置吏也，将以逐盗；今之置吏也，将以为盗。""古之官人也，以天下为己累，故己忧之；今之官人也，以己为天下累，故人忧之。"

二月，裴度又进阶金紫光禄大夫、弘文馆大学士、赐勋上柱国。韩愈随与裴度一起去游春，写下了《早春》：

天街小雨润如酥，草色遥看近却无。最是一年春好处，绝胜烟柳满皇都。

宪宗采纳裴度的提议，下达《为裴令公举裴冕表》：

臣某言：闻忠邪不可以并立，善恶不可以同道。吴任宰嚭而伍胥鸱夷，楚任靳尚而屈平放逐。远唯前事，孰不痛心。伏见澧州刺史裴冕，忠肃明允，道高德厚，匪躬无忌，有謇谔之风。道佐先帝，驱驰灵武，赞云雷之业，成社稷之勋。程元振忌其直方，遂加诬构，投谪荒裔，天下称冤。空怀醢正之悲，莫雪增嫌之耻。今奸邪屏退，圣政大明。百度唯贞，四门以穆。寰海之内，元元之人，莫不延首德音，思闻至化。愿特令追冕列在天朝，俾之台座，端揆庶僚，平章百姓，处询谋之任，当燮理之权。必能协和万邦，致君尧舜。臣位兼将相，职忝股肱，思进贤杰，共熙帝载。臣无任恳愿之至。

元和十三年（814），朝廷征胡证为金吾大奖军，兼御史大夫。次年，改任京西、京北巡边使。裴度向他贺喜。

宪宗为宣传胜利，特地下达《平吴元济德音》：

朕闻天地之于万物也，道深煦育，而雷电震曜，时警其不庭；帝王之临九有也，德尚抚绥，而原野陈师，必加于有罪。是以将伐而舍，义在止奸，祸召由人，孽固难逭。

　　朕嗣膺宝历，恭守丕图，自靖乱巴庸，除妖海浙，戡翦群慝，将期理平，全保太和，非欲生事。逆贼元济，蓄奸稔恶，凭固阻兵，擅释父丧，悖违君命，行亏天性，义绝人伦。厉残忍之声，豺狼是类；忘生成之德，枭獍为心。大告屡加，逆谋转甚，是用宜杜，至于出军。犹宏吊伐之方，必兼讨谕之命。元臣统护，授帷幄之深谋；上宰专征，运庙堂之成算。群帅毕力，万旅一心，战以力摧，袭由奇胜。李愬全师直进，坚壁洞开，凶徒就执于城池，余孽奔降于草莽。雾廓冰泮，淮溃水清，斯皆宗社垂休，人神协赞。仰荷灵眷，俯嘉众诚，共协勤劳。予用惕然衷怀，载益之厉，颁爵授赏，予何爱焉？其收蔡州擒吴元济节度及诸大将等，宜从别敕处分。诸立功将士等，委韩宏、裴度行营诸道节度，使速条流等第闻奏，即有甄升。其赏物等，已令节级优厚支遣，具别敕处分。其投降将士，亦委韩宏、裴度与诸道节度使计会，条流闻奏。其中有是亲差百姓子弟兵，便放归营农，仍具数闻奏。其淮西诸州县官吏将健等，虽被胁污，皆非本心，除同恶巨蠹者，一切不问。其淮西百姓等，陷此凶逆，久罹残伤，莫菲（非）吾人，宁忘优恤，宜准元敕，给复二年，仍委州县长吏设法安抚。其近贼四州，自王师问罪，供亿实繁，频有优矜，放其税赋，尚虑人多困极，务俾昭苏，其来年夏税，亦宜放免。比来，诸州府供行营，劳役尤甚，宜令放免，委有司条流闻奏，即议优恤。自经战伐，所有伤痍，至于殉国捐躯，效忠立节，每加悯叹，寤寐是怀。官军阵亡将士，并委韩宏、裴度与诸军审勘，具名衔事迹申奏，即与褒赠。其家口等，并委本军优赏，仍五年不停衣粮，并所在州县，速为收葬，仍量事致祭于其家。将士有因战阵伤损，以致残废者，各委本军厚致优恤，仍勿停衣粮。其陷在贼中官吏将士百姓等，应有节义著明，无辜受戮者，宜令州县府长吏致祭收葬，仍委节度使具名迹闻奏，当有褒赠，仍优赏其家。先已褒赠者，委长吏访其子孙闻奏，当与甄录，其家亦准例优赏。

于戏！制理垂规，每思去杀，而乱常作逆，多自干诛。爰念兴师，至于殄寇，累年之内，征役靡宁。除害虽本于爱人，敷化终惭于用钺，宵衣永叹，良所愧焉！咨尔万方，宜谅予志。

三月，平民柏耆向韩愈献计说："吴元济已经被活捉，王承宗吓破了胆，我想带着丞相的亲笔信去收降他。"韩愈转告丞相，裴度就写好书信劝谕尚在观望的王承宗弃恶从善，归顺朝廷，并派他去了。王承宗见了裴度书信，惶悚不知所措，便哀求通过河北另一藩镇田弘正去求情，主动送两个儿子入朝廷做人质，并献出其辖下的德州、棣州两个州给朝廷，由朝廷委派官吏，征收赋税。田弘正替他上奏请旨，皇上不允。又再三奏请，皇上才勉强同意。夏四月，田弘正亲自送王承宗两个儿子知感、知信及德、棣二州地图印信到达京师。裴度只言片语，兵不血刃，就使王承宗臣服朝廷。

二十七日庚辰，朝廷下令撤销王承宗及成德军将士的罪名，恢复他们的官爵。王承宗恭顺了许多。柳公绰则奉命去抚慰山东李师道，加封其为检校司空。

宰相李夷简修缮家庙，特请大手笔裴度撰写《李夷简家庙碑》。

裴度未显赫时，曾与友好相约，以后要相互提携。他做了宰相，虽布衣之交，未尝暂忘，但仅限于礼遇和资助，至于职官，却未肯轻以许人。大臣中有位重德寡者，忽一日造访，对裴度说："某与一二人皆受知于裴相公。当年白衣时，曾约他日显达，彼此引重。某仕宦所得已多，然晋公有异于初,不再以相互提携相许。"晋公闻言,笑曰:"实负初心。"就问道:"诸位曾见过灵芝、珊瑚吗?"答道:"此都是稀世之宝呀。"裴度又说:"曾游历山水吗?"答:"名山游过不少,唯有庐山瀑布状如天河,天下无二。"晋公曰:"图书还可悦目,何况亲见?然而灵芝、珊瑚,作为宝贝是可以的,但要建大厦,就要杞、梓、樟、楠等木材;瀑布可以观赏,而无济于人事,若用来灌溉良田,推动水磨,功效就不如河水。某公德行器度文学,作为大臣仪表,望之可敬;然而长厚有余,心无极术,伤于畏怯,决断裁割往往多疑。古代人民质朴,征赋未分,土地不过数千里,官吏不过一百员,内无权幸,外绝奸诈。画地为牢,人不敢擅逃;以赭染衣,人不敢犯。虽说列郡建国,侯伯分头治理;当时大国,不如今天一县,容易匡济。今天子设官一万八千,列郡三百五十多,四十六位连帅,八十万甲兵,礼乐文物,轩裳士流,盛过前古。材非王佐,安敢许人!"他最终也未答应对方。在当时朝官结为朋党、相互援引的情况下,裴度能够坚持唯贤才是举,这正是他的"正直"之处。

淮西平定之后,宪宗逐渐骄奢起来,总想时常得到群臣的贡献。此前,淮西用兵时的进奉叫"助军",平乱后则叫"贺礼"。宣武节度使韩弘入朝,献了三千匹马,杂缯三万匹,绢五千匹,金银器数千件。他见宪宗十分高兴,接着又向宪宗献绢二十五万匹,绸三万匹,银器二百七十件。左右中尉也向皇上献钱万缗。从此四方竞相贡献,这些都是封疆大吏受贿所得,但宪宗只看到臣子的孝心,却让自下而上层层行贿的腐败之风愈刮愈烈。户部侍郎、判度支皇甫镈和卫尉卿、盐铁转运使程异深知宪宗的心思,屡次大量进贡,以供宪宗挥霍,还巧立名目,称作"羡余"。宪宗也乐得接收,而且是来者不拒,受之无愧,胃口越来越大,真可谓欲壑难填。皇甫镈得宠后,又用大量的贿赂结交吐突承璀。九月二十三日甲辰,皇甫镈、程异终于如愿以偿,当上了宰相,其他兼任的各种职位照旧不变。制书颁下,朝野人士都十分惊愕,连市井商贩和路人都讥笑此事。

皇甫镈凭巧媚自固，还建议减损内外官员，将节余的俸禄钱来补贴国用，给事中崔植退还诏书，进行驳议，才阻止了这种做法。皇帝拿出内库盈余，发放给边兵，下诏让度支评定价值，皇甫镈乘机抬高价码，售给戍边兵丁。陈布旧衣，触手即坏，士兵十分怨怒，聚而焚之。裴度把此事奏闻，皇上追问，皇甫镈却指着脚上穿的靴子说："此靴也是内府之物，牢韧可穿，他们说的全是假话。"皇帝竟信以为真。裴度、崔群极力劝宪宗，皇上不听。皇甫镈衔恨裴度，就与李逢吉、令狐楚合谋，欲把裴度排挤出京，去镇守太原。又因崔群有天下众望，劲正敢言，在商议帝王尊号时，皇甫镈就谮毁崔群抑损徽称，皇帝大怒，将崔群斥逐到湖南。

裴度因与小人同列为相而深感羞耻，上表请求辞职。宪宗不答应。裴度又一次上疏，认为："皇甫镈、程异都是管理钱财粮谷的官吏、巧言佞色的小人，陛下以他们为宰相，朝廷内外无不惊骇耻笑。皇甫镈担任度支，专门以多收少给为能事，凡是靠度支拨发钱粮的人，没谁不想吃他的肉。最近他克扣淮西军队的粮料，军士们怨怒，恰逢为臣到军营抚慰劝说，才没有发生兵乱。现在，兵将们正准备讨伐淄青李师道，若听说皇甫镈入朝为相，必定惊愕忧虑，知道无处申诉。程异虽然人品平庸卑下，但是居心处事还算平和，可以去干些琐细的事，但不适合做宰相。至于皇甫镈，狡猾奸诈，天下共知，只能惑乱皇上。为臣如不主动辞官，天下人会说臣不知廉耻；臣如果不进言上奏，天下人会说臣对不起皇上的隆恩。现在，为臣请求辞职，既然不许，进言又不听信，如同烈火烧身，万箭穿心一样难过。可惜的是，淮西已经荡平，河北刚刚安宁，王承宗拱手削地，韩弘带病讨贼，难道是朝廷能制伏他们吗？只因处置得当，使他们心服而已。陛下开创太平大业，已十有八九，怎忍心反过来毁坏它，使天下人心重新背离呢？我请求罢免其宰相，改授皇甫镈为浙西观察使。"宪宗却认为裴度对二人有成见，并沾染上了朋党，仍置之不理。

十二月，宪宗怀疑裴度结了朋党，曾私下对宰相们说，"人臣当尽力为善，为何好立朋党，朕甚恶之。"裴度说"公平正直的是君子，偏私邪佞的才是朋党。人以群分，物以类聚。君子小人，志趣同者，势必相合。君子为徒，谓之同德。小人为徒，谓之朋党。外虽相似，内实悬殊。全在圣君分辨邪正呀。"宪宗说："道理虽说大抵如此，但朕怎能轻易分辨君子与小人呢。"裴度说："皇上以为难辨则易辩，以为易辨则难辩。古语云：'察其言，观其行。'陛下只需审视他们关乎天下利害的言行，就可知道了。"

## 第十六章　义还原配

　　唐璧，是山西万泉县人氏。他由孝廉入仕，并中新科进士，刚新授湖州录事参军。他赴任前，衣锦还乡，去向未婚妻报喜，并准备完婚，相携同往任所。但由于他四年离家，在京求取功名，其未婚妻已被蒲州刺史仅用三千缗钱就强征了去，并辗转献给裴相国府成为乐妓。他只好孤身启程去赴任。但祸不单行，又路遇强盗抢掠，连同上任告敕、文簿等，片纸未剩，连盘缠也被抢光。这伙强盗发了财，还不算，又将他推入汾水，想让他淹死了事。谁知他命不该绝，正在河水没顶之际，漂来一匹瘦驴，他拼命抱住了驴脖子，总算游到了岸边。他变卖了驴子，得了五百文铜钱，徒步返回京师，想告之吏部。但无凭无据，被拒之门外，求告无门，只好返回旅舍。

　　恰巧，旅舍靠近裴晋公私第。当时晋公正在休假。傍晚时，他身穿紫绔衫便服，微服来到客店，想与客商攀谈，以了解民情官风。这家客栈恰好就是唐璧所住。裴度一进门，正好与唐璧打了个照面。他主动与对方打了个招呼坐下，要了壶茶，与对方攀谈起来。他问到对方行止，唐璧话未出口，双泪先流，说："前辈，我的苦处，人不忍闻……"晋公怜悯他，细问遭遇。他才哽咽着说："某在京数载，中了进士，已授官湖州。本想赴任，却遇寇盗，文书盘缠荡尽，唯余微命。更可悲的是：某将娶亲，却被州牧强行将未婚妻选为秀女乐妓，献给了宰相裴令公。"裴度闻言，心中一惊，关切地问道："你妻姓甚名谁？"答曰："姓李，小字黄娥。"裴度就对他说："某人就是令公亲身校尉押牙，不妨试为先生查问查问。"唐璧说："如此，那就拜托前辈了。"老者起身告辞而去。唐璧送走老者，心中突感后悔，生怕此人是中令的亲信，入府告之，反而招致大祸，心中十分不安。但已是乙夜，只好捱到天亮，再作打算。幸亏一夜无事，次日凌晨，他悄悄来到裴府门口，远远眺望，见没有动静，才返回客栈。如此，他忐忑不安地等了三天。这天，又煎熬到晚上，心里思忖，看来天下乌鸦一般黑，裴令公也不例外。想到这里，他失望之极。

正在绝望得万念俱灰之际，突然有个军吏来到店中，口称："裴中令召见唐璧相公。"闻言，他非常恐惧，不知是祸是福，只好随军吏一同前往。来到裴府，引入小客厅，拜地流汗，不敢仰视。等到请他入座，侧目窥视，只见前日紫衣押牙坐在正位，旁边还坐着一位夫人。心想，那日所见，原来就是裴令公，心中更是惶恐，马上跪地赔罪："小人有眼无珠，不知是令公，多有得罪，万望海涵。"令公却说："昨日听君一席话，令人心中恻然。我身为宰相，自然应当为人排忧解难。老父上朝请下朝旨，查阅了吏部档案，已为你补办了全套官诰印信，改日再送你前去赴任。"说着取出官诰、印信授给他。原来，令公已经重新补授唐璧湖州录事。唐璧欣喜不已，连忙双手接了，连叩三个响头谢恩。裴令公又说："公事公办，何足言谢。本堂还有一事相告，昨日，回来一查，果然有黄娥此人，还真在我府中乐班，只是还不认得。常言道：'宁拆三座桥，不破一门婚。'老父自然应当成全你们这对有情人。今日,你就可以与未婚妻比翼双飞了。"唐璧没想到传言不假,真是喜出望外,高兴得直念佛。当下,裴令公让人唤黄娥出来与之相见。丫鬟告诉她:"出来见个人。"她问:"见谁?"丫鬟答:"我知道,但此时不能告诉你,肯定是个意外的惊喜。"黄娥这才兴冲冲地赶来。两人乍一相见,黄娥先是一惊,待看得真切,才高兴地笑了。还没等笑出声来,又转为饮泣。一时,两人不敢相信,恍在梦中。晋公说:"你们这对患难夫妻终于破镜重圆,可喜可贺啊!"二人忙说:"令公真是再生父母呀!"说着双双跪拜在地,连连谢恩。令公说:"老夫膝下七子,唯独缺个女儿,就认个义女吧!而唐璧你,自然就是爱婿了。明天,正是黄道吉日,你二人就可在府内完婚了。"闻言,真是喜从天降,二人双双跪地,口称:"义父、义母在上,请受小婿、小女一拜。"二老说:"好,好,不意我夫妇年过半百,又得一双儿女,也是前生宿缘呀!快快请起。"遂认为义婿义女。唐璧喜极而泣,感动得又是微笑,又是流泪。令公特命赠他两套行装和一百两纹银,再送唐璧到旅店。次日,就给他们完婚。于是,着人在客栈布置了婚房。翌日晚,相府送亲,鼓吹花轿,客栈张灯结彩,洞房花烛,好不欢喜。

　　唐璧问黄娥:"爱妻何以会入裴令公相府?"黄娥说:"此事说来话长。四年前的秋天,老父亲因是太学休致教授,故被朝廷请去阅卷。小娥我一人在家,就被州里选美的吏卒,不由分说,留下三千缗铜钱,强行带走。可怜老父回家闻讯,气急而亡。后来,由州坊教会了我歌舞弹奏,便将妾身装扮一新,送到相府。不过,至今,妾身还不曾见过裴相国呢。妾身望眼欲穿日夜思念郎君,郎君可知?"叙罢了这段经历,她又说:"天可怜见,也是你我因缘未断,才得苦尽甘来。郎君也算是因祸得福了。"唐璧说:"若无恩公裴相国搭救,哪会有你我夫妻的今日啊!天大恩情,今生难报,来世当为令公披草衔环!"黄娥答:"郎君所说极是。"

　　三日后,黄娥与唐璧行将启程,一同前往湖州。唐璧便与黄娥入府当面辞谢裴相国,但府中说已上朝去了。家院传达令公嘱咐:"让他好好为官,就是对老父最好的感谢报答了。"这正是:枯木凋零又逢春,绝处逢生天降恩。

长安尹刘栖楚经由朱雀大街去上朝,突然轿子被当街拦停。他以为是有人拦轿告状,就让轿夫停轿,挑帘看去,竟见一个书生在当街忘情地吟诗:"落叶满长安,秋风吹渭水。"他一听,倒是两句好诗,故不仅没有怪罪他惊扰了车驾,还下轿去问他的姓名。那书生见有人发问,才从自我陶醉中醒过神来,连忙向刘大人行礼,并回话:"小生贾岛,惊扰了大驾,请大人恕罪。"刘栖楚说:"噢,原来是当街骑驴朗吟'鸟宿池边树,僧敲月下门'而冲撞了韩侍郎大驾的贾公子呀!"贾岛回话:"正是在下。韩侍郎后来还建议我将'敲'字改成'推'字。而裴度公让我将'宿'改为'栖',将'敲'改为'叩'。刘大人,你说哪位改得好?"刘栖楚笑着说:"贾公子真可谓'诗痴'呀,还须好自为之,精益求精呀!不过别忘了修身与写诗两者兼顾呀!"

这年,贾岛应进士科考落第,奸人们便无中生有,造谣说是由于裴度厌恶他放浪形骸,不拘礼法,而故意不予录取。贾岛不明就里,心生怨愤,便借裴度修造兴化园之事,写了一首七绝,进行讥讽。他还将诗句题在园内亭柱上,诗题为《题兴化园亭》:

破却千家作一池,不栽桃李种蔷薇。蔷薇花落秋风起,荆棘满亭君始知。

其实,修池之处地势低凹,一遇大雨,积水过丈,人们出入甚至还得坐在大木盆里,像撑船一样。更有甚者,房倒屋塌,死人无数。于是,朝廷才决定将当地窝棚户全部拆毁,居民迁往高爽处居住,因地制宜,造了一个湖,并将那里改造成兴化池园林,以供百姓游观。这本是一件利国利民的好事,但还是众口难调,誉者自誉,讽者自讽。

裴度也有咏《蔷薇花》道:

波红分影人,风好带香来。满地愁英落,缘堤惜梓回。

游赏的僚吏看见,就将贾岛之诗抄给裴度看,裴度说:"好事难做,好人难当。谁料为民造福,竟被说成扰民之举,也似过于偏激了。不过他说我好种带刺蔷薇,这倒不假,我就是乐意选用一些敢直言苦谏、纠谬补缺的有识之士。贾才子对兴修兴化园有看法,何不面见老夫,却要写讽喻诗,并贴在亭柱上。不过,也可见其书生意气。这正是老夫素来喜爱的文士胆识气度。只是议论朝政,当对事不对人。不要搞成诋毁个人就好了。但如此涂柱题墙,私议谣讽,谅直士不为呀!"

裴度虽未记恨贾岛,也无心排抑他,但朝臣中大多人却留下了嫌贾岛狂傲无礼的不良印象,还是使贾生屡屡名落孙山,始终未能考中进士。贾岛以为这是录取不公。而大多数士子还是能心平气和地对待落第的,如常建《落第长安》:

家园好在尚留秦,耻作明时失路人。恐逢故里莺花笑,且向长安度一春。

再如,豆卢复《落第归乡留别长安主人》:

客里愁多不记春,闻莺始叹柳条新。年年下第东归去,羞见长安旧主人。

这二人均是从才学不济，羞于见人的角度写来，并无半点怨天尤人的不平之气，反而称颂当时为"明时"。

号称"大历十才子"的钱起非常善于写进士科常考的五言六韵试帖诗。如他的《湘灵鼓瑟》写道：

善鼓云和瑟，常闻帝子灵。冯夷空自舞，楚客不堪听。苦调凄金石，清音入杳冥。苍梧来怨慕，白芷动芳馨。流水传潇浦，悲风过洞庭。曲终人不见，江上数峰青。

这首描写湘水女神弹瑟的诗合规蹈矩，奇特浪漫，但他当年也未考中，主要是因为录取名额太少，此前名声尚未远播，与其他考中者相比，尚差一筹，故而落第。钱起的《长安落第》则写道：

花繁柳暗九门深，对饮悲歌泪满巾。数日莺花皆落羽，一回春至一伤心。

从中可知他虽屡考不中，却只有伤感，而没有怨愤。

相反，白居易的《见尹公亮新诗，偶赠绝句》：

袖里新诗十首余，吟看句句是琼琚。如何持此将干谒，不及公卿一字书。

表达了对当时干谒请托、权贵一语能定学子前程，而不唯学优的风气表示了不满，但这仅是对偏袒亲故、趋附权贵者的指斥，并非指向较为公正的考官——阅卷官，故而这并未影响他首次参考礼部试，就高中了贞元十六年进士科第四名，成为该科最年轻的才俊。

不过，话还得说回来。文人士子考前的文名诗声，品操德誉，在录取中备受关注，体现了以德行为先的选士用人原则，故在墨卷评出高下次第之后，本人的社会声誉就成了录取与否、甚至决定名次等第的关键。这也反映了古代并不唯成绩是看，不搞一考定终身。如此德才并重，似乎并无什么不好。自古选拔人才，就有乡举里选与九品中正制，注重参选者的家世清白，孝廉品行。而这些均要靠家族推举，乡里举荐，中正评定，朝廷遴选考核。自然举荐就会一言九鼎，实在不足为怪。如其出于公允，也在一定程度上代表了社会舆论的意向。

## 第十七章 运筹帷幄

元和十三年（818）正月乙巳，朝廷想乘平定淮西的余威，让左常侍李逊至郓州宣慰。郓城藩镇头目李师道愚昧软弱，军府中的大事，只和妻子魏氏、家奴胡唯堪、杨自温、婢妾蒲氏、袁氏和孔目官王再升商量，大将和幕僚没有人能够参与机要。比部郎中张宿劝他向朝廷割地称臣，以子为质，说："李公如果归朝，仍是宗室同姓，按尊卑来论，李公还是当今皇上的叔父辈，这是第一个不委屈；以十二个州侍奉占有三百余州的天子，这是第二个不委屈；拿五十年世袭爵位，向二百年天子称臣，这是第三个不委屈。现在李公造反的情形已经暴露，天子允许你反省，仁德至厚，阁下应该送儿子入朝廷为人质，割让土地来赎罪。"但李师道根本听不进去。其实在年初，李公度就劝过李师道上表以长子李弘方入京为质，献出沂、密、海三个州的土地。师道当初已依从了。可惜，不久，李师道又后悔了，有心想杀掉李公度，碍于他曾辅立自己有功，就把李公度囚禁起来,另把李英昙贬官到莱州去,在半路上就勒死了他。这正是:人而无信,不知其可。

众将说:"蔡地仅五个州,打了三四年才攻克。李公有十二个州,有何担心的?"而大将崔承度却说:"李公当初不能剖腹倾心对待各位将领,现在却将兵权交给他们。这些人都是势利之徒,朝廷若给一碗汤、一块饼,他们就会离你而去。"李师道就派承度入京,并告诫属吏,等他返回,就杀了他。崔承度得知此情,呆在客省,不敢从京城返回。

李逊奉旨去山东传话。经过观察,他发觉李师道并非真心诚意归顺。回朝后,他对宪宗说:"李师道冥顽愚昧,反复无常,恐怕只有用兵了。"对于朝廷招抚,李师道的一个小妾说:"先司徒的土地,怎能一朝割让?现在不献三州,不过打一仗,即使不胜,再割让也不晚。"不久,李师道上表,说军人们不许他交出人质、割献土地。看似倾诉归顺的阻力和难处,实则在拖延时间,为叛乱而使缓兵之计。宪宗心中恼怒,决心讨伐他。

忠直之士贾直言见好言相劝不行,就用大车拉着棺材,冒死来劝谏李师道。还画了一张囚车押解罪人与妻子的画儿献上,进行讽谏。李师道大怒,就把他囚禁起来。

因李师道叛服不定,四月,朝廷采用裴度意见,准备讨伐李师道。李纯下《令百僚议征李师道敕》:

> 李师道潜包祸心,伪布诚恳。缘自淮西用兵已后,怨衅屡彰,累有疏陈,请舍凶逆。当道租税,频年不送,阴通信使,数致帛书。又逆党訾嘉珍等,蓄聚凶徒,谋烧洛邑,所图不轨,临发事彰。又使其徒烧劫河阴库仓,沮国大计。中使李重秀宣谕到本道,又纵官健凌暴。况又元和十年六月伤害宰相,事之端本,实启潜谋。凡此罪名,皆当不赦。朝廷以新平淮寇,贵且息人,

素为含容,令其献效。师道自知过咎,难掩群言,累遣崔承宠、王元同,自将表陈,请令长子入侍,兼献沂、密、海三州;林英续来,又献三州图印,并奏其男发日。国家每务宏贷,屈法招绥。今忽翻然,尽变前意。应所陈列,无非妄言。其师道并军将健儿表共三道,词颇悖慢,宜出示百僚,议可征可舍以闻。

五月,皇上下诏调集宣武、魏博、义成、武宁、横海四镇会同田弘正五路兵马讨伐淄青(今山东东平县西北)。连年征战,民生困苦。为了筹集军需,朝廷特下《停诸道进奉敕》:

伐叛兴师,久劳于外,馈军给费,固已为烦。献贺之仪,谅非朕志。务从简约,式表忧勤。其今年冬至,及来年元日,诸司诸道进奉宜停。

元和十四年田弘正受命后,奏请皇上说,想从黎阳(河南浚县)渡过黄河南下,会同李光颜将军,再一同进军。为此,宪宗特召将相至延英殿议论其可否,大臣们都说:"前方军事,应由统帅相机行事,宜按其奏请处置。"但裴度却以为不妥,裴度上《论田弘正讨李师道疏》:

魏博一军,不同诸道,过河之后,却退不得,便须进击,方见成功。若取黎阳渡河,既才离本界,便至滑州,徒有供饷之劳,又生顾望之势。况宏正、光颜,并少威断,更相疑惑,必恐迁延。然兵士不从中制一定处分,或虑不可,若欲于河南持重,则不如河北养威。不然,则且秣马厉兵,候霜降水落,於杨刘渡河,直抵郓州,但得至阳谷已来下营,则兵势自盛,贼形自挠。

他说:"魏博一军,与其他四路不同。一旦过河,只能前进,而不能后退。如果从黎阳渡河,须多迂回上千里,必然辛劳将士,并空费军饷,又易使乱军争得喘息的时机。再说,田弘正、李光颜二人,威不足以服众,谋不能临机决断,难免相互猜疑观望,迁延时日。与其让田弘正进入河南后,却屯兵滞留,还不如让其在河北养精蓄锐。等秋霜冰冻时节,再由杨刘(山东东阿东北)渡过黄河,直插郓州(东平西北),威胁叛贼腹地,形成直逼要害之势,如利剑穿心,足以使贼众惊恐慌乱。"皇上听了这番话,犹如拨云见日,不由得点头称是,连声说:"卿言极是,卿言极是。"于是决策,命田弘正于霜降后由杨刘渡河,直逼郓州,距郓州四十里安营扎寨。正月丙午,田弘正于阳谷击败李师道叛军。几路大军进讨山东,用兵半年,仍未攻下一个州。裴度便请求到前线督战,以速战速决。

听说裴度出马,料定胜利在望,诸将不再徘徊观望,突然各个奋勇争先。

五月丙申日,李光颜讨伐山东。没有哪个藩镇敢帮助叛贼,更没哪个敢延误军机朝命。李师道只好孤军负隅顽抗。

秋七月初一日,调李愬为武宁节度使。初三日,颁下制书公布李师道的罪状。七月乙酉,命令军队攻击青州。

七月,皇上委任裴度主持用兵,门下侍郎、同平章事李夷简自谓才能不及裴度,便请求出镇外地。辛丑日,以李夷简为检校左仆射,同平章事,充淮南节度使。八月壬子,王涯罢为兵部侍郎。这正是:树贵自直,人贵自知。退避让贤,品格自高。

四周官军一步步围上来,李光颜攻下了凌云栅。李师道虽十分害怕,但仍不肯归顺,继续负隅顽抗。听说裴度征讨山东,李光颜、李愬争先恐后,率军出击。九月,本来畏缩不前的韩弘也害怕了,主动领军去攻打李师道,围困了曹州。因朝中奸佞掣肘,严重影响战局,裴度便上了道《请罢知政事疏》:

臣昨于延英降乞，伏奉圣旨，未遂愚衷。切以上古明王圣帝，致理兴化，虽繇元首，亦在股肱。所以述尧舜之道，则言稷、契、皋、夔；纪太宗、元宗之德，则言房、杜、姚、宋。自古至今，未有不任辅弼而能独理天下者。况今天下，异于十年以前。方驭驾文武，廓清寇乱，建升平之业。十已得八九，然华夏安否，系于朝廷；朝廷轻重，在于宰相。如臣驽钝，凤夜战兢，常以为上有圣君，下无贤臣，不能增日月之明，广天地之德，遂使每事皆劳圣心。所以平贼安人，费力如此，实繇臣辈不称所职。方期陛下博采物议，旁求人望，致之於辅弼，责之以化成，而乃忽取微人，列于重地。始则殿庭班列，相与惊骇；旋则街衢市肆，相与笑呼。伏计远近流闻，与京师无异，何者？天子如堂，宰臣如陛，陛高则堂高，陛卑则堂不得高矣；宰臣失人，则天子不得尊矣。

伏以陛下睿哲文明，唯天所授，凡所阅视，洞达无遗，所以比来选任宰相，纵道不周物，才不济时，公望所归，皆有可取。况皇甫镈自掌财赋，以苛为察，以刻为明，自京北京西城镇及百司并远近州府，应是仰给支度之处，无不苦口切齿，愿食其肉。犹赖臣等每加劝诫，或为奏论，庶事之中，抑令通济。比者淮西诸军粮料所破五成钱，其实只与一成两成，士卒怨怒，皆欲离叛。臣到行营，方且慰谕，虑其迁延不进，供军渐难，但能前行，必有优赏，以此约定，然后切勒供军官。且支九月一日两成已上钱，俱各努力，方交小安；不然，必有溃散。今旧兵悉向淄青讨伐，忽闻此人入相，则必相与惊扰，以为更有前时之事，则无告诉之处。虽侵刻不少，然漏落亦多，所以罢兵之後，经费钱一千三十万贯。此事犹可，直以性惟狡诈，言不诚实，朝三暮四，天下共知，唯能上惑圣听，足见奸邪之极。程异虽人品凡俗，然心事和平，处之烦剧，或亦得力，但升之相位，使在公卿之上，实亦非宜。如皇甫镈，天下之人怨入骨髓，陛下今日收为股肱，列在台鼎，切恐不可，伏惟图之。傥陛下纳臣愚款，速赐移易，以副天下之望，则天下幸甚。伏闻李修疾病，亦求入来，如浙西观察使且与亦得。臣知言一出口，必犯天威，但使言行，甘心获戾。

今者臣若不退，天下之人谓臣不识廉耻；臣若不言，天下之人谓臣有负恩宠。今退既未许，言又不听，如火烧心，若箭攒体。臣自无惜，惜陛下今日事势，何者？淮西荡定，河北底宁。承宗敛手削地，程权束身赴阙，韩宏舆疾讨贼，此岂京师气力，能制其命？只是朝廷处置，能服其心。今既继开中兴，再造区夏，陛下何忍却自破除，使亿万之众离心，四方诸侯解体？凡百君子，皆欲恸哭。况陛下任臣之意，岂比常人？臣事陛下之心，敢同众士？所以昧死重封以闻。如不足观，臣当引领受责。陛下引一市肆商徒，与臣同列，在臣亦有何损，陛下实有所伤。不胜愤懑惶恐之至。

不久，前线捷报频传。李愿攻下平阴，郑权攻下海州，李祐在鱼台打败李师道部将，进兵东海。魏博田弘正从杨柳渡河，直逼郓州，一战杀敌三万，擒获三千。李光颜攻破濮阳，田弘正又于东平破敌五万，李祐又攻取了金乡。前线一败再败，李师道的左右都不敢向他报告连战连败的消息。

刘悟从阳谷回兵赶往郓州的时候，派人把他准备反戈一击的计划暗中通报给田弘正，说："我要去捉拿李师道，事情如果成功了，我会在郓州城头点起烽火告你。万一城中有备，攻不进去，希望您领兵前来助我。成功那天，功劳都归您，我刘悟哪敢窃为己有呢？"并且让田弘正进兵以便占据自己的营盘。田弘正马上将这一情况密报给裴度。

李师道听说官军逼近，便征发百姓，修缮郓州城墙和壕沟，修整器械，甚至役及妇女，百姓更加怨恨。士卒都知兵马使刘悟待人宽厚，得以人人自便，军中都称他为"刘父"。当时，大将刘悟屯扎在阳谷，抵挡魏博官军。至田弘正渡过黄河，刘悟的军队猝不及防，屡次惨败。有人对李师道说："刘悟不研习兵法，专门收买人心，恐怕有二心，应及早防着他。"李师道就召刘悟来议事，想借机杀掉他。有人劝阻："现在官军四面包围，刘悟没有叛逆的事实，听信一面之词就杀人，众将谁还肯为你出力？这是自绝爪牙呀。"李师道这才改了主意，仅把刘悟挽留了十来天，赠送了很多金帛，使他安心。其实，刘悟与李师道之妻魏氏多年私通，清楚李师道本就怨恨自己，现在又见他心生猜忌，知道凶多吉少，回营后，便暗自做好防备。刘悟送密信给裴度，表示愿意做内应。裴度便决定对郓州之敌围而不打，静观其变。李师道因刘悟在外作战，便安排刘悟的儿子刘从谏任门下别奏，以为人质。刘从谏与李师道的众奴仆每天在一起，探听到李师道很多阴谋，便密告给父亲。

## 第十八章 平叛山东

有人对李师道说:"刘悟是个祸患,不如及早除掉他。"初八日,李师道暗派两名使者拿着文书交给行营兵马副使张暹,让他砍下刘悟的首级献来,并暂时统领其行营。当时,刘悟正坐在高高的山顶上设帐摆宴,距离行营仅二三里。两个使者来到行营,把文书密交张暹。张暹素与刘悟友好,就假装和使者商议说:"刘悟从节度使府回来后,做了许多准备,这事怕不能匆忙。我先去告诉他,就说:'司空派使者来慰问将士,还有赏赐,请都头迅速返回,听使者传话。'这样,他就不会疑心,也就能算计他了。"使者同意。张暹把文书藏在怀里去见刘悟,屏退众人,把文书交给他看。刘悟先派人杀了两个使者,筹划除掉李师道。

傍晚,刘悟回营,坐在帐中,派兵严加护卫。他召来众将,脸色严肃地说:"我刘悟与众位不顾生死,抵抗官军,实在没有对不起李司空的地方。而今司空听信谗言,来取我的人头。我死了,就轮到诸位了。再说天子所要杀的，只是李司空一人，现在形势一天比一天窘迫，我们这些人为什么要跟着他一起灭族呢！我想和诸位卷旗束甲，回兵郓州，奉行天子的命令，生擒李贼。如此，不仅可以免祸，还可求取富贵。诸位认为怎么样？"兵马使赵垂棘问："这样做，事情真能成功吗？"刘悟应声骂道："你想和司空合谋吗！"立刻斩了他。又一一遍问众人，有迟疑不决没回答的，全都杀掉，连同军中素日被众人所厌恶的人，总共三十多人，尸横帐前。其余的人都吓得两腿发抖，说："我们都听都头的命令，愿尽死力追随。"

刘悟命令："进了郓州城，每人奖赏一百缗，只是不准靠近军镇的府库。军镇节度使府的逆贼党羽家财，任凭尔等抢掠。有仇的可以报仇。"他让士卒们都吃饱了饭，三更鼓后，立即出发，人衔枚，马衔环，途中遇见行人，就统统拘留，所以无人知道他们的行动。到了离城几里的地方，天还没亮。刘悟停下军队，听到城上不打更了，才派十个人前往，传话说："刘都头接到牒文，李司空我们进城。"守城的请写好简书，报告节度使，这十个人拔刀要杀他们，守门的全跑了。刘悟大军随后赶到，冲入城中，见兵就杀。城中杀声震天。子城城门已开，只有牙城还在抵抗。李师道闻讯爬起，急忙跑去告诉他嫂子。嫂夫人裴氏闻讯，镇定地说："刘悟作乱，我等只好上表请辞为民，回乡去守护先人陵墓了。"刘悟让放火焚烧府衙大门，再用斧子砍破，冲了进去。衙中的士兵不过几百人，开始还有射箭的，过了一会儿，力量不支，就都扔下武器，跪地投降。勇士们很快冲进了李府。

刘悟带兵登上政事堂，命人搜捕李师道。李师道和两个儿子趴在厕所的座后，被搜了出来。刘悟命令把他们押在衙门外。师道想见刘悟，刘悟不许。李师道又请求刘悟将他父子押往京城，刘悟派人对他说："我奉天子密诏，要送司空赴京，然而，司空还有什么脸再见天子呢？"李师道还有侥幸求生的想法，说："我愿到京师由天子治罪。"他的儿子李弘方仰着脸说："事情已经到了这种地步，还是快些死了的好！"二月戊午，刘悟就亲手杀了他们父子、以及魏铢等数十人。

从卯时到午时，刘悟命令两个都虞侯巡行居坊集市，禁止抢掠，全城很快就安定下来。刘悟把士兵和百姓集合到球场，骑着高头大马，绕场亲自安慰他们，并当众斩了协助李师道造反的二十多家。文官武将又害怕又高兴，都进府祝贺。刘悟见了李公度，握着他的手叹息不已。又把贾直言从监狱中放出来，安置在幕府之中。

田弘正看见郓州城头烽火燃起，知道刘悟已经攻下了城池，就派使者前去祝贺。刘悟派使者把李氏父子的头送到田弘正营中，田弘正非常高兴。田弘正刚得到李师道的人头，怀疑不真，召来夏侯澄辨认。夏侯澄与李师道是故交，仔细审视了半天，认得分明，才大声哭倒在地，昏死过去。好久才苏醒，他抱着李师道的人头，用舌头舔去他眼睛中的尘垢，又痛哭起来。田弘正见状，也为之动容，认为他很重情重义，并没责怪他。十四日，田弘正让人写了报捷文书，传送京师，奏知宪宗。二十一日，李师道的首级也送到京城。这正是：天作孽犹可恕，人作孽不可活。

刘悟用匣子装了李氏父子三颗头颅，用熔蜡封好，丢弃了尸体。李师道的亲故没人敢去收尸，结果就被野狗啃吃了。第三天，李师道手下有位勇士英秀，才将李师道仅剩骨架的尸骸按常理葬在城东乱坟岗上。

朝廷拜刘悟为义成节度使，封彭城郡王。这正是：先发制人，后发遭殃。

淄、青等十二州这股割据五十四年的分裂势力一朝覆灭，山东全境终于平定了。这正是：罪孽到头终有惩，报应来时一笔销。

朝廷公布《平李师道德音》：

门下：朕闻三光下烛，怀忠秉义者，其节必彰；四海有君，作逆崇奸者，其祸必大。况乎恩有负于覆载，礼自悖于君亲，罪盈而神怒既加，恶稔而人谋乃发，众所共弃，诛何可逃？逆贼李师道，苞愿稔凶，背德蔑义，动皆干纪，言必欺天。固海岳之山川，为蛇豕之窟宅。忘宠务于好生，用武尚惭于耀德。肆命群帅，会兵龟蒙，旗鼓相望，城垒连下。淄青都知兵马使、金紫光禄大夫、试殿中监、兼监察御史刘悟，义勇中激，深谋外通，摅三军向顺之诚，申列郡受污之愤，回戈首唱，万旅响从，渠魁就歼，枭獍同戮。载驰（阙）驲，函首上闻，氛祲廓清，方隅底定。功有卓异，理当优崇，旌善劝能，用昭必信。其刘悟所酬官赏，并从别敕处分。其同立功将士等赏物，已处分支遣，委宣抚使杨于陵与本道计会，速条流功效等第闻奏，续加甄奖。魏博以全军济河，俯压贼垒，摧摄凶狡，导致良将叶谋，祚为保授，既翦逆竖，宜甄茂勋，诸道行营，咸尽忠力，至于攻取，克捷既闻。应缘讨伐将还之际，合有宴劳赏赐等，并从别敕处分，委各本道条流有功将士闻奏，当议甄录。其淄青管内州县官吏军镇将健，及诸色职掌人等，久罹胁污，自拔无由，抚事量情，亦可矜恕，除同恶巨蠹者，其余一切不问。其淄青道百姓等，陷此凶逆，久被残伤，昨因阻兵，尤肆暴虐，吾人是念，岂忘优矜，宜给复一年，仍委本道州县长吏设法抚绥。其管内有高年废疾，并鳏寡茕独贫弱尤甚者，委观察到日差官存问，并量与粟帛。访闻比者贼中，应有百姓斗斛，皆被收纳。今春农时，贫乏者众，恐不辨耕桑，失生业者，宜令存问。如有此色，取所旧贮斛斗，量事给予，令充种食，俾得存济。其贼中杂差点子弟夫役，便放还本处。其中有不能自存者，量事优恤。百姓商旅诸色人中，有被分外无名赋敛者，并当勒停。自兴讨伐，言念伤痍，扦患捐躯，纳忠殉国，良深隐悯，宁舍寤怀。其官军有阵亡将士等，委本军审勘，具名衔事迹申奏，即与褒赠，仍令本军优赏其家，三年不停衣粮，并委所在州县速与收葬，量事致祭。其将士有因战阵伤损尤甚，以致残废者，各委本军厚加优恤，仍勿停解。其陷在贼中官吏百姓等，应有节义著明无辜受戮者，宜令州府长吏致祭收葬，仍委节度使到日具名迹奏闻，当有褒赠，仍优赏。其淄青封域，历稔氛昏，管内名山大川在祀典者，宜令宣抚使与本镇计会，差官备礼致祭。其祠庙中应缘陈设器服等物，是贼中所置者，并宜废撤，特加修换，用致虔诚。

于戏！朕恭己向明，抚御九有，推情以恕，出令在宽。而叛逆反常，自贻天讨，迷于告谕，速彼诛锄。转祸必有忠臣，为乱同于覆辙，既除逋寇，庶洽大和。偃戢干戈，谅从此始，布告遐迩，咸使闻知。主者施行。

裴度移驾郓城，进城安民，嘉奖有功人员，为之上表请封。马总到任后，才按士人常礼，将李氏父子改葬。

传说：当初，李师古一见刘悟，就对家人说："此人以后一定大福大贵，但败我们家的，也将是他。"后来果然如此，人们都称李师古善于相人。

官军查抄李师道府第，金银无数。裴度嘱咐必须全部按战利品上交朝廷。

从元和十三年七月至十四年二月，讨伐淄青共用兵七个月，就平灭了李贼，肃清了整个山东之地，收复了十二个州一百二十个县。

宪宗命令杨于陵把李师道的辖地分成三道，以郓、曹、濮州为一道，淄、青、齐、登、莱州为一道，兖、海、沂、密州为一道。

山东一平，河北藩镇鼠伏请罪。自安史之乱以来，近六十多年了，各藩镇这才遵行朝廷法令。

宪宗想调刘悟到方镇去，又担心刘悟不肯接受让人取代他的命令，恐怕又须用兵，便秘密下诏，命田弘正观察他的情况。田弘正当日派使者前去，借口道贺慰问，其实是观察刘悟的所作所为。刘悟很有力气，喜欢徒手搏斗，攻下郓州的第三天，就教军中大宴三天，观看壮士徒手搏斗。他与魏博的使者在庭中观看壮士搏斗，自己摇晃肩膀高举双臂，离开座位去鼓劲助威。闻报此情，田弘正说："郓州士卒连续征战，已经极为疲劳，受伤的没好，刘悟应当抚恤阵亡及遗属，救助困乏的家属，以安人心，怎么只求眼前快活呢？我奉诏按察军情，观察他的动静，如此看来，足以了解他的无能了。"田弘正又笑着说："人无远虑，必有近忧。百废待兴，他却一味玩乐，会有何出息！我想他听到调任的命令，立刻就会出发的；除此以外，他还能做什么呢？"二十二日，任命刘悟为义成节度使。刘悟听到制书下达，惊慌失措，第二天，只好抛下部属，起身上任去了。

朝廷任命淄青行营副使张暹为戎州刺史。二十五日，加封田弘正为检校司徒、同平章事。田弘正想留在京师，皇上说："魏人乐于接受爱卿的仁政措施，四周畏惧爱卿神威，你作为朕在河北的长城，哪能推辞呢？"田弘正遂返回魏州。

此前，李师道在失败前，听到风吹鸟飞，都怀疑可能发生兵变，所以他禁止亲友宴饮聚会，不许百姓在道路上私语，若有违犯，惩罚十分严厉。田弘正进入郓州以后，全部废除了这些苛刻的禁令，任凭人们游乐，寒食、清明节这七天七夜不禁止行人往来。于是，万民称庆。

裴度班师回朝，汇报了军情，又向皇上禀告："讨蔡时丢失的御赐宝带，又在平山东时失而复得，真是如有神佑。现在，可以完璧归赵，奉还皇上了。"说着从亲随手捧着的带盒中取出宝带，跪还皇上。皇上说："这条宝带，解救过尊岳父冤狱，成就了爱卿一生姻缘，又经历了两场平叛大战，与爱卿可谓具有不解之缘。朕决计将之赐给爱卿了。"裴度拜谢说："臣愿为陛下竭尽忠诚，死而后已。"裴度回府，要送妻子一件礼物。妻子也没想到，竟是那条七宝玉带。初见，简直不敢相信自己的眼睛，继而又感慨不已:"天下竟有这等巧事。"

裴度把用兵讨伐蔡州、郓州以来,宪宗如何忧虑勤劳国事,运筹机务的情况和方略,写了出来,乘陪侍宪宗宴饮时献上,请宪宗盖印,交给史官。宪宗说:"这样做的话,好像是出于我的意思,这恐怕不是我所希望的。"对此,裴度反而深感欣慰。

柳宗元上《贺诛淄青逆贼李师道状》:

> 右,今月三日得知进奏官某报:前件贼以前月九日克就枭戮者。伏以天启圣期,神资良弼,必有征讨,以致升平。蠢尔凶渠,敢行悖乱,缔交于雷霆之下,效逆于化育之辰,呈豺声以欺天,恣狼心而犯上。嘉谋克协,威命旁行。破竹宁比其发机,走丸未喻于乘胜。浊河清济,曾无沟洫之虞;大岘琅琊,不闻崖岸之阻。天兵四合,贼众屡摧。然后赦劫胁之辜,许其归复;宽诖误之典,期以抚循。外怛皇威,中感圣德,虽在枭獍,岂不知归。是以未极诛锄,遽闻内溃。鲸鲵已戮,见东海之无波;氛祲尽销,仰太阳之普照。功格于天地,化合于阴阳。一德方继于《商书》,降神自同于周《雅》。遂使垂白遗老,再逢天宝之安;缙绅诸生,远期贞观之理。某特承朝奖,谬列藩臣,常以突刃触锋,未为效节。膏原润草,岂足酬恩。寤寐抚心,不遑宁处。今则削平之际,惭无尺寸之功;开泰方初,徒受丘山之宠。无任愤激屏营之至。忭舞欢庆,倍百恒情。

柳宗元呈上《柳州贺破东平表》:

> 臣某言:即日被观察使牒,李师道以月日克就枭戮者。帝德

广运，唐命惟新。霾曀廓清，天地贞观。率土臣庶，庆忭无涯。伏惟睿文圣武皇帝陛下咸使百神，德消六沴。天降宝运，时归太平。自克夏擒吴，翦蜀平蔡，殊类稽颡，群疑革心。唯此凶妖，尚闻悖慢。庭议既得，庙谟必臧。旌旗烛耀于洪河，金鼓震惊于灵岳。郓城自溃，宁同莒、鲁之争；齐地悉平，无俟耿、陈之战。五兵永戢，七德无亏。含生比尧舜之仁，率土陋成康之俗。介邱雾息，已望翠华之来；沂水风生，更起舞雩之咏。千岁之统，实在于斯。臣守在蛮荒，获承大庆，忭蹈之至，倍万恒情。

柳宗元又为裴中丞代写了《为贺克东平赦表》：

臣某言：伏奉月日德音，以淄青荡平，褒功宥罪，布告遐迩者。臣闻肃杀之后，每致阳和；雷霆既施，必闻膏泽。伏惟陛下体乾刚以运行，叶坤元之翕辟。百灵受职，六合从风。阻兵怙乱者，必就枭擒；怀忠抱义者，无不甄录。激其效顺，特加旌节之荣；宠以元功，遂兼鼎铉之任。戎行穷赏赉之重，死事极褒恤之优。劫胁之役尽除，聚敛之名皆去。伤痍受煦，老疾加恩，丰财已复其征徭，赐种更盈于穜稑。严山川之祀，神必有依；申义烈之家，物无不感。周王推忠厚文化，汉帝恢恺悌之风，太平之德，斯为至圣。然则虞巡可复，告成将庆于岱宗；汉典放行，讲礼再带于阙里。臣谬膺重寄，贷获睹太和，忭蹈之诚，倍万恒品。谨已施行郡邑，宣示军戎。莫不动地欢呼，若醉千盅之酒；腾天鼓舞，如闻九奏之音。无任庆贺踊跃之至。

历经肃宗、代宗、德宗、顺宗、宪宗五朝的七路藩镇，至此相继平灭。"唐之威令，几于复振"，史称"中兴"。一时间，河清海晏，全国归于统一。裴度也成为一代平乱统帅、中兴名相。

淄青平藩之后，朝廷命令将李师道割据地一分为三，析为三道，其中的青、齐、登、莱、淄五州为平卢军，以薛仁贵之后薛平为节度观察使，兼管渤海、新罗事务。

# 第十九章 佛骨之争

元和十四年（819）岁次己亥。

凤翔法门寺佛塔地宫里，有一截佛祖释迦牟尼的佛指骨，相传三十年一次开匣现世，就能保佑地方岁丰人安。皇上妄想长生不老，从上年十二月庚戌，先向群臣展示新近雕版印刷的精美佛经，进行奉佛造势。正月，他又派中使率众僧人前往法门寺迎取佛骨。在隆重奉迎佛骨时，反对者则冷眼旁观，吟诵李贺的《金铜仙人辞汉歌》，进行讽喻：

> 茂陵刘郎秋风客，夜闻马嘶晓无迹……空将汉月出宫门，忆君清泪如铅水。衰兰送客咸阳道，天若有情天亦老……

他们借古讽今，委婉地指出唐宪宗即使再虔诚礼佛，也必然会像汉高祖刘邦、魏明帝曹叡般，照样难逃一死。

佛骨奉迎到京，皇上让留在宫中供奉了三天，才送到各寺依次供养。王公贵戚，士人百姓纷纷前去朝圣，瞻仰供奉，慷慨施舍，唯恐不及。有的人不惜倾家荡产，将家财全献给佛寺，有的在手臂上穿肉挂上油灯，有的在头上插着檀香去供奉佛指。难怪，《孟子》里曾曰："上有好者，下必甚焉。""君子之德，风也；小人之德，草也。草上之风，必偃。"风成于上，俗形于下，不可忽焉。

一时间，各大禅院度化僧尼，装饰庙宇，兴建寺庵，靡费无算。这股风行全国的风气不知浪费了多少金帛人力。

正月底，刑部侍郎韩愈上表切谏奉迎佛骨，表文说，佛教是外国夷狄一种教化人心的宗教！自黄帝以至大禹、商汤、周文王、周武王等，虽不知有佛，也不信佛，却皆享高寿，百姓安乐。东汉明帝时，才有了佛法，然而此后，战乱亡国相继，国运不昌。北魏和南朝宋、齐、梁、陈时，奉事佛菩萨的逐渐多了起来，而这些朝代尤为短促。唯有梁武帝在位四十八年，曾前后三次舍身度作佛徒，又被群臣重金赎出，但他并未得到福佑，被侯景所逼迫，饿死在台城。不久，其国家南梁也灭亡了。奉事佛祖是为了求福，却招来了祸患。由此观之，佛不值得信仰，也就很明显了！佛徒们嘴上不谈先王的法言，身上不穿先王的制服，不知君臣大义、父子恩情、夫妻情缘，实悖人伦。假如佛祖还活着，奉命来朝拜京师，陛下你枉驾接待他，不过在宣政殿召见一下，赐一身衣服，护卫他出境就可以了，不应让他惑乱民心。况且佛祖已死，早变成了枯骨，怎能把他的枯骨迎入宫中呢！古代的诸侯到别国去进行吊唁，尚且让巫师先拿着桃条祓除不祥。现在陛下你却迎来朽骨，瞻仰供奉，也不用巫师桃符。群臣不敢说这种做法错误，御史不敢指斥其谬误，为臣我真为他们感到羞耻！我乞求把佛骨扔进水火，永远断绝崇佛的根源，消除天下人的疑惑，让普天下知道大圣人你的所作所为，超过一般君王千万倍，岂不是千古盛事。佛若有灵，能赐福降祸，所有的灾殃，就全加在微臣我身上吧！

皇上见表大怒，将韩愈的表章出示给宰相看，要将韩愈处以极刑。裴度、崔群等上言："道教，以老子为教祖，以老子《道德经》为主要经典，宣扬清静无为思想；以颐养天年、驱除邪恶为号召；以配灵药、炼金丹为手段，祈求长生久视；有的以画符箓为手段，让人佩戴、张贴，驱鬼避邪，以求长生，因而广被人们信奉，所以我朝奉道教为国教。立国之初，在长安、洛阳曾设立'崇道学'，各设博士、助教一人，招收生徒百人。在道学中，开设《道德经》《南华经》《通元经》《冲虚经》《洞灵真经》等课程。生徒考试合格后，到各个道观任'斋郎'。

"我唐先主推崇老子的'无为'思想，以巩固政权。魏征曾对太宗皇帝说：'无为而治，德之上也'。"房玄龄也跟着说："愿陛下遵皇祖老子'止足'之诫，以保万代巍巍之名。而后世帝王却耽于道教的长生不老之术。老庄也未能长命百岁，何况他人！道术未必有效，佛法岂能无边。此中道理还请陛下慎思。"裴度也劝道："韩愈言论确实有忤圣意，应该加罪。但他若非一片至诚，也不至说出那些话来。希望陛下能稍加宽容，以广开言路。"皇上说："韩愈作为人臣，敢狂妄若此，说崇佛就会短寿，本就不应宽赦。看在众爱卿面上，暂且饶他不死。"遂贬韩愈为潮州刺史。

玉带本来是用以系腰束袍的，但裴度这条玉带却承载得太多太多，既有为岳丈韩老爷申冤昭雪的正气，又有皇上委以军国大事的信任，还有香山还带的高风，也有玉带牵红线，成百年好合的情缘，更有平叛诛贼的大义。令公一家视之为圣物，不便再使用。故裴度欲将皇上所赐玉带布施给法门寺。初闻此讯，老方丈喜不自胜。那天，法门寺人山人海，众人听了裴相国讲述玉带的传奇经历，无不感叹，都说他奇人奇遇，如有神助。但听了这条玉带的传奇，方丈婉拒说："这条玉带已不是相爷身外之物，早已是贵府的传家之宝。老衲岂能贪天之功，将之拘于佛门之内。老僧万万不敢领受。"众人对老方丈拒收玉带，报以热烈的掌声与喝彩，并不约而同，五体投地，叩拜玉带。裴度实际是想以此举来淡化迎佛供奉的狂热。

果然，从那天起，就少有人将自家的宝贝布施给佛寺了。

另外，裴度还追写了84年前所立的《三藏无畏不空法师塔记》：

> 大唐开元二十三年，三藏无畏卒，春秋九十有九。诏鸿胪丞李现监护丧事，塔于龙门之西山广化寺，藏其全身。畏本释种，甘露饭王之后，以让国出家，道德名称，为天竺之冠，所至讲法，必有异相。初在乌荼国演《遮那经》，须臾众会，咸见空中有毗卢遮那四金字，各寻丈排列，久之而没。又尝过龙河，一托驼负经没水，畏惧失经，遽随之入水。于是龙王邀之入宫讲法，不许；彼请坚至，为留三宿而出，所载梵夹不湿一字。其神异多类此。

裴度以此文将人们注意力引向关注佛经的文化精神，以便为迎佛骨之事降温。

韩愈因谏迎佛骨，惹得龙颜大怒，贬官为潮州刺史。裴度一番苦谏，虽然保住了韩愈性命，却无力阻止其被贬远方。

韩湘是韩愈之侄韩老成的儿子，属于他的侄孙。韩湘从小修道，不修边幅，颇有道术。韩愈当初，曾劝韩湘苦读经史，努力仕进。韩湘却笑了笑，写了一首诗，其中有"可知未来事，能开顷刻花"之句。韩愈不信，韩湘就用铜盆扣在光秃秃的土堆上，口中念念有词。过了会儿，说："花儿开了。"韩愈不信，便揭开铜盆，果然有两朵盛开的青莲花，花瓣上还有两行金色隶书小字，细看，竟是："云横秦岭家何在，雪拥蓝关马不前。"韩愈说："这倒是两句好诗，不知有何寓意。"韩湘说："伯祖日后自会明白，因为这两句诗日后都会应验，但此刻天机不可泄露。"至此，韩愈因谏迎佛骨被贬潮州，途经秦岭，大雪封山，马匹举步难前。裴度送了他一程又一程，韩愈说："送君千里，终有一别。风雪故人，知己难得。令公还是就此留步吧。"裴度说："韩（刑部）侍郎一路珍重，后会有期。"正在告别之际，韩湘顶风冒雪赶来，开口便问："伯祖还记得几年前青莲花上的诗句吗？"韩愈点头说："记得。"一言未了，见眼前情境，似有所想，一问地名，此地正是蓝关。他惊讶地说："贤侄孙当年那两句诗，原来说的正是老夫今日的遭逢啊！奇哉，怪哉！天哉，命哉！原来你早就预知了呀！贤侄孙心系老夫，岂能拂了你一片情意。我还是就这两句诗补作一首七律吧。"不一会儿，他就吟道：

一封朝奏九重天，夕贬潮阳路八千。欲为圣朝（一作明）除弊事，肯将衰朽惜残年。云横秦岭家何在，雪拥蓝关马不前。知汝远来应有意，好收吾骨瘴江边。

吟罢，叔侄二人与裴度想到此去可能就是永诀，均潸然泪下。韩湘说："功名如画饼，富贵若浮云。叶落归根，人恋故土。"他劝伯祖："何妨弃官学道？"韩愈以"圣命难违"为由，苦笑着婉拒，告辞后，踏雪离去。韩愈作为传承儒家道统的一代宗师，奋发有为，忠君报国的思想渗透心髓，岂是几句劝能改变得了的。这位韩湘就是民间传说的"八仙"之一的韩湘子。

裴度临别只说了"珍重，后会有期"六个字，便哽咽得说不下去了。

他与随从，韩湘一直目送远人消失在茫茫雪帘之外。

韩愈跋山涉水，辗转几千里，风雨兼程，颠沛流离三个月后，才捱到广东潮州。适逢暴雨成灾，洪水泛滥，四处肆虐，一片泽国。稻田成了池沼，人或为鱼鳖。他下车伊始，不顾鞍马劳顿，就亲自骑马勘察水势，测试水深，在激流中从头至尾插上数千根竹竿，指挥百姓在北山水口处筑了一道数里长的石坝，用于分水改道，保全了几十个村庄。那座山遂被百姓改叫"竹竿山"。

他听说当地鳄鱼吞吃家畜，甚至伤人，害得百姓不敢捕鱼捞虾，因而致贫。百姓频频诉苦，他便写了一篇《祭鳄鱼文》，让属官秦济杀了一头猪、一只羊投入水里，在江边祈祝。当天夜里，雷电闪烁，从溪水升腾爆响。不几天，溪水竟然干涸了。从潮州往西六十里，再无鳄鱼祸患。百姓纷纷颂其政德。不久，这一政绩便声闻朝廷。

然而，离乡背井，来到潮州这蛮荒毒瘴之地，他很不适应，便上疏请求回朝效力。其表文情辞十分恳切。皇上看了，也十分感动，稍有悔意，想重新起用他，就拿出他的表文，让宰相们看，并说："韩愈此前所谈是天性爱朕，然而，不应说天子崇佛就会短寿。"皇甫镈一向忌恨韩愈，就说："韩愈一向狂妄悖逆，可以姑且往内地调一点。"于是，就改任韩愈为袁州（江西宜春）刺史。

他在袁州，推行"以庸（服劳役）赎奴"，即采用"计庸抵赎"之法，解放了奴隶七百余人，使他（她）们终于脱离奴籍，还其自由之身，回到父母身边。他废除这一奴隶制的残余，深得民心。不久，韩愈回调为国子祭酒，又转为兵部侍郎。他还自请宣慰镇州，皇帝大悦，又晋升他为吏部侍郎。

韩愈一生尊儒弘道，反对佛教，但他也有趋时的一面，常吃长生金丹，日久中毒，终于长庆四年（824）五十七岁时，死在长安靖安里宅第。自然，那是二十五年后的事。

# 第二十章　韩碑之讼

平定了淮蔡、淄青，重新统一全国，实现中兴，是宪宗政治成就的颠峰。但他得意之余，却忘乎所以，逐渐淫逸奢靡，骄纵起来。他变得刚愎自用，拒谏饰非，忠奸不分，信用群小。励精图治的精神日渐被侵蚀消退，奉道贤德明君的形象也日渐暗淡，昏庸腐朽的一面日渐显现出来。这正是：福兮祸之所伏，祸兮福之所倚。

皇甫镈专门以克剥奉上来取媚皇上，人少敢言。唯有谏议大夫武儒衡上疏揭发他的奸蠹行为。四月，裴度在相位，知无不言，刺中奸臣的痛处，皇甫镈之党就暗中设计排挤他。因为裴度的谏阻妨碍了其享乐，皇上也嫌他碍手碍脚。为了无拘无束地玩乐，宪宗也想把裴度撵出朝堂。

元和末年，在皇甫镈的挑唆下，一个老卒竟然推倒了平淮西碑。官兵把他抓起来，押入牢中，他又用木枷打伤了狱卒。此类案件本应由地方处理，但奸臣们上下其手，竟然上闻朝堂。宪宗闻报，非常恼怒，下命将之押解到京，治罪杀掉。皇上认为，这是挑战圣命，蔑视大臣，便亲自问他："小卒怎敢砸毁大臣功德碑？"那老卒说："乞求说一句话就死。碑文不公允，我击杀陛下狱卒，不过是想当面奏知陛下，韩愈碑文誉美裴度，抹杀了驸马爷李愬功劳，因此心中为真功臣抱打不平。"皇上这才命令松绑，赐给他酒食，并诏令磨去韩愈碑文，命令翰林学士段文昌重新撰写碑文，其主旨在于否定裴度平定淮蔡的历史功绩。原来事发有因。一则，许多立功将领未得升迁，心有不平；二则，是李愬之妻公主听信奸人逸言，在皇上面前讲了裴度不少坏话；三则是主和反战奸臣的妒恨。这正是：蚍蜉撼大树，可笑不自量。他自信谎话讲三遍，也会有信的。

段文昌《平淮西碑文》为：

夫五兵之设，本以助文德而成教化，故圣人不专任之。其有桀骜暴邪，干纪作孽。道德不服，则兵以威之；文诰不谕，则兵以静之，在禁暴除害而已。自黄帝尧舜，不能无诛。至汤武受命，武功浸盛，其本之以仁义，行之以吊伐，唯帝与王率由兹道。吁嚱！创业之君，劳而后定；守文之主，安而忘战。故三代之衰，功在五伯。未有中叶之后，再安生灵，前古所无，归于圣代。

我唐运之兴也，高祖、太宗以仁义之兵，除暴隋之乱。戎功祖武，百代不承。玄宗尝亦内翦奸邪，外清夷狄，所以继文之代，协帝之明。既而，祸起于微，乱生于理。由是髡髀之众，结固于两河；斤斧不用，绵历于五纪。肃宗、代宗亲翦大憝，且务生育。德宗、顺宗观于天象，察于人事，以理运未至，沴气犹凝，运启升平，以俟后圣。唯我后握枢出震，端扆向明，考上元之心，思祖宗之意，扫涤区宇，光启帝图。不以万乘为尊，四海为富，遵大禹栉风之志，有光武乙夜之勤。以为景擒七国，而汉民安；成翦三监，而周化洽。焉有患难未去，而德教可兴？日者李琳恃近狄之固，刘闢凭坤维之险，李锜保长江之冲，从史资太行之阻。四凶相挺，继为乱常。三数年间，尽膏鈇锧。太尉茂昭，以中山之地，尽室来朝；司空宏正，以全魏之邦，举宗向阙。义风所激，莫不归心。况彭城从折简之召，横海展执珪之觐。向之谈虞虢之存亡，议辅车之形势，莫不刳心断臂，继踵为忠。既而，麟见于巴巫之间，河清于廊卫之际。固本根之贶，昭圣祚之符。廓清环海，兆于此矣。而长淮右地，连山四起，控扼吴楚，密迩辇辕。有上帝濯龙之池，同冀方多马之国。戈铤雪照，驵骏云屯。二姓三凶，凭阻作孽。岁在甲午，吴少诚积祸而毙，余殃聚于逆嗣。氛祲淮濆，我后方吊人省冤，垦灾除秽，犹命使者持节往申宠赗，以昭柔服之义，示含宏之仁。

元济劫众拒境，滔天肆逆，剽叶县，烧舞阳，侵襄城。伊洛之间，骚然震恐。乃询廷议，咸愿假以墨经，授以兵符。天子渊默以思，霆驰以断，独发宸虑，不询众谋，汉宣从屯田之议，晋武决平吴之计。至圣不惑，群疑自消。于是会兔罝之师，得鹰扬之帅，以忠武军帅李光颜，往者，平朔边，静廊蜀，双矛电激，孤剑飙驰，亦犹冯异之总军锋，子颜之将突骑，才气雄武，可扫搀枪。总魏博、河阳、邻阳凡三军，自临颍而前。以河阳军帅乌重允当从史，内诡邪谋，外阻兵势，精诚奋发，密应王师。故得虏魏豹于军中，缚吕布于麾下。识虑中正，可革枭音。益以汝海之地，总朔方、义成、陕虢、剑南、西川、凤翔、延州、宁庆凡七军，由襄阳而进。宣武帅韩宏请以子公武领精卒一万二千，时集洄曲。栾书作帅，针为戎右，充国讨虏，卬统支军，是能从帅之命，成父之志。又以寿春守李文通凤精戎韬，累习军旅，明于守备，可保金汤。总宣武、淮南、宣歙、浙西、徐泗凡五军，扼固始之险。以鄂岳都团练使李道古，以先曹王皋，有任城之武，昔征凶渠，尝取安陵，授以戎柄，嗣其家声，乘五关之隘。以唐邓随帅李愬，温敏能断，静深有谋。昔赵孟慕成季之勋，复能霸晋；亚夫绍绛侯之武，亦克擒吴。想其英徽，必有以似。山南东道、荆南凡两军，自文成而东，乃命御史中丞裴度布挟纩之恩，奉如丝之命，以论群帅，以抚舆师。且以古之会兵，必谋元帅，令归于一，势不欲分。命宣武军帅韩宏为诸道行营都统，假陆逊之钺，拜韩信之坛。指纵，书奇正之机；发号，申严凝之令，然后有司马之法，成节制之师。而寒暑再雁，贼巢未下。又命内掌枢密之臣梁守谦肃将天威，尽护诸将，悬白日于千里，推赤心于万人。由是甘宁奋升城之勇，君文励击郾之志。焚上蔡以翦其翼，拔郾城以扼其吭，以轩后攻蚩尤之乱，殷宗伐鬼方之罪，周公诛淮夷之叛。虽以圣讨逆，皆三年后，定百辟之义，且谓久劳。将决其机，以安海内。复命丞相裴度拥淮蔡之节，抚将帅之臣，分邓禹之麾旆，盛窦宪之幕府。四牧业业，于藩于宣。先是光颜、重允、公武戎旅同心。垒垣齐列，常蛇之势；首尾相从，胡骑之雄。纷纭纵击，逐馀余如鸟雀，猎残寇似狐狸。千矛如林，行次于洄曲。丞相之来也，群帅之志气逾励，统制之号令益明。势如雷霆，功在漏刻。贼乃悉其精骑，以备洄曲之师。唐隋帅李愬新总伤痍之军，稍励奔北之气。城孤援绝，地逼势危，而能养貔虎威，未尝矍视；屈鸷鸟之势，不使露形。是以收文城栅，而降吴秀琳；下兴桥，而擒李祐。祐果敢多略，众以留之。或谓蓄患不利吾军，愬诚明在躬，秉信不挠，爰命释缚，授之亲兵。祐感慨之，心出于九死，纵横之计，果效六奇。粤州既望，阴凝雪飞，天地尽闭。愬乃遣其将史旻、仇良辅留镇文城，备其侵轶。命李祐领突骑三千，以为向导。自领中权三千，与监军使李诚义继进。又遣其将田进诚领马步三千以殿其后。郊云晦暝，寒可堕指。一夕卷斾，凌晨破关，铺敦淮濆，仍执丑虏。

虽魏军得田畴为导，潜出卢龙；邓艾得田章先登，长驱绵竹。用奇制胜，与古为俦。四纪逋诛，一朝荡定。摅宗庙之宿愤，致黎庶之大安。周汉以还，莫斯为盛。帝命策勋，进宏为侍中，光颜、重允立为司空，愬为左仆射，帅山南东道。公武加散骑常侍，节制廊、坊、丹、延。道古进御史大夫。文通加散骑常侍。王师获金爵之赏，环境蒙优复之恩。掩骼理胔，除瑕宥罪。跻群生于寿域，还比户于可封。东西南北，无思不服。丞相旋请来朝，后加金紫光禄大夫，封晋国公。乃眷淮濆，丞人生殖。俾择循吏，抚其疾伤。以宣慰副使，刑部侍郎马总领淮蔡之任。

天子议功云台追美将帅。俾刻金石，以扬休勋。而百辟佥谋，群帅克让，推义士之志，敢贪天功；征贤臣之言，实在君德。于是缙绅之士，暨侯服之臣，上献鸿名，式昭徽册。然后光辉千古，声名百蛮。诏命掌文之臣文昌，勒铭淮浦。庶乎阅周雅者，美宣王之中兴；观剑铭者，戒蜀川之恃险。铭曰：

天有肃杀，万物以成。雷风为令，霜霰为刑。君有武节，四海以宁。陈之原野，阻以甲兵。在昔圣主，格宁邦国。武以禁暴，刑以助德。牧除害马，农去蟊贼。苟非戎功，孰静群慝。明明我后，神算精微。九重独运，千里不违。宵衣旰食，再安中。始翦朔漠，旋枭蜀虏。丹徒潨，白门缚布。服兹四罪，岂劳一旅！淮夷怙乱，四十余年。长蛇未翦，环宇骚然。逮于孽童，逆志滔天。怀柔匪及，告谕罔悛。帝念生人，乃申薄伐。飞将鹰扬，前锋电发。斋坛命信，灵旗指越。我武惟扬，祆氛未灭。集于洄曲，决战摧凶。豹略临晋，维留沓中。桓桓襄帅，奇谋成功。浮罂暗渡，束马潜攻。合以长围，绝其飞走。布德灭妖，升城获丑。商不易肆，农安其亩。洄曲残兵，投戈束手。帝嘉群帅，赏不逾时。画衽启封，珪组陆离。泊于蛮貊，服我英威。刻之金石，作戒淮夷。

但公道自在人心，绝不是一篇歪曲事实的文字所能颠倒抹黑的。

史馆修撰李翱当即就上言，为裴度鸣不平。若干年后，李商隐特地写了《韩碑》一诗：

元和天子神武姿，彼何人哉轩与羲。誓将上雪列圣耻，坐法宫中朝四夷。淮西有贼五十载，封狼生貙貙生罴。不据山河据平地，长戈利矛日可麾。帝得圣相相曰度，贼斫不死神扶持。腰悬相印作都统，阴风惨淡天王旗。愬武古通作牙爪，仪曹外郎载笔随。行军司马智且勇，十四万众犹虎貔。入蔡缚贼献太庙，功无与让恩不訾。帝曰汝度功第一，汝从事愈宜为辞。愈拜稽首蹈且舞，金石刻画臣能为。古者世称大手笔，此事不系于职司。当仁自古有不让，言讫屡颔天子颐。公退斋戒坐小阁，濡染大笔何淋漓。点窜尧典舜典字，涂改清庙生民诗。文成破体书在纸，清晨再拜铺丹墀。表曰臣愈昧死上，咏神圣功书之碑。碑高三丈字如斗，负以灵鳌蟠以螭。句奇语重喻者少，谗之天子言其私。长绳百尺拽碑倒，粗砂大石相磨治。公之斯文若元气，先时已入人肝脾。汤盘孔鼎有述作，今无其器存其辞。呜呼圣王及圣相，相与烜赫流淳熙。公之斯文不示后，曷与三五相攀追。愿书万本诵万遍，口角流沫右手胝。传之七十有二代，以为封禅玉检明堂基。

这一讼案的余波，直到宋代仍未平息。诗人江端友还写了一首《平淮西碑》：

淮西功业冠吾唐，吏部文章日月光。千载断碑人脍炙，不知世有段文昌。

大自然无言而告：大浪淘沙，留下的只有黄金，而非污秽与陈渣腐滓。

有关那次大战的一字半句，后来都成了弥为珍贵的文物。数十年后，司空图在华岳庙石门阙上，偶尔发现了裴度当年平淮西时的题诗，如获至宝，于是便写了一首《题晋公题名诗》（又作《题裴晋公华岳庙题名》）：

岳前大队赴淮西，从此中原息鼓鼙。石阙莫教苔藓上，分明认取晋公题。

《关中金石记》《唐摭言》等记有："裴晋公赴敌淮西，题名华岳庙之阙门。大顺（唐昭宗年号：890—891）中，户部侍郎司空图以一绝纪之。今此诗只存首二句，作'岳前大旗讨淮西，从此中原息鼓鼙。'"则二字异矣。图书所罕见，则此十四字可宝也。

千余年后的清代咸丰元年（1851），体仁阁大学士祁寯藻又亲书韩愈《平淮西碑文》，由著名石匠鲁建泐碑，四通高达七尺的青石碑又挺立在闻喜裴柏村的裴氏宗祠。该碑以裴度丰功、韩愈雄文、祁氏墨宝（字大如拳）而并称"三绝碑"。此碑历经土改拆庙，1958年的砸碑修水库涵洞，文化大革命中的"破四旧"，竟然奇迹般的留存了下来。这是因为裴氏后人将之泥在了墙壁里的缘故。

历史不会重复，但历史的悲剧却难免重演。宪宗时，有人进谗，有人非议，有人指使，推倒了矗立在河南襄城，为裴度纪功的《平淮西碑》。殊不知，在号称明君英主的唐太宗之世，就发生过这样的先例。一代名相魏征死后，太宗在哀痛中，为他亲撰了碑文，并亲自书丹，以表彰其嘉言善行，辅弼之功。可不久，就有人对太宗说："魏征在世时，常将其每次劝谏，指摘皇上过失的奏章，抄了一份，给褚遂良看，这岂不是借议论朝政宣扬帝王过失来抬高自己，以留名千古吗？"太宗一听，十分恼恨，便下令推倒了魏征的墓碑，并开始疏远冷落魏征的后人。两幕闹剧，何其相似乃尔！

后来，太宗东征高丽，惨败丧师而归，在后悔之余，不由想起了魏征这位诤臣，深有感慨地说："如果魏征还健在，朕恐怕就不致铸成此次丧师辱国的大错呀！"于是，他下令重立魏征神道碑，并厚赐其家子弟。从这一点看，太宗乃不失为一位英明的圣君呀！人非圣贤，孰能无过。过而能改，善莫大焉。

宪宗也十分敬仰敢于犯颜直谏的前朝诤臣魏征，下诏访求其子孙。结果，京兆尹查到魏氏故宅在朱雀街东永兴坊。但一细问，才知故居已被其生活无着的后人变卖，且多次转手，换了几姓，而今已分给九家居住了。宪宗下令拨出内库钱一百万，赎回其旧居，再赏给其后人魏俏。

事须三思防后悔。宪宗对磨碑再刻的事，是否后悔过，不得而知。但历代史学家均以为，这是他晚年所办的一大糊涂事。如此行事，能不让功臣寒心。

元和十年（815），刘禹锡从朗州被召回京城。裴度亲自为他接风。宰相裴度身兼集贤殿大学士，雅知禹锡，劝他谨言慎行。特意告诉他："朝堂十分复杂，千万要小心。"不料，还是出了事。

禹锡与友人去同游长安朱雀桥西的玄都观，见桃花灿烂如红霞，就写了一首《戏赠看花诸君子》：

紫陌红尘拂面来，无人不道看花回。玄都观里桃千树，尽是刘郎去后栽。

因其语涉讥讽朝官如走马灯,一茬换一茬,新贵又能得意几时,触怒权贵,被贬为播州(原郎州,后改番州,即遵义)刺史。不料,这一贬就是十四年,他辗转屯田员外郎、连州(广东连县,今连州市)牧,才由和州(安徽和县)刺史入为主客郎,心中仍满怀怨愤,难忘那让他沦落一纪的玄都观"文字狱"。翌日,他再游览玄都观,见前度桃花不复存在,唯有满园菜花在招蜂引蝶,心有所感,便又做了首《再游玄都观诗》,其诗曰:

百亩庭中半是苔,桃花净尽菜花开。种桃道士归何处,前度刘郎今又来。

其序曰:"始谪十年,还京师,道士植桃,其盛若霞。又十四年过之,无复一存,唯兔葵、燕麦动摇春风耳。"意在诋毁权近。失意官宦闻者,更加鄙薄其行为。

重返长安,本欲一展抱负,不料又因诗招祸。再次被贬,这时刘禹锡已44岁,真不知该如何处之?刘禹锡告别裴令公,遂赋《两如何诗谢裴令公赠别二首》:

一言一顾重,重何如。今日陪游清洛苑,昔年别入承明庐。
一东一西别,别何如。终期大冶再熔炼,愿托扶摇翔碧虚。

接着他又赋了《将之官留辞裴令公留守》:

祖帐临伊水,前旌指渭河。风烟里数少,云雨别情多。重叠受恩久,邅回如命何。东山与东阁,终异再经过。

# 第二十一章　留守北都

奸党们正为裴度纪功碑被砸毁并重刻，而弹冠相庆，借风扬沙，闹得满城风雨时，四月辛未，奸臣程异高兴得竟然喝酒醉死了。奸党们对外声称程异"病死"，才罢除相职。但因这桩"丑闻"，能不有损裴度清名。四月丙子，宪宗李纯下《授裴度河东节度使制》：

> 忠利于国者，效积而事彰；器周于物者，志远而任重。况入调鼎鼐，出镇藩垣，荷中外之宠荣，膺文武之重寄。将允佥望，命兹辅臣。金紫光禄大夫、门下侍郎、同中书门下平章事、兼宏文馆大学士、上柱国、晋国公、食邑三千户裴度，量唯宏深，道在匡济，大玉蕴连城之价，长材负构厦之姿，言必公忠，义本诚磬。自居钧轴，叶赞机谋，匪躬以务其将明，忧国不忘于造次。当夷凶淮蔡，仗节于师旅之间；及殄寇青齐，运筹于帷幄之内。

勤劳靡替，宏益居多。绩用是嘉，搞冲逾恳。东夏雄屏，实惟晋阳，控大卤之山川，司北门之管钥。横制獯虏，远清疆陲，是以辍献纳于沃心，抚方隅于注意。倚属攸切，勋庸可宣。舟楫常赖其弼予，铁钺载观其莅众。励山甫之恪德，成方叔之壮猷。式副具瞻，勉扬休问。务既兼于左揆，秩仍践于中台。尔其戒哉！以服嘉命。可检校尚书、左仆射、兼门下侍郎、同中书门下平章事、太原尹、北都留守、充河东节度观察处置等使。

裴度为皇甫镈所诬，改任检校左仆射兼门下侍郎，同平章事、太原尹、北都留守、河东节度使。裴度被排挤出京城，以宰相身份出镇河东，去当地方官。当时，称"使相"。将裴度赶出朝廷，使皇上昏庸的一面充分暴露了出来。这是裴度第二次罢免宰相，但这次却是真免职。

皇命难违，裴度只好奉命北上。裴度顺道回到故乡裴柏村。这是他出任宰相几年来首次返乡，不想惊动地方官员。裴度途经闻喜，悄然投宿城南涑水河畔的法显寺。相传，此寺为东晋时高僧法显所建。山西襄垣人法显本来俗姓为龚，出家后，为前往西天取经，便长途跋涉，至天竺国学习佛经。若干年后，他回到山东崂山，又至闻喜建了此寺。在晋代八王之乱中，他又南迁到了建康。他可说是中华西天取经的第一人。寺内有个桃园，门额题匾"桃园洞"。时值桃花盛开，燕莺戏枝。远眺对岸的黄鹤楼，宛若屹立桃花丛中。住持跑来对裴度说："内有一块嵌壁字牌，不知何代所留，迄今无人能解，还请令公能予阅示。"说着，就将众人领到字牌前，只见文如："八月仲秋正堪期下弹琴吟古诗院不闻更鼓响天望见白云移见道人入古庙中宰相不见机时人了桃园洞与小仙下象棋。"裴度端详了一阵，看了几遍，不大明白。后经再三琢磨，他才发现该诗系一首七言藏头嵌尾古诗，须将第一句末尾的半个字做下一句的开头，这样就成了："八月仲秋正堪期，月下弹琴吟古诗。寺院不闻更鼓响，向天望见白云移。多见道人入古庙，朝中宰相不见机。几时入了桃园洞，同与小仙下象棋。"住持与众僧人连称"裴相公，高人！"。

裴度回乡，一一拜会了亲友，各有馈赠，祭拜了祖茔宗庙，瞻仰列祖遗像。裴度于裴氏宗祠嵌壁字牌上看到一块排成方阵的文字，形如：

| 机 | 时 | 得 | 到 | 桃 | 源 | 洞 |
| 忘 | 钟 | 鼓 | 音 | 没 | 始 | 彼 |
| 书 | 闻 | 会 | 佳 | 期 | 见 | 高 |
| 作 | 唯 | 女 | 牛 | 底 | 星 | 手 |
| 而 | 静 | 织 | 郎 | 弹 | 斗 | 斗 |
| 机 | 诗 | 赋 | 又 | 琴 | 移 | 一 |
| 观 | 道 | 归 | 冠 | 黄 | 少 | 局 |

看上去文不加点，无头无尾，一般人不知如何念起。原来这是一首盘中诗。要看懂此诗，须由中央始，沿右向旋转，朝四周逐层扩展开去，即从正中"牛"字念起，倒推磨式旋转，且以前一句七言末字的半个字，作为下一句的首字，依序循环往复，层层由内而外去读，就成了一首七言诗："牛郎织女会佳期，月底弹琴又赋诗。寺静唯闻钟鼓音，日没始见星斗移。多少黄冠归道观，见机而作书忘机。几时得到桃源洞，同彼高手斗一局。"此类诗也称回环体，虽为文字游戏，但也足见其巧思精构。

地方官风闻裴相归里，纷纷前来造访，裴度却早已离去，但他巧解诗迷的事，却被传为美谈。

别了故乡，裴度一行弃马乘舟，沿着汾河，从绛州逆流而上，直抵太原。一路，他们饱览了三晋的山川秀色。

他节度太原，以原长安尉卢钧为太原观察支使，署崔戎为参谋。这二位皆是当时的知名干才。

　　为了更好地治理太原。裴度仔细阅读了李吉甫的《元和郡县图志》，以因地制宜，进行施治。原来，依据古代制度，"凡有宗庙先君之（神）主曰都"。而且，《礼经》规定，（皇家）宗庙皆在京师，不欲下土别置。因此，唐太宗当年未能在太原别建宗庙。但在武则天天授元年，却于并州"置北都，建都督府。唐中宗李显神龙元年（705）又升并州为大都督府"，同时改武则天的故乡文水县为武兴县，在首都长安之外，以洛阳为"东都"。从而使并州成为最高一级的州置。其下设太原县、晋阳县，并升置为京县。从此，大唐王朝由一都制向多都制演进。当时，还在并州置"天兵军"，"集八万之众，左拒辽阳之师，右连河上之戍"，"以扬武功，顺杀气，扼地险，张天威"，从而大大提高了太原的政治和军事地位。至开元十一年（723），玄宗行幸至并州这王业龙兴之地，故又重建北都，改并州为太原府，并立《起义堂碑》，以纪其事。到了二十一年，才分全国州郡为十五道，置采访使以监察非法，太原署河东道。又在边防要塞置节度使，以势遏四夷。河东为天下最重要之雄镇，掎角朔方天兵军……天宝元年，又改北都为"北京"。至安史之乱，唐玄宗逃到四川成都，成都便成了"南都"；而李亨在宁夏灵武称帝，灵武遂有"西都"之称（一说凤翔为西都）"。

　　至中唐，太原有三座城，府及晋阳县在西城，太原县在东城，汾水贯中城，由北向南流过，给雄镇增加了几分灵动旖旎。

　　太原府城，传说最早为晋代并州刺史刘琨所筑。至唐代时，城高四丈，周回二十七里。城中又有三城，其一曰大明城，即古晋阳城。《左传》记为董安于所筑……北齐后主高纬于此置大明宫，于是名曰大明城。姚最《序行记》记"晋阳宫西南有小城，内有殿号大明宫"，即指此。城高四丈，周回四里。又一城，南面接大明城，西南连仓城；北面接州城，东魏孝静帝元善见于此置晋阳宫。隋文帝杨坚将之更名为新城。炀帝杨广更置晋阳宫，城高四丈，周回七里。又一城，东面连新城，西面、北面为州城，本为隋开皇十六年所筑，今名仓城，城墙高四丈，周回八里。

晋阳宫南曰景明门，次北曰景福门。门内景福殿，殿后门曰昭德门，次曰昭福门。门外各有小亭子一座，所谓枫流亭，据说当年曾封诸王、公主、驸马于此。其北寝殿曰万福殿，即唐玄宗开元十一年巡幸晋阳时的行宫。当年的御榻、帐幕、浴斛、水观，百需之物悉在。又有一面纸背屏风，苏许公于其上八分书《起义堂颂》。又有金鸡四五只，以铁为之。殿北曰玄福门，又北曰玄德门，其北即玄武楼，楼下有门可通城外。殿西曰西闱门，次西曰威凤门，殿东曰东闱门；又一门曰昌明门，可通葡萄园。殿院东为少阳院，殿西为射殿。次西院有太液池亭。亭在池心，徘徊四眺，每面八间，西北有唐玄宗御题诗。东南为九曲池，系流杯（觞）之所。溪流委曲蛇形，久而方辨。万福殿有紫夹古帖数十幅，乃池之形制焉，系开元中之物。景福门西为中书门下省，次西为内侍省，省后为嫔御院、内库等。据说大唐开国宰相裴寂在开国之初，曾大力修缮，终成一方名胜。

裴度在不破坏古迹的基础上，据以制定了"先治城，后治乡"的方略。他稍微修缮了衙署宫室，主要加固了城防、贡院等。

不久，裴度请崔戎带着其亲笔信，前去晓谕河北藩镇王承宗。听说裴度坐镇太原，使王承宗感到泰山盖顶般的压力，害怕被随时剿灭，表示愿意臣服，听命于朝廷。

裴度闻讯，一时高兴，就写了《太原题厅壁》：

危事经非一，浮荣得是空。白头官舍里，今日又春风。

当时，朝廷完全收服了河北三镇。可是，崔植、杜元颖等宰相不懂用兵，没有趁机而入，控制河北，错失良机。

裴度正准备辟用柳宗元，却突然传来柳宗元（773—819）病逝于柳州的噩耗，享年仅47岁。

裴度向在柳州州衙当过差返回报丧的人，问起柳柳州近年的新作，据那人说，柳宗元被贬十余年后，写了《别舍弟宗一》：

零落残魂倍黯然，双垂别泪越江边。一身去国六千里，万死投荒十二年。桂岭瘴来云似墨，洞庭春尽水如天。欲知此后相思梦，长在荆门郢树烟。

他从被贬，再也没有见过其胞弟，生离无异于死别。其思亲怀乡念友之情与日俱增，他又写了《与浩初上人同看山寄京华亲故》：

海畔尖山似剑铓，秋来处处割愁肠。若为化得身千亿，散上峰头望故乡。

当初，柳宗元谪居湖南永州，而吴武陵也受其牵连，流放永州，宗元很赏识他的才德。等柳宗元转为柳州刺史，武陵北还，很受裴度器重。吴武陵常怜悯柳宗元没有儿子，劝裴度说："西南叛贼未平，柳州与贼境犬牙交错，应该以军将代替柳宗元，使他早日得归。古人说一代为三十年，柳宗元已经贬斥二十几年了，快半辈子了，圣人在上，哪有一辈子都怨恨臣子的呢？如果他再不回来，那么柳氏这个千年簪缨名族就要绝后了。"裴度正在思谋办法，将之调回京城，可柳宗元等不及，竟然去世了。次年，才得归葬万年县祖茔。裴度不胜悲悯，唯有悲吟柳宗元之诗《溪居》"往来不逢人，长歌楚天碧"句，长歌当哭，遥悼故人。

柳宗元虽说当年担任永州司马，但却是一个闲职，故到永州后，他常去游山玩水，遍访那里的荒岑野水，并以文为纪，写下了著名的《永州八记》。其中的《始得西山宴游记》，借山势"特立"象征自己特立独行的人格，可谓其山水游记的代表之作。他还创作了不少诗作，尽人皆知，众口传颂。在永州，他于孤寂落寞中写下了《江雪》：

千山鸟飞绝，万径人踪灭。孤舟蓑笠翁，独钓寒江雪。

至柳州，他登临柳州城楼，遥望北国，家乡万里，亲故音讯不通，他在痛苦中吟出了关切永贞革新友人，催人泪下的《登柳州城楼寄漳汀封连四州刺史》。其中提到的四州刺史刘禹锡为广东连州刺史、韩泰为福建漳州刺史、韩晔为福建汀州刺史、陈谏为广东封州刺史，均是永贞所贬的一代才人。该诗曰：

城上高楼接大荒，海天愁思正茫茫。惊风乱飐芙蓉水，密雨斜侵薜荔墙。岭树重遮千里目，江流曲似九回肠。共来百越文身地，犹自音书滞一乡！

吟罢此诗，令公已是老泪纵横，悲叹文星逝矣，唯愿其华章佳什长留人寰。

他给众幕僚简介了柳宗元的清正事迹与文化贡献：柳宗元（773—819），河东（永济）人。他出于名门。柳家与裴氏、薛氏为河东三大著姓，互相联姻，可称世交。他于代宗大历七年出生在长安父亲官舍，卒于宪宗元和十四年，客死于柳州官廨。

贞元九年（793），柳宗元二十岁时，就考中了进士，与刘禹锡为同年进士。当年科举考试的试体诗考题是《风光草际浮》。贞元十二年柳宗元任秘书省校书，并与杨凭之女成亲。他虽文才出众，抱负远大，但却一生宏愿未能实现，还备遭打压。即使在被贬后，仍诽谤交至，被丑化为"怪民"，实在令人叹惋。他远见卓识，思想"多谬于圣人，凡皆不根于道"，故被视为"异端"，并将其参与永贞革新看作"失节"。不少人虽欣赏其文学才华，但很不赞同其社会主张，而不愿与之合作。欧阳修甚至说："柳岂韩之徒哉！真韩门之罪人也。"但"国家不幸诗家幸，赋到沧桑句便工"（清人沈雄句），灾难反而眷顾了这位政治的弃儿，使之成为一代文豪。多舛命运，并不能淹没他的人生光彩。他在柳州废除了奴隶制度和遗弃病弱老人的陋俗，打井造林，弘扬文风，开发边疆，政绩卓著。

他位列唐宋八大家之一，有《柳河东集》行世。他作为一个思想家，其哲学著作《非国语》《天说》《天对》《断刑论》《时令论》颇具新风。在政论方面，他在《封建论》《六逆论》《晋问》等名篇中，阐明了自己的社会理念、治国主张。其他如十骚、九赋、游记、寓言等，也广为传颂。特别是他的文学主张"文道合一"、"以文明道"等影响十分深远。

讲完这些，裴度无限惋惜地叹道："怀才不遇，我真为天地痛惜这位才子呀！"

七月丁酉，皇甫镈守门下侍郎，河阳节度使令狐楚为相。两人为同年进士，故相互援引，双双得以先后为相。

七月己丑，史馆修撰李翱以为："今陛下武功已定海内祸乱，若能革弊事，兴太平，则可高枕无忧了。"不久，群臣为皇上奉上尊号"元和圣文神武法天应道皇帝"，宪宗大赦天下，减免了当年赋税。

八月己酉日，以张弘靖为宣武节度使、守司徒，兼侍中，同平章事，兼中书令。

沂、海、兖、密观察使王遂（常侍）因苦役士兵，严酷峻急，激起兵变，被乱兵杀害。当时军府草创，人心不稳。王遂本为管钱谷的小官吏，生性细苛急躁，毫无远见，全凭严酷统御下级，动不动骂人"反虏"。所用刑杖超大，打死过好几个人。盛夏酷暑，他竟然命令士卒们营建府衙，又督责过急，士卒们怨愤不已。七月辛卯这天，王弁与四个同伴从工地抽空跑到沂水边洗浴消暑。你一句，我一句，由发牢骚，变成了密谋作乱。第二天，王遂在宴会上喝得酩酊大醉，他们乘机杀了王遂与副使张敦实，共推王弁为留后。逃命的监军据实报告了朝廷。八月末，朝堂商议讨伐王弁，又恐青州、郓州将士们互相煽动联合，就欲擒故纵，任命王弁为开州刺史，并派中使去赐告身。中使骗王弁说："开州估计已经有人在路上欢迎等候你，大人你应从速出发。"王弁信以为真，仅带了几百人赶往徐州。不料猛虎下山，离开巢穴，即落平阳，变成俎上之肉，任人宰割。九月，王弁在徐州东门外被腰斩，也算死当其罪了。当郓州兵乱初平，朝廷将其原兵马划拨分属于三镇，而李师道的余党还在。

朝廷以曹华为观察使，带领棣州军队，赶赴军镇，去相机讨逆。凡沂州将士未能分辨顺逆，前来迎接的，曹华都用好话安抚他们，让他们先进城去晓谕其余的人，众人才打消了疑虑。曹华上任仅三天，就在衙府设下盛宴招待将士们。他预先在幕后埋伏了甲士一千多人，才召集众人，告诉他们说："天子因郓州将士有远道跋涉的苦劳，特地加以厚赏，所以应当请郓州客人坐在右边，沂州人坐在左边。"众人坐定之后，他又让沂州人都先出去。一会儿，说他有话要说，随即下令关上大门，才对郓州人说："王常侍奉天子命令到此为帅，你等怎能擅自杀害他？按律当斩！"话音未落，伏兵就冲了进来，围住郓州兵丁，乱砍乱杀。可怜郓州兵丁，手无寸铁，一千二百余人，全被杀死。门屏间的血色雾气，飞起一丈多高，血雨腥雾，过了很久才散去。按理说：怨有头，债有主，血债还须血来偿。其实作乱的仅有王弁等五个人，这样滥杀无辜，矫枉过正的事，历代常有。

九月戊午，裴度检校左仆射、河东节度使、守司空。他上奏朝廷，指斥这一滥杀行为，告诫应引以为戒，下不为例。

裴度被罢去首相，大权旁落，遂写了几首诗，寄给众同道诗友。其中有句"以身许国未曾用""鞠躬尽瘁方息肩""座座家山垒江山"之句，足见其家国情怀，也引出几位诗友的唱和。

韩愈《奉和仆射裴相公朝回见寄》曰：

尽瘁年将久，公今始暂闲。事随忧共减，诗与酒俱还。放意机衡外，收身矢石间。秋台风日迥，正好看前山。

韩愈的和诗《奉和仆射裴相公感恩言志》为：

文武成功后，居为百辟师。林园穷胜事，钟鼓乐清时。摆落遗高论，雕镌出小诗。自然无不可，范蠡尔其谁。

张籍《和裴仆射寄韩侍郎》（一题作和裴仆射移官言志）曰：

身在勤劳地，常思放旷时。功成归圣主，位重委群司。看垒台边石，闲吟箧里诗。苍生正瞻望，难与故山期。

张籍作《和裴仆射朝回寄韩吏部》：

独爱南关里，山晴竹杪风。从容朝早退，萧洒客常通。案曲新亭上，移花远寺中。唯应有吏部，诗酒每相同。

# 第二十二章 三镇再叛

宪宗晚年喜好求仙羽化之道，下诏寻求方士。他还以招贤之名，下了《考试博学多才道术医药举人诏》：

> 博学、多才、道术、医药举人等，先令所司表荐，兼自闻达，敕限以满，须加考试。博学、多才举人，限今来四月内集；道术、医药举人，限令闰三月内集。其博学科，试明经、两史已上帖者试稍通者。多才科，试经国、商略、大策三道，并试杂文三道，取其词气高者。道术、医药举取艺业优长、试练有效者。宜令所由，依节限处分。

李道古通过皇甫镈向皇上推荐了山人柳泌。冬十月二十四日，宪宗下诏让柳泌住进兴唐观，炼制仙丹，但一年将逝，虚耗时日，他一无所成。

为了逃避罪责，十一月，柳泌对宪宗说："天台山是座仙山，上有仙草，臣虽知道，却无力拿到，如能让臣去当该地长官，就可望找到。"大臣们都以为未必，宪宗却说："烦劳一州之力，能为人君求得长生，你等做人臣的，又何必吝惜？"从此，群臣再没人敢进言。十一月丁亥，命柳泌赴台州求药。裴度闻知，一笑置之。这正是：上有所好，下必取巧。献媚邀宠，捷径一条。白居易的《海漫漫》对此进行了讽谕：

　　海漫漫，直下无底旁无边。云涛烟海最深处，人传中有三神山。山上多生不死药，服之羽化为天仙。秦皇汉武信此语，方士年年采药去；蓬莱今古但闻名，烟水茫茫无觅处。海漫漫，风浩浩，眼穿不见蓬莱岛。不见蓬莱不敢归，童男丱女舟中老。徐福文成多诳诞，上元太一虚祈祷。君看骊山顶上茂陵头，毕竟悲风吹蔓草！何况玄元圣祖五千言，不言药，不言仙，不言白日升青天。

裴度不信术数，不好服食，常对人说："鸡猪鱼蒜，逢着则吃。生老病死，时至即行。"其器抱弘达如此。

十二月，柳泌到达台州，驱使官吏百姓去采药，但过了一年，仍一无所获。他害怕了，全家逃进山里。浙东观察使封山搜索，终于抓住他，送到京师。皇甫镈、李道古纷纷设法保他，宪宗又让他待诏翰林。但宪宗吃了他的药，一天比一天暴躁、焦渴。裴度的从族叔起居舍人裴潾上奏，认为："能为天下除害的人，才能享受天下之利；能与天下同乐的人，才能享受天下的福祉。从黄帝到周文王、武王，享有国家，都能长寿。从去年以来，各地推荐方士，为数众多，辗转提拔，骤得高位。即使真有神仙，他必定潜身深山，唯恐被世人知晓，所谓真人不露相。凡是在权贵之门候望，说大话，炫耀自己奇技异术，惊世骇俗的，都是一些不守常道，谋求私利的人，怎能相信他们的鬼话，吃他们的药呢？再说药是治病的，岂是常吃的，何况金石药物，药性酷烈，多有剧毒，炼制时又加了火气，恐怕不是人的五脏所能受得了的。古代君主服药，臣子先尝。为臣请求命献药人自己先吃一年，有益还是有害，真假自见分晓。"看了奏章，宪宗十分生气。便于十一月二十五日，贬裴潾为江陵令。裴度为裴潾鸣不平，将要上书，裴潾制止他，说："我一人受过就够了，千万别再牵连贤侄了。"

崔群指陈举荐妖人的程异、皇甫镈二人狡诈阴险，天人共愤，不宜用这种人取代裴度为相。他仗义执言，反而被皇上视为朋党。十二月己卯，崔群也被罢为湖南观察使。元和十五年（820）岁次庚子正月壬午，因怨声载道，皇甫镈也被罢免了度支使。

宪宗长期服食仙药，晨饮朝露，中午吃金丹，晚服云母散，性情变得异常暴躁易怒，左右的宦官往往获罪，多有因此丢了性命的。一时间，人人自危，朝不保夕。宦官们害怕被杀戮，都在酝酿另立新君。

但在皇位继承人的选择上，却意见不一，宦官集团因此分化为两派：吐突承璀欲立澧王李恽，而程守谦、王守澄则想扶立李恒为太子。裴度等元老重臣也从年齿阅历上看好遂王李恒，力主扶立。于是，朝廷下达《立遂王为皇太子诏》：

> 门下：承庙祧之尊，固邦家之本，重其绪业，贞以元良，斯今古之通制也。乃者，春宫旷位，已涉岁时。祼献缺主鬯之仪，胶庠虚齿学之道，其何以亿宁方夏，彰示教源？稽诸往册，用举彝典。遂王宥，孝敬忠肃，宽明惠和，遵保傅之言，佩经训之旨，友兄弟，睦宗亲，博爱而恕己以诚，慎行而饬躬以礼。载观所履，克茂厥献，宜升储闱，以对休命。朕祗若承宪，唯怀永图，法三王垂统之规，绍十圣重光之烈，致严禋配，俾奉粢盛，式昭上嗣之崇，庶叶明离之吉。宜册为皇太子，改名恒。仍令有

司择日，备礼册命。主者施行。

元和十五年（820）春正月二十七日庚子，据说吃了大通和尚与柳泌配制的长生金丹，宪宗突然在中和殿驾崩，终年仅四十四岁。

宪宗并非唐代死于丹药的第一个皇帝。据说，贞观二十二年（648）五月，右卫长史王玄策在对外作战中获胜。太宗从俘虏中挑了一位和尚罗迩娑婆，让他在金光门内配制长生不老丹药。一年后，药配好了，太宗毫不犹豫地喝了下去，当天就毒发身亡，时年仅五十二岁。这是唐代死于长生药的第一位皇帝。这正是：本欲长生，反而速亡。唐宪宗成了唐朝继太宗之后第二个被丹药毒死的皇帝。

裴度离京仅八个多月，宪宗就不明不白地死了，而且是英年早逝。难怪诗人白居易在《梦仙》中谆谆告诫：

徒传辟谷法，虚受烧丹经。只自取勤苦，百年终不成。悲哉梦仙人，一梦误一生。

诗人张祜认为乱吃长生金丹，不如饮酒更保健，并写了一首《劝饮酒》：

烧得硫磺漫学仙，未胜长付酒家钱。窦常不吃齐推药，却在人间八十年。

时人传说是内常侍陈弘志杀了宪宗，同党不敢惩治弑君之贼，为了隐瞒其罪行，而诿罪于柳泌，只说是皇上系药性发作而亡，外人难明真相。这正是：自古神仙皆有死，何必痴迷求长生。宠奸多被奸人误，死到临头仍不醒。

从此，唐代中晚期皇帝的废立，几乎均由宦官操控。主奴关系完全颠倒，以至发生许多恶奴欺主的怪事。

元和十五年（820）闰正月初三日丙午，中尉梁守谦和众宦官马进谭、刘承偕、韦元素、王守澄等人共同拥立太子李恒（795——820——824）在太极殿的东厢房即位，这就是唐穆宗。次日初四丁未，贬皇甫镈为崖州司户参军。初八日辛亥，以令狐楚为门下侍郎，萧俛、段文昌并为宰相。初九日，用刑杖打死了柳泌、大通和尚，其他方士都流放到了岭南，贬谪左金吾将军李道古为循州司马。加李光颜为同平章事，并赐给他开化里一处宅第。这真是一朝天子一朝臣啊！

穆宗一登极，尚未发德音，就先下诏杀了欲和自己争位的澧王李恽和其追随者吐突承璀，赐左、右神策军士每人五十缗（每缗合一千文）钱，六军、威远军每人三十缗钱，左、右金吾每人十五缗钱。如此巨额的赏赐，前无先例，使后来之君无以复加，国库金银也难以为继。

同时下达《停诸司道进奉敕》，文曰：

> 敕：伐叛兴师，久劳于外，馈军给费，固已为烦。献贺之仪，谅非朕志。务从简约，式表忧勤。其今年冬至，及来年元日，诸司、诸道进奉，宜停。

穆宗每月初一、十五日，都率领群臣到兴庆宫拜见太后，进奉穷奢极欲。他又发神策军两千人疏浚鱼藻池，以供游乐。

二月初五日，穆宗驾临丹凤门城楼，大赦天下。据朝廷礼制，二十七个月后，国丧之礼才能公除，其间不得私下接近声乐女色。十五日，宪宗尸骨未寒，穆宗毫无丧父悲哀，在左神策军丹凤门内观赏倡优杂戏。尽管热孝在身，但李恒他全然不顾，依然我行我素，花天酒地，还隔三岔五出城打猎，又要于重阳节选择胜地，大宴群臣。他又到神策军中观看手搏

(拳击)，至于如何平治天下，想也不想。反而重用贪狭营私的小人段文昌，与遭人鄙视的元稹为相。

拾遗李珏劝阻说："陛下刚刚继位，年号还没改，就这样追欢逐乐，不合礼制。" 赵知微也上疏谏阻穆宗游玩狩猎没有节制。穆宗虽然不能采纳，但也没有加罪。

杜牧以其《泊秦淮》进行讽刺：

烟笼寒水月笼沙，夜泊秦淮近酒家。商女不知亡国恨，隔江犹唱后庭花。

穆宗在东宫时，常常听说天下因宪宗多年用兵，百姓十分困苦，故即位以后，转而注重让军民休养生息。

田布拜为魏博节度使后，朝廷命白居易持节去宣慰晓谕。白居易向裴度通报这一差遣，裴度去函嘱咐他，千万不要累及地方。宣慰大事完毕后，果然，田布要赠送朝使白居易五百匹细缣，白居易不肯接受，他说："将军父仇国耻尚未洗血，当以物资助你，现在反而收取你的馈赠，从情理道义上讲，于心不忍。现在慰谕的使者一波接一波，假若都要有所馈赠，就会叛贼未灭，财帛先行穷竭了。"他将此事禀报朝廷，诏书依从他的意见，令其拒而不收，并表彰了他的廉洁之风。

安南叛贼杨清、黄少卿自贞元以来，数次归顺后又背叛。裴度的族叔桂管观察使裴行立、容管经略使阳旻，纷纷请命去讨伐平叛，皇上准允。二月甲午，朝廷下诏，以桂管观察使裴行立为安南都护。由于远在四千里以外，不便派兵。裴行立只带了几名随从，就动身前往。裴度让朝使捎去书信，为行立送行，以壮行色。

裴度在信中抄写了李贺的《雁门太守行》以赠：

> 黑云压城城欲摧，甲光向日金鳞开。角声满天秋色里，塞上燕脂凝夜紫。半卷红旗临易水，霜重鼓寒声不起。报君黄金台上意，提携玉龙为君死。

行立一路招兵买马，不到一月，竟达几千人。人们无不称奇，都认为平叛指日可待。

三月辛未，裴行立刚走到海门，突因水土不服，而不幸暴卒。凶信传来，裴度伤悼不已。朝廷将其所招兵马，划拨归阳旻统辖。阳旻继承行立遗志，马到成功，仅一百天，就平息了安南的叛乱。

五月庚申，安葬昭文章武大圣至神孝皇帝于景陵，庙号宪宗。不少臣子首次见到了天下闻名的黄目樽。

李唐宗庙里有一件西周时的文物黄目樽，成为庙中最贵重的彝器，足增仪典之雅重。为了因物达情，裴度便写了《黄目樽赋》（以"清庙之器，所以礼神"为韵）：

> 圣人之制祭也，因物达情，比象配类。尽内心之享礼，定黄目之彝器。居樽之上，察神之至。黄其色，保纯固于中央；目以名，洞清明於幽邃。将以赞禘祫，报天地。成形而百代犹传，遍祭而万灵具醉。懿夫周礼尽在，殷荐孔明。郁邑馨而外达，湛醑华而内清。濩落为用，昭彰表诚。自可配于龙勺，焉取侔于兕觥。当其霜露盛时，金石奏庙。告虔之始，在物居要。动明酌而曼醳腾光，澄旧污而圆规纳照。且《礼经》所纪，象设有以。首瑚琏之序，助宗庙之美。体含宏，足擎跂。从祝之献，而如鼎之峙。精气皎于外饰，黄润艳于通理。严敬而抱，且见夫爵盈；明德之歆，讵闻乎罍耻。若乃笾豆并置，陶匏共陈。亦可能备观光之祭法，摅素怀于蜡宾。酌其中，谅明明之取义；华其睆，将属

属以交神。至于夜燎之时，宿设之所。含霜若丽夫金质，导气更宜夫桂醑。自合礼于宗彝，匪齐名于杜举。是知纯嘏将降，明禋在兹。达臭阴于勿勿，驻灵驾之偲偲。尚礼然也，明王用之。方今乐和同，礼无体。粢盛式务，郁器光启。客有习于声诗，愿奉樽而观礼。

黄目樽也称黄彝，属周代礼器，用于祭神酹地（把酒浇洒于地视为神灵已享用）。樽上铸有如栏楯间曲水回波纹饰，类似缪篆、饕餮纹。其中有两个弹丸大小凸起镶黄金的眼睛，所谓黄目。《礼·明堂位》曰："郁鬯用黄目。"可见，自古宗庙祭祀礼上就曾以黄目樽为礼器。此樽也就成为唐王室宗庙的镇庙之宝。

元和十五年七月丁卯日，令狐楚因施政无方，罢为宣歙观察使。八月戊戌日，以萧俛为门下侍郎、崔植为相。

由于宪穆交替，致使河北之战功败垂成，河北三镇又闹起了独立。王承宗也乘机再度造反。皇上下诏以宦官为监军，率军征讨。白居易谏言："我唐制度，每有征伐，才专门委派将帅，责令其快建奇功。但历年却以宦官担任监军，如韩全义讨淮西，以贾良国监军；高崇文伐蜀，以刘贞亮为监军。况且历来兴兵打仗，从未有以宦官专制统领的。这样做，恰巧帮了奸贼王承宗的大忙，挫伤了各位将领的锐气。"可惜，皇上不听。果然，帅不专权，指挥失当，致使师老财竭，久战无功。连年战争使河北"豺狼塞路人断绝，烽火照夜尸纵横"。杜甫为此写了《八阵图》：

功盖三分国，名成八阵图。江流石不转，遗恨失吞吴。

在屡次受挫后，穆宗才想起了被排挤出朝廷的裴度。

为了尽快平定河北，九月戊戌日，唐穆宗李恒下达《加裴度司空制》：

怀大忠者必成其茂勋，建茂勋者必极其高秩。朕虔守鸿业，静思化源。固欲表忠节以励为臣，举勋籍以劝立志。况乎位崇上相，遇重先朝，首陈宏图。躬率群帅，克定妖孽。坐清寰瀛，得不再申褒崇，昭示倚注。河东节度观察处置等使、金紫光禄大夫、检校尚书左仆射、兼门下侍郎、同中书门下平章事、北都留守、上柱国、晋国公、食邑三千户裴度，材膺启运，道协功偕。一心尽忠，百志归正。虽量包宏旷，靡所不容。而节抱孤贞，凛然难夺。所以特承恩顾，专委谋猷。坚持其诚，独立不惧。在昔有晋，厥功平吴，唯茂先决策于中，唯元凯整旅于外，兼能并用，度实有之。许国忘身，勤亦至矣。自居重任，出入六年。及镇太原，声绩一贯。朕永怀丕烈，乃眷旧臣。将副深衷，式加新命。唯正三公之位，在平九土之司。论道再光总戎，益重毗我王室，永孚于休。可守司空，依前兼门下侍郎、平章事。

裴度虽晋为检校司空，兼充押北山诸藩使。这道圣旨，其实质却是罢免了裴度的统帅军权。如此安排，裴度又能如何？群臣劝谏，以为不可，请于延英殿议论此事，但皇帝却迟迟不召见群臣，致使群臣无从议论。

冬十月，党项又勾结吐蕃入侵泾州，连营五十里。战报频传，军情危急，群臣却找不到穆宗。谏议大夫郑覃等，好不容易才找见穆宗，劝其停止宴乐，以备四方之急，穆宗不听。他甚至连郑覃是何官职也不知道，还心安理得。幸亏，这次党项、吐蕃只掳掠了一番，在边防军的反击下，就退走了。

由于裴度雄视河北，使成德节度王承宗寝食难安，逐渐忧惧成疾，不久就一命呜呼了。这也算是天罚吧。他的部下仍贼心不死，以求一逞，故秘不发丧。其长子王知感、次子王知信都在朝中为质，因怕泄密，无法召回。其部下众将领便急于在所属各州选任元帅，参谋崔燧遵从王承宗祖母凉国夫人的旨意，通告众将领和亲兵，拥立王承宗的弟弟、观察支使王承元为主帅。王承元当时才二十岁，但已看清楚了"国威难犯"的形势。故当将士们向他下拜行礼时，王承元一再推拒不受，还哭泣着不停地回拜。十一日，监军还煞有介事地奏报朝廷，王承宗病重，命其弟弟王承元暂时主持留后事务。朝廷对其无理要求，置之不理。十一月初五日，王承元又上了一道表，请求朝廷另行委派节度使。这一次，倒是他真实意图的表达。朝廷遂另行任命他为义成军节度使。

其手下众将领和邻近各道悍将，争相用过去的老规矩来劝阻王承元，他不为所动，一概不听。他决心遵奉朝命前去就任义成节度使。李寂等十多个人坚持挽留王承元，将士们吵闹着不肯受命。王承元把他们统统斩首示众，军中才安定了。初九日，王承元前往滑州，有的将领官吏要带走镇州的器皿、钱财，王承元命令他们把东西全部留下，一针一线也不许带走。但可惜这仅是一个特例。

十一月，穆宗急于到华清宫去玩。十五日，宰相裴度等率领中书、门下两省的供奉官到延英门，三次上表恳切谏阻，说："如果皇上一定要去，臣等应当跟随护卫。"他们请求当面回答穆宗问话，穆宗全然不听。谏官拜伏在延英门下，长跪恳求，直到晚上，才退去，也没见到皇上的影子。十六日，天色未明，穆宗不管群臣正在陆续上朝，就一意孤行，径自从复道潜行出了宫城，前往华清宫游玩。只有公主、驸马、中尉、神策六军使率领禁兵一千多人护卫。直到下午申时（15至17时），才回到宫中。穆宗少不更事，一门心思玩乐。宦官们千方百计满足穆宗骄奢淫逸的欲求，以达到固宠挟君，并疏离皇上与忠直大臣关系的目的，从而使皇帝更依重宦官。他用过的宰相有萧俛、段文昌、杜元颖、元稹等小人，而排挤了裴度、崔群、韩愈等名臣。在这种情况下，宦者操控朝政，忠臣被放逐，奸臣当道，天下岂有不乱之理。

长庆元年（821）岁次辛丑正月辛丑日，穆宗皇上才祭祀圜丘，大赦天下，改元长庆。李宗闵进封中书舍人，牛僧孺由库部郎中升为知制诰，擢李德裕为翰林学士。德裕是宰相李吉甫之子，天性率真，以门荫补校书郎，河东张弘靖曾辟他为掌书记，幕府罢，才召拜他为监察御史。穆宗为太子时，就十分敬重李吉甫，故厚待其子德裕，凡是大典表册，均由德裕执笔。且多次召见他，赐赠不断。

元稹凭一篇《连昌宫辞》得到穆宗赏识，被召为知制诰。从此，宫内有人称他为"元才子"，并很快提拔为宰相。但元稹投靠宦官，排挤裴度等忠良，没多久就被贬为同州刺史。

正月底壬戌日，在奸党挤怼下，萧俛罢为尚书右仆射。二月癸酉，又改任吏部尚书。段文昌、杜元颖同时出任平章事。

宪宗末年，藩镇屏息，天下太平。可昏庸的穆宗一上台，日夜作乐，不理朝政，处置失当，局面很快就急转直下。大规模的河朔藩镇叛乱还是爆发了。

田弘正奉裴度之命率军进入镇州，罪孽深重的军阀刘总失去了外援，担心官军讨伐，内心非常恐惧。到了晚年，恐惧得更厉害。

二月，幽州卢龙首先出了变故。节度使刘总在兵乱中杀了他的父兄之后，心中常常疑神疑鬼，在神情恍惚中，多次看见父兄灵魂出现，并要向他索命。他害怕极了，就在府中养了几百名和尚，供给食宿，让他们昼夜不停地做法事，颂《金刚经》。每当办公回来，他就厕身于众和尚之中，如若独自待在别屋，就心惊肉跳，难能入睡。

己卯日，刘总奏请朝廷，要求辞官，并捐出宅院为佛寺，出家去当和尚。三月癸丑日，朝廷命中使降诏，赐其紫色僧服，法号为大觉，寺曰报恩寺。同时，仍以刘总为天平节度使，兼侍中。"就任"与"出家"由其任选其一。但刘总却去意已决。他临行，还建议将卢龙所属各州一分为三，以幽、涿、营等州为一道，推举河东节度使张弘靖为节度使；以卢、蓟、妫、檀等州为一道，推举平卢节度使薛平为节度使；以瀛、莫二州为一道，推举京兆尹卢士玫为观察使。穆宗准其所奏，仅把瀛、莫二州交付卢士玫管辖，其余由张弘靖统辖，并任命张弘靖为司空，兼幽州卢龙节度使。

刘总向朝廷献马一万五千匹，又赐给将士们一百万缗钱。将士们阻止此事，并苦心挽留他，刘总竟杀了领头的十几个人。一天，他把官印与符节全交给留后张玘，又把幽、蓟七州献于朝廷。他剃光了头发，算是剃度，还穿上朝廷所赐的浮屠服，乘着夜色，悄然逃出。圣旨未到，他就独自出走了。及至天明，部下才知此事。张玘报告说"刘总不知去向"，营内顿时陷于一片混乱。二十七日，有人才发现刘总死在定州境内。这正是：为人不做亏心事，不怕半夜鬼敲门。心债还须心债偿，心魔设阱无处藏。

从《左传》《史记》开始，历代正史就记载了许多怪异的灾变，正因奇灾大难，"事关军国""理涉兴亡"，特别是在"天人合一""天谴说"的影响下，也足以发挥"书美以彰善，记恶以垂戒"的作用，让统治者"明人事之得失"。故史书往往详录"灾变"，而略于"祥瑞"。这里记了刘总"见鬼"的怪事，无非是说他残杀父兄的悖伦之事，已惹得人神公愤，使自己中了心魔，他的死实在是死有余辜。

刘总一死，不几个月，河北三镇重新割据。六月戊寅，朝廷担心河北再出事，就命李夷简分司东都，以加强对河北藩镇的防御。但裴度失位，重臣被疏，祸乱根苗已萌。

二十八日，幽州节度使朱克融就叛乱了，他竟然耍笑朝廷，声称要进献马匹一万、羊十万头，而公然请朝廷先拨给马和羊所值的钱作为犒赏。穆宗不知如何应对，只好再度请教裴度。裴度让皇上置之不理，以挫其谋。此事果然不了了之。

穆宗践祚仅仅两年，全国统一的局面，就丧失殆尽。朝廷又重新失去了河北。河北三镇之叛，一直持续到唐代灭亡，也未能彻底根除，可谓贻害无穷。

## 第二十三章　勉为其难

段文昌出任宰相不久,由于措置失当,已归顺的河北就突然大乱。二月,他束手无策,只好引咎辞职。壬午日,朝廷虽仍以段文昌兼任相职,但命他立即出充西川节度使,而以杜元颖守户部侍郎、同平章事。

御史中丞牛僧孺,查处贪贿,整治不法,查实了宿州刺史李直臣收受巨额贿赂,依法当定死罪,但直臣却买通了宦官为自己开脱。穆宗虽想让他交纳罚金赎罪后,再予任用,牛僧孺却坚持说:"这类无能的蠹虫,只会行贿讨好,怎么能再用。朝廷行政,重在任用德才兼备的人。而能人大多难以驾驭,故朝廷才立法,加以约束。否则,仍会发生安禄山、朱泚祸乱天下的事。"穆宗感到他的见解很独特,才打消了再用李直臣的想法。

韩弘全靠行贿权要,得以入朝,可是,上天并未眷顾他,没多久,他与儿子韩公武就先后死去。孙子还幼小,不能理事。穆宗就派使臣到其府上,代管收支。不久,从其家藏账册中查出朝臣、宦官收受其贿赂的记录：姓名及数额，而且数字惊人。唯独查到牛僧孺，名下注明："某年月日，送钱千万，不接纳。"使臣将此事上报皇上，穆宗感念他的清廉，对左右说："朕没有看错人。"于是，赐给牛僧孺金紫服，并下诏让牛僧孺由户部侍郎入为同中书门下平章事。穆宗下诏云："七月六日，是朕降诞之辰，其日，百僚命妇宜于光顺门进行参拜祝贺，朕于门内与百僚相见，君臣同乐。"他显然是想借机收取文武群臣的贡献。左丞韦绶上奏，宰臣以为：自古并无降诞受贺之礼，圣诞节始于唐明皇，令天下臣民宴集，休假三日。然而代宗、德宗、顺宗、先帝宪宗时，皆未设置这一节名，故为臣建议不宜设置。次日，穆宗果然下诏停罢了圣诞节朝贺之事。然而，次年他又下诏举行了诞辰受贺礼，自然收获颇丰，数额惊人。此后才停办。直至唐文宗以后的武宗时，圣诞节才又设置如初。

翰林学士李德裕是李吉甫的儿子，因李宗闵曾在对策中指摘过他在相位的父亲，所以内心十分憎恶李宗闵。李宗闵与翰林学士元稹因竞争升职，彼此也结下了仇隙。

裴度一贯正直，众朝臣都非常敬服他，自然被奉为"清流"的领袖，却被奸党视为兜售其奸的绊脚石，急于拔掉的肉中刺。然而，他们挑不出裴度的毛病，无隙可乘，只好借所谓科举不公的事打击裴度。

该年三月，举行进士科举考试。右补阙杨汝士和礼部侍郎钱徽主持该次科考。西川节度使段文昌、翰林学士李绅都写信举荐他们的亲友。等到发榜时，两人所荐均名落孙山，十分不满，便上奏朝廷，声称有人舞弊。他们揭发及第的人中，郑朗是郑覃的弟弟，裴譔是裴度的儿子，苏巢是李宗闵的女婿，杨殷士则是杨汝士的弟弟。段文昌上奏穆宗说："今年礼部选士，很不公正，所录取的进士都是公卿子弟，没有才学，都是靠打通关节才上榜的。"穆宗询问众学士，李德裕、元稹、李绅也都说："确如段文昌所说。"于是，穆宗命令中书舍人王起、主客郎中知制诰白居易等于子亭进行重试。由内廷命题《孤竹管赋》《鸟散余花落诗》。"孤竹管"出自《周礼》正经,而多数应试者竟不知其本事,无从下笔,自然是言不及义了。

士子们由朝廷大员、文坛名宿举荐而高中进士,有当时制度性的原因——行卷、温卷。学子们投献新作诗文,携贽干谒官场显达、文坛泰斗,显示才华,展现志操,以博得青睐、延誉、举荐,拓展发展空间的事,当时确实是存在的,甚至渐成风气,但并非人人如此。这也说明,文化始终难以脱离政治。

复试后的夏四月十一日,朝廷下诏称:孔温业、赵存乐、窦洵直所试初通,可予进士及第,裴譔特赐及第;废黜郑朗等其余十人的进士资格。同时,贬谪原考官钱徽为江州刺史,李宗闵为剑州刺史,杨汝士为开江县令。李宗闵、杨汝士都劝钱徽把段文昌、李绅的请托书信交给穆宗,皇上必定醒悟。钱徽说:"如果无愧于心,得失也就没有区别。怎能把别人的私人信函呈报上去,那岂是士君子所为?"说着,便取出信来,烧掉了。时人都称赞他的心胸气度。李德裕弹劾钱徽取士不当,并指斥李宗闵也有所请托。不久,又将李宗闵贬到剑州。这场科场案,成为牛李党争爆发的直接诱因。从此,李宗闵、牛僧孺与裴度举荐的李德裕与李绅等结下仇怨,种下了朋党之祸的根苗,且嫌怨渐深,各自树党,互相倾轧,相互争斗,一直持续了四十年之久,成了中唐的社会痼疾。朝臣的不和,给宦官专权提供了空档。

唐代科举,录取的头甲三名均称状元,不像后世还要分出状元、榜眼、探花。儿子被"特赐及第",等于说文才不及头甲前三名,看在裴度功高天下的面上,才特别开恩,照顾其及第,即从第二甲中将裴譔勉强特批进入了第一甲,也算状元。如此公布内幕,似乎给足了裴度面子,实则却扫了裴度的脸皮,让人很是不爽。此举无形之中,给人一种印象,好像裴度从中确实做了不少手脚。这桩科场公案,无异于一件政治丑闻,裴度心中很不是滋味。他对儿子说:"不是为儿才华不济,考得不好,而是老父官场积年树敌,连累了为儿呀!"这正是,福无双至,祸不单行。

裴晋公曾自为志铭曰:"裴氏为子之道,备存乎家牒;为臣之道,备存乎国史。"裴令公还常为众子讲述自己的座右铭,训导其子:"凡吾辈但可'文种勿绝',见贤思齐,蔚成家风。然其间有成功能政,身为万乘之相,则天也。"

裴度为了教育儿子们治学习文,就把曾写给李翱,勉励他志学为文的书信《寄李翱书》的底稿,让孩子们看,其文曰:

前者唐生至自滑,猥辱致书札,兼获所贶新作二十篇,度俗流也,不尽窥见。若《愍女碑》《烈妇传》,可以激清教义,焕于史氏;《钟铭》谓以功伐名于器为铭,《与弟正辞书》谓文非一艺,斯皆可谓救文之失、广文之用之文也。甚善甚善!然仆之知弟也,未知其他,直以弟敏于学而好于文也,就六经而正焉。故每遇名辈,称弟不容於口,自谓弥久,益无愧词。

窃料弟亦以直谅见待,不以悦媚相容,故不唯嗟恺,亦欲商度其万一耳。若弟摈落今古,脱遗经籍,斯则如献白豕,何足采取?若犹有祖述,则愿陈其梗概,以相参会耳。

愚谓三五之代,上垂拱而无为,下不知其帝力,其道渐被于天地万物,不可得而传也。夏殷之际,圣贤相遇,其文在于盛德大业,又鲜可得而传也厥后周公遭变,仲尼不当世,其文遗于册府,故可得而传也。于是作周孔之文。荀孟之文,左右周孔之文也。理身、理家、理国、理天下,一日失之,败乱至矣。骚人之文。发愤之文也,雅多自贤,颇有狂态;相如、子云之文,谲谏之文也,别为一家,不是正气;贾谊之文,化成之文也,铺陈帝王之道,昭昭在目;司马迁之文,财成之文也,驰骋数千载,若有余力；董仲舒、刘向之文，通儒之文也，发明经术，究极天人。其实擅美一时，流誉千载者多矣，不足为弟道焉。然皆不诡其词，而词自丽；不异其理，而理自新。若夫《典》《谟》《训》《诰》《文言》《系辞》《国风》《雅颂》，经圣人之笔削者，则又至易也，至直也。虽大弥天地，细入无间，而奇言怪语，未之或有。意随文而可见，事随意而可行，此所谓文可文，非常文也。其可文而文之，何常之有？俾后之作者有所裁准，而请问于弟，谓之何哉？谓之不可，非仆敢言；谓之可也，则大学之道，在明明德，在止至善矣，能止于止乎？若遂过之，犹不及也。

观弟近日制作大旨，常以时世之文，多偶对俪句，属缀风云，羁束声韵，为文之病甚矣。故以雄词远志，一以矫之，则以文字为意也。且文者，圣人假之以达其心，达则已理，穷则已非，故高之下之，详之略之也。愚欲去彼取此，则安步而不可及，平居而不可逾，又何必远关经术，然后骋其材力哉！昔人有见小人之违道者，耻与之同形貌共衣服，遂思倒置眉目，反易冠带以异也，不知其倒之反之之非也，虽非于小人，亦异于君子矣。故文人之异，在气格之高下，思致之浅深，不在其磔裂章句，骧废声韵也。人之异，在风神之清浊，心志之通塞；不在于倒置眉目，反易冠带也。试用高明，少纳庸妄，若以为未，幸不以苦言见革其惑。唯仆心虑荒散，百事罢息，然意之所在，敢隐于故人耶？

昌黎韩愈，仆识之旧矣，中心爱之，不觉惊赏，然其人信美材也。近或闻诸侪类云，恃其绝足，往往奔放，不以文立制，而以文为戏。可矣乎，可矣乎？今之作者，不及则已，及之者，当大为防焉耳。

弟素居多年，劳想深至，穷阴凝冱，动息如何？入奉晨昏之欢，出参帷幄之画，固多适耳。昨弟来字，欲度及时干进。度昔岁取名，不敢自高，今孤茕若此，游宦谓何？是不复能从故人之所勖耳，但寔力田园，省过朝夕而已。然待春气微和，农事未动，或当策蹇谒贤大夫，兼与弟道旧，未尔间犹希尺牍。珍重珍重。力书无馀，从表兄裴度奉简。

信中指出"昌黎韩愈，仆识之旧矣，中心爱之，不觉惊赏，然其人信美材也。近或闻诸侪类云，恃其绝足，往往奔放，不以文立制，而以文为戏（指韩愈所写《毛颖传》），可矣乎，可矣乎？今之作者不及则已，及之者，当大为防焉尔。"后来，令公对韩愈有了更深了解，故出征淮西，特请以韩愈为军司马，参谋军事，起草奏章军书。

他针对李生追崇韩念之文"不以文立制，而以文为戏"的倾向，重申自己"救文之失，广文之用"、"不诡（瑰）其词而词自丽，不异其理而理自新"的文学主张。

穆宗担心幽燕部将作乱，就将幽燕悍将朱克融等人，调往京师，由中央酌情选拔任用，使众军阀仰仗朝廷禄位。这样既可使河北分而治之，长治久安，又可树立朝廷权威。但到京者却久久未予安排。这些悍将骄横挥霍惯了，没多久就搞得衣食无着，天天到中书省请愿要求安排。穆宗不胜其烦，又将强悍难制的朱克融等人放回原镇。他反而认为藩镇已平，实际上却放虎归山，未觉察太平表象下潜伏的危机。

朝廷任命张弘靖为幽州节度使，又将遣送回去的悍将朱克融等，归张弘靖节制。张弘靖上任后，仍是长安达官贵人作派，毫不关心将士，还骂他们是"反贼"，并说："如今天下太平？你们哪怕能拉两石的硬弓，又有什么用？还不如认识一个'丁'字！"据说，这就是"目不识丁"的来历。

张弘靖（760-824），是河东猗氏人。其父为名臣张延赏。他前往赴任的幽州军，因受胡地集体游牧风俗影响，官兵一贯同甘共苦。但出身贵族的他看不起兵卒，高高在上，不关心兵卒疾苦，甚至坐轿出入军营，见者无不惊异。他还将刘总留下准备赏赐的上万贯钱，截留了二十万，引起部下极大不满。而且，他每十天才办一次公，兵卒很难见到他，无人信服尊奉他。

长庆元年（821）秋七月壬午夜，张弘靖因袒护韦雍，而当众惩治冲撞自己的小将，让军中的虞候把小将拘禁治罪，激起兵变。乱兵杀了韦雍，囚禁了张弘靖。历来乱兵即匪。乱兵四处抢掠财货，奸淫妇女，甚至互相残杀。第二天，军士们稍稍有些后悔，都到驿馆来向张弘靖赔罪，请求允许他们改过，表示愿意一心侍奉他。众人恳求了三次，但张弘靖余怒未消，就是不答应。军士们说："相公闭口不言，这是不肯赦免我们呀！军中怎能一天没有元帅！"于是，就共同迎来旧将朱洄，尊奉其为留后。朱洄以老病推辞未果，便推荐其子朱克融暂领军务。朱克融是朱滔的孙子。判官张彻是个长者，斥骂众人道："你们怎敢反叛，恐怕快要灭族了！"众人作乱，已箭在弦上，不得不发，本来不想杀他，见他不从，便乱刀齐下，杀了他，又囚禁了弘靖，并闯进蓟门驿馆，抢夺他的家财和嬖妾。

幽州兵乱中，王承元统领了成德军，便借机请求朝廷任命自己为帅。皇帝却下诏以田弘正为节度使，而拒绝了王承元的请求。原来，田弘正与镇州人曾两次交战，互有杀父戮兄之仇，故在赴任时，带了两千魏州亲兵勇士，以自卫，防备不测。朝臣有人劝谏，认为此项任命不妥，但穆宗一意孤行，说："这是以毒攻毒。"田弘正接连四次上表推辞，均无回音。百般无奈，田弘正只好前往镇州去赴任。他到镇后，就立即上表请求留下魏兵卫队，度支使却让崔俊阻止此事，致使朝廷不供应这两千卫队的粮饷。七月初，田弘正只好将魏州兵卒遣回本镇，这等于老虎自拔爪牙。穆宗同时下诏，赐成德军上百万缗粮饷，但没能及时运到。军兵们都以为是被田弘正克扣了，致使群情愤慨。王庭凑借机煽动，于是，又爆发了一场兵乱。

二十日，幽州监军宦官上奏军乱。幽州兵变的消息传来，朝野震惊。二十三日，只好召张弘靖回朝，贬之为宾客分司；二十五日，再将之贬为吉州刺史。

七月癸巳日，王庭凑又率幽州兵马，包围了深州，再次要挟朝廷，强求封他为节度使。七月戊戌夜，王庭凑杀了田弘正及其僚佐将吏与家属等三百余人。田弘正死时，年仅五十八岁。朝廷闻讯，震悼不已，只好追赠弘正为太尉，谥号忠愍。

魏博节度使李愬听到田弘正遇害，穿着丧服，召集兵众，对将士们说："魏州人之所以能够通晓天子的教化，生活安乐，全靠田公。现在镇州人大逆不道，竟敢杀害他，这是轻视我们魏州没有能人啊！诸位受过田公的恩惠，应该如何报答他？"众人感念田公恩惠，悲悯他的不幸遭遇，一个个都痛哭失声，决心为田公报仇。深州刺史赵州人牛元翼与傅良弼，都是成德王承宗手下的良将，李愬派人把宝剑、玉带赠给他俩，说："过去，我的先辈用这把剑立过大功，我又用它平定了蔡州。现在，我把它赠给你二人，希望你等能去消灭王庭凑。"牛元翼把宝剑、玉带供在香案上，出示给将士们看，询问众人意向，大家都说："愿尽死命！"李愬正要出兵，不料，恰巧疾病发作，未能成行。

朝廷只好任命刘悟为幽州节度使，驰往幽州去平乱。而幽州的兵众都已归附了朱克融，又攻下了瀛州、冀州。刘悟无法入境。朱克融又派兵寇乱易州、蔚州、定州，却始终没有杀害张弘靖，而镇州人却害死了田弘正。朝廷无力征讨，为了集中兵力对付镇州叛贼，朝廷就只好舍燕攻赵，遂拜朱克融为检校左散骑常侍、幽州、卢龙节度使。不久的长庆四年六月，张弘靖去世，追赠其为太子太傅。

战祸临头，朝廷才想到了被黜逐的裴度。八月己丑日，朝廷下达元稹奉诏拟制的《加裴度幽镇两道招抚使制》：

门下：夫以区区秦伯，而犹念晋国，曰："其君是恶，其人何罪！"况朕均养亿兆，为之君亲。燕人冀人，皆吾乳哺而育之，安忍以豺狼驱胁之？故绝其飞走，尽致网罗，止行犯命之诛，是用开其一面。河东节度观察处置等使、金紫光禄大夫，守司空，兼门下侍郎，同中书门下平章事、太原尹、北都留守、上柱国、晋国公、食邑三千户裴度，昔者，区域之中，蜂蚁巢聚，蔡有逆孽，齐有狡童。厥初图征，疑议满野。不惧不惑，挺然披攘。苟无司南，允罔能济。佑我宪考，为唐神宗。实唯股肱，运用心力。肆朕小子，蒙受景灵。冀服于前，燕平于后。而抚驭失理，盘牙复生。求思弭宁，中夜有得。国有元老，夫何患焉！用是急宣，恳恻之诚，就加招抚之命。于戏！顷者，师道、元济乘累代袭授之资，籍山东结连之势。以丞相布划于千里之外，使诸将持重于四封之中，而犹刘悟裂蛇豕之躯，李祐溃鲸鲵之腹，盖顺逆之情异，而忠孝之道明也。况彼幽镇无名暴征，以丞相进观其宜，以诸将齐奋其力。斧锧之刑坐迫，椒兰之气外薰。谁不自爱，其生焉能！与乱同死，度宜关怀，缓带以待其归。可依前守司空、兼门下侍郎、同中书门下平章事、河东节度使、充幽镇两道招抚使。余如故。

朝廷以裴度为幽镇两道招抚使，前去招抚乱军。

十二日，泾原节度使田布被任命为魏博节度使，且令他仅带随从乘驿车去镇所上任。这简直就是羊入狼群。田布坚决推辞，甚至哭泣着乞求，却一直未得到朝命批准。他只好与妻子、宾客们诀别说："我此去恐怕是有去无回了！"他完全撤去旌旗符节、仪仗、向导和随从，仅带了几个人，便出发了。走到离魏州三十里的地方，他披头散发，赤着两脚，号哭着进了魏州。可见他下定了与魏州共存亡的决心。从此，他住在用白土涂刷的房子里，每月的俸禄一千缗钱，他一文不取，并卖掉所有的家产，换成十多万缗钱，全部分发给士卒，待年老将士们如同生父亲兄一样。

朝廷又令名将乌重胤率全军去救深州。乌将军见敌众我寡，一时难以解围，便坚壁固守，准备长期对峙。穆宗心急想吃热豆腐，致使其犯了兵家大忌，临阵易帅，又突然以宦官举荐的杜叔良取代了乌将军，为深州各道行营节度使。官军失去这一名将，连战连败，两天就死伤了七千余人。

十九日，朱克融抢掠焚烧易州、涞水、遂城、满城。消息传来，朝野震动。

河北三镇复叛，形势越来越糟。由裴度舍生忘死开辟的中兴局面，至昏庸的穆宗临朝，仅短短两年，又几乎丧失殆尽。宦官王守澄在临阵换将中起了关键作用。其中包藏着多少政治黑幕、阴谋诡计，若一旦外泄，岂止是丑闻，恐怕会掀起轩然大波，令局面更糟。

诗人王建与王守澄同宗，一次喝酒半醉，忽然谈起东汉任用宦官而招致天下大乱的事，竟然影射奸宦乱政。王守澄警告王建，说："老弟，你在宫词中涉及了不少宫廷秘事，这可是犯忌招祸的事呀！"王建怕他猜忌陷害自己，就回赠了一首诗《赠王枢密》：

> 三朝行坐镇相随，今上春宫见小时。脱下御衣先赐著，近来龙马每教骑。长承密旨归家少，独奏边机出殿迟。不是当家频向说，九重争得外人知。

他话中有话，是说，这些宫廷内幕都是你泄露与我的，若说我外泄，咱们岂不成了同案犯。治我的罪，岂不牵连到王枢密你。王守澄听出话音，只好不了了之。

面对河北乱局，朝廷束手无策，只好急来抱佛脚。长庆元年冬十月初三日丙寅，朝廷任命裴度为镇州四面行营都招讨使，授以兵权，去讨伐王承宗。元稹拟写的《加裴度镇州四面招讨使制》曰：

> 门下：《传》云："死者不可复生，刑者不可复续。"是以先王斩一支指，杀一犬彘，莫不伏念隐悼，至于旬时决而行者，盖不得已也。予于镇人亦然，伏念俟其悛革，讵止旬时？前命相臣招怀抚谕，矜其诖误，示以生门，期于尽脱网罗，岂欲驱之陷阱。而豺狼当道，荆棘牵衣，虽欲归之于仁，厥路无由而至，况王师压境，义勇争先。朕每抑其锋芒，未忍覆其巢穴，是犹爱稂莠而伤稼穑，养痈疽以溃肌肤。独怀儿女之仁，虑失祖宗之典。今上台居镇，算划无遗，操晋阳之利兵，驱屈产之良马。举河东义成之众，合沧景泽潞之师，当元翼授命之初，乘田布雪冤之顷。举毛拾芥，其易可知。兼用恩威，尚存招致。宜令河东节度使裴度充镇州四面招讨使。于戏！以一城之卒，敌天下之师，徇猖獗之徒，抗君父之命。吾哀尔辈，死实无名。苟能自新，亦冀容汝。主者施行。

与前诏相比，改"招抚"为"招讨"，就授予裴度以统军征讨之权。后来，因南线战事紧急，为避免双线作战，皇上不得已，才赦免了镇州，以救援南线。杨巨源以《圣恩洗雪镇州寄献裴相公》颂其事；

> 天借春光洗绿林，战尘收尽见花荫。好生本是君王德，忍死何妨壮士心。曾贺截云翻栅远，仍闻斸冻下营深。井陉昨日双旗入，萧相无言泪湿襟。

在穆宗刚即位的时候，两河地区大略平定了，萧俛、段文昌认为"天下已经太平，应该逐渐削减军队，就请皇上下了道密诏，让天下各地军镇有兵的地方，每一百兵卒中允许每年有八个逃走或死亡，除去其军籍，以解决军需不足的问题。"穆宗正沉迷于宴乐，不把国事放在心上，就批准了这道奏表。

从此，军士除去军籍的很多，无以为业，大都聚集山林，变为强盗。等到朱克融、王庭凑出兵作乱时，一声招呼，那些逃散的士卒就集拢了起来。穆宗下令征调各道的军队去讨伐。但各道军兵数量既少，又都是临时招募的乌合之众。各节度已有监军，那些率领偏军的，也由中使监督，主将不能独立自主，打个小胜仗，中使就派人飞马报捷，当作是自己的功劳；如若不胜，就威逼主将顶罪。中使往往以勇士精兵来自保，而派瘦弱的去打仗，所以每仗皆败。凡是用兵打仗的一举一动，都听命于宫中命令；战况万变，千里传旨，岂能有效；而且朝令夕改，让人无所适从；中使又不管能否施行，只是一味督促速战。虽元老重臣裴度素有名望，乌重胤、李光颜都是当代名将，用兵十几万，讨伐幽镇几万叛军，时过一年，却仍未成功，还弄得财竭力尽。

史宪诚逼死了田布之后，朝廷无力讨伐，反而于二月甲子日，赦免了王庭凑，给史宪诚、朱克融和王庭凑授了旌节斧钺。崔植、杜元颖、王播等宰相都是庸才，没有深谋远略，致使穆宗讨伐王庭凑，动用十几万人，时逾半年，而无尺寸之功，还虚费了军资。仅供魏博一军，每月耗费就计钱多达二十八万缗。

王播其人，字明敭，太原人。早年随父宦游客居扬州。贞元十年（794）中进士，从政后，政绩曾居"畿邑之最"。他从宪宗元和六年（811）兼诸道盐铁转运使，九年推荐精通"泉货盈虚"的程异督办江淮财赋，使淮西用兵三四年间"军用无乏"。十三年，他又任剑南西川节度使，军政人财大权在手，他便"广求珍异"，"大修贡奉，且以结赂宦官，谋求为相"，行贿竟年达百万余缗。穆宗继位，他进奉"玉带十有三""银盘三千四百枚，绫绢十二万匹"。由于其以"奸邪进取"，故"其士行不存"，为人所不齿。

中书舍人白居易指出，朝廷之所以师老无功，主要是由于各路节将心思不齐，赏罚不明。建议派裴度将河东全军从西面压境，李光颜率诸道精锐三四万人从东线速进，形成东西夹击之势，其余诸军悉遣归本镇，两道共留军六万，所费无多，度支供给也容易丰足。万众齐心，必可成功。皇上如能采纳，平定河北或许指日可待。可是，白居易的上书，如石沉大海，始终没有回音。朝廷反而决定罢兵，与河北藩镇达成妥协。

不久，朝廷只好下了一道《赦镇州德音》：

> 门下：仲尼有言：《诗》云"执辔如组"，审此言可以为天下也。盖为圣人组修其身，而成文于彼。故伯益赞禹则曰："满招损，谦受益。"所以服有苗。夏后启亦云："吾德未至，教未善"，故能克有扈。苟齐俗有礼，化人以躬，尚可感于神明，柔于蛮貊，况累圣遗教，升平旧风。坚金在熔，唯人之所铸；猛兽在柙，由人之所驯。因而抚之，敢忘前训。
>
> 朕以菲德，纂承鸿绪，属先皇扫刷中宇，康济兆人，八表晏然，五兵咸息。常兢怀于继述，思致理于和平，岂以乐战为心，佳兵在念。而镇州以承宗云亡，自归诚款；幽州以刘总恩志，愿释兵符。相继来同，无思不服。非朕勤于远略，力以致之，亦既绥柔，咸加霈泽。不爱金帛，以惠我戎士；不吝爵赏，以宠其偏裨。复以一二台臣，常推谨愿，庶将朕志，以靖方隅。而佚于既安，莫能思患，曾未累月，旋闻叛离。朕亦欲因其人心，命将择帅，顾念宏正尽忠先朝，身缨陷害，家受屠戮，为之元首，能不痛心？是用下制，先申告谕，求其凶恶，冀释幽冤，仍令四面节制，各守封境，不欲遽加诛讨，所望自效忠诚。而将士等惧罪以

相保，王庭凑为众之所逼，固其封壤，捍以兵锋。每闻战争，永念黎庶，为之君父，又何忍乎？是用辍食忘寝，昼夜万虑。恭维烈祖之训，必用兼爱之心，务以安人为国本，不以穷武为威力。顾予寡昧，敢忘遵承。为追念而兴师，已极君臣之分；为轸忧而舍罪，岂非常王之道。况王庭凑仓促之际，固非始谋。接之以恩荣，自当展其志义；委之以戎镇，必冀效于勋庸。祸福无门，行之则是，弛张在我，用亦何常。苟推信诚，便保忠顺；苟得其众，孰非吾人。擢而任之，式示光宠，宜特舍雪。仍授检校右散骑常侍、兼镇州大都督府长史、御史大夫、充成德军节度、镇冀深赵等州观察、处置等使，应成德军将士官吏，一切依旧，待之如初。仍令兵部侍郎韩愈充宣慰使。

于戏！朕于彼三军，惠非不至，于彼阖境，恩非不周。今宏宽大之典，以应阳和之令，使离散者见亲爱之乐，暴露者归室家之安，各宜感悦，以就宁泰。布告中外，体朕意焉。主者施行。

裴度进兵河北镇定一带，还未开战，就不得已转战南线。

迫不得已，十四日，朝廷才命裴度率魏博、横海、昭义、河东、义武诸军出兵十七万八千人，进逼成德。如果王庭凑顽抗，就立即进剿。在大兵压境之际，乱贼内部也发生了分裂。成德大将王俭等五人，密谋杀掉王庭凑，不幸事情泄露，连同部下三千人，都被杀死。这真是天不助唐。

# 第二十四章 征讨河朔

裴度征讨幽镇，回鹘也想借机捞一把，请求派援军随征，朝议以为不必，而回鹘所派渠帅大将李义节已带着三千人马，开到丰州以北，来助唐军平定河北。朝廷连忙派遣中使去劝阻，对方竟然不听。裴度初发太原，也担心发生回鹘沿途抢掠的事，反而添乱。裴度立即上书，请求厚赐银钱，以换取回鹘退兵。二月，赐绢帛五万石匹，三月又赐粮七万石。甲寅日，回鹘人兵不血刃，却收获颇丰，才率军退去。

穆宗想迅速取胜，又任命牛元翼为成德军节度使，以策应裴度大军。十四日丁丑，裴度统率西师，出娘子关，从承天军旧关（即娘子关故关）出征，去讨伐王庭凑。裴度的两个儿子均自请随军从征。裴度临于贼境，屠城斩将，屡以捷闻。中使频频慰问前线将士，每月都有好几次，极大地鼓舞了士气。

朱克融派兵侵犯蔚州。十五日，王庭凑派兵侵犯贝州。十六日，易州刺史柳公济在白石岭打败幽州军队，杀敌一千多。十七日，横海节度使乌重胤奏报在饶阳打败成德乱军。十八日，魏博节度使田布率领全军三万人讨伐王庭凑，屯兵在南宫以南，很快就攻占了乱军两个营栅。

翰林学士元稹与知枢密魏弘简关系很深，相互勾结，谋取宰相，因他们善于奉承献媚，故受到穆宗宠信，凡事都要征询他们的意见。元稹对裴度往日无怨，今日无仇，只因裴度早已显达，名望崇隆，怕他又立新功，更得重用，妨碍自己进取，就对裴度上奏的军事行动计划，从中多方阻挠破坏。奸臣们百般掣肘，或请期决战而不予答复，或催促粮草而难得及时供应，或报捷不予上达，或请求犒赏而不见下文。

李逢吉、元稹因与裴度政见不合，故衔恨吉甫与裴度，便援引牛僧孺入相，以为内援，排挤德裕出京外任。

牛李两党像斗鸡一样，不断争斗，搞得朝廷地动山摇。对朝中朋党互相攻讦，李德裕对皇上说："百官只有邪正两道，正必去邪，邪必害正，然而他们的话，听上去都有可取之处，希望陛下能审慎取舍。不然，两种意见一并采纳，虽有圣贤经办，也无法成功。"

裴度上表揭露奸臣朋比为奸、败坏国政的行径，其《论元稹魏宏简奸状疏》第一疏曰：

> 臣闻主圣臣直。今既遇圣主，辄为直臣，上答殊私，下塞群谤，誓除国蠹，无以家为。苟献替之可行，何性命之足惜！
> 伏惟文武孝德皇帝陛下恭承丕业，光启雄图，方殄顽人之风，以立太平之事。而逆竖构乱，震惊山东；奸臣作朋，扰乱国政。陛下欲扫荡幽镇，先宜肃清朝廷。何者？为患有大小，议事有先后。河朔逆贼，祗乱山东；禁闱奸臣，必乱天下：是则河朔患小，禁闱患大。小者臣等与诸道戎臣，必能翦灭；大者非陛下制断，非陛下觉悟，无计驱除。今文武百僚，中外万品，有心者

无不愤怨，有口者无不咨嗟。直以威权方重，奖用方深，有所畏避，不敢抵㺮，恐事未行，而祸已及，不为国计，且为身计耳。

臣比者犹思隐忍，不愿发明。一则以罪恶如山，怨谤如雷，伏料圣明，自必诛殛。一则以四方无事，万枢且过，虽纪纲潜坏，贿赂公行，待其贯盈，必自颠覆。今属凶徒扰攘，宸衷忧轸，凡有制命，系于安危。痛此奸邪，恣其欺罔，干乱圣略，非止一途。又与翰苑近臣，结为朋党。陛下听其所说，则必访於近臣，不知近臣已先私相计会，更唱迭和，蔽惑聪明。所以臣自兵兴以来，所陈章疏，事皆切要，所奉书诏，多有参差。蒙陛下委寄之意不轻，被奸臣抑损之事不少。

臣素与佞幸，亦无仇嫌，只是昨者臣请乘传诣阙，面陈戎事，奸臣之党，最所畏惧。知臣若到御座之前，必能悉数其罪，以此百计，止臣此行。臣又请领兵齐进，逐便讨贼，奸臣之党，曲加阻碍。恐臣统率诸道，或有成功，进退皆受羁牵，意见悉遭蔽塞。复与一二险狡，同辞合力。或令两道招抚，逗留旬时；或遣他州行营，拖曳日月。但欲令臣失所，使臣无成，则天下理乱，山东胜负，悉不顾矣。为臣事君，一至于此。且陛下前后左右，忠良至多，亦有熟会典章，亦有饱谙师旅，足以任使，何独斯人？以臣愚见，若朝中奸臣尽去，则河朔逆贼，不讨而自平；若朝中奸臣尚在，则河朔逆贼，虽平无益。

臣伏读国史，知代宗之朝，蕃戎侵轶，直犯都城。代宗不知，盖被程元振壅蔽，几危社稷。当时柳伉，乃太常一博士耳，犹能抗表归罪，为国除害。今臣所任，兼总将相，岂可坐观凶邪，有瞠日月！臣不胜感愤嫉恶之至。谨附中使赵奉国奉表以闻。倘陛下未甚信臣，犹惑奸党，伏乞出臣此表，令三事大夫与百僚集议。彼不受责，臣合伏辜，天鉴孔明，照臣肝血。但得天下之人，知臣不负陛下，则臣虽死之日，犹生之年。

裴度上表后，久久不见回音，他又上了一道。其第二疏曰：

臣某言：臣闻木有蠹虫，其木必坏；国有奸臣，其国必乱。伏以前件人为蠹为奸，欺下罔上，百辟卿士，莫敢指名，若不窜逐，必为患难。陛下他时追悔，亦恐无及。臣所以奋不顾身，举明罪恶。其第一表第二状，伏恐圣意含宏，留中不行，臣谨再写重进。伏乞圣恩宣出，令文武百官于朝堂集议。必以臣表状虚谬，抵牾权幸，伏望更加谴责，以谢宏简、元稹。如宏简元稹等实为朋党，实蔽圣聪，实是奸邪，实作威福，伏望议事定刑，以谢天下。臣今将赴行营，誓除凶寇，而忧在心腹，不在四支；忧在朝堂，不在河朔。伏感诸葛亮出师之时，上表言事，犹以宫中府中，不宜异同科犯，为善为恶，请申刑赏。臣才虽不逮诸葛亮，心有慕于古人。昧死闻天，伏纸流汗。

裴度义正词严，指斥奸臣。他认为，逆贼制造祸乱，只乱山东（太行山以东）；而"奸臣作朋，挠败国政"，"欲扫荡幽镇，先宜肃清朝廷"。陛下想要扫荡幽州、镇州的逆贼，就应该先肃清朝廷的奸臣。为什么呢？因为祸患有大小，事情有先后。河朔叛贼只能作乱山东，奸臣却能祸乱天下。可见河朔祸患属小，朝中祸患实大。小的祸患，臣和众将就能蓣除；大的祸患，非陛下觉悟明断，无法驱除。现在文武百官，中外万民，有心的无不愤怒，有口的无不叹息。只因奸臣受宠，无人敢犯，担心事未行而祸已至，只好不为国谋，且为身家打算。从战争开始以来，臣所上的奏疏，事关重大，刻不容缓。而所接诏书，却多有参差抵牾，令人无所适从。臣蒙陛下信任，委托的国事不轻，却遭奸臣抑损不少。臣与巧言令色的奸人也没有什么私仇，只因为臣请求回京奉君，当面陈述军务，奸臣害怕揭发他们的罪行，千方百计地阻挠。臣又请求与各道军队一齐进兵，随机应变，攻城讨贼，奸臣恐怕臣或许成功，暗中想尽办法加以掣肘，拖延时间，贻误战机。臣的进退，处处都受到牵制，难以自如，意见均遭到阻塞，不能上达。他们完全是为了使臣无功，让臣去位。至于天下的治乱、山东的胜负，就全然不顾了。作臣子的，侍奉君主，竟然落到了这种地步！如果朝中的奸臣全都除去，那么河朔的逆贼就不讨自平了；如果奸臣还在，逆贼纵然平定，也没多大益处。奸臣作朋，挠败国政，欲扫荡幽镇，宜先肃清朝廷。陛下若不信臣言，请拿出臣的奏章，让百官当庭讨论，如果奸臣不受谴责，臣甘愿服罪。

裴度连续上了三道表，穆宗虽然不高兴，但因裴度是大臣，不得已，二十日，才罢魏弘简为弓箭库使，罢元稹为工部侍郎，并解除了其翰林学士。但穆宗对元稹等人的恩遇还像过去一样。不久，穆宗为了支持征讨，又罢免了李宗闵，由李德裕代为中书侍郎，集贤殿大学士。翦除了朝中奸臣，总算可以全力对付战场上的强敌了。

十月丙寅日，以王播为宰相。李宗闵为中书舍人，典掌贡举。他尚能为国选取才学贤士，世称那几届科举"玉笋"层出。

十一月初一日甲午，裴度与王庭凑于会星大战，彻底打败了他。十二月，裴度率军乘胜追击，推进到贵泉。然而，十二月庚午，官军杜叔良在博野大败，损伤七千人。杜叔良只身逃回，连朝廷所赐的旌节也丢失了。

长庆二年（822）岁次壬寅春正月初五日，幽州乱军突然攻陷了弓高。原来，弓高的防守戒备很严实。有个中使夜里来到城下，守将不放他进去，直到天亮才得以进城。中使冻得半死，气得大骂，搞得守城将士很不堪。间谍侦知此事，便想就此做点文章。一天，乱军派人假装成中使，乘夜来到城下，守将匆忙开城放进，众贼兵随后一拥而入，官军猝不及防，顿时大乱，弓高就这样陷落了，叛军进一步又围困了下博。

白居易上奏说:"兵多则难用,将众则不一。宜诏魏博、泽潞、镇定、沧海四节度,令各守其境,以省度支赀饷。每道各出锐兵三千,使李光颜为将。光颜故有凤翔、徐、滑、河阳、陈许军,无虑四方,可径薄(同迫近)贼,打开弓高粮道,会合下博军,以解深州之围,与牛元翼会合。令裴度乘隙夹攻之。且光颜名将,有威名;裴度为人忠勇,可当一面。无若二人者。各路兵马如齐心协力消灭贼兵。各军夹攻,去分散逆贼兵力,招抚晓谕,以动摇敌人军心,估计没等官军去消灭,敌人内部就可能发生变故。贼人一旦穷途末路,再迫使他们投降。"疏文呈上,穆宗未置可否。

白居易还上言:"应以李光颜为将。"裴度也持此主张,可谓英雄所见略同。皇上马上就采纳了他们的建议。

十二月戊寅,朝廷任命李光颜取代杜叔良为将。裴度率太原全军从西面迫近镇州敌境,先按兵不发,以相机而动。

不久,李光颜果然不负众望,率三四万人打通弓高粮道,又会合下博牛元翼各军,解除了邢州的重重围困。

正月己亥,度支使送往沧州的六百车军粮,刚到下博,就被成德军劫走。前线士兵难免冻馁。

田布率领魏州兵马讨伐镇州,驻扎在南宫,却迟迟未敢轻易推进。穆宗屡次派遣中使去督战,而将士们士气不振,骄横怠惰;天又连降大雪,粮草供应不及时。田布只好拿出六州的租税来充供军需,士兵们每天仅能吃个半饱,饥寒交迫。军中不久便传出怨言:"以前用兵均是朝廷供应。现在虽说田尚书甘心瘦己肥国,哪能供得起三军。我等有什么罪!却如此挨饿受冻。"史宪诚乘机煽动对田布的不满。恰逢朝命督促他与李光颜去解深州之围,田布只好出兵。初八日庚子,刚一交战,田布的军队就溃散了,大多归附了史宪诚,田布和中军八千人且战且退。初十日,田布狼狈地逃回魏州。

十一日癸卯,田布召集众将商议重整兵马的事,众将更加桀骜不驯,吵嚷着说:"尚书如能按照河朔历年规矩行事的话,我们就是死,也要为你尽力。如像现在这样,还让我们去打仗,那不行。"田布没法,叹息道:"成功无望,大事去矣!"当天,他就给朝廷写了一道遗表,陈明情况,大致说:"臣观众将的心思,最终将辜负国恩。臣既然不能有功于国,怎敢忘了以死殉职。希望陛下赶快援救李光颜和牛元翼,不然的话,这些忠臣义士都要被河朔贼人杀光了!"写完,绝望得泪流满面。他不愿活着看到部队背叛朝廷,悲愤地捧着遗表大声痛哭,跪拜着交给幕僚李石,让他务必尽快送达朝廷。于是,他进入内院,打开父亲的灵堂,抽出刀来说:"我用死来向君父谢罪,对下向三军表明心迹。"说着,一刀刺入心窝而死。

忠臣良将竟落得如此结局。他不是死在战场上,而是被逼无奈自杀。

史宪诚听说田布已死,就宣告军众,照河北旧规矩行事。众人很高兴,簇拥着史宪诚返回魏州,尊奉他为留后。十六日,魏州向朝廷奏报田布已自杀身亡。十七日,朝廷无奈,只好任命史宪诚为魏博节度使。史宪诚阴谋得逞,很是高兴,却阳奉阴违,表面上尊奉朝廷,内心却与幽州、镇州乱党沆瀣一气。这正是:风气既败,人遂为恶;流风所及,败俗毁人。

王庭凑把牛元翼困在深州,官军从三面去救援,都因为缺粮,难能前进。即使是名将李光颜,也只能闭营自守。军士们只好自己砍柴割草,每天的供给不过陈米一勺。深州被围困的情况更加紧急,朝廷却无计可施。

由于众人尚未认清元稹的本性,而欣赏他的诗才,遂有人称李德裕、李绅和元稹为"三俊"。二月辛巳,崔植罢为刑部尚书,元颖为中书侍郎,工部侍郎元稹拜为同中书门下平章事。

奸臣元稹怨恨裴度,想解除他的兵权,所以劝穆宗洗雪王庭凑的罪名,并停止用兵。二十五日,任命裴度为司空、东都留守,判东都尚书省事,都畿汝防御使,太微宫使。原任的平章事照旧不变。穆宗想让裴度坐镇东都,以牵制河北藩镇。他料定此诏必然引起轩然大波,故意一连几天不上朝。果然，朝臣们都联名上书，谏官们争相上奏："现在战争还没有停止，裴度有出将入相的全才，为了震慑河北藩镇，不应该罢免裴度兵权，并把他安置到闲散的位置上。"白居易上奏《论请不用奸臣表》其文曰："裴度功业，今代一人。卿侯士庶，无不同惜。今天下钦佩裴度者多，尊奉元稹者少。陛下不念其功，岂能轻信奸臣之言！况裴度有平蔡之功，元稹有祸国之过。裴度功劳盖世，不合出任东都留守，居于散化。伏望陛下圣恩照明，并无矫言，伏乞裴度别议宠任。臣与元稹是至交，不忍揭发他。伏以大臣蒙屈，不敢不奏。"从此，为支持公道，白居易与元稹绝了交。

白居易站在勤政楼前，面对那株老柳树，觉得它阅尽了六十年的历史变迁。面对国事日非，难免黯然神伤，于是便吟出了《勤政楼西老柳》一诗：

半朽临风树，多情立马人。开元一株柳，长庆二年春。

其《至日登乐游园》则曰：

阴律随寒改，阳和应节生。祥云观魏阙，瑞气映秦城。验炭论时政，书云受岁盈。晷移长日至，雾敛远霄清。景暖仙梅动，风柔御柳倾。那堪封得意，空对物华情。

穆宗见文武众人心向裴度，只好命令裴度从太原绕道入京朝见，然后再前往东都洛阳赴任。

于是，裴度便上表请以卢弘简为判官并随往。后来，弘简累迁给事中。

裴度去职，围剿藩镇的战线随之全线崩溃。至此，河北平叛以朝廷的彻底失败而告终。中央颜面尽失，藩镇更加跋扈。朱克融得到旌节之后，才放出张弘靖和卢士玫,朝廷从此再次失去了河朔地区。执政认为,王庭凑杀了田弘正,而朱克融却总算留了张弘靖一条活命,罪有轻重,不如赦免了朱,而全力讨伐王。皇上依从了此议。于是,以朱克融为平卢、卢龙节度使。直到唐朝灭亡,河北也没能收复。朝廷错误决策,足以败政乱国。这正是:按下葫芦浮上瓢,此起彼伏不相饶。

在河南,逆贼李㝏作乱,侵扰汴州开封、宋州商丘一带,致使山东震动,朝野心惊。裴度提议以李光颜为帅,率诸道兵马围剿。因河北暂时相安无事,河南逆贼势力比较孤立,不像河北地域太广,局面复杂,故很快朝廷就取得了全胜。

为此,皇帝特下《平汴宋德音》:

> 理天下者,务于安遐迩;致康济者,资于怀兆人。朕统驭万邦,式敷王度,任藩方以俾乂,冀干戈之戢戢,虔恭惕厉,未始暂忘,推予是心,布及中外。
>
> 昨乃夷门逐帅,逆将兴师,苍黄变生,士庶无告。逆贼李㝏,驱掠忍害,流离毒痛,在浚之郊,若鼎将爨。逼胁我军士,盗窃我戈铤,驱驰外埛,敢肆蜂虿。朕所以不降明命,未行天诛,容其革心,以示迷复。盖以一方轸念,三面开罗,将宏爱物之私,用表好生之德。而枭音恣丑,狼顾凭凶,危巢已焚,禽息犹若。光颜、韩充、曹华、智兴等,感激忠勇,挥戈誓师,雷奋鼓旗,所向风靡。逆党歼殄,郊原雾清,熊罴之师,渐及摩垒。夫疾风斯来,而劲草方辨;炽火将燎,而良金益明。果闻义烈之臣,奋起辕门之内,一挥斩首,三令无喧。严城洞开,以候来帅,永言忠效,是锡宠章。其枭斩逆贼李㝏。宣武军都知兵马使李质,已从别敕处分。忠武、兖海、武宁、郑滑等军将士等,感主帅之忠诚,忘身赴敌;视寇仇而忿嫉,决命争登。高承简以睢

阳一郡之师，当蛇豕奔冲之势，咸能剿其丑类，如刈草菅，各振军声，用宣威略。其忠武、兖海、武宁、郑滑应赴行营及宋州将士等，并节级各有赏物，已别处分支给，委本军据功劳额例给散，归还之时，仍加宴劳。朕念彼无辜，坠此涂炭，横为凶狡，驱胁伤痍。其汴州管内州县官吏军镇将健及诸色职掌人等，顷罹胁污，自拔无由，抚事量情，亦可矜恕。除同恶巨蠹者，其余一切不问，仍加榜示。如或妄有恐吓言告者，科其反告之罪。干戈暂兴，里间必害，眷言农亩，是废耕桑。其汴、宋郑三州，罹此凶逆，士马屯集，伐亿并繁，虽事乃徇时，而人亦劳止，予怀轸念，岂忘优矜，其三州管内，有兵马所到州县，百姓或被惊扰处，且今年秋税三分内量放免一分，仍委州县长吏切加绥抚。其贼中杂差点子弟夫役，放还乡里，俾安生业。其中有不能自存者，量事优恤。应百姓中有被分外无名赋敛者，并当时勒停。义士忠臣，见危死节，赏功褒美，冀及殇魂，惠恤其孤，庶明报效。军有阵亡将士等，并李栟为乱以来，有潜谋效顺，诚节可嘉，并因此遇害者，并委本军审勘，具名衔事迹申奏，当与甄奖，及加褒赠。仍令本军优给其家，三年不停衣粮，并委所在州县速为收葬，量事致祭。其将士有因战阵伤损尤甚，以致残废者，各委本军厚加优恤，仍勿停解。掩骼埋胔，国之令典，迫于凶丑，深可伤嗟。念其本亦吾人，盖由事非获已，其经战阵处，所有贼中遗骸，宜令所在州县随事收瘗，勿令暴露。

  呜呼！吊伐之道，予遵格言，靖寇安人，岂忘终日。朕载櫜弓矢，思保黎首，而雨露所均，动植所系。一夫窃叹，朕每兴怀，况兹浚郊，都邑之会，所以慎择将帅，期于乂安。

  今寇孽已清，封壤宁息，师之所处，用轸于中，将申宥恤之恩，庶息疮痍之后。布告中外，咸使闻知。

## 第二十五章 以文制武

裴度赴京面君后，正准备赶赴东京时，突然发生了刘悟扣留中使刘承偕的事。

二月戊子日，昭义监军刘承偕仗着穆宗的恩宠，屡次当众凌辱节度使刘悟，甚至暗中与磁州刺史张汶谋划，想把不肯听命的刘悟抓起来押送京城，而以张汶代之。刘悟得知此情，便鼓动部下作乱，杀了张汶，并抓住刘承偕，把他囚禁在军府，还想杀掉他。

穆宗令刘悟将刘承偕放回京城，刘悟却以军士们难制为借口，拒不奉诏。刚刚由狱中放出的贾直言责备刘悟说："李司空（师道）冥灵如若地下有知，会让你这样做吗？你这样干，我担心部下也会出几个像你这样的人。"刘悟道歉说："我不想听到'司空'这两个字。如若严惩了奸宦，闹事的就会马上平息。"对此，穆宗奈何不了刘悟，又不想严惩刘承偕，实在无计可施。恰逢裴度上朝，穆宗忙说："三日不见爱卿，真是如隔三秋啊。朕正有件棘手难事，看爱卿有何良策，使问题迎刃而解。"穆宗如实相告，并问裴度："该怎样处置？"裴度回答说："刘承偕在昭义，骄横放纵，不守法纪，臣全知道。刘悟在给臣的信中多次提到。当时，中使赵弘亮在臣军中，拿着刘悟的书信，要亲自上奏，不知他曾经上奏过没有？"穆宗说："朕根本不知道。况且刘悟身为大臣，为何不亲自上奏？"裴度回答说："刘悟是武臣，不懂得政事的规矩。而现在议论政事，臣等当面论说，陛下还不能决断，何况刘悟的一面之辞，岂能打动圣听？"穆宗说："以前的事情，就不要说了，你只说现在该如何处置吧。"裴度说："陛下若要广收天下人心的话，只需下半纸诏书，历述刘承偕骄横放纵的罪状，命令刘悟当众斩了他。那么，藩镇大臣，谁不想为陛下拼死效力。恐怕不止一两个刘悟吧。"穆宗低头沉思了很久，说："我并不痛惜刘承偕，然而太后认他做养子。太后尚不知他被囚禁的事，何况还要杀他呢？爱卿再另想办法吧。"于是，裴度与王播等人商议后奏请：将刘承偕流放到偏远州郡去，以便让刘悟好借坡下驴，将他放出。穆宗如计而行。一个多月后，刘悟果然释放了刘承偕。于是，朝廷加封刘悟为检校司空，其余官爵不变。从此，刘悟渐渐骄横起来，想效仿河北三镇。他招纳不法之徒，上奏的表章语气大多极不恭谨温顺。虽说卧榻近旁岂容他人酣睡，但朝廷对平灭河北三镇却力不从心，只好暂时容隐，以待情况有所好转。

　　成德兵马使王庭凑兵逼棣州（山东惠民），棣州兵马因粮道被截断，军中无粮而溃散，形成兵乱。薛平奉朝命派部将李叔佐率兵两千，前去救援。薛平当时坐镇青州（山东益都），剿抚并用，很快就平息了兵乱。因功，朝廷晋升他为右仆射，并封魏国公。薛平在平卢军六年，深得民心，以至奉召入朝离任时，百姓拦道挽留几天，无法离去。他回朝加封左仆射，兼户部尚书。不久，又封司空、司徒等。他八十岁去世，追赠太尉。薛平是唐初大将薛仁贵之后，可说是将门出将了。

　　王庭凑围困牛元翼时，于方想借献计解除深州之围，来谋取官位。他向元稹进言，请求派遣曾游居于燕赵之间、熟悉贼中情况的宾客王昭和于友明，去用反间计游说逆贼部下，让他们放出牛元翼；再贿赂兵部和吏部的令史，伪造文武官员委任状二十份，由他们赐给贼将中有反正心思者，以策动其内乱。元稹认可了这些建议，但未等他们实施，而裴度轻易就解决了此事，使元稹的如意算盘化为泡影。他不仅不觉得自己大不如人，反而嫉妒仇视，深以为恨。这正是君子与小人的本质区别。二月戊午，裴度进位检校司空、兼充押北山诸蕃使（《旧唐书》为门下侍郎、同平章事）。

穆宗因牛元翼名声远在朱克融之上，又身在成德军，就任命元翼镇守深、冀两州，为成德军节度使。王庭凑因志在必得的职位被牛元翼占去，心生怨恨，便遣部将王位攻打牛元翼。初战不利，他又纠合朱克融的兵马，一同围困了深州。朝廷敦促牛元翼南撤。王庭凑虽然见到了朝廷诏书，但仍不肯撤围。朝廷召集各道兵马征讨，想解救元翼，但迁延岁月，耗费钱粮，却劳而无功。辞臣上疏称，河北诸镇对裴度"忠者怀敬，强者畏惧"，可请裴度设法解决。穆宗便命裴度下书责问王庭凑，庭凑才退了兵，为牛元翼留下了突围而出的空隙。叛贼却夺取了附近的弓高，切断了官军粮道，深州困局更加危急。

三月，皇上听说王庭凑解除深州包围，为了褒奖他，便以韩愈为成德宣慰使。裴度写信致朱克融、王庭凑，顺便让韩愈带信前往。韩愈奉命前往河北宣慰朝廷诏命，无异于身入虎穴，众人都为他的安危担心。元稹则挑拨说："韩愈这位文坛宗师，一贯奖掖后进。天下士子李湘等，均自称'韩门弟子'。而今，可惜这位大才子啦！"皇上也后悔了。穆宗提醒韩愈，到了镇州边境，再观察一下形势，若事有不宜，就不可匆忙入境。韩愈说："阻止我匆忙入境，是君主的仁爱之心；为国入境而死，是臣子应尽的大义。"决心毅然前往。韩愈与裴度商量，裴度指示他要恩威并用，并设法告知围城中的牛元翼乘机突围而出。

韩愈写的《奉使镇州行次承天行营奉酬裴司空》曰：

窜逐三年海上归，逢公复此著征衣。旋吟佳句还鞭马，恨不身去先鸟飞。

他的《镇州路上谨酬裴司空相公重见寄》则生动地描述了当时的情形：

衔命山东抚乱师，日驰三百自嫌迟。风霜满面无人识，何处如今更有诗。

难怪，宋代苏东坡为韩文公撰的《潮州庙碑》会有称赞他"勇夺三军之帅"之评，完全可以说是实至名归。

韩愈到了镇州，王庭凑刀出鞘、箭上弦，以其汹汹军威迎接韩愈。庭中馆舍，布列全身铠甲的兵士。王庭凑说："镇州之所以纷乱，就是这些骄兵悍卒所为，并非我的本心。"韩愈厉声说："天子认为尚书有将帅的才能，所以赐给你旌节斧钺，哪知尚书竟不能号令士兵！"甲士们围上来说："先太师（王武俊）为国家赶跑了反贼朱滔，为此牺牲了多少人，血衣至今还在。本军哪里对不起朝廷？为何竟然把我们当贼寇！"韩愈说："我以为你们不记得先太师了。亏你们现在还能记起先太师，很好。是叛逆，还是忠顺的祸福，史鉴难道还远吗？自从安禄山、史思明以来，直到吴元济、李师道，其子孙今天还有活着做官的吗？田令公以魏博归顺朝廷，子孙虽然还小，也都做了高官。王承元归顺朝廷，才二十岁，就做了节度使。刘悟、李祐现在都是高官厚禄。你们也都听说过吧？"众将说："田弘正太苛刻，因此军人怨愤。"韩愈答道："可是你们却害了田公，又杀了他全家，这又怎么说？"王庭凑担心兵众听了韩愈的话，发生动摇，就挥挥手，让他们退出去。他对韩愈说："韩侍郎前来，想让我怎么做？"韩愈拿出裴度之信，让他细看了，才说："神策六军的将领中，像牛元翼的并不少,只是朝廷顾念大体,不能抛弃他们罢了。尚书为什么围着他不放呢?"王庭凑说:"我立即就放。"随即为韩愈设宴,很礼貌地送他回去。韩愈让人用箭书通知城中的牛元翼,让他乘机冲出围城。不久,牛元翼率领十名骑兵突围逃出深州。四月壬戌,牛元翼终于逃回京城。他得以谒见皇上,哭拜于前,请治自己丢城失地之罪。穆宗安慰一番,又命中人杨再昌运回田弘正全家的尸骸,厚加赠赙,予以安葬。深州的大将臧平等人只好献城投降。王庭凑责怪他长期坚守,杀死了臧平等将领官吏一百八十余人。三月,韩愈回朝复命。皇帝十分高兴,就提升他为吏部侍郎。韩愈十分惋惜地说:"裴度致书二镇,一纸书信,责以君臣大义,解了深州之围。裴度却身居山东,人人失望。"皇帝这才决计召裴度回京。

朱克融虽解除了深州之围,王庭凑也后退了几十里,但仍不肯远离。

从此河北藩镇连成一片,南北两千里,东西千余里,已势盛难制。虽有李光颜、乌重胤等名将以十万军兵围剿贼兵,各道军兵却不敢轻易向前推进,未有尺寸之功。三镇盘根错节,朝中奸臣作梗,裴度纵然指挥有方,也显得力不从心,无以回天。

三月,裴度回军,在承天军城西石壁暂驻,命书记元舆记录将校有功者五十九人,其中有昭义节度巡官试左士曹裴庚,河南府法曹参军裴诩,京北府参军裴譔。这后两者均是裴度之子。二十年后,裴譔成了一代名将相臣。时人称颂裴氏将门出将,相门出相。

三月十五日,朝廷加朱克融、王庭凑为检校工部尚书,算是对他们撤了深州之围的褒奖。然而,王庭凑的军队实际上还在深州远郊。

三月十六日乙巳,裴度受命赴任之际,突然又传来了徐州军乱的消息。徐州是武陵节度使的治所所在。还在裴度征讨河北之时,武宁节度使副使王智兴曾率三百精兵前去助阵,立了战功。此事本属同僚应该弹冠相庆的喜事,不料却引起了节度使崔群的妒忌,不仅没为他报功,还参了他一本。二人由此便产生了矛盾。王庭凑归顺朝廷后,下诏让诸道罢兵,王智兴便撤回军兵,驱逐了崔群,自称留后。三月壬辰朔,十七日戊申,裴度拜见皇帝,先叙讨贼无功之责,次陈分司东都,许久才令入朝,时刻忧心朝廷之情。裴度涕泗呜咽,感动左右,皇帝也为之动容。

三月二十一日壬子,任命裴度为淮南节度使,其余的官爵不变。当时,河朔再失,中外企望裴度再度出相,然而,皇帝却一直未醒悟,才使裴度被排挤出朝堂。

淮南节度使的辖区为长江以北,淮河以南,西至湖北汉川(汉阳西北),东至东海。这一带,地域广阔,土肥水沃,物产丰富,号称天下粮仓。江淮地区历来就与号称"天府之国"的巴蜀是朝廷贡赋的主要供应地。其治所在东南重镇扬州,关乎国家经济命脉,意义重大。裴度在即将赴外任之际,又解决了令朝廷头疼的深州问题。

因此,论事者纷纷上奏,都说裴度不应该外放做地方官。千人成虎,搞得穆宗没了主意。迫于人心所向,皇上才决计恢复裴度的宰相之职,以威震内奸外贼。三月二十七日戊午,穆宗李恒下达制书《授裴度平章事制》:

涉大川者操巨舰,不畏于洪波;构广厦者揭宏材,乃安于栋宇。朕祗奉神器,尊临万邦。思弼谐辅相之臣,致易简雍熙之业。爰择旧德,委之枢衡。冀宏嘉猷,以阐元化。淮南节度副大使、知节度事、管内营田观察等使、光禄大夫、守司空、同中书门下平章事、兼扬州大都督府长史、上柱国、晋国公、食邑三千户裴度,气禀宏廓,材优康济。达识高议,坚明不渝。仪型可以光岩廊,度量可以方海岳。操握政柄,张弛化权。彝伦典谟,合若符契。昔我先圣,以武略深计,中枢密勿。委之庙堂,四海咸理。朕仄席虚己,劳怀宵旰。礼命元老,闻斯格言。衷怀洞然,云雾皆豁。是用辍抚淮南，举之台衮。换其戎律，列自黄扉。秩崇上公，望积师长。寄尔以周召，待尔以萧曹，任尔以埏埴，授尔以钧衡。于戏！衽席樽俎之内，堂室牖户之间，无俟规临，可以观察。违尔宴息，期尔折冲。庶乎阴阳协和，品物昭泰。唯言是纳，尔举必从。使益稷皋陶，尔无惭德。垂衣南面，我获任贤。无易斯言，式遵明命。可守司空、兼门下侍郎、同平章事，散官勋封如故。

裴度守司空、兼门下侍郎、同平章事，散官勋封如故，在朝辅佐政事。

但江淮作为朝廷经济命脉，又不能忽视，于是便罢免了王播的中书侍郎、同平章事，以之为检校尚书右仆射、平章事、淮南节度使，代替裴度去镇守淮南，仍兼任各道盐铁转运使。

裴度虽说恢复了相位，但消息一传出，立即引起了一帮奸臣的恐慌。李逢吉通过医人郑注与中尉王守澄勾结奸臣魏弘简，合谋诋毁裴度。由于奸臣魏弘简、刘承偕等在朝中仍有很大势力，裴度面临的形势依然十分严峻。

厌恶裴度的奸臣从襄阳招来善于害人的李逢吉，任为兵部尚书。李逢吉，字虚舟，为陇西名门李氏后裔。他中进士后，范希朝上表请求以之为振武军掌书记，不久，又将之推荐给德宗，拜为左拾遗。元和时，累迁给事中、皇太子李恒侍读。他借侍讲邀恩，暗中勾结皇上身边的亲幸。不久，便得以改任中书舍人，知礼部贡举。事还未了，就进拜门下侍郎、同中书门下平章事。这李逢吉阴险狡诈，诡计多端，妒忌前贤。他一旦得势，务尝好恶。裴度讨淮西，他担心其成功，暗中作梗，附会主和派，一再请求罢兵。宪宗得知，罢之为剑南东川节度使。由此，他对裴度恨之入骨。穆宗即位，又将之调往山南东道。长庆二年，他入为兵部侍郎。李逢吉为了排挤裴度，就想借机散布裴度与众臣不和的消息，制造宰相与重臣不和的空气，并把他的计划透露给李赏。当时，裴度与元稹政见不一，他以为有机可乘，便采用其族子李仲言之计，和王傅、于方暗中收买剑客，策划了一次为元稹刺杀裴度的假案，以制造政治丑闻，败坏裴度的声誉。

五月五日，元稹党徒于方屡次扬言要谋刺裴度。李赏马上将此事告诉了裴度，引诱裴度进行反制，好将事情闹大。裴度明白其险恶用心，为了稳定政局，便隐忍克制，没有声张。李赏没想到裴度肚里能撑船，额上可走马，泰然处之。他等了许久，不见动静，便到左神策军刘承偕那里告发此事。裴度虽救过刘承偕，但最初的主意却差点要了他姓刘的小命，能不怀恨在心？

丁巳日，皇上命尚书左仆射韩皋、御史大夫、给事中郑覃与逢吉，会同中书、门下三司讯问于方，但查无实据，李赏、于方坐诬告而遭诛杀。这一阴招，一来二去，将大臣不和的消息传了出去，成为轩然大波，引起了政局不稳。

京兆尹刘遵古痛恨李逢吉、元稹的阴险，就自作主张，派吏人监视元稹住宅。本想抓住他们勾结的证据，不料却被元稹发现，哭诉于皇帝。皇帝大怒，责令刘遵古撤除金吾尉，又派使者去抚慰元稹。

谋刺案虽查无实据，但此事却成了一大政治丑闻，致使裴度、元稹双方被罢免，去赴外任。长庆二年（822）六月初五甲子日，三次入相的裴度恢复相位仅两个月，就被李逢吉所排挤，和元稹一齐罢免了宰相，裴度为尚书右仆射，元稹为同州刺史。这正是：黑手阴招针相对，冤冤相报几时休。这是裴度第三次罢相。

唐穆宗李恒下达《裴度守尚书右仆射制》：

> 朕端己推诚，资于辅相；求人与众，谅在评谟。所以徇公卿之言，从庶士之望。辍任淮海，俾居台阶。举先朝勋旧之臣，当四海具瞻之位。推心委柄，期在贤能。诚效靡孚，余将安望。光

禄大夫、守司空、兼门下侍郎、同中书门下平章事、上柱国、晋国公、食邑三千户裴度，器本端诚，道唯謇谔。挺松筠之操，蕴珪玉之姿。望积岩廊，功书竹帛。策勋报爵，宠极人臣。朕恭守睿图，推心辅弼。聿求隽彦，思致雍熙。擢升论道之司，再授枢衡之任。虚心有日，停乃嘉猷。而鼎饪未调，弛张异制。诚宜有犯无隐，忠说必陈。使余诚怀不惑闻听，何苟容于造次。致有闲于笙簧，棘木既穷，匪辞焉验。昔汉以阴阳不和，册免丞相。今讦谟或爽，宜罢台司。酬勋绩以尚功，录忠劳而念旧。俾居右揆，非谓左迁。用崇师长之荣，勿以忧闲自薄。可守尚书右仆射，散官勋封如故。

李逢吉一箭双雕，得为门下侍郎、平章事。这正是鹬蚌相争，渔人得利。于是，他封官许愿，唆使奸人诋毁裴度。李绅、韦处厚等忠直大臣看不下去，便上奏揭发其阴谋，裴度才得以留在朝中。

多数谏官上奏："裴度没有罪，不应罢免宰相职位。元稹和于方搞阴谋，责罚太轻。"穆宗不得已，于十三日，才削去元稹长春宫使的官职。元稹以害人始，以害己终，却使奸臣李逢吉从中渔利。

韩愈写了《和裴仆射相公假山十一韵》：

公乎真爱山，看山旦连夕。犹嫌山在眼，不得着脚历。柱语山中人，勾我涧侧石。有来应公须，归必载金帛。当轩乍骈罗，随势忽开坼。有洞若神剜，有岩类天划。终朝岩洞间，歌鼓燕宾戚。孰谓衡霍期，近在王侯宅。傅氏筑已卑，磻溪钓何激。逍遥功德下，不与事相摘。乐我盛明朝，于焉傲今昔。

其意为裴度报国无门而宣泄心中的不平。

乘大唐朝政混乱之际，党项入侵灵州、渭北，掳掠了许多官马民财。

翰林学士韦处厚看在眼中，忧在心里，便郑重上疏《论摈弃裴度疏》，大意为：陛下不因臣不肖，使我待罪宫省为宰相，凡所奏请的，中书省就篡改了。如果出自皇上本心，就说明不相信臣；若是由于大臣的横议，那么臣还有何资格执政？况且裴度本是元勋旧德，历辅四朝，窦易直厚道忠诚信实，曾经奉事先帝，均是陛下应委重信任的。臣是陛下亲自拔擢的，如今说话不被采纳，应首先罢免。

他说罢就跪在殿阶下磕头，请求辞职。皇上吃惊地说："何至于此？爱卿忠诚尽力，朕心里知道，怎能马上辞职，以致加重了我的失德？"皇帝又问他所要说的，韦处厚答道："近君子，远小人，始可施政治国。裴度是忠臣，可长期任用。裴度勋高中土华夏，名声远播外夷。若把国家大事交给他决断，河北、山东必定归顺朝廷。管仲说过：'偏听就愚昧，兼听就圣明。'国家治乱的根本，没有别的办法，顺应人心，天下就太平；违背了人心，天下就乱。陛下常叹息没有萧何、曹参那样的人才。现在有一个裴度，却不能重用，这就是冯唐所说：汉文帝即使得到廉颇、李牧等名将，也不能重用呀！任用宰相，就应当把国事交给他，信任、亲近、礼遇他，假若他不能为国立功，就把他调作闲职，贬到边远州郡。如此用人，已在位的，就不敢不努力；谋取官位的，就不敢苟且妄求。臣与李逢吉并没有私仇，吾又曾无辜被裴度贬官。现在我陈述这些，只是为了报答圣上渴求贤相的心意，对下转达群臣的议论罢了。"

六月、七月，宣武军监军上奏军士作乱，李齐自任留后。七月底，李光颜在尉氏桥打败了乱军。遣散乱兵，又使军政初平。九月，穆宗又想在重阳节大宴群臣。

九月末，史宪诚代请授予李齐节旄，言辞礼敬，十分恭顺，说："史宪诚是胡人，秉性像狗，虽被捶击殴打，终究不会离开主子！"对这种违制之请，皇上置之不理。

# 第二十六章　请立太子

长庆二年（822）冬十一月二十四日，穆宗与宦官在宫中打马球，有一个宦官从马上跌下来，穆宗受了过度惊吓，中了风，不能走路。从此，朝臣听不到穆宗起居的消息。宰相屡次请求谒见，却不见回音。裴度三次上疏，请立景王李湛为太子，并且请求进宫拜见。

十二月初五日辛卯，穆宗在紫宸殿接见群臣，坐在大绳结成的床上，屏退了左右，只有宦官十多人侍候在身边。众人见了皇上，人心才稍稍安定。李逢吉向穆宗进言说："景王李湛已经长大，请皇上立他为太子。"穆宗不能说话，只是点点头而已。裴度请求迅速下达诏书，以符天下人心。中书、门下两省也继有朝官请求早立太子的。初七日丁亥，下诏立景王李湛为皇太子。《册景王为皇太子文》曰：

维长庆二年，岁次壬寅，十二月丁亥朔，越二十日景（丙）

午，皇帝若曰：于戏！唯辟奉天，必建储位，率命上嗣，以立人极，所以大一统而贞万邦也。粤我祖宗，乃圣乃神，继体垂休，奄宅四海。洎于寡昧，祗荷丕绪，夙夜兢励，深唯永图，用稽古命嗣，以承无疆之庆。咨尔元子景王湛，粹哲自天，温文在躬，夙成厚德，弗形幼志。爰谋表社，克彰孝恭，敏事居敬，日新其度。是用命尔为皇太子，尔其钦哉！主善勿懈，由礼勿违；勉以入德，勤以聚业；修志周愈，自诚而明，则可以刑（通型）于邦家，封于上下，用光我烈祖之休命，可不慎欤！

国家后继有人为朝廷的大事。册封礼仪后，又发了一道《册立皇太子德音》，其文曰：

朕上奉宗祧，下临邦国，承烈祖垂鸿之庆，当累圣奕叶之尊，祗膺宝图，敬守丕业。体明堂立象之重，表青宫建嗣之崇，元良以贞，国本斯固。

皇太子湛，恭孝温文，生知凤禀。日者，春闱尚旷，东序未兴，朕尝训以义方，举明严敬。匪（非）资调护，已达《诗》《书》，克保承休，爰当主鬯。膺兹典礼，庆感良深，践位少阳，允孚明命，用宏惠泽，庶洽兆人。自长庆二年十二月二十日昧爽已前，天下应罪合死，除犯赃降从流，流罪已下递减一等。左降官及流人并与量移，亡殁者任归葬。文武常参官及诸州府长官子为父后者赐勋两转。缘册太子，摄太尉称贺，摄侍中承旨宣制，进中严外办，摄中书令读册授册，各赐爵一级；其行事职掌官及书宝宣册，舁举册宝礼仪使礼官等，三品以上，赐爵一级。四品已下，加一阶；撰册文官，特加一阶，仍并赐物有差；导引官各加一阶；镌造册文及礼生等，赐勋有差。文武常参及陪位官并宗子,诸亲赐勋一转,景王府官量与进秩。夫师贤友善,庶发清明,习近性迁,必资宏道,所以慎简师傅,用保贤良。其太子侍读,宜委中书门下精选二人,具名闻奏。

癸亥日,又大赦天下,降死罪以下,赐文武及州府长官子弟为父嗣子者勋封两转。这是古代帝王患病时常采取的仁政措施,以期惠及官民,感动上苍,保佑皇上尽快痊愈。不久,穆宗的病果然就逐渐痊愈了。

李宗闵当政,白居易始终不肯投身依附,保全了忠直的气节。他得不到重用,便请求出京外任。

穆宗好畋游,白居易献《续虞人箴》来进行讽喻。不久,长庆二年(822)七月,白居易由中书舍人,外放为杭州刺史。在赴任途中,他写了《自中书舍人出守杭州路次蓝溪作》:

    太原一男子,自顾庸且鄙。老逢不次恩,洗拔出泥滓。既居可言地,愿助朝廷理。……

他因河南战乱使"东道既不通",而改道襄阳、汉阳。迢迢五千里,让他"烟波三十宿,犹未到钱塘",整整走了一个多月。途中,他又旧地重游,再回江州。然后乘舟,沿长江顺流东下。

钱塘湖即杭州西湖。有道是"人间天堂,东南苏杭。"他常到西湖游赏,写下了许多华章,如《钱塘湖春行》:

    孤山寺北贾亭西,水面初平云脚低。几处早莺争暖树,谁家新燕啄春泥。乱花渐欲迷人眼,浅草才能没马蹄。最爱湖东行不足,绿杨阴里白沙堤。

白居易一生风流蓄妓，他每日携侍妾舞女樊素、小蛮、菱角、谷儿、红绡、紫绡，游览了西湖中的孤山寺，因岛上多有松树，又名松岛。夏日，荷花盛开，故该寺又名莲花寺。晋代诗人谢灵运的梦谢楼、南齐时名妓苏小小的教妓楼，还有据说由印度灵鹫飞来山势突兀的飞来峰，都令他流连忘返。白居易在"楼观沧海日，门对浙江潮"的灵隐寺，桂树下戏拾桂子，望月中嫦娥、吴刚；于六和塔下观钱塘秋潮拍岸，赏弄潮儿夺标竞渡；于湖边看三潭印月"月点波心一颗珠"，听湖面泛舟菱歌。他每日赏景听歌，饮酒赋诗，好不惬意。他觉得外任比京官自在多了，遂想为朝廷出把力，将杭州治理好。于是，他为西湖疏源清淤，疏浚了西湖，用挖出的淤泥，将原来的白沙堤，加宽成一条宽达几丈穿湖而过的大堤，又修葺石桥，夹岸植柳，故后人将之称为白公堤。这些都为西湖平添了三分景观，五分意趣，七分风韵。

当时杭州没有牡丹，白居易就让开元寺和尚惠澄从长安移植到当地寺庙中。他还淘浚了城内六口水井，解决了杭州市民吃水困难的问题。

裴度解深州之围后，白居易才以太子右庶子分司东都。长庆四年五月，杭州刺史白居易三年任满，返回洛阳。他还写下了"唯留一湖水，与汝救凶年"（《别州民》）的诗句。他虽远在千里之外，仍写下了不少与裴度的酬唱之作。

# 第二十七章 拥立敬宗

长庆三年（823）岁次癸卯三月，李宗闵生怕裴度得以复出，便挑动元稹弹劾裴度。他又引荐了牛僧孺，以培植自己的党羽。但李德裕持正不阿，支持裴度。不久，李宗闵他们发觉势头不对，就把李德裕挤出京城，去当浙西观察使。三月壬戌日，御史中丞，牛僧孺得以拜为户部侍郎、同中书门下平章事。丁卯日，又令他复判度支。从此，牛、李两党之间的怨恨更深了。裴度夹在牛、李两党之间，难免左右为难。奸佞们勾结曾被裴度多次指斥的宦官魏弘简、刘承偕等，无中生有，编造谎言，诋毁裴度，使裴度丑闻日出。

长庆元年（821），三月，回纥遣使臣来唐朝乞求会盟，并订立和约。其赞普与大唐订盟"二国勿相冤仇，有擒生（掳掠的人口）聘问（外交访问）事，彼此应供给军服、米粮、护送，使之得以回归"。唐朝廷册封回鹘嗣君为毗伽崇德可汗。五月，决定以太和长公主李青（穆宗之妹）远嫁回鹘。回鹘派都督、宰相五百人迎娶大唐公主。七月，吐蕃听说公主远嫁，不愿大唐与回纥走得太近，便入境骚扰阻挠，未遂。朝廷任命胡证为和亲使。依据旧制，使者出境。可以收人钱财，任人以官吏。胡证废除了这一制度。回纥人强迫他穿胡服，他严词拒绝，从而维护了朝廷尊严，不辱使命。回国后，朝廷拜他为工部侍郎。

裴度建议与吐蕃和谈，以息事宁人。唐与吐蕃可黎可足赞普达成一致，缔结和约。为了永久和平，大唐与吐蕃同时在长安与逻沙（拉萨）树立《唐蕃会盟碑》，以永结舅甥之好。会盟前，吐蕃使臣要求拜会裴度。早在贞观十五年（641），宗女文成公主赴吐蕃与吐蕃赞普松赞干布和亲，揭开了汉藏两族友好关系的序幕，具有重大的历史意义。为了睦邻安边，裴度特地写了《汉宣帝冠带单于赋》（以"威怀礼加，北戎遂定"为韵）：

昔汉宣帝，休明允塞。烜中叶之英声，示远人以文德。既而幸甘泉以居正，朝呼韩于有北。锡之绂冕，俾之藩翊。位居侯王之上，侍在轩墀之侧。服之孔备，垂悬绶之腰章；发则有余，映切云之首饰。且会朝之次，昭明孔融。虽加之以礼，实诱之以衷。厥锡既殊，荷荣华之宠命；其仪未习，憯衣服之在躬。此实可以阅帝聪，播皇风。亦何必贶玉帛之资，空成耗国；锡金石之乐，用表和戎。夫爵以赏功，服以旌礼。懿尔容之中顺，故我命之光启。矧乃来兹凤阙，逾彼龙沙。知汉德之全盛，厌胡俗之幽遐。齐缟带于周行，独明向化。异元冕于丑类，岂曰乱华。锡之不闻于屡襓，崇之岂俟夫三加。想夫解辫怀恩，动容思媚。乍重译而献款，或稽颡而奉贽。使群方之阗乐，由一人之锡遂。锵之玉佩，顾韦韝而多惭；颖以金貂，与庞服而自异。是使孔炽之类，率服而莫违。悍戾之属，束带而共归。知子之来，赠同杂彰君之化，德乃垂衣。殊沐猴而可作，方戴鹬而有威。今我后散皇明而驰圣听，致戎夏之克定；勤厉理而明弼谐，故蛮夷之允怀。尚冠带于万里，舞干羽于两阶。彼长缨之与五饵，何斯道之孔乖。

裴度此赋目的在于效法汉宣帝，采用"加之以礼""诱之以忠"的外交策略，正确对待匈奴、吐蕃、回纥等异族，以实现"威怀礼加，北戎遂定"的和平局面。

浙西观察使窦易直在汴州宣武军乱之后，担心王国清鼓动军士们因待遇问题闹事作乱，就倾竭府库资财，滥发赏赐，并诛杀了王国清等二百余人，结果搞得财力枯竭，又使将士更加骄横难制。而李德裕到任，仅以留州公用财赋来养兵，虽然节俭，但赏罚分明，公平均等，士兵们并无怨言。

李德裕为政，大有裴度之风。南方人迷信巫觋，父母年老，若感染了瘟疫，便认为是恶鬼索命，怕殃及晚辈，便将老人弃之荒野，任由其病饿而死。巫师还宣扬这些人该死，如果救活了他们，子孙就须为他们抵命赎罪。德裕闻听这一有悖伦常的怪论与恶俗，就遍请县乡有德老者，宣讲慈孝伦理，"万善孝为先"；"人生两头靠人养，中间三纪须养人"；"养老送终，天经地义"；"老来万事难，须靠子孙贤。养儿为防老，相守不可弃"；"幼靠父母，老靠儿女"；"家有一老，金玉之宝"。让他们二仙传道，回乡宣讲，以树孝亲敬老之风。同时，严惩仍在弃养老人的不孝之徒。两三年间，就使风俗大变。

南方多丘陵山林，其间多有乱建的小庙，能为猎户们提供临时休息之所，但许多却成了盗匪啸聚山林的巢穴。李德裕到任，拆毁隐蔽山野庙房四百余处，使盗贼无处藏身，受到了天子的特诏嘉奖。

夏五月二十二日，以晋、慈二州为保义军，任命观察使李寰为节度使。

朝臣中，只有翰林学士李绅，在每次接受穆宗的询问时，常常排抑奸宦们。他们草拟的文书送到宫内，短小精悍的李绅常常批评好坏得失。李逢吉认为李绅是个祸患，而穆宗却对他十分信任，无法让穆宗疏远他。恰逢御史中丞有个空缺，李逢吉便推荐为人清高刚正的李绅，去掌管风纪法度。但是李绅遇事纤毫不容，这过于严苛成为他的致命弱点。李逢吉又觉得御史大夫韩愈为人劲健耿直，容易犯上，便推荐韩愈担任京兆尹。穆宗认为御史中丞也能经常上朝，没有怀疑李逢吉的用意，就答应了。没几天，李绅便与韩愈因为京兆尹到任时，是否应到御史台参谒御史大夫的事，发生了争执，公文往来中，言语互不恭逊谦让。韩愈还写了一首诗《晚春》，讽刺李绅：

草树知春不久归，百般红紫斗芳菲。杨花榆荚无才思，唯解漫天作雪飞。

李逢吉乘机上奏，说二人不和，企图打击二人。李绅的族子李虞，颇有文名，隐居华阳，自称不愿出仕，却不时前来看望李绅。李绅厌恶他操守不检，几度痛责。他心中渐生怨恨。后来，李虞至京师，就把李绅不满的话全告给了李逢吉。李逢吉便任命李虞、程昔范、柏耆、刘栖楚为拾遗，一起伺察李绅的问题。这正是：人心不正长得偏，人嘴非金利于剑。

长庆三年（822）八月癸卯日，朝廷任命左仆射裴度守司空、山南西道（治所在汉中，时称兴元府）节度使，不再兼任平章事。裴度上表请以舒元舆掌兴元书记。此人很有才华，文檄豪健，一时推许。裴度这次被排挤出朝廷，直至敬宗宝历二年（826），才得以还朝。

嬖臣庸相登政，自然不喜欢好人、能人、达人、高人，不敢用人才、帅才、天才、奇才，而只能用庸才、蠢材、奴才。人以群分，自古截然。因此说："国亡者，非无贤人，不能用也。"

直到冬十月初五日，穆宗再三反复地询问情由，然后才依从此议，将李绅贬为江西观察使，改任韩愈为兵部侍郎。这正是：翻手为云覆手雨，兵不厌诈阴谋多。李逢吉一石二鸟，罢李绅为江西观察使。韩愈、李绅二人同时入宫谢恩辞行，穆宗让他们各自叙述此事的经过，终于明白了其中奥秘，才将李绅改任户部侍郎，使之得以留京，李逢吉更加忌恨他。十月己丑日，以中书侍郎同平章事元颖为同平章事，充西川节度使。为了壮大派系，李逢吉又多方活动，推荐了牛僧儒。十月庚寅，牛僧孺才得以入朝担任中书侍郎。

长庆四年（824）岁次甲辰春正月二十日庚申，穆宗因长期服食丹药而中毒，风病复发，就吃起方士所配的金石之药来。不料，二十二日，病情却更为加重，危在旦夕。宦官们急忙命令太子李湛监理国事，主张请郭子仪的亲孙女郭太后临朝称制，代行皇帝职权。郭太后却说："自古以来，哪有女子做君主，能够实现唐尧、虞舜的太平盛世呢！从前武后听政，几乎倾覆了社稷。我家世代恪守忠义，不是武氏一类揽权的人。太子虽小，只要有贤能宰相辅佐，你们这些人不要干预朝政，何愁国家不能安定！"于是，就撕碎了拟发的制书。郭太后的哥哥太常卿郭钊听说，就呈上一封密信，说："太后如果真的顺从了他们的请求，垂帘听政，臣就率领儿子，交出官爵，回归故乡，永不出仕。"郭太后哭泣着说："祖先的福祚，都聚在我哥哥的身上啊！"

皇上自知不久于人世，就下了《遗诏》：

　　朕以眇躬，嗣守丕构，虽勤求理道，不敢荒宁，而保慎或乖，遘兹厉疾。赖上元垂祐，宗社降灵，洎中外庶臣，克辅寡德，服饵颐养，逾于周星。而阳气燸烦，宿恙暴作，顷刻之际，至于弥留。伊死生之理，必有其分，顾托有所，予何恨焉？皇太子湛，睿哲温恭，孝友明敏。自膺储贰，休德日新，必能嗣于耿光，绍我先业。宜令所司备礼，于枢前即皇帝位。咨尔卿士，泊方伯连帅，敬辅元子，就绥万邦，宜叶乃心，用底于道。宜令门下侍郎、平章事李逢吉摄冢宰，诸道节度、观察、防御等使及诸州刺史，守镇任重，戎旅事殷，并不须赴哀，易月之制，宜遵旧典。文武官等朝晡哭临，十五举音。山陵制度，务从俭约，无禁婚姻、祭祀、饮酒、食肉。其医官等念其勤瘁，亦可矜怜，并不须加罪，宜便释放。将相卿士，中外臣寮，送往事居。无违朕意。

二月十九日庚午，穆宗病情加重。二十一日壬申，穆宗就死在长安宫中的清思殿，终年仅三十岁。古代帝王为求长生不老而崇信方士，至唐代，皇帝们则迷信服食道士秘制的金丹，不仅未能长寿，反而加速死亡。唐代死于服食仙丹的皇帝竟多达五位：太宗、宪宗、穆宗以及随后的武宗、宣宗。教训不记心，倒霉必再临；吃堑不长智，愚昧何其痴！

长庆四年二月二十六日丙子，仅十五岁的太子李湛在太极殿的东厢房即皇帝位，史称敬宗。《命皇太子即位册文》曰：

维长庆四年，岁次甲辰，正月辛亥朔，二十六日景（丙）子，皇帝若曰：唯天辅唐德，我祖宗克答天意，迈德勤道，绍休大业。洎予一人，嗣守四海，祗事天地，爱育万类，罔或怠惰，于兹五年。今寝疾弥留，不兴不寤，获以重器，付之元良。咨尔皇太子湛，列祖储庆，自天生德，孝友慈惠，温良肃恭。必能辑宁邦家，辉光绪业，是用命尔，陟于元后。宜令中书侍郎、平章事牛僧孺奉册，即皇帝位。尔有广厚之量，可以奉天地；尔有孝敬之志，可以奉神祇。和惠可能抚万邦，仁爱可以亲九族。任贤尚德，远佞去邪。尔唯钦承，无忝我祖宗之休烈。

直至年底，才改第二年年号为宝历。

宝历元年二月三十日辛巳，太子才亲政。他任命窦易直为宰相，任命李逢吉兼任宰相，摄冢宰。其《授窦易直平章事制》曰：

昔周宣王、汉宣帝思宏祖业，克绍先构，用申、甫、邴、魏为相，然后周道重熙，汉德累洽。朕以冲眇，托于亿兆之上，缅惟文祖元（玄）宗之理。若涉大水，浩无津涯，询于岩廊，俾举髦硕。果得才杰，副予虚求，必唯其人，乃命以位。朝议郎、守尚书、户部侍郎、兼御史大夫、判度支、上柱国、赐紫金鱼袋窦易直，端厚静悫，直方简廉，气深而和，识敏而达。每去华而务实，不为善以近名。早以器能，扬历中外。司宪著纪纲之绩，廉俗垂恻隐之仁。辍于天官，掌我邦计，底慎财货，均苑委输，赐给不穷，赡济皆足。国有大柄，属于全才。况朕亲临宝图，万物资始，审象而授，其代予言。尔尚弼予一人，用底于道。且汉以丞相调兵食，周以冢宰质岁成，我国家杂用古制，以重其事也。尔往钦哉！无忝我成命。可朝散大夫、守尚书、户部侍郎、同中书门下平章事、判度支。

等到敬宗即位，李逢吉奸党都为李绅失势而幸灾乐祸，又怕敬宗重新起用他，就日夜思谋如何陷害李绅。李逢吉让王守澄上奏："先帝始议立太子，杜元颖、李绅等却请求辅立深王。唯独李逢吉请立陛下，而李续、李虞等人赞同。"李逢吉又呈上奏章，说李绅的谋划对敬宗不利，请求再度贬谪他。二月癸未，敬宗信以为真，又贬李绅为端州司马。

他们还想落井下石，张又新等人就上书说李绅贬谪太轻，敬宗竟答应杀了李绅。闻讯，韦处厚上奏驳议，他指明："李绅被李逢吉谗言毁谤，人们都叹息惊骇。李绅蒙受先朝嘉奖任用，即使有罪，也应当宽容，以完成三年之内不改变君父既定政措的孝心，何况李绅没有罪呢？"至此，敬宗才稍微悟出内中情由。

一日无事，敬宗突然来了兴致，想看看父亲在位时的奏章文书。他在查阅中，发现穆宗封好的一箱文书，打开箱子，才发现了裴度、杜元颖、李绅三次上书请求立敬宗为太子的奏疏，敬宗才如梦方醒，马上把毁谤李绅的奏疏全烧掉。他虽没有立即召回李绅，但是再有人说李绅的坏话，就不再听信了。

皇上又任命牛僧孺为集贤殿大学士，《授牛僧孺集贤殿大学士监修国史制》曰：

> 门下：寅亮天工，弼谐庶务，宏我一德，抚绥万邦，佐予冲人，以底于理，将推恩于天下，必首自于辅臣。是用极其褒崇，增其命数，训正图书之府，裁成义例之条。银青之阶，光于七命，兹所以赏劳而驭贵也。正议大夫、守中书侍郎、同中书门下平章事、上柱国、奇章县开国子、食邑三百户、赐紫金鱼袋牛僧孺，大玉不琢，乔松挺姿，文探典谟，学贯流略。自纶阁掌诰，会府贰卿，声实彰华，人德归厚。先朝嘉其器业，爰命奋庸，秉事君之小心，蕴难夺之大节。往以圣体违豫，潜心保和，乃能画一持平，守而不失。朕自膺宝历，深仗股肱，每申勇退之怀，用广进贤之路。损而招益，谦乃弥光，实简朕心，克谐佥论，必能刊鱼鲁于往籍，垂褒贬于国书。可门下、平章事、兼集贤殿大学士、监修国史。

敬宗又追赐牛僧孺七世祖牛弘曾奇章公爵位。

为了广揽人才，还下了道《试制举人敕》：

朕闻心术顺道，天下可一言而兴；聪明壅途，堂上有千里之远。故唐虞而降，则考试观俗；汉魏之际，则诏策求贤。朕缵绍丕图，抚临方夏，实惧诚有所偏信，鉴有所未周。乃前岁诏六官九卿、方岳尹正有位之士，逮于庶僚，高悬四科，博荐群彦。将访众政之阙，酌至论之中。子大夫庭列俨然，各应其品。是用宵兴前殿，永日渴求，条例坦明，咸本经史。固子大夫之所讲磨矣，当竭诚虑，无有蕴藏，宜坐食讫，就试。

九月，钻营有方的李逢吉终于当了宰相，结交大宦官知枢密使王守澄，互为表里，权倾朝野。从此，李逢吉最信任的八个人，张又新、李续、李虞、张权舆、刘栖楚、姜洽、程昔范以及逢吉的堂侄，各当一面。一切行政，先得过他们这些关，如同"八关"。另外又有八人为其党羽，其党还有李仲言等，专门从事传令，下情上达。凡有求于李逢吉的，必须先贿赂这十六个人，即可如愿，当时称为"八关十六子"。有道是："众口铄金，积毁销骨。小人奸诈，君子难防。"

这个集团窃踞行政要害，又内联宦官，刺探皇上言行，以居间作祟，排挤裴度。这正是：物以类聚，人以群分，任一奸相，恶人茵集。当时，朝政被近臣佞幸控制，牛僧孺无法施政，只好多次请求辞职。敬宗无奈，为他特地于鄂州设立了武昌军，授牛僧孺为武昌节度使、同平章事。鄂城土质沙化严重，城墙年年坍塌，不停地补修，不断向百姓征调民夫和蓑茅，官吏百姓不胜烦扰。牛僧孺到任，首倡以砖石修城，五年完成，才免除了年年复修的负担。为了节省开支，他又撤并了州县，裁撤了冗官。

敬宗极爱蹴鞠，不时在中和殿、飞龙院、清思殿打球。而且一高兴就胡乱赏赐，生活上奢侈无度。为了满足他与后宫穷奢极欲的生活，下诏让浙西进贡脂盒妆具、翠鸟和盘条缭绫。李德裕上奏，因连年荒旱，宜"常贡之外，悉罢进献"。从而减轻了百姓负担。

李湛血气正旺，贪恋床笫之事，每月早朝只有两三次。左拾遗刘栖楚劝谏皇帝勿好色贪睡，建议早朝。裴度则上《谏晏朝疏》：

> 伏以颐养圣躬，在于顺适时候。若饮食有节，寝兴有常，四体唯和，万寿可保。道书云："春夏早起，取鸡鸣时；秋冬晏起，取日出时。"盖在阳则欲及阴凉，在阴则欲及阳暖。今陛下忧勤庶政，亲览万机，每御延英，召臣等奏对。方属盛夏，宜在清晨。如至巳午之间，则当炎赫之际，虽日昃忘食，不惮其劳，仰瞻扆旒，亦似烦热。臣等已曾陈论，窃望听纳。不胜恳迫之至。

三月，敬宗上朝依然常常很晚。十九日，太阳已经很高了，皇上还没有坐朝，百官排列在紫宸门外，年老有病的，不时有人僵仆倒地。谏议大夫李渤对宰相说："昨天上疏议论皇上坐朝太晚，今天晚得更厉害了。请让我出阁到金吾仗等候惩罚。"刘栖楚磕头流血，响声传到阁外。李逢吉宣布旨意说："刘栖楚不要叩头，等候处置。"刘栖楚站了起来，又高声谈论起宦官干政的事。敬宗连连挥手叫他出去。刘栖楚说："若不采纳臣的建议，还是让臣一头撞死吧。"敬宗虽给刘栖楚升官赐物，但仍不及时上早朝。文武之道应是"文死谏，君迁善"。只可惜国君视而不见，置若罔闻。

敬宗登基不满百天，宫中就发生一起惊天大案。
卜人苏玄明和在染坊供职的人张韶交情很深。夏四月，苏玄明对张韶说:"我为你占过课,你命中当升殿坐朝,与我一起进食。现在皇上昼夜击球打猎,多半时间不在宫中,可以谋划大事。"张韶认为有理,就和苏玄明密谋"大事"。他们纠集了轻薄无赖的染工一百多人。十七日,把兵器暗藏在运紫草的车厢里,运进银台门,等候在夜间作乱。还没到地方,有人见车载太重,心生怀疑,上前盘查。张韶一慌,当即杀了盘问的人,和同党换上戎装,挥舞着兵器,大叫着杀入宫中。

敬宗当时正在清思殿击球,众宦官见状,非常惊骇,急忙关上殿门,跑去告诉敬宗。不一会儿,乱党就砍断门闩,冲了进来。此前,右神策中尉梁守谦很受敬宗宠爱,每当左右两神策军较量技艺,敬宗常常偏袒右神策军。到这时,敬宗狼狈不堪,想躲到右神策军去,左右的人说:"右军太远,恐怕途中遇上乱党,不如到左军较近。"敬宗听从。左神策中尉河中人马存亮听说敬宗避难来了,飞跑出来迎接,捧着敬宗的脚哭泣起来,亲自背着敬宗跑进军中,派遣大将康艺金率领步骑进宫诛讨逆贼。敬宗担忧两位太后安危,马存亮又派了五百骑兵,接出两位太后。

宦官近卫都狼狈逃散后,张韶登上清思殿,坐在御榻上,和苏玄明一起吃东西,说:"果然像你说的一样。"苏玄明吃惊地说:"事情难道就此完结了吗?"张韶这才害了怕,就逃出来。神策军合力追剿,杀死了张韶、苏玄明及其党羽,死尸遍地。直到夜里,宫中才安定下来。剩余的贼党还分别藏在宫苑中,第二天,全被捉住杀掉。

当时宫门全都关闭,内外臣僚都不知敬宗在哪里,十分惶恐。十八日,敬宗回宫,宰相率领百官到延英门道贺,来上朝的不过数十人。强盗闯宫所经,守门的宦官三十五人,全被依法处死。二十三日,皇上厚赐了左、右神策军立功的将士。

五月乙卯,吏部侍郎李程,与户部侍郎判度支窦易直一同出任宰相。

襄阳节度使牛元翼去世。他原为河北藩镇王承宗的旧部,后出任深州刺史。穆宗即位后，魏州军将反叛，穆宗任命牛元翼为成德军节度使，让他率兵马去攻打王庭凑。后来，王庭凑归顺了朝廷。牛元翼遂调往襄阳任节度使，但其家属一直留在河北。牛元翼几次搬取眷属，因王庭凑从中阻挠，都未能成行。牛元翼的死讯传来，王庭凑就将牛元翼的家人百余口全部杀死。此时，穆宗已死，十六岁的敬宗刚即位，对此也无可奈何。

夏六月，敬宗听说王庭凑屠杀了牛元翼全家，叹息宰相无能，使得逆贼放纵暴虐。牛元翼被杀后，朝野汹汹，朝野舆论对李逢吉极为不利。为了阻挠裴度再度入朝为相，李逢吉采取挖墙脚的方法，设法打击裴度所信重的人。朝臣中也并非没有人才，像裴度、崔群、白居易、韩愈等都是一代名臣，敬宗既不信用他们，也不采纳他们的意见。

韦处厚为此特上《论裴度不宜摈弃疏》：

臣闻汲黯在相，淮南不敢谋反；干木在魏，诸侯不敢加兵。王霸之理，皆以一士而止百亿之师，以一贤而制千里之难。伏以裴度勋高中夏，声播外夷。庭凑、克融皆惮其用，吐蕃、回鹘悉服其名。今若置之岩廊，委其参决，西夷北虏，未测中华；河北、山东，必禀庙算。况幽镇未静，尤资重臣。管仲曰："人离而听之则愚，合而听之则圣。理乱之本，非有他术，顺人则理，违人则乱。"伏承陛下当食叹息，恨无萧、曹。今有一裴度，尚不留驱策，此所以冯唐感悟汉文，虽有廉颇、李牧不能用也。夫御宰相，当委之信之，亲之礼之，于事不效，于国无劳，则置之散僚，黜之远郡。如此则在位者不敢不励，将进者不敢苟求。陛下存终始之分，但不永弃，则君臣之厚也。今进皆负四海责望，退亦不失六曹尚书。不肖者无因而劝。臣与逢吉素无私嫌，臣被裴度无辜贬官。今之所陈。上答圣明，下答群议，披肝感激，伏地涕流。伏乞鉴臣爱君，矜臣体国，则天下幸甚。

朝臣纷纷请求重新起用裴度。众人认为任用裴度，"以一人可止百万之师，以一贤能制千里之难"。

敬宗皇上看了奏章，似有所悟，便翻阅裴度的奏章，落款竟没有署平章事的官称，就问韦处厚："这是怎么回事？"韦处厚把李逢吉排挤裴度，在其出任山南西道节度使时，其原官职就在不知不觉中被免去了。他还把这些人损坏裴度名声的伎俩全说了。敬宗说："怎么会弄到这般地步！"李程也劝敬宗礼遇委重裴度。

六月十八丙申日，在众臣请求下，皇上才加封裴度为平章事。这是他第三次入相。乙酉日，李逢吉左迁为尚书左仆射。闻道裴度拜相，白居易、刘禹锡等均至裴府道贺。酒宴中裴度忧心国势，刘禹锡建议以《金陵怀古》为题吟诗。刘禹锡先吟了：

王濬楼船下益州，金陵王气黯然收。千寻铁锁沉江底，一片降幡出石头。人世几回伤往事，山形依旧枕寒流。今逢四海为家日，故垒萧萧芦荻秋。

六月庚辰，大风吹坏了宫前延喜门、景风门。人们都说："这是奸臣当道招致的天谴。"

韩愈（768—824）去世，享年刚五十七岁。年届花甲的裴度祭奠韩愈，联络友人编纂《韩昌黎集》，仅辑成一个稿本。

十一月庚申，葬睿圣文惠孝皇帝于光陵，庙号穆宗。

十一月，裴度上书请求入朝觐见，李逢吉内心忐忑不安。

十二月，进言的人大多称赞裴度贤能，不应该把他弃置在藩镇。这正是：浮沉从来皆有定，人心自是一杆秤。

唐敬宗李湛（809—827）宝历元年（825）岁次乙巳正月日乙卯，牛僧孺罢为检校礼部尚书、同平章事、武昌节度使，而命胡证为户部尚书、京兆尹。辛酉日，李程守职。七月庚午，易直罢度支。李宗闵累进兵部侍郎。

汴、宋观察使令狐楚上奏：亳州出现了一股圣水。凡饮了圣水者，疾病立即痊愈。附近几个州的人，几乎每十户就派一人去汲取圣水，每天总有成百上千人不远千百里，专程去取圣水，其水卖到一斗三十千。李德裕上奏："昔吴有圣水，宋齐有圣火，皆本妖祥，古人所禁，请命观察使令狐楚着人填塞，以绝妄诞根源。"裴度判曰："妖由人兴，水不自作。"裴度还说："水若能治百病，还要医药何用！"下令让所在封禁堵塞。于是，李德裕严令各关津巡逻，劝阻取水之人。敬宗还宠信方士杜景先，李德裕便上书请求帝王应以社稷为重，慎服长生之药，以免受害。

次年为宝历元年（825），三月四日，敬宗又改任白居易为苏州刺史。三月二十九日，他由洛阳出发，五月五日到达苏州。他启程时，正是残春时节，遂写了《除苏州刺史别洛阳城东花》：

乱雪千花落，新丝两鬓生。老除吴郡守，春别洛阳城。江上今重去，城东更一行。别花何用伴，劝酒有残莺。

一路上，他游览了江宁、苏州与江苏镇江北固山的甘露寺。寺内有座多景楼，传说这就是三国时吴国太相中刘备这位乘龙快婿的"相婿楼"。

到了苏州，白居易便去游历虎丘。虎丘为一方名胜，之所以称虎丘，据说当年曾有老虎出没，但从不伤人。山下佛寺绕着虎丘山依山而建，当时，为了避李渊祖父李虎名讳，遂改称武丘。故当地有"山藏寺内"之说。

苏州号称"水乡小桥多""人家尽枕河"，据说有大大小小三百余座桥梁，如虹桥、苹花桥、胭脂桥、凤凰桥、宝带桥等。这后者全用花岗岩砌成，有五十三个拱洞。传说，造桥费用不足，当时的苏州刺史王仲舒卖了自己的玉带慷慨捐助，才得以竣工。于是，人们便把此桥叫作宝带桥。

在苏州任上,白居易曾到太湖游览。太湖中有大大小小九十一个岛屿,最大的岛叫洞庭山。其山出产有名的橘子——洞庭黄。此桔质优味美,一直属于朝廷贡品。白居易曾亲自主持挑选贡橘之事,还写了一首《拣贡橘书情》:

洞庭贡橘拣宜精,太守勤王请自行。珠颗形容随日长,琼浆气味得霜成。登山敢借驾骀力,望阙难伸蝼蚁情。疏贱无由亲跪献,愿凭朱实表丹诚。

当年在贡奉之外,白居易每年都要为裴度寄去五箱橘子。

在苏州西南二十里处的太湖边上,有座姑苏山,后世叫清明山。据说当年吴王的姑苏台即建于此山之上。因此,苏州也称姑苏城。唐代高僧寒山与拾得二人曾先后主持妙利普明塔院,又因张继写了一首《枫桥夜泊》中提到寒山寺,故该寺遂称寒山寺。

在那里,白居易修了一条惠及后世的山塘河。可惜,不久却因病免职。白居易苏州离去,百姓挽留,为他建了白公祠,祠中有座"思白堂"。这些名胜,无不留下了对白居易的怀念。

刘禹锡为之作《白太守行》(节录):

闻有白太守,弃官归旧溪。苏州十万户,尽作婴儿啼。太守驻行舟,阊门草萋萋。挥袂谢啼者,依然两眉低……

他为刘禹锡抒发了怀才不遇的愤懑。随后,他们又去同游竹西寺。扬州东十五里处,原有隋炀帝的行宫,后来改为上方寺,又称竹西寺。寺内石碑上刻有吴道子画的高僧宝志像,系诗人李白题赞,由颜真卿书写,故称"三绝碑"。裴度读了这首诗,不由叹道:"二十三年,半辈子的青春年华呀!"

他与元稹用竹筒互赠新诗,留下了许多脍炙人口的篇章。

四月癸巳,群臣为皇上上尊号曰文武大圣广孝皇帝。大赦天下,赐文武百官品阶、勋爵。

五月,李湛在鱼藻宫观看舟船竞渡。

六月九日为敬宗生日。淮泗观察使王志兴为了讨好皇帝,就提前半年建议在泗州(治所为临淮,在今江苏泗洪东南)设置戒坛,广泛度化僧尼,为皇上祈寿祝福。人们要剃度为僧尼,每人需交两缗钱,以取得度牒,可免除其赋役。有些懒惰刁滑之徒趋之若鹜。王知兴只需印一张度牒,就能将两缗钱装入私囊。他想出这个一举两得的办法,以肥己媚上。

浙西观察使李德裕上奏,认为照此下去,一两年间,两浙、福建等地会有六十万人出家,社会劳动力大减,国家在税收上也会蒙受巨大损失。皇上只能下诏制止。李德裕要求在先贤祠外,禁止淫祀,拆毁形形色色的祠庙一千零十所,也取缔了盗贼的藏身之所。皇上诞辰那天,众臣献金银玉帛。裴度献上"江山永固"四字条幅。众人先讥笑而后赞叹。

敬宗经常在宫苑组织大型体育盛会,有角觝、龙舟、马球等。虽伤亡多发,皇帝见有人摔伤殒命,却异常高兴。他还让人下到池中捕鱼,把从江河捕来的大鱼放进新开挖的宫中水池,让宦官、宫女去捉,以为笑乐。当时的名伎有莫愁等,敬宗一高兴,就让她歌唱助兴。

敬宗耽于玩乐,更想长寿,便四处寻找灵药,访求异人。他十分迷信道士赵归真、刘从政,封他们为光禄少卿,赐钱两万贯,命其去兴修兴唐观,并远上牛头山,去祭祀仙人李龙迁。他又在寒冬腊月,动用数万人,去修复武则天时被挖断的太原天龙山龙脉,以永延李唐福祚。

八月初十日,刘悟得了急病,九月壬午就去世了。死前,他总觉得府中闹鬼，询问巫人，说李师道在琉璃坡屯兵，要在那里劫杀他。刘悟十分惶恐，准备了千人宴席，亲自前去祷告祭拜。到了琉璃坡，他刚换上礼服，准备祈禳，突然吐血不止，倒地身亡。他的儿子将作监主簿刘从谏隐瞒其死讯，与大将刘武德及亲信商议，转奏刘悟的遗表，请求朝廷委任自己出任留后之职。司马贾直言责备刘从谏说："你的父亲以十二州的土地归顺朝廷，功劳不小，只因张汶的缘故，还认为是屎尿淋头，竟至羞愧而死。你小子，怎敢如此行事！父亲死了不痛哭，还怎么做人？"刘从谏惶恐得无言以答，才开始操办丧事。

冬十月，敬宗想到骊山温泉去，左仆射李绛、谏议大夫张仲方等人多次谏阻，敬宗都不听。拾遗张权舆伏在紫宸殿下叩头劝谏说："从前周幽王到骊山，烽火戏诸侯，结果被犬戎所杀；秦始皇葬在骊山，秦国很快灭亡了；玄宗在骊山建造宫殿，酿成了安史之乱；先帝常到骊山去玩乐，享年不长。"敬宗却说："骊山果真如此凶险吗？我应该去一次，以验证你那些话对不对。"

十一月二十一日，敬宗到了温泉宫，尽情玩了一天，才于当晚回宫。第二天，他对左右的人说："大臣们说的那些话，哪里值得相信呢！我去了一次，不是还活得好好的吗！"

宝历二年（826）岁次丙午正月初六甲戌，敬宗又发神策军于禁苑之中穿渠挖池。敬宗改任胡证为兵部尚书、广州刺史、岭南节度使。胡征特意向裴度道别，裴度嘱咐他，遥控安南局势。

## 第二十八章　谣言中伤

春正月二十四日，裴度从兴元入京朝见敬宗，朝命其守司空，同平章事。

李逢吉党如临大敌，千方百计毁谤他。不久，就流传出一首民间歌谣唱道："绯衣小儿坦其腹，天上有口被驱逐。"这实际上是借裴度平蔡，暗示"口含天宪的天子将要被裴度篡位取代。"奸人又造谣说，长安城中横亘着六条高冈，犹如是乾卦的六爻，裴度的宅第正好坐落在第五条高冈上，正应了"飞龙在天""九五之尊"之象。张权舆还上奏说："裴度的名字应验了歌谣中的谶语，宅第占据着九五高冈，朝廷没有召唤，他就自己回朝，居心叵测，他的意图显而易见。"敬宗虽然年轻，但明白这完全是诬陷诽谤，对裴度更加亲厚信重，使奸臣的诡计最终没能得逞。

陈留人武昭性情果敢而善辩，裴度征讨淮西，令他去蔡州劝降吴元济。吴元济让人将兵刃架在他脖子上相威胁，他神色自若，吴元济只好以礼相待，客气地送他回朝。裴度以为此人可以大用，署为属下军职，并随裴度出镇太原，得以授职石州刺史，届满罢郡，又除袁王府长史。武昭处在散位，心情抑郁，难免有怨恨李逢吉的话。武昭与太学博士李涉、金吾兵曹参军茅汇居留长安，以豪侠相互推许。李逢吉与李程共同执政，关系不睦。李程的族叔对武昭说："丞相想用你，而李逢吉坚决不同意。"武昭更加气愤，在酒馆醉酒后，告诉他的朋友刘审，说他想要谋刺李逢吉。刘审私下向张权舆告密。于是，李逢吉通过茅汇召见武昭，待他很厚，倾心结交，怨愤和隔阂才得以解除。李逢吉一贯厚待茅汇，曾写信给他，说："足下当以'自求'二字称仆，吾当以'利见'二字称君。"言辞很是猥昵。等到裴度将要回朝，逢吉又让奸党卫尉卿刘遵古告发武昭的事。因此，武昭、茅汇都被下狱，朝廷命令御史中丞王播审理。李训暗中指使茅汇，让他诬陷武昭与李程同谋，不然就只有一死。茅汇不答应，说："通过诬告别人来解脱自己，我不干！"但铁案已定，武昭被活活打死，茅汇流放崖州，又迁到康州；其族叔贬为道州司马，李训流放象州。刘审因功提拔为长寿主簿。武昭死后，李逢吉的阴谋昭然若揭。众人无不愤怒。天子心中也渐渐明白过来。奸臣当朝，岂能不乱。

于是，皇上常派中使路过兴元，每每向裴度传达密旨，进行抚慰，约定不久将征其还朝。李逢吉想借武昭案打击裴度，阻止其入朝的阴谋才没能得逞，皇上渐渐疏远了李逢吉，以之为检校司空、平章事，山南东道节度使。他表请李续为副，张又新为行军司马。不久，又改任检校司徒。李逢吉窝藏犯罪的党羽田伾被搜捕，下诏褫夺其一季俸禄，贬李续为洺州刺史，又新为汀州刺史。过了很久，李逢吉调往宣武军，以太子少师出任东都留守。

裴度刚回到京师，朝士盈门。裴度留客人饮酒，京兆尹刘栖楚附着裴度耳语，侍御史崔咸举起酒觞要罚裴度说："丞相不应允许官员耳语。"裴度笑而饮之，栖楚内心不安，羞惭地蹓了出去。

二月，敬宗坐朝日稀，裴度上《谏坐朝稀少疏》：

> 比者，陛下每月约六七度坐朝，天下人心，无不知陛下躬亲庶政；直至河北，贼臣远闻，亦皆憎惧。今自两月以来，入阁及开延英稍稀，或恐大段公事须咨禀睿谋者，有所壅滞。伏冀陛下稍示忧勤，乘凉数坐，广加延问，使得尽诚。

敬宗少年登极，天性骄纵，贪图玩乐，倦于会见大臣。裴度劝谏说："陛下即位之初，每月上朝虽不及先帝之半，但尚有七八次，朝野认为陛下尚能躬亲政治，觉得太平有望。就是河北藩镇闻此，也感到恐惧，收敛了许多。但近两个月来，陛下很少召见群臣，恐怕会延误政务。希望陛下每月能多上几次朝，以广视听。"从此，敬宗上朝才多了起来。

裴度为了让敬宗多会见大臣，还写了《代李大夫请朝觐表》：

> 臣闻天道君也，高而下济；地道臣也，卑而上行。上下交感，然后万物生焉，庶政成焉。其或蓊郁不通，则为灾沴之气，必在宣达，使之光明。太平之风，实系于此。伏惟文武大圣广孝皇帝洪覆品汇，光宅寰区，翻飞跂行，皆得其所。况臣器识庸陋，遭遇便蕃。始事宪宗，过蒙驱策；复事先帝，猥加爵命。大恩无报，终惧且惭。以至今日，又承宠寄。涓毫未效，齿发将衰。起在山南，不远甸服。宴安厚利，拜受轩阶。此则为君之道，下济有余；为臣之道，上行不足。尸禄弥久，心魂若惊，日往月来，浸成忧塞。伏希降鉴，特许入觐，冀得少谢万一，使无壅情。然后退归里闾，降避贤路，虽则万殒无恨，可谓百生之幸。况李光颜、薛平，皆武臣也，淮海以为要重，然犹迤逦而

至，述职明庭。臣儒臣也，梁汉无事，道途孔迩，若泰然自安，贪冒荣显，任为公相，众所指名，又何以表率四方，仪刑多士？臣不胜倾心延首瞻系天衢之至。

白居易拜为苏州刺史。裴度戏仿李白送白居易，吟道：

　　故人西辞九凤楼，烟花五月下苏州。孤帆远影碧空尽，唯见渭水天际流。

白居易赞道："好个九凤楼，五月下苏州。"白居易接着戏吟道：

　　居易乘舟将欲行，忽闻岸上踏歌声。曲江池水深千尺，不及令公送我情。

　　苏杭虽距两京数千里，但白居易每有新作，便以竹制邮筒托邮差远寄裴度，让他分享自己生活的乐趣，并弥补裴度一心奉国、毕生无暇游览苏杭的缺憾。而裴度只能在品味诗味中想象那一方山水的神韵。
　　可是不久，白居易却又因病免职回京。令公得知此讯，淡然地吟道："升沉应已定，不必问君平。"（李白《送友人之蜀》）直至文宗新立，以秘书监召白居易入京，白居易才再迁刑部侍郎，封晋阳县男。大和初年，牛李党争，毁誉进退，生杀祸福，如旦暮变化。过了一年，他拜为河南尹，又以宾客分司东都。
　　早在顺宗永贞元年（805），刘禹锡被贬为朗州（湖南常德）司马，直至敬宗宝历二年（826），这二十年间，一直滞留在巴蜀一带的连州、和州、夔州等地。后来，又十年后，刘禹锡结束了二十三年贬斥生活，回京复命，途经扬州，欣逢北返的白居易，二人便在扬州盘桓半月，结伴而行，

一起北归,次年回到洛阳,当时,他写了《酬乐天扬州初逢席上见赠》:

巴山楚水凄凉地,二十三年弃置身。怀旧空吟闻笛赋,到乡翻似烂柯人。沈舟侧畔千帆过,病树前头万木春。今日听君歌一曲,暂凭杯酒长精神。

白居易写了《醉赠刘二十八使君》:

为我引杯添酒饮,与君把箸击盘歌。诗称国手徒为尔,命压人头可奈何。举眼风光长寂寞,满朝官职独蹉跎。亦知合被才名折,二十三年折太多。

刘禹锡是一位具有朴素唯物主义思想的思想家,曾在他的《天论》中阐发了他的无神论思想,但此时他也深怨老天的不公。

裴度与他二人久别重逢,留宴多日,才依依不舍,送他们赴京。

敬宗宝历二年(826)冬,刘禹锡由安徽和州刺史调任东都尚书省主客郎中。当时,被贬官员由边远州郡调至近处称量移。不过,这种宽宥必须在特赦或政治气候好转时,才有可能。赋闲宰相李绅设家宴招待他,他即席赋《赠李司空妓》:

高髻云鬟宫样妆,春风一曲杜韦娘。司空见惯浑闲事,断尽苏州刺史肠。

这就是后世成语司空见惯的出典。

二月初九日丁未,敬宗下《授裴度司空平章事制》:

朕周观帝王之道，春秋富则倚附旧老，享历久则简擢俊髦。故我玄宗开元之始，任宋璟、姚元崇之辈以调阴阳。东封之后，乃用李元纮、张九龄之俦以承法度。洎予恭守大位，于今二年。岩廊藩封，逮于左右，前后皆皇祖圣父之人，罔有易置。况勋望冠代，器业绝伦，副予揣论，赞此休运。凡百有位，敬而听之。山南西道节度观察处置等使、光禄大夫、守中书门下平章事、兼兴元尹、上柱国、晋国公裴度，以忘家捍患，协于宪宗。以匪躬不挠，佐于先帝。十拜相诏，四登帅坛。接士犹布衣之心，悲时急恋阙之思。价重乎内外，名殷乎华夷。藉是风猷，俾参大柄。且满吾志，亦用金闻。于戏！君臣合符，不可多得。千载一遇，犹为比肩。尔宜援古以自强，垂后以居重。文仲之画一，平阳之并容。诸葛持衡之公，相如行车之意。率彼四子，足为成人。服兹昌言，往践乃位。可守司空、同中书门下平章事。仍令所司，择日备礼册命。

这是裴度第四次出任宰相。

皇上自即位以来，老想巡幸东郡。宰相及朝臣劝谏者甚众，李逢吉也以天下不宁，耗资巨大劝谏，建议以后再说。皇上不听，决意必行，并已令度支员外郎卢贞维修东都宫阙，和沿路的行宫。裴度从容奏道："国家设立两都，本来就是准备让皇上巡幸的。自国家多难以来，此事不得已而停止。今宫阙营垒，百司廨舍，全已荒废。陛下倘欲行幸，应命有司在一年半载间徐加修葺，然后再去。况且当今天下不宁，圣驾一动，牵动全局，藩镇会不会相机而动，这才是臣最担心的事。"一席话，说得敬宗心惊肉跳，他拉着裴度的手说："从来谈论此事的人，都说不应前往。如卿所说，不去也罢。"

裴度对朝臣纷争，采取中立态度。裴度没有因与李逢吉政见不合，而反对他的劝谏，故意与之唱反调，反而赞同肯定，表现出一位大臣的全局眼光，海一样的胸怀和大臣风范。敬宗对奸臣们攻击裴度为朋党之首的话，再也不信了。

裴度做事，始终坚持"欲影正者端其表，欲下廉正者先其身"，故身正不怕影子斜，执义而行，任由他人去评说。

一日傍晚，裴度在中书省，左右忽报丢失印玺，裴度并未闻言失色。有的建议全府戒严，细细搜查；有的建议立即查处，有机会接触印信者。有人建议，细查月内文书，盗印之事自然水落石出。裴度闻言，摇摇头，说："只要以后引以为戒即可。"他反而命令大摆宴席，吹灭蜡烛，裴度饮酒自如，众人不晓其故。夜半宴酣，忽然左右报告，又在原处得印，裴度应也不应。事后，有人问他缘故，裴度曰："一定是吏人盗印书券。若急切逼索，就会投入水火；宽缓待之，则复还原处。"人们无不服其识量谋略。这正是：每临大事有静气，事出突然巧用机。

刘禹锡《奉和司空裴相公中书即事通简旧僚之作》：

> 谭笑在岩廊，人人尽所长。仪形见山立，文字动星光。日运丹青笔，时看赤白囊。伫闻戎马息，入贺领鸳行。

在此之前，朝廷派中使赐给幽州朱克融应季的军装，朱克融认为服装粗制滥造，就扣留了朝使杨文瑞，又上奏说："本道今年将士们春季的衣装不够，请求让度支供给三十万匹衣料。"又说："想率领兵马和工匠五千人去帮助修缮东都宫阙。"敬宗闻知这一赤裸的要挟，很是忧虑，就问众宰相，想派遣重臣去宣达慰问，并索回被扣留的中使。裴度回答说："朱克融全无君臣之礼，太过分了，大概是在作死。就像猛兽一样，在山林中咆哮跳跃，时间久了，它自然就会疲困，必定不敢随便离开巢穴。希望陛下不要派人宣慰，也不要索取派去的中使。十天之后，再下诏书说：'听说中使到了你们那里，举止稍有失礼的地方，等他回来，我自会给予处罚。当季的服装，有司制造得不够好，我很想知道详情，已下令分别处置。将士们的春衣，历来就不是由朝廷征调和发放，均由本道自行备办。我并不吝惜几十万匹衣料，但是从来没有这种规矩和先例，不能只给范阳发放春装，而招怨他镇。'至于朱克融所说的要出工匠帮助修缮东都宫阙，都是空话，若想直截了当地挫败他的奸谋，就说：'工匠应当迅速派来，已命令沿途各州依次安排准备供给食宿。'他收到这封诏书，必然仓皇失措。若是想姑且表示容忍，那么就说：'修缮宫阙的事，历来就有有司专门负责，不用地方工匠远道而来。'如此而已，不值得烦劳圣上忧心。"敬宗听了，连声称"善"，很高兴地依议而行。果然，挫败了朱克融的阴谋，使之放回了使者杨文瑞。

三月戊辰朔，壬午日，以工部尚书裴武出任同州刺史。丁亥，朝廷下命罢修东都。三月戊寅，皇上又去渔藻宫观看百舟竞渡。

横海节度使李全略去世，他的儿子副大使李同捷擅自兼任留后职务，用重礼贿赂相邻各道，想强行继承父亲的官职。

夏四月十一日，昭义留后、节度使刘从谏竟公然造反。夏五月庚辰，幽州卢龙的军队发生变乱，杀死朱克融和他的儿子朱延龄，军中拥立他的小儿子朱延嗣主持军务。闻讯，敬宗十分忧心，裴度对敬宗说："朱克融恶贯满盈，罪有应得。待臣用反间计制伏他。"

朱延嗣得到幽州卢龙节度使任命之后，残虐民人。二年九月戊寅，都知兵马使李载义和他的弟弟牙内兵马使李载宁一同杀了朱延嗣，并且屠杀了其全家三百多人，李载义暂时主持留后事务。从此，李载义控制了幽州。事态发展果然就如裴度预料的那样。但幽州、卢龙、沧景、横海、泽潞、昭义这三支割据势力仍一直是敬宗朝的心腹大患。

# 第二十九章　平定沧景

宝历二年（826），夏六月二十八日，敬宗到三殿，命令左右神策军、教坊、内园的人观看驴鞠，玩打球、徒手搏斗、杂戏。游戏激烈时，有的人折断了胳膊、打破了头。直到夜深游戏才停止，敬宗还是意犹未尽。

七月二十七日，宣旨拿出左藏库现有的银子十万两、金子七千两，全部贮存在内藏库中，以便宫中游戏时赏赐。裴度闻讯，极力劝谏。皇上不听，仍将大批库银搬出。八月丙申，敬宗又在新开挖的池沼中观看百舟竞渡。由于滥赏乱赐，造成国库空虚，度支艰难

八月丙申，以裴度兼领判度支。一直至文宗太和元年（827）十月解除节度使、守司空。前后长达十四个月之久。张籍有《和裴司空酬满城杨少尹》：

圣朝偏重大司空，人咏元和第一功。拥节高临汉水上，题诗

远入舜城中。共惊向老多年别,更忆登科旧日同。谁不望归丞相府,江边杨柳又秋风。

张籍又作《和裴司空即事通简旧僚》:

肃肃上台坐,四方皆仰风。当朝奉明政,早日立元功。独对赤墀下,密宣黄阁中。犹闻动高韵,思与旧僚同。

九月甲戌,敬宗又在宣政殿观看百戏,整整三天才罢休。百官戏言,宣政殿本为理政之所,竟然成了勾栏瓦肆。

九月壬午,李程检校兵部尚书,同平章事、河阳节度使。九月戊寅,李光颜逝世,享年六十六,赠太尉,谥曰忠。裴度率众臣祭奠李太尉。

十一月甲申,由于皇上日渐看清了李逢吉的奸佞本质,罢免了他的检校司空、同平章事,出为山南东道节度使。次日,十一月乙酉日,同州刺史武昭病卒。敬宗末年,李绅才由寿州刺史调为太子宾客,分司东都。

宝历三年(827)岁次丁未。敬宗少年骄纵,坐朝日稀,裴度劝奏,皇帝上殿视事才稍微频繁了一些。

敬宗游戏没有节制,招募了许多大力士,日夜不离身边。他又喜欢在深夜亲自去捉狐狸,彻夜折腾,坐朝又日益稀少。他性情狭隘急躁,有的大力士恃恩不恭,就被发配流放、没收财产。宦官犯一点小错,动不动就遭到棍打鞭抽,他们都又怨恨又害怕。

宝历三年十二月初八日辛丑,敬宗李湛夜里打猎回宫,因没抓到猎物,十分气恼。宦官刘克明、田务澄、许文端,及打球的健将苏佐明、王嘉宪、石从宽、阎唯直等二十八人,陪敬宗一起喝酒。敬宗饮酒间,罚这个,骂那个。一会儿,又进室内去小便。人们忧心忡忡,担心今天不知谁又要没命了。突然,殿上的蜡烛忽然熄灭了。有人说:"伴君如伴虎。与其等死,还不如先下手!"苏佐明等积怨很深的人,就在室内勒死了敬宗。这正是:人无远虑,必有近忧。世事难预料,祸福顷刻间。敬宗死时,年仅十八岁。他做皇帝三年还差一个月。谥号睿武昭愍皇帝,葬于庄陵。欧阳修评论说:"忧劳可以兴国,逸豫可以亡身。"至理名言呀!

刘克明等人伪称敬宗的旨意,命令翰林学士路隋草拟遗诏,委任绛王李悟暂时主管军国大事。初九日,宣布遗诏,绛王在紫宸殿外廊接见宰相等百官。第二天凌晨,裴度闻讯,也震惊不已。刘克明等人想要更换掌权的内侍,使其他宦官十分忧惧。枢密使王守澄、杨承和、中尉魏从简、梁守谦密议,请来裴度以决大事。裴度认为江王李涵已年届十八,处事较稳健,应召他入宫主事,决不能让弑君奸党得逞,而应坚决果断地除掉他们。王守澄等均以为必须行动。于是,便紧锣密鼓分头行动,决定由韦处厚拟定登极诏书,而由裴度在宫外与众大臣沟通,统一思想。派禁卫军迎接江王李涵进宫,派出左右神策六军、飞龙兵进宫讨伐贼党,全杀了他们。刘克明跳到井里,又被拉出来杀了。绛王李悟也被乱兵所杀。

当时,事发突然,王守澄等因深知裴度、翰林学士韦处厚博古通今,一夜之间,所有的事宜,都和他们共同商议。王守澄等人想要号令朝廷内外,又对以什么名义发布而犹豫不定。韦处厚说:"名正言顺讨伐逆贼,完全符合道义,没必要疑虑?"王守澄等又问:"江王应当怎样即位?"裴度、韦处厚说:"明天早晨,应当用江王的教令宣告朝廷内外,说明已经平定了内乱,然后由群臣三次上表劝江王即位,用太皇太后的命令,宣读册书,命江王即皇帝位。"众人依从,没再去问有关的官员。各种礼仪法度,都出自韦处厚的安排,没有一项不妥当的。太皇太后郭氏为郭子仪的孙女,即宪宗懿安皇后。朝命下令道:

大行皇帝睿哲多能,对越天命,宜荷九庙之重,永享亿年之祚。岂谓奸妖窃发,矫专神器,蛊惑中外,煽诱群情,骇动神人，衅深枭獍。洺尔江王，聪哲精粹，清明在躬，智算机闲，玄谋雷发，躬率义勇，大清丑类，冗膺当璧之符，撼枕戈之愤，既歼巨逆，当享丰福。是命尔陟于元后，宜令司空、平章事、晋国公（裴）度奉册即皇帝位。

因当时政局动荡，初十日癸卯，依韦处厚建议任命裴度兼任首相，摄冢宰。韦处厚与裴度两位重臣运筹帷幄，很快就稳住了时局。为此，裴度写了《律中黄钟赋》（以"圣人有以见天地之赜"为韵）：

古者推历生律，悬法示人。在寒暑之未兆，已斟酌于至神。故能推一阳之生，为三正之始。察黄钟之气，煦然以升；辨青帝之功，微而可纪。外去涸之节，内见发生之理。具无形而有声，徒明目而聪耳。得于心而不昧，藏诸身而有以。人事尚昧于先春，天统已彰于建子。若夫众象高悬，可伺察于穹天。群形多类，可区别于厚地。虽纷纶而靡极，终视听之攸记。未若竹管之用，前知几时。葭灰之动，罔失毫厘。物之先见，应必在兹。取窍厚而均者，当微眇而候之。是则阴阳之运，变化之期。易以形隐，难以气欺。懿其十一月之节，十二辰之首。因积小以成大，得出无而入有。遂能以吹灰于中，动谷于口。亦犹道之生一，宛在阳之初九。观乎穷天地之性，兴邦国之政。洎纯阴之始凝，导太阳之将盛。何制器之精微，可验物于辽琼。故曰述之者明，作之者圣。所以观一管之动静，效五音之邪正。斯乃造物于又元，考时於至赜；就两仪之茫昧，先万物而探索。六律六吕，由是以相生；八风八音，由兹而卒获。矧夫国家仰合天法，俯回天眷。既用晦而必明，亦处蒙而可见。敦气数之元本，去声色于寓县。彼唐尧敬授，羲和钦若，未曰穷微而知变。

古代音乐有十二调（即从低到高的十二个标准音），由黄钟至无射这些排在奇数阳位的六个称六律，由大吕至应钟这些排在偶数阴位的六个称六吕。古人"推历生律，悬法示人"，其目的在于"穷微而知变"，也就是要求执政者应见微知著，防患于未然，倡瑞于将萌，以创建和谐社会。

十二月十二日乙巳，江王李昂（809—826—840）于宣政殿即位，时年十八虚岁，史称唐文宗。他是穆宗第二子，原名涵，登极时改为今名昂。三天后的戊申，李昂才开始亲政。十二月十七日庚戌，兵部侍郎、翰林学士韦处厚为中书侍郎、同平章事。因裴度辅立新君有功，十二月二十八日庚申，裴度任首相，兼门下侍郎，太清宫使，集贤殿大学士，余如故。这是裴度第四次入相。庚申，窦易直为尚书右仆射。裴度建议召白居易回京，担任秘书监。不久，又升白居易为刑部侍郎。

李昂励精图治，遵行国法，裁撤冗官，放出部分五坊鹰犬，减少乐工，罢停贡献，力戒奢侈，实行节俭。庚申日，又下诏令把没职事的宫女，全放出宫去，达三千多人。官吏供给宫中每年支用的物品，一并依照元和年间的老规矩去办。宫中人员计减少教坊、翰林苑、总监等人员一千二百多名，停发各司新加的衣粮。每逢单日，没有不上朝办公的。裴度认为天下太平有望，但他又对李昂裁处军国大事不够果决，心存疑虑。文宗对左右说："朕阅历尚浅，若不甲夜理事，乙夜览书，何以为人君？"皇上对待制官员每每多有询问请教，但宽柔有余，明强不足。

文宗时，中书舍人卢渥应举之时，偶从御沟墙外经过，听到宫墙内传来低回哀婉的歌声，一听，唱的竟是张祜的《何满子》：

故国三千里，深宫二十年。一声何满子，双泪落君前。

他看着御沟流出的秋水，似乎觉得那不息流水就是深宫旷妇的泪河。

突然他看到御沟漂出一片枫叶，其上似有字迹，便弯腰随手捞了起来，仔细一看，上面竟然题有小诗一首：

水流何太急，深宫尽日闲。殷勤谢红叶，好去到人间。

卢渥把它珍藏在箱子里许久，还和诗一首：

独步天沟岸，临流得叶时。此情谁会得，肠断一联诗。

一天，他突发奇想，又从上流将题诗红叶投入御沟。卢渥应举之后，回到范阳做官去了。后来，文宗放还宫女嫁人，嫁给卢渥的正是那个红叶题诗的韩姓宫女。他见到当年所题的红叶诗，无比感慨，其他的人也无不惊讶。韩氏复题诗道：

一联佳句随流水，十载幽思常萦怀。今日却成鸾凤友，方知红叶是良缘。

当时，王守澄勾结一些小人私议朝政，刚即位的文宗在延英殿召见宰相，说："诸公有心实现太平，该由什么途径实现呢？"牛僧孺说："臣身为待罪宰相，难能实现小康大同，然而太平能没有气象吗？现在四方戎夷不侵扰内地，百姓安居乐业，百官诸姓无豪强，没有人敢蒙蔽皇上，臣民没有怨愤。这种局面即使没有达到强盛，也可以称得上天下太平了。而陛下却还要追求太平，恐怕不是为臣所能达到的。"退朝后，他对众宰相说："皇上如此督责我等，谋求大成功，显然对鄙人不满，我还能长期待下去吗？"于是，他坚决请求罢职。不久，便转任检校尚书左仆射平章事，淮南节度副大使。

天子急于求治，选人不慎，致使李训、郑注等小人乘机而入，几乎使社稷倾覆。

朝廷为表彰忠良，下诏开始兴建高陵县西平王李公晟祠。

大和元年（827）岁次丁未，正月，乌重胤守司徒，没几天竟病亡于私第。

文宗即位次年，春二月乙巳，才大赦天下，改元大和。文宗首次登殿，郎官有偷偷窥视的。皇上发觉，退朝后，他告诉宰相裴度说："刚才省郎班内某人，忽然窥视于朕，为什么？"裴度回答说："省郎职位卑微，怎么能这样！可按规制，痛责一顿。"皇上说："此事小，不打了。"

杜牧出自长安名门，父祖均是不小的官员，加之他才华出众，小小年纪，就誉满京华，所以，举荐他考进士的达官贵人竟达二十多人。唐文宗大和二年（828），杜牧赴洛阳赶考。太学博士吴武陵特意为他去走主考官礼部侍郎崔郾的门子。他介绍并夸赞了杜牧几句，才拿出杜牧新作《阿房宫赋》让崔郾看。崔郾看后，赞不绝口："真乃奇才奇文也。"等到东都洛阳放榜，杜牧以二十六岁的小小年纪，就在同榜所录三十三个进士中高中第五名。及第后，还得到长安参加一次考试，通过者才能真正授官。新科进士们于正二月间赶赴长安，启程前，他给一位朋友写了一封诗信——《及第后寄长安故人》：

东都放榜花未开，三十三人走马回。秦地少年多酿酒，即将春色入关来。

诗中"入关"即是西入潼关，也是通过关试的双关语。字里行间都洋溢着他春风得意的喜悦与踌躇满志的自信。春三月，他通过唐文宗亲自主持的制科考试，官授宏文馆校书郎。

赴任前，杜牧与两位即将分别的同年去游文公寺。入寺，两位同年代他向老僧通报姓名，说："这就是杜南名门杜太保（杜佑）之孙，杜驾部郎中（杜式）的公子，新科进士杜牧之。"他们料想和尚一定会说："久闻大名，如雷贯耳。失敬，失敬。"可老和尚竟连声说："恕老僧闻所未闻，阿弥陀佛。"只奉了一杯清茶，便呆若木鸡，再无他话。三人非常惊讶，如此名动京华的才人，近在咫尺的名寺住持竟然不知。这桶凉水浇来，才让热昏了头的杜牧似乎悟出了"一生功名如浮云"的真意。于是，他写下了《赠终南兰若僧》：

  家在城南杜曲旁，两枝仙桂一时芳。禅师都未知名姓，始觉空门意味长。

四月庚申，以太仆卿高瑀为忠武军节度使。从大历以来，节度使多出自禁军。禁军大将资历高的，都以成倍的利息，向富室贷钱。富户官吏则想方设法盘剥百姓，以贿赂中尉，动逾亿万，然后才能得到官职，官员的任命，从未由朝廷决定。到了镇所，他们则重敛以偿还所负债务。在当时人以财交的风气下，自然"有钱有势即相识，无财无势成路人"。

王沛病死于任所，裴度、韦处厚上奏以高瑀接任。高瑀历来清廉。属下送礼，他一文钱也不收。中外互相视贺道："自今以后，债帅少矣。"故有识之士皮日休的《读司马法》称："古之取天下也，以民心；今之取天下也，以民命。"其《原谤》则深刻揭示了当时社会矛盾激化的原因，"呜呼！尧舜大圣也，民且谤之；后之王天下者，有不为尧舜之行者，则民扼其吭，捽其首，辱而逐之，折而族之，不为甚矣。"

文宗特下《崇俭诏》：

  盖俭以足用，令出唯行，著在前经，斯为理本。朕自临四海，悯元元之久困，日昃忘食，宵兴疚怀。躬绝文绣之饰，尚愧茅茨之俭，亦喻卿士，形于诏条。如闻积习流弊，余风未革。车服第室，相高以华靡之制；资用货宝，固启于贪冒之源。有司不禁，侈俗滋煽，是朕之教导未敷，使兆庶昧于耻尚也。其何以足用行令，臻于至理欤？永念惭叹，迨兹申敕。自今内外班列职位之士，其各务朴素，宏兹国风。有僭差尤甚者，御史列上。主者宣示中外，知朕意焉。

敬宗时，就曾让浙西每年打造二十件银妆具、缭绫千匹进奉。李德裕上奏请求从此免除："以上弘皇上俭约之德，普施恻隐之心。"文宗皇上也下令："一切进奉，全部罢停。"皇上特地下达《恤灾诏》，其文曰：

  朕嗣纂圣图，覆育生类，兢业寅畏，上承天休。而阴阳失和，膏泽愆候，害我稼穑，灾于黔黎。有过在予，敢忘咎责，是用避殿彻乐，减膳省刑，思惕虑以覃思，庶荐诚而致雨。时泽未降已来，朕当避正殿，减供膳，太常教坊声乐，权停阅习，飞龙厩马，量减食粟。其百司官署厨馔，亦且权减。阴阳郁堙，縶系伤害，有紊和气，是乖燮调。今放出宫人一千人。其诸道今年合进鹰犬，宜数内停减一百头；在五坊者，宜减放一百头。京城囚徒，虑有冤滞，已委疏决，务从宽降，宜令郑覃、令狐楚速具条疏闻奏。内外诸司，先有修造，稍非急切者，并宜停省。公卿百僚，及戚里旧将相之家，如有僭侈逾制，委御史台纠察闻奏。诸州府长吏及县令，有贪纵苛暴者，委御史台访察闻奏。名山大川及能兴云致雨者，各委长吏精诚祈祷。
  于戏！朕受天眷佑，为人父母，旰作沴，焦劳匪（非）宁。

遍祀山川，靡爱圭璧，菲食罪己，缓狱消灾。载深勤雨之心，冀警纳隍之戒，凡百士庶，宜谅予怀。

为了改善财政，唐文宗李昂采纳裴度的奏请，下达《允裴度奏勿废飞狐县铸钱诏》：

鼓铸之利合归有司。制置已成，难亟更改。其飞狐，依前令度支收营。其甲价，便以新钱充。其所由工匠，令院司观察使计会，具挟名申，不得广占人户，侵扰州县。

夏五月十五日，任命天平节度使乌重胤为横海节度使。沧景节度使李全略病死，其子李同捷窃弄兵权，阴谋继承父亲兵权，袭封爵位，但朝廷担心河南、河北的节度使煽动李同捷，让他抗拒朝命，才任命前横海节度副使李同捷为兖海节度使。实际是将他调离原地，以使之将兵分离，不能作乱。李同捷借口被将士们所挽留，不接受诏命。裴度态度坚决，请求讨伐。于是，朝廷加封魏博的史宪诚为同平章事。五月丙子，横海军节度使乌重胤出兵讨伐李同捷。

六月癸巳，淮南节度副使王播为尚书左仆射、同中书门下平章事。

七月，有人议论史宪诚造反。裴度不知道他所做的那些事，以为史宪诚没有二心，毅然担保史宪诚不反。史宪诚与李全略是儿女姻亲，等到九月，李同捷反叛朝廷，史宪诚竟秘密运送粮食资助他。史宪诚派亲信的官吏到中书省去问事，韦处厚对他说："晋国公（裴度）在皇上面前用他全族上百条性命为你的主子担保，我韦处厚可不会那样做，只等他弄出什么事来，自有朝廷王法处置。"史宪诚才害了怕，不敢再与李同捷来往。

秋，七月癸酉，葬睿武昭愍孝皇帝于庄陵，庙号敬宗。

文宗下《以太师浑瑊配享德宗庙庭诏》以表彰功臣：

> 旌劝是先，允协念功之义，荐馐爱举，聿追配飨之仪。赠太师浑瑊，钟秀诞灵，逢时翼圣，铭镂金石，带砺山河。绩既著于先朝，业宜光于后嗣，俾之从祀，用表遗勋。宜配享德宗庙庭。

二十五日，武宁节度使王智兴奏请朝廷，要率领本军三万人，自备五个月的粮食，去讨伐李同捷。文宗准许。八月十一日，朝廷削去了李同捷的官爵。

十月，路隋对皇上说："宰相任重，不宜兼理金谷琐碎之务，如杨国忠、元载、皇甫镈皆奸臣所为，不足效法。"皇上以为对。于是，十月丙辰月丙寅日，裴度辞去度支，皇上许之。

十月间，乌重胤多次击败李同捷。十一月丙寅，一代名将乌重胤薨逝。享年六十七。其手下二十几位将士，竟然效法介子推割股饲君，割下身上的肉来祭奠他。

十二月庚戌，王智兴为沧州行营招抚使。唐文宗李昂下《册裴度司空文》：

> 维年月日甲子，皇帝若曰：三台罗列，以承斗极。皇王取象，以建三公，将以调阴阳，乂万国，论道兴化，与天地参，故职官物采，不足以昭彰物数，于是有明庭册拜、清庙谒见之礼，以尊异之。咨尔金紫光禄大夫、守中书侍郎、同中书门下平章事、兼淮南节度副大使、知节度事、晋国公裴度，有文理，有武功，有直声，有忠节，宏深如大浸，峭拔如乔岳。爱人如慈母，宰物如权衡。师儒术于素王，授兵符于黄石。百行九德，叠于其躬。先王以上圣之资，启中兴之运，咸有一德，时唯汝谐召。云命吕翁，受交感。翌助神算，底绥四方。大纛旆东摇，淮夷荡定。长策独运，全齐以平。解纷消疢，无小无大；去权树善，或

显或晦。非可以造次，详非可以一二计。肆尔小子，昔当守器，休功令问，充溢听闻。逮此缵承，委重藩镇。达经国之大体，有事君之小心。知无不为，功多不伐。可谓社稷之元老，经济之宏材者也。予嘉乃勋，懿乃德庸，建尔于上公。尔唯省厥初，念厥终任。天下之安危，为夷夏之表式。俾先帝之鸿业休德，不坠于地。俾予一人实受其福。于戏！敬哉。

太和二年（828）岁次戊申春二月二十五日，文宗亲自主持策问考试，选拔贤良方正等人才。昌平人刘蕡在对策中，极力批评宦官之祸，切中时弊，考官们非常赞赏。考官左散骑常侍冯宿等人看见刘蕡的策文，都赞叹不已，然而害怕权贵宦官，不敢录取。

闰三月初九日，裴休、李郃、李甘、杜牧、马植、崔玙、王式、崔慎中等二十二人在科考中，被录为贤良方正，并授了官职。诏书颁下，却无第一名刘蕡，顿时舆论哗然，许多人愤愤不平。裴度向裴休道喜，裴休却为刘蕡叫屈。李郃上书说："刘蕡落榜不第，我们这些人中举登科，能不羞愧吗！因为刘蕡指责权宦，不敢秉公录取。这样，恐怕断绝忠正贤良之士的晋身之路，国家的纲常法纪就败坏了。况且，臣等所对答的策书远不如刘蕡，请把授给微臣等的官职收回，授给刘蕡，以表彰他的忠直。"文宗未予答复。刘蕡因此未能在朝廷做官，最后死在节度使幕府御史的职位上。

此前，裴休与兄长裴俦、弟弟裴俅，在济源家私读书，十年足不出户。一天，邻人猎得一只梅花鹿，送来一些鹿肉。兄弟请他去吃，他说："我等穷生，平日蔬食尚且不足果腹，今日吃了鹿肉，以后接着吃什么？防微杜渐，当从今日开始，始终不肯吃。"他每天诵经吟诗，夜晚挑灯苦读，终于学业有成，小有文名。时人有"俅不如俦，俦不如休"之说。裴度亲自去面贺。

六月，王庭凑暗中用朝廷专供士兵的食盐与粮食帮助李同捷。文宗发觉，决计调兵讨伐他。

七月辛丑，魏博节度使史宪诚及同捷战于平原，大败其军。八月，王庭凑又造了反。柳公济、刘从谏分别打败李同捷、王庭凑；九月，二将又打败了李同捷。

十月癸酉，窦易直检校尚书左仆射、平章事、山南东道节度使。庚申，史宪诚、李载义先后打败了李同捷。至十二月，李同捷的军事形势一天天困窘，王庭凑再也无法救助。

该年，胡证病逝于广州任所，享年七十一岁，追赠左拾遗。十二月壬申，韦处厚也去世了。当时，他正在朝廷奏事，突然发病，昏倒在香案前，皇帝命令车舆送其回府第，竟一夕而亡，年仅五十六岁，追赠司空。裴度悲叹："朝廷又失一位良相能臣。"戊寅，以兵部侍郎、翰林学士路隋为相。

大和三年（829）岁次己酉春，五十八岁的白居易分司东都洛阳，成了一名闲官。

四月十三日，朝命贬柏耆为循州司户。各道军队攻打李同捷。李同捷向沧景节度使李祐请求投降；五月十二日，加封李载义为同平章事。柏耆怀疑李同捷是诈降，就亲自带领数百名骑兵驰入沧州，借故杀了万洪，抓捕了李同捷及其家属送往京师。群贼无帅，不几天，李同捷的手下又丢失了德州。二十六日，押解到达将陵，有人说王庭凑想劫走李同捷，李祐就在将陵斩了李同捷，把首级传送京师。柏耆捕得李同捷，独占功劳，众将都忌恨他，争着上奏表论列他的恶行。起初，李祐听说柏耆杀了万洪，大吃一惊，病就加重了。文宗说："李祐如果死了，是柏耆害死的。"二十五日癸酉，又赐柏耆自杀。平叛功臣，就这样死于非命。不久，沧州、景州各地全都平定了。朝廷下诏，对沧、景、德、棣四州百姓给复一年。为此，朝廷特地下达了《平李同捷德音》：

王者诛暴乱，吊伤残，明赏报功，拯弊绥众，盖为邦之大纪也。

李同捷顷自先朝，擅谋专土，辄抗成命，私行墨缞。暨朕临御，实思含垢，授之以兖海，谕之以诏书，使臣相望，凶妄自若。而更挺妖结党，劫众阻兵，毒流无辜，害被（披）阖境。由是藩臣沥恳，卿士献规，至于兴戈，谅非得已。自元戎环壤，王旅进攻，卵窥危巢，飙振槁叶。动必乘彼机会，退皆扼其咽喉，故戴义启入郭之殊庸，李祐展下城之胜略，累稔逋寇，一朝削平。此诚天人合符，中外叶力，永言勋效，无忘寤思。其戴义及李祐应加爵命，并、幽州及齐、德两道行营将士，各有赏赐，并已从别敕处分。其赐物仍委度支逐便速与支送，仍命使臣分往宣慰，各于当处，厚加宴劳。其立功军将未经宠授者，委戴义、李祐即差次等第，速具闻奏，即有甄奖，用答勋勤。李同捷力屈计穷，方图转祸。朕好生存性，初议贷刑。而面缚在途，阴怀狡计，夜纵火号，潜诱家童，更谋网漏，自速枭献。悯彼凶魁，坐沉家族，顾兹贻戚，载轸予怀。其母孙氏、妻崔氏并男及家口等，并宜特从宽宥，令于湖南管内诸州有空闲处安置。其归降将卒不涉翻覆者，委戴义、李祐审加勘实，各与衣粮，分配驱使。其沧、景等州将士，有谋执凶党，竟遭诛夷，或虽被劫致，能全名节者，并委李祐按实条奏，量加赠录。其沧、景、德、棣等四州百姓，有是近日被贼点召团结者，并放归营农。除非同恶相济，以死拒命者，余一切不问。四州百姓，久陷污俗，每罹威虐，莫非吾人。今既脱难，当施德令，并宜给复一年，不能自存者，量给种食。其刺史县令，仍令中书门下慎择循良，俾加存抚。应诸将校，自经战伐，或致死亡，载念捐躯，每深悯叹。并委戴义、李祐审加勘定，具名衔事迹申奏，即与褒赠。其长行官健阵亡者，并令所在长吏量与收葬，同为祭酹。其家口在者，各委本军优恤，仍三年勿绝粮赐。其有因中矢石遂致残废者，各委本军厚加存养，仍给衣粮，终身勿绝。敕旨有未该者，委戴义、李祐比类，更作条件奏闻。其昭义、义武等军行营在贼境者，比相掎角，皆有功勤，各另有处分。

于戏！整师除害，义切于安人；抚俗策勋，道存于布泽。爰申彝典，且乂新邦。咨尔多士，宜悉朕意。

西南报警，南昭兵马突然攻占重镇成都，掳掠男女工匠几万人而去。由于鞭长莫及，内忧尚在，只好听之任之，

八月辛亥，以相、卫、澶三州隶属于相卫节度使，何进滔却不接受朝命。八月壬申，朝廷为了牵制他，只好赦免了王庭凑。

沧景平定，史宪诚惧不自安，请向朝廷纳地，请求调往河中，并以李听代替他。当时，他全族归朝，担心魏军兵众会强行挽留，便想借李听兵力为保护。他请求下诏让李听以讨伐志沼之名入境，他会将清河道路让开。魏军听说李听大军进驻河北，非常恐惧，认为史宪诚出卖了他们。魏博军就于十月甲戌，发动军乱，连夜攻杀了史宪诚。军众推何进滔为帅，都支兵马使何进滔自称留后，请示朝命。朝廷下诏追认史宪诚为太尉。仅七年，史宪诚就兵败身死。正是：善恶有报，天道不爽。但对朝廷而言，死了一只虎，又来一只狼，实在无可奈何。

# 第三十章　宦海浮沉

裴度在讨平了李同捷后，又上书请求减少一些职务，辞去调兵食之权，归之于有司。诏书从之。朝命裴度进阶开府仪同三司，又为他增实封三百户。元稹拟写的《上门下裴相公书》曰：

> 通州司马元稹谨再拜献书相公阁下：昔者，相公之掾洛也，稹获陪侍道途，不以妄庸，咨及章启。则固窃闻阁下以文皇敕起居郎，书"居安思危"四字于笏上，为至戒矣。今陛下当晋武平吴之后，阁下即周公东征而还。安孰甚焉，思岂可废？况今四邸并开，扫门之宾竞至；碣石余浸，束身之款未坚，则阁下推食握发之意，何遽移之于高枕击钟之逸乎？且夫"得人则理"之谈，实老生之常语。至于切近，犹饥者欲食，不可恶熟俗而不言也。
>
> 若稹之末学浅见，又安敢引喻古昔于阁下？独忆得近日，故

裴兵部之为人也，甄辨清净，号为名流。及其为相也，构致群材，栋梁榱桷咸适，其用人颇隘之。至于激浊扬清，亦无所爱吝。是以秉政不累月，阁下自外僚为起居郎，韦相自巴州知制诰，张河南自邕幕为御史，李西川自饶州为杂端。密勿津梁之地，半得其人。如故韦简州勋及积等，拔于疑碍，置之朝行者又十数。然后排异己之巨敌，引协心之至交。当时一二年间，几至于奸无蹊隧，而政有根本矣。

及山东沴作，上以兵事咨之，则对以禁暴息人之外，不能有以佐震耀。是以樽俎之谋不专于廊庙，盖廉善精微之士素熟于心胸，而泛驾乘桴之才未尝校量于左右也。比于阁下今日之雄才大略为短矣。然而即世之后，虽无李严廖立之思，而十载之内，备将相、号名卿者多其引拔。呜呼！方鲍叔之功斯不细矣。

昨者，阁下方事淮蔡，独当炉锤，内蕴深谋，外排群议，始以追韩信、拔吕蒙为急务，固非叔孙通荐儒之日也。今殊勋既建，王化方行，亦常念魏郑公守成之难，而三复文皇帝思危之诏乎！以愚揆之，欲人之不怨，莫若迁授之有常；欲人之竭诚，莫若援拯于焚溺。何谓有常而不怨？以省言之，由后行为前行，以台言之，自察院转殿院。苟不如是，则怨矣。苟能如是，何怨哉！何谓援拯而竭诚？某又不敢移之于他人，借如小生之庸且昧也，固不及班行之中辈，又敢自让于郎吏之末者乎！

向使元和中，一年为拾遗，二年为补阙，不三四年为员外，又三四年为正郎，则宰物者虽朝许之以纶诰，暮许之以专席，厚则厚矣。遽贵其隳（同毁）肝沥胆，同厮养之用力，亦难哉！及夫为计不良，困于沟渎者十年矣。苟有舒其胝挛，置之趋走者，又安敢爱气力、吝心髓于和扁耶？是犹龟鼍之有泉，乌鸟之有林，何尝愧于水木？苟或萦而笼之，镣而槛之，其或放之、投之者，则必啁啾顾慕以报之，报其免于难也。今天下病沟渎，困笼槛，思阁下药之、养之、投之、放之者，岂特小生而已哉！且曩时之室阁下及小生者，岂不以阁下疏有"居安思危"之字为抵忌。对上以河南县尉非贬官为说乎！向非裴兵部一二明之，则某终老于穷贱，固其宜也。倘阁下复三二年迟回于外任，则少阳邀望之际，固未得奉煌煌之命，以周知其巢穴矣。当元济讨除之始，又安能定已成之策于上前，排未亡之疑于众口哉！

今天下能不有万一于阁下之才略，而犹跼足帖胁，私自怜爱其志力哉！况当今陛下在宥四海，与人为天，特降含垢弃瑕之书，且授随才任能之柄于阁下。阁下若能荡涤痕累，洞开嫌疑，弃仇如振尘，爱士如救馁，使恃才薄行者自赎于烦辱，以能见忌者骋力于通衢。上以副陛下咸与维新之怀，次以广阁下好善救人之道，使千百年外，谓阁下与裴兵部为交相短长，亦足为贤相矣，未尽善也。且夫当陛下肇临宇宙之初，与得天久照之后，愈光明矣。安有裴兵部拔群才于前则尽行，阁下拔群才于后则尽废。以阁下沐浴恩波之始，与徽猷克壮之秋，愈汪洋矣。又安有救裴寰之罪，换禹锡之官，则尽易。振天下之穷滞，行涣汗之条目，则尽难。某虽至愚，未敢然也。某自十年遭罹多故，每欲发书朋旧，尚不敢尽陈其情，岂不知干宰相有不测之罪耶！熟自计之，与其瘴死蛮夷，自题不遇之榜，比夫尘秽尊重，伏危言之刑无异也。聊因所善，缄献鄙诚。翘企刑书，不敢逃让，不宣。稹顿首。

元稹此信其实也是一封借指责对方而求仕的干谒信。

大和三年（829）岁次己酉三月，李晟祠落成，名相裴度撰《唐故太尉兼中书令西平郡王赠太师李公神道碑》碑文并序，刊刻立碑：

唯天锡成，命于我唐，保兹国祚，生此人杰，则西平王李公其是乎？不然何覆暴如风振槁叶，戴君若鳌冠灵山，横流之中，一匡而定！

公讳晟，字良器。其先陇西人，后徙京兆。曾祖嵩、皇珉州刺史。祖思恭，皇洮州刺史，赠幽州大都督。考钦，皇金吾卫大将军，陇右节度经略副史，赠太子太保。代有名迹，雄于西土。

公幼好学，学不为人，及读吕、张、孙、吴之书，慨然有经邦济世之志。未弱冠游秦、凉间，无侯宿将见者，成器异之。乾元初尝客武都，值酋豪以缺守构乱，杀略平人。公与所从十数骑驰而射之，殪其为魁者，余党遂遁，寇所掳获，积如邱山，公一无所取，椎牛酾酒，享士而去。邦人咸服，具状以闻，特拜左清道，率饰以金紫。将朝京师，自献方略。属裔夷纷扰，有士急贤，河、陇将帅，相继表用。历二府右职，所至常以才谋，为其委重。累迁至光禄太常卿，阶爵在第一品，泾原四镇，北庭节度都知兵马使，悬识虏态，周知地形，应变不穷，有夺有待，骥骤庭而莫展，云出岫而斯飞。代宗征以左金吾卫将军，为神策兵马使。属羌蛮犯蜀，朝廷济师，命公督禁旅，绝栈道而往救焉。公衔枚过险，出贼不意，连下坚壁，遂诛首恶。还，授检校太子宾客，且复旧职。

建中二年，田悦以魏叛，德宗极意致讨，悉起徂征，以公为神策先锋都知兵马使，加御史中丞，与河东、河南等道诸军合击。公济河而行，能以众正。及破洹水阵，解临洛围，轶魏属城、抵燕通邑，其摧锋衄锐，皆先群帅而实力焉。遥拜左散骑常侍兼御史大夫。厥功夫成，闻贼洮肆逆，皇居失守，西向痛哭，载驰载驱，行及代北，授检校工部尚书，充神策行营节度。公提孤军，募散卒，拊循训励，以达行在。值怀光中叛，大驾再迁，加检校右仆射，余如故，寻转左仆射，同平章事，兼京兆尹神策军、京畿鹿吺节度观察使，管内及商、华等州副元帅。公固守渭城，决平秦垒。调食制用，先发我私；捐甘攻苦，皆自我始；每一言一誓，声泪俱发。勇夫义士感而使之，蔑不济矣！

时自雍而东，延于汝洛，震于河、汴，所在征镇，乱掠相从。公介巨盗之间，使声援断绝，立成师之法，致号令严肃；搜捕十旬，指挥一举。乘墉壑而通轨道，磔枭獍以清官禁。俾九市三条，无辄肆之惊，无秋毫之犯。羽书速告，銮辂爰归。廓氛祲为祥光，掳忧愤为喜气。《诗》曰："允以君子，展也大成。"斯之谓欤！考古视今，论功称忠者多矣。若至危而安，至难而易，卓荦跨迈，如公莫俦。拜司徒兼中书令。俄以凶孽未宁，边防扰警，岐下任重，乃以本官兼凤翔尹、凤翔陇右节度观察使，及四镇、北庭、泾原等州副元帅，改封西平郡王，加食邑实封至一千五百户。公名慑戎王，政和藩部，始至而生植，少安而训齐，逮四载，赋舆十倍其初。会课入辅，拜太尉中书如故。人或谓公："勋望已高，宠渥已极，宜从容颐养，稍稍逊避。"公曰："不然。人臣外则尽力，内则尽心。若止偷荣，孰为且哲？"故每承帷幄之间，则言睇无隐，理夺不回。大指以东夏可平，西陲可复。或已行而事终不显，或未用而身遽不遗，以贞元九年八月四日薨于位。春秋六十七。德宗抚几哭于别次。自都邑达关畿，无士庶，无老幼、皆发哀相吊。则曩时安人兵之德，可谓浃于元元之骨髓矣！册赠太师、赙赠加等，以其年十二月十六日葬于高陵县奉政原，郑国夫人杜氏祔焉。自捐寝至安宅，皆上所办护。中贵反覆，万情所奉，如不及焉。

呜呼！以公之靖难扶倾，不言所利，虽存殁极位，始终殊礼，而天意若日，其福享未至，故迤延于后：曰愿，故检校司空，河中节度等使，赠司徒，五列雄镇，三为上公；曰聪，故光禄寺主簿；曰总，故太子中允，赠兵部郎中；曰慈，左神武大将军，赠洪州都督；曰恕，故光禄卿，赠右散骑常侍；曰凭，故右威卫大将军；曰宪，检校左散骑常侍，岭南观察等使，进因贵胄，达以善政；曰懃，故检校左仆射，同中书门下平章事，赠太尉，克广前修，仍执丑虏；曰懿，故渭南尉；曰听，检校司徒，义成军节度使，统戎按俗，是以似之；曰慕，右羽林将军；曰殷，岚州刺史，并地势吏用，兼而有焉。

粤太和元年秋七月，听拜疏上言：以公之微烈火则御制碑文于渭川矣；以公之风度则诏命图形于云台矣！唯大其丘山，郁彼松桢，望有祈山之象，拜无岘首之碑，将刊贞石，式表幽隧。乃命臣度称代言诗。其词曰：

建中季年，大盗忽焉。皇舆避狄，狩于梁川。顾谓太师、汝才汝略；将咸致讨、必殄寇虐。太师泣奉，捐躯誓众。度其成城，可以利用。赫矣铺敦，传于墙垣。手搏足？，如冲如援。一鼓而破，一摩而奔。扫清官闱、扫荡妖跨。我师莅止，我令行矣。都人不知、已事方喜。飞章告庆，饬驾言旋。鸿烈耀古，欢声动天。车服之锡，河山之势；九命而俯，一心若厉，俾候于岐，阜安边陲。藩政既成，衮职攸宜。岳降帝赉，矢言诡词；我后嘉献，我躬何为？道直气和，劳谦终吉。福履所绥，未至万一。上天不惠，厚穸遄归。垂裕流光，用延思晖。翼子肥家，将坛台席。继立奇功，代传休绩。听于伯仲，永怀高踪。请于朝廷，表是邱封。帝曰孝哉，胡可不从？宣我祖之丕业，尔父之嘉庸。乃诏作铭，以观亿龄。

　　　　特晋爵司空兼门下侍郎同中书门下平章事充集贤殿
　　　　　大学士上柱国晋国公臣裴度奉敕撰

>朝散大夫守尚书库部郎中，翰林侍书学士上柱国
>　　赐紫金鱼袋臣柳公权奉敕书并篆额
>太和三年岁次乙酉四月庚戌朔六日乙卯建

这通碑身通高四点三五米，宽一点四八米，厚零点四六米。蟠首龟座。裴文庄重严谨。碑文由书法家柳公权书丹，柳书端丽、秀润。《金石后录》评："晋公（裴度）之文成能风发电掣，凛凛有生气，特以诚恳（柳公权）书法为古今所重。"

面对宦官的专权以及吏治的无能，文宗想培植亲信，任命一些忠正干臣。在这种情况下，八月，浙西观察使李德裕被召入朝，出任兵部侍郎，文宗还想任命他做宰相。偏偏吏部侍郎李宗闵与李德裕有矛盾，想方设法从中阻挠。裴度也认为李德裕"才堪为宰相"，极力推荐他。李宗闵遂心生怨恨。其实，李宗闵也曾是裴度于元和十二年平淮西时，奏请为观察判官，才逐渐升至高位的。然而王守澄等奸臣，内揽大权，却力荐李宗闵为相，文宗怕他们逼宫，只好于八月二十七日甲戌，把吏部侍郎李宗闵擢为宰相，而派李德裕出镇义成军。李宗闵喜出望外，就设法排挤李德裕、裴度。因裴度在打击藩镇、维护国家统一方面，与李德裕父子观点一致，又得到韦处厚的支持，所以有人怀疑裴度为李党友人。李宗闵因有宦人为内助，首先秉政，且得到国君宠信，拉拢援引牛僧孺，设计罢免裴度政事，贬德裕出镇义成军，为郑滑节度使。二怨相济，凡德裕所友善的人，全被驱逐出朝。于是，二人权震天下，朋党牢不可破。这正是：用一奸人，恶徒茵集。

不久，李德裕调到剑南西川。南昭入侵蜀地，杜元颖战败，成都以南失去姚州、协州，西面失去维州、松州。德裕到任，沿边境修起多座筹边楼，考察地理形势，山川险易，路径远近，城郭堡塞，均详尽无遗，每二百户抽一丁，免其赋役，教习战法，平时军训，农忙时就从事农垦，形势

危急时就参战,称为"雄兵子弟",分设保义、保惠、慕义、连弩、飞星、奇锋、突骑、鸷击、流电、霆声等十多支军队,并修筑柔远城、仗义城、御侮城、且由天府之国输粮资前,南御蛮夷、西拒吐蕃,保障了一方平安,震慑西南。李德裕治蜀,重振国威,迫使南诏主动请求归还掠去的四千边民,吐蕃大酋长悉怛还请以维州归顺朝廷。

吐蕃请求缔结和约,结束近年双方剑拔弩张的局面。李德裕说:"韦皋经略西山,至死也未能夺占其地。现在让勇猛的两千羌兵烧毁十三桥,乘虚而入,就可马到成功。"文宗与众臣商议,大家均认可李德裕的计策。唯独牛僧孺反对,他说:"吐蕃地广人稀,绵延万里,失去一个维州,并无损于其强大。现在重修友好的使臣还未到,就忘了答应对方的话。况且,中华与四夷交往,以守信为第一,用兵为其次。其使者前来,可以责其'何故失信?'吐蕃赞普在蔚茹川牧马,如果向东袭扰陇东,将兵马驻在回中,用不了三天,就能抵达咸阳桥,京师又得戒严。即使得到一个维州,又有什么好处呢?"文宗以为他说的有理。当悉怛来投时,就下诏将悉怛与其降众押送回去,由吐蕃处置。不久,监军王践言回朝,说悉怛及余众全部被吐蕃杀害,从此,断了远人向化归顺之路。文宗这才后悔了。群臣均认为牛僧孺挟私报怨,阻挠德裕成功。皇上深以为恨,责备牛僧孺,他几次上书自请罢职。不久,李德裕又进位为中书舍人。文宗也以为僧孺出于私心,就以德裕为兵部尚书,并拜为同平章事。

朝廷惯例,丞郎拜见宰相,通报后,待一会儿才能会见,而且,非公事不敢打扰。但到了李宗闵执政时,太子太傅李听约了好友,带着美酒到李宗闵所在的内阁饮宴,直至酣醉才离去。至德裕执政,告诫御史们:"因公见宰相,必须先报告才行。退朝,百官均由龙尾道速速离去。"旧制,驸马都尉禁止与朝廷要员往来,现在,却公然进出宰臣私第和宫省。这种人无其他才能,只能泄露朝廷机密,交通内外,不禁止不行。于是,下令严禁。从此,再没人敢随意进入内阁。这对保守机密至关重要。

十二月己酉，裴度友人元颖也被贬为州刺史。

大和四年（830）岁次庚戌正月戊子日，文宗立其子李永为鲁王。刘禹锡代写了《为裴相公贺册鲁王表》：

> 臣某言：伏见制书以今月日册鲁王礼毕，皇家有庆，实祚无疆，既荣本枝，克固磐石。伏惟皇帝陛下德符列圣，道冠前王，孝敬承两宫之欢，虔恭奉九庙之祀。先崇大礼，庆浃天人。次念建封，事兼家国。伏以鲁王凤承睿训，特禀天姿，爰择吉辰，光膺宠册。既示之以君亲之道，又锡之以礼仪之邦。寰海闻风，室家相庆。臣自婴疾疹，已历旬时，不获展礼明庭，拜舞称贺。

正月辛卯，武昌节度使牛僧孺为兵部尚书，同平章事。这是因李宗闵想借重其为帮衬。二月乙卯，兴元军乱，杀了节度使李绛。当时，南昭内侵，文宗下令山南西道兵马前往救援。援兵未到，而南昭兵马已经退却。李绛遵诏遣散所招募的士兵，不料，却激起了欲借当兵来养家兵众的愤怒，很快演变成了一场兵变。乱兵杀了李绛与全家，他死时年仅六十七岁。

四月，裴度因年事已高，上疏恳请辞去机要政务。朝廷却仍要为裴度举行册封礼仪，他不拘虚礼，遂上《恳辞册礼表》：

> 臣蒙恩授前件官，准制取今月二十八日册命者。伏以公台崇礼，典册盛仪，庸臣当之，实谓忝越。况累承宠命，亦为便蕃，前后三度，已行此礼。令臣犹忝参枢近，窃惧无以弼谐，重此劳烦，有靦面目。伏乞天恩且课臣官效，责臣事实，册命之仪，特赐停罢。则素餐高位，空负耻于中心；弁冕辂车，免讥诮于众口。不胜惭惶恳迫之至。

皇上对他恩礼更加优厚，下达《答裴度奏辞册礼诏》：

> 裴度上献表章，固辞册礼。冲谦之志，发自恳诚。嘉叹良深，用依来请，其册礼宜权停。

皇上不许其辞官。每天还令中使到裴府慰问，并派御医到裴度府中诊视。文宗欲在内殿共赏牡丹花，也请裴度同赏。牡丹有许多名贵品种，如二乔、魏紫、姚黄、洛阳红、白牡丹、绿牡丹、焦骨牡丹等。再如娇容三度，初开为蓝绿，盛开时是粉红色，其后则变为白色，令人称奇。

文宗问侍臣程修己道："今京城传唱牡丹诗，谁称魁首？"程修己答道："中书舍人李正封诗云：'国色朝酣酒，天香夜染衣。'"裴度口诵刘禹锡《赏牡丹》诗："唯有牡丹真国色，花开时节动京城。"裴潾吟《白牡丹》诗：

> 长安豪贵惜春残，争赏先开紫牡丹。别有玉杯承露冷，无人起就月中看。

唐文宗对这些佳句叹赏不已。后人遂专以"国色天香"喻牡丹。

六月丁未，裴度又因疾不治政事，恳辞机务。文宗拜裴度为特进、守司徒，平章军国重事，散官勋实封如故。其中称赞裴度为"器为社稷之镇，才实邦国之桢"，"为国元老，毗予一人"。裴度历事德宗、顺宗、宪宗、穆宗、敬宗和文宗六朝，并在其中的后四朝曾数度任宰相，纵观历代，绝无仅有，堪称一人。确实是名副其实的四朝元老，国之重臣。皇上让他等疾病稍好，三五天到一次中书省。

重臣退避，宦官得势。中尉王守澄尤其专横，招权纳贿，文宗皇上难以控制。皇上担心宦官势强,且杀害宪宗、敬宗的逆党,有的仍在卧榻左右。皇上因宋申锡沉厚忠谨,大事可以倚重,遂擢其为尚书右丞。他尝秘密与翰林学士宋申锡谈论防范之计。宋申锡请渐次削除王守澄的威权。六月己酉,以路隋为门下侍郎,又召拜崔从(字子乂),为户部尚书。李宗闵则任中书侍郎。

李宗闵因崔从与裴度、李德裕友善,厌恶他,处处掣肘为难。崔从无法施展,便要求致仕。李宗闵顺水推舟,除崔从为太子宾客,去分司东都,告满百日后离京。此事传开,舆论哗然。李宗闵没想到会捅了这一娄子,心中十分恐惧,权且退了一步,改授崔从为检校尚书左仆射、淮南节度副大使,知节度事。

李德裕三度在浙西为官,前后出入约十年。不久,他又左迁淮南节度使,去接任牛僧孺。牛僧孺将军政事务移交给留后张鹭后,就急不可耐地离任回京去了。当时,淮南留府钱依例为八十万缗,德裕到任后,却只上奏了四十万,声称其一半被张氏挥霍了。牛党谏官姚合、魏謩上奏称:德裕之所以这样做,完全是挟私报复牛僧孺。皇上便召德裕复核此事。德裕上言:"前后任交接,照例留一半以备水旱,或供军饷用度。"于是索取王璠、段文昌、崔从前三任交接的帐簿,幸好帐册俱在。一清查,这三次交接,唯有前任死在任所,牛僧孺才接任,留用得最多。于是,李德裕上表自劾:"臣初到任,不懂旧例,并非胡乱诬告。"他自请留任待罪,皇上还是宽宥了他。

七月,裴度因自己功高位极,不能无虑,便稍稍"诡迹避祸","恳辞机政",并提拔一些自己的亲信,以营造一个较和谐的环境氛围。李宗闵与牛僧孺辅政,借机排挤裴度。右补阙张文规因追随裴度,很快被贬为温县令。裴度便奏请将之置于自己的幕府中。这正是:人在江湖,身不由己。裴度虽然疾恶如仇,面对盘根错节、牢不可破的朋党集团,也只好退而求其次。他屡屡为奸邪所排挤,几至颠沛危殆。到了晚年,裴度也稍为

"自安之计"，顺势"浮沉以避祸"，希望能与奸人们井水不犯河水，大路朝天，各走半边了。

李昂不甘将自身的废立生杀攥在宦官手中，便很注意任用一些不依附宦官的正直之士。七月癸未，为人正直的尚书右丞宋申锡为同中书门下平章事。

在李宗闵、牛僧儒排挤下，九月壬午裴度被罢为司徒，兼侍中，襄州刺史、山南东道（治所在襄阳）节度观察使、临汉监牧，成了使相。裴度上表恳辞册命封赠典礼。其表文云："臣此官已三次受册礼，实感有腼面目。"文宗依从了他，免了册封仪式。裴度请让其子裴谞、裴让从行，皇上全部照准。裴度之子裴让当时任京兆府参军。

听说裴相外任，一日清晨，白居易来到裴府。裴度问他："今日前来，有何见教？"白居易以孟浩然诗句"待到重阳日，还来就菊花"作答。裴则借白居易诗句"菊花佳酿熟，与君一陶然"应之。裴度说："老夫前往襄阳，重阳佳日，恐只能登高遥望，满目秋色。届时，唯有'他乡共饮菊花酒，万里同悲鸿雁天'了。"这番话别后，裴度即行启程。

裴度到任不久，发现临汉监牧空占百姓良田千顷，却养马不多，百姓缺少糊口土地，他就罢除了元和年间所置的监牧区，还田给襄樊士人，赢得万民称颂。他又将牧马千匹交纳兵校去就地饲养，以利随时训马，也免得其兵卒无所事事，空耗钱粮。过了许久，对当时政治已失去信心的裴度，决心以年老辞官，但几次上书，皇上均不允许。

为了褒奖，朝廷遂下达了白居易拟《裴度李夷简王播郑絪杨于陵等各赐爵并回授爵制》：

> 敕：《礼》云"臣下竭力尽忠，以立功于国者，必报之以爵禄"，此言上之不虚取于下也。而司空度等，咸以忠力作股肱心

膂之臣，大节大劳，书在甲令。然则功如是，忠如是，高爵重秩，予何爱焉？故于统御之初，先行信赏，诏主爵者，合为奏书，或加宠进封，或延恩任子，次勤第品，咸按旧章，行乎敬之，无忝予一人之嘉命。可依前件。

同时还下达了白居易所拟的《裴度韩宏等各赐一子官并授侄女婿等制》：

敕：某官某等：谒庙郊天，改元肆眚，是为大庆，与众共之。刻股肱心膂之臣，与吾同体，延赏任子，其可废乎？尔等或以文华，或以吏职，有所修立，禀于义方。自当褒升，况霑庆泽。俾举展亲之曲，用叶推恩之道。犹子爱婿，各命以官。尔其敬承，无忝朝奖。可依前件。

裴度《窦七中丞见示初至夏口献元戎诗，辄戏和之》曰：

出佐青油幕，来吟白雪篇。须为九皋鹤，莫上五湖船。故态君应在，新诗我亦便。元侯看再入，好被暂流连。

李逢吉千方百计扶其侄李训登上了政坛，才松了一口气。可是，不久，他却因脚有病，不能上朝。不得已，只好以司徒致仕。至大和四年（830），就病死了，享年七十八岁。李逢吉身后无子。这真应了一句谚语："做事阴损，断子绝孙。获罪于天，无所祷也。"

大和四年九月，唐文宗李昂下《加加裴度司徒诏》：

昔，汉以孔光，降置几之诏；晋以郑冲，申奉册之命。虽优隆重耆德，显重元臣。而议政不及于咨询，用礼止在于安逸。朕勤求至理，所宝唯贤。顾諟旧劳，敢不加敬。繇是委宰制于大政，释参决于繁务。时因听断，诚望弼谐。迁秩上公，式是殊宠。特进、守司徒、兼门下侍郎、同中书门下平章事、充集贤殿大学士、上柱国、晋国公、食邑三千户、食实封三百户裴度，禀河岳之英灵，受乾坤之娴气。珪璋特达，城府洞开。外茂九功，内苞一德。器为社稷之镇，才实邦国之桢。故能祗事累朝，宣融景化。在宪宗时，扫涤区宇，尔则有出军殄寇之勋。在穆宗时，混同文轨，尔则有参戎入辅之绩。在敬宗时，阜康兆庶，尔则有活国庇人之勤。迨弼朕躬，总齐方夏，尔则有吊伐底宁之力。皆不遗朝算，布在简编。功利及人，不可悉数。而朝论益重，我心实知。方用皋陶之谟，适值留侯之疾。沥恳牢让，备列于奏章，塞诏上言，动形于言色。果闻勿药之喜，更俟调鼎之功。而体力未和，音容尚阻。不有优崇之命，孰彰宠待之恩。宜其协赞机衡，宏敷教典。论道而仪型卿士，宣德而镇抚华夷。啬养精神，保绥福履。为国元老，毗予一人。可司徒、平章军国重事，待疾损日，每三日、五日一入中书。散官、勋封、实封如故。

这是裴度第四次罢相。大和四年十月，李德裕调为剑南西川节度使。

# 第三十一章　绿野赋闲

大和五年（831）岁次辛亥，春正月丁巳日，朝廷改沧、济、德三州驻军为义昌军。李宗闵当国，屡称牛僧孺德才兼备，不应长期弃置外任，牛僧孺不久就又以兵部尚书入朝为平章事。

正月庚申日，幽州、卢龙军乱，驱逐节度使李载义，杀了莫州刺史张庆初，兵马使杨志诚自称留后。文宗问计于僧孺，他说："陛下，这不足为虑。自从安史之乱以来，范阳已近五十余年不再与朝廷休戚与共，形同异邦。前几年，刘总举全境归顺朝廷，朝廷白耗费了上百万钱财，却没得到范阳上缴的一尺帛、一斗米。没多久，又丢失了范阳。现在的志诚，不就是过去的李载义么。为今之计，只要授给他节度使的头衔，让他抵御奚、契丹，他也会效力。"文宗说："我当初未考虑到这些。牛公所言极是。"在牛党看来，地方势力抗礼割据，朝廷既管不了，就可以置若罔闻，视而不见，由其独立了。于是，文宗就任命李载义、志诚为卢龙、山南西道节度使。于是,就遣使臣持节抚慰,命其御边。因此,牛僧孺进位门下侍郎、弘文馆大学士。

裴度一再谦退避祸,但仍屡次被奸邪所排挤,几致颠沛。到了晚年,便引荐韦厚叔、南卓等人为补阙、拾遗之类的官职,以弥合与权要的嫌隙,缓和彼此关系,并与权贵们稍有过访走动。每次回府,他面对青灯长夜,令公只能口吟刘叉的《偶书》:

> 日出扶桑一丈高,人间万事细如毛。野夫怒见不平处,磨损胸中万古刀。

朝官凭其政见影响皇上,而宦官则处心积虑想控制皇上。于是,忠臣与奸宦的矛盾斗争就不免表面化,并突现出来。朝臣有依附宦官的,也有反对宦官的,这往往取决了他们的得势与失势,也决定了其生死存亡。

裴度他还写了一首《夏日对雨》:

> 登楼逃盛夏,万象正埃尘。对面雷嗔树,当街雨趁人。檐疏蛛网重,地湿燕泥新。吟罢清风起,荷香满四邻。

实则此诗是在感慨自然风雨可见易防,而宦海劫波无形而难测。

大和五年二月,文宗与宋申锡谋划除掉权宦,文宗以宋申锡为心腹股肱,宋申锡又引王璠为京兆尹,并将皇帝的密旨告诉他,让他联络忠直,谋划铲除阉宦奸党。但王璠处事失密,说漏了嘴,被仇士良侦知,让同党豆卢著诬告宋申锡、王璠,说他们密谋扶立漳王李凑为帝,以取代文宗。王守澄拿着奏书到浴堂面见文宗,奏明此事。这也正是文宗最担心的,便不问青黄皂白,下令逮捕宋申锡与李凑,并准备派二百人去屠杀宋申锡全家。马存亮争辩道:"谋反者唯独宋申锡,应当召南衙众臣举行会议。不然，如此粗率行事，恐怕会引发京师动乱。"王守澄无言以对。时逢二月末，各衙门还在休假，就让宦官立即紧急召见宰相。因十万火急，使者的马有跑得累死在路上的，只好换了马再赶路，才得以较快地追回复命。宋申锡、牛僧孺、路隋、李宗闵等都到了中书，宦官宣布召见名单，所召并无宋申锡。宋申锡才知祸从天降，又不知所获何罪，只有眼巴巴望着延英门，用象笏敲打自己的脑门。他意识到，自己连进宫面君的机会都没有了，只好无奈地返回私第。牛僧孺等见了文宗，皇上出示了豆卢著的告密信。众人都惊讶得不知该说什么。王守澄抓捕了宋申锡与其手下张全真的家人卖子。他又拿着诬告信，交给十六宅典史，逐个酷刑逼供，终于屈打成招，取得阴谋"废立"的口供。文宗认为证据确凿，便将所谓供词当廷出示给众朝臣看。

三月初二日庚子，先贬宋申锡为太子右庶子。虽明知宋申锡公正廉洁，忠义尽职，但宰相大臣们，没一个敢说他冤枉的。对此，朝野叹息。只有行京兆尹崔琯、大理卿王正雅连续上疏，请求把宋申锡从宫内监狱放出，交由外廷去复核。因此，审问才得以稍微循规缓和了些。但仍然认定宋申锡谋反罪名成立。文宗在延英殿召见众宰相，最初议定宋申锡死罪。初四日，文宗把太师、太保，下及台、省、府、寺的大臣全部召来，当面询问他们的意见。刚到午时，左常侍崔玄亮、给事中李固言、谏议大夫王质、补阙卢钧、舒元褒、罗泰、蒋系、裴休、韦温、窦宗直、李群、韦端符、丁居晦、袁都等人，一起进延英殿拜见文宗。路上，仆射窦易直突然对众人说："诸位同僚，千万不要请求赦免宋申锡，一请求，宋申锡恐怕必死无疑了。"然而，听到这话的人，都不以为然，异口同声请求把案件交给外廷，重新审理。文宗说："我已经和大臣们商议过了。"再三让他们出去，他们不肯退出。崔玄亮叩头流泪说："杀一个平民百姓，还不能不慎重，何况是要杀宰相呢！"文宗的心情稍微缓和了一些，说："我将和宰相再商量一下。"于是，又召宰相进宫。牛僧孺说："人臣的禄位最高不过宰相，现在宋申锡已经当了宰相。假如像他所谋划的那样，要拥立漳王为天子，除了仍当宰相，还能当什么高官呢？宋申锡恐怕不至于如此。"京兆尹崔琯、大理卿王正雅坚决请求出示那些弹劾与自辩的记录，结果发现，多有不合。文宗这才有所省悟。郑注担心重审时，他们的诬陷行径败露，就劝王守澄请求皇上只将宋申锡贬官。初五日，贬黜漳王为巢县公，宋申锡为四川开州司马。崔玄亮当天就请求辞官休致。崔玄亮，是磁州人；王质，是河东大儒王通的第五代孙；蒋系，是蒋乂的儿子；舒元褒，是江州人。晏敬则等受牵连而处死或流放的达上百人。大和七年，宋申锡在悲愤中死于贬谪地。直至开成元年，才为他恢复了名誉。

当初，宋申锡回到家中，换了常服，于家待罪。妻子责备他："夫君为何要辜负天子，竟然造反！"宋申锡说："我出身穷书生，位至宰相，蒙受国家恩宠十分优厚，不能为皇上铲除奸佞，心中负疚，我怎么会造反呢？"宋申锡十分清廉，各地的进奉，他一概退还。抄家时，搜出了许多他拒绝退还贿赂的书信底稿。此事传开，朝野纷纷询问："这位廉相为何会罢官？"朝廷却将错就错，一概置之不理。

三月乙丑，牛僧孺拜中书侍郎。

唐文宗大和五年，元稹（779—831）去世，享年五十三岁。次年，其遗孀遵其临终嘱咐，特请白居易为之撰写墓志，其家赠送白居易一笔多达六七十万的银钱。白居易虽然曾与之绝交，但死不结怨，遂用此钱重修了香山寺。香山寺位于龙门以东的半山腰，隔着北流的伊水与对面的奉先寺夹岸相望。由于山上出产香葛，故又名香山。该寺始建于北魏熙平元年（516），武则天时曾大加修葺。历经百余年，已残破不堪。而重修后，参差错落的亭台楼阁依山而建，掩映于苍松翠竹之间。由畅禅师方丈室侧畔流出的石盆泉沿峭壁倾泻而下，漱石坠磴，浪花飞溅，潺潺如乐，珠雾飞虹。时有晚霞夕照，云蒸雾蔚，俨然仙境。白居易晚年的十八年都于洛阳度过，时常来此游赏，因钟爱这里的美景，遂自号"香山居士"。

白居易还写了《修香山寺记》刻碑纪念。其文曰：

洛都四野山水之胜，龙门首焉。龙门十寺观游之胜，香山首焉。香山之坏久矣，楼亭骞崩，佛寺暴露。士君子惜之，予亦惜之；佛弟子耻子，予亦耻之。顷，予为太子宾客，分司东都，时性好闲游，灵迹胜概，靡不周览。每至兹寺，慨然有完葺之愿焉。

迨今七八年，幸为山水主，是偿初心，复始愿之秋也，似有缘会，果成就之。

噫！予早与相国元公微之定交于生死之间，冥心于因果之际。去年秋，微之将薨，以墓志文见托。既而，元氏之老状其臧获舆马、绫帛，洎银鞍玉带之物，价当六七十万，为谢文之赞，来致于予。予念平生分，文不当辞，赞不当纳。自秦抵洛，往返再三，迄不得已，乃迴施兹寺，因请悲知僧清闲主张之。命谨干将士复掌理之。

始自寺前亭一所、登寺桥一所、连桥廊七间、次至石楼一所、连楼廊六间，次东佛龛大屋十一间，次南宾院堂一所、大小屋共七间。凡支坏补袂，垒隤覆漏，朽墁之功必精，赭垩之饰必良。虽一日必葺，越三月而就，譬如长者坏宅，郁为导师化城。于是龛像无燥湿陊泐之危，寺僧有经行宴坐之安，游者得息肩，观者得寓目。关塞之气色，龙潭之景象，香山之泉石，石楼之风月，与往来者，耳目一时而新。士君子、佛弟子豁然如释憾刷耻。之为清闲上人，与子及微之皆夙旧也，交情愿力，尽得知之。

感往念来，叹且赞曰："凡此利益，皆名功德，而是功德应归微之。必有以灭宿殃，荐冥福也。"予应曰："呜呼！乘此功德，安知他劫不与微之结后缘于兹土乎！因此行愿，安知他生不与微之复同游于兹寺乎！"言及于斯，涟然涕下。

唐太和六年八月一日
河南尹太原白居易记

闻喜香山寺，是裴度当年读书、还带的地方。显然，此香山寺非彼香山寺。洛阳香山寺也成为白居易、刘禹锡、裴度和李绅等晚年经常聚会之所。

为了虔心礼佛，白居易还持斋一月。斋满，裴度宴请他们，刘禹锡遂写了《酬乐天斋满日裴令公置宴席上戏赠》：

一月道场斋戒满，今朝华幄管弦迎。衔杯本自多狂态，事佛无妨有佞名。酒力半酣愁已散，文锋未钝老犹争。平阳不独容宾醉，听取喧呼吏舍声。

白居易《长斋月满携酒先与梦得对酌醉中同赴令公（度）之宴戏赠梦得》曰：

斋宫前日满三旬，酒榼今朝一拂尘。乘兴还同访戴客，解醒仍对姓刘人。病心汤沃寒灰活，老面花生朽木春。若怕平原怪先醉，知君未惯吐车茵。

裴度诗束中有"取酒愁春尽，留宾喜日长"之句。可是，白居易等多日不见，原来白居易因病难以出门，他在病中还写了《独宿香山寺》：

饮徒歌伴今何在，雨散云飞尽不回。从此香山风月夜，只应长是一身来。

白居易将历年与元稹唱和之作的一百三十八首诗,让小侄龟儿编录,录为两个卷轴,其后附有两人的文集。一卷交给龟儿,一卷交于元稹之子仑郎,令其各自好好收藏。在其序言中他称元稹为"文友诗敌","幸也,亦不幸也。吟咏情性,播扬名声,其适遗形,其乐忘老,幸也。然江南称才子者,多云'元白',以子之故,使仆不得独步于吴越间,此亦不幸也。今垂老复遇梦得,亦重不幸耶?梦得梦得,文之神秘,莫不先于诗。若妙与神,则吾岂敢?"

刘禹锡借物自喻"雪里高山头白早,海内仙果结子迟"。白居易誉称他为"诗豪"。

大和六年(832)岁次壬子。裴度上表,坚决要求辞官,皇上不许;再请,再拒;三请,三拒。为此,文宗李昂连续下达由常衮所拟的《答裴度辞官表批》。请看:

刘禹锡为之写了《为裴相公让官》第一表:

臣某言:臣去冬得疾,近日加剧。西夕之景,岂能久留。及其未乱,披露诚恳。臣犬马之齿,六十有七。寿虽不长,亦不为短。位忝公台,近十五年,皆由际会,非以才进。常惧官谤,以招国刑。今被病得死,保其始终。为幸甚厚,岂复咨嗟。所恨者遇圣明之君,不得佐成太平之化。自量气力,忽恐奄然,则有微素,无阶上达。伏惟圣慈,昭鉴怜而察之。伏以三公非旷职之地,宰相非卧理之官。伏枕之初,已有陈乞,请罢直食,兼辞贵阶。伏蒙优诏,才遂一事。频降中使,慰勉再三。专令御医,旦夕诊视。苟安名器,不觉经时。主恩则深,公议不可。伏思陛下临御之始,宰臣四人。逮今零落,忽已一半。臣且危惙(chuò,

忧愁），余年几何？唯易直外镇，独得无恙。窃唯此理，权位难居。伏乞赐臣停官，许在家养疾。就闲辞禄，或冀有瘳。害盈福谦，固是神理。倘天眷绸（同稠）厚，念以伏事多年，臣之所陈，未蒙便遂。则国朝勋旧，以疾辞位者，皆得以致仕，使其家居，足以国养。既有成例，著于旧章。伏望天恩，特赐哀允。

朝廷《答裴度辞官第一表批》曰：

省表具知。夫爵位崇高，以酬勋德，君臣协契，谅在始终。斯乃前王之令图，有国之彝典也。况卿辅相宪祖，逮于朕躬，履历四朝，夷险一致。服事君之大节，推济物之深诚，道光朝伦，行满天下，倚注之意，岂同他人。属朕纂历御乾，兴师伐叛，骚动累岁，端忧靡遑。及河朔载宁，郊丘毕事，方欲咨询元老，康靖生灵，不虞寒暑所侵，勤劳遇疾。虽国医诊视，中使省临，忧属之诚，顷刻在念。忽览章奏，退让官荣，虽知止之心，则思避宠，而谋猷之体，斯乃为时。寝食之间，勉加颐养。其所陈乞，非朕意焉。

皇上不允，裴度又上了《为裴相公让官》第二表：

臣某言：臣所献章表，发于至诚。伏奉批答，未蒙允许。外负公责，内迫私情，期于必遂，敢守难夺。臣束发已来，号为强力，及其晚节，亦未甚衰。一朝被病，遂至绵惙。臣自思省，得其端倪，非因饮食不节，无有雾露之犯，盖由才微而任重，功薄而赏厚。窃位既久，妨贤则多。以积年之过，幸致今日之沉疾。不能酌损，所以生灾。悟虽已晚，情实非矫。伏惟陛下念其委使之久，察其危苦之词，特降深恩，救臣不逮。无冒荣之咎，得遂性之宜。物议不形，病心自泰。忍死俟命，披肝再陈。伏乞圣慈，俯赐容纳。无任迫切恳倒之至。

朝廷《答裴度辞官第二表批》曰：

省表具知。卿勋绩崇高，诚节忠荩，秉心一德，宣力四朝。訏谟缉熙，弼予于理，勤劳事国，启沃匪躬。功格道光，常所嘉尚。所疾未瘳，勉于善养。勿药之喜，伫即瘥平，台衮之司，倚卿为重，乃屡陈退让，殊谓不然。宜体朕怀，即断来表。

两辞不准，裴度又上《为裴相公让官第三表》：

臣某言：得病逾年，在假三月。再有陈请，未蒙允从。虑其奄忽，衔愧入地。伏惟圣慈，哀而信之。臣闻君之使臣，在知其心而听其言，不以容尸禄为惠也；臣之事君，在无隐情而尽忠节，不以受非据为荣也。然后上下交感，终始可咏。臣伏事陛下五年于兹，葵藿微诚，已蒙识察。桑榆莫（同暮）景，所冀哀怜。岂令危惙之时，更惧满盈之祸。虽有药石，安能调和？圣日虽逢，生涯渐短。体羸无拜舞之望，心在有涕恋之悲。臣伏览国史，备见前事。太宗朝李靖，高宗朝刘仁轨，皆自宰臣，乞骸致政。其后知犹可用，复起于家。进退之间，曲尽情礼；君臣之际，良史美谈。伏望陛下，悉臣至诚，念臣羸病，许遂颐养，以保余年。俟其有瘳，或冀万一。无任恳款遑迫之至。

皇上仍旧不准，朝廷《答裴度辞官第三表批》曰：

省表具悉。谢病之制，虽起于昔贤；尽瘁之词，亦标于古典。况卿有功于国，作相累朝，自匡辅眇躬，又勤劳数载，岂可以微疾去位，以重望辞荣。章疏徒来，延迟弥切。至太宗朝许李靖致政，高宗遂仁轨乞骸。朕非不知，事则有异。何者？时当明圣在上，理道已成，宰臣优游，固得自便。今则生物尚困，庶工未修，言念勋贤，方深倚注。唯此故事，恐难遽行。卿宜体是诚怀，力更颐养，必有多福，以扶大忠。无至确然，复陈表章。

辞让之心，以退避贤路，且再二再三，足见其诚。面对高官厚禄，淡定坚拒，境界自现。而那些爵蠹禄鬼求之不得，甚至不惜无所不用其极，两相对比，天壤之别。裴度的君子之风，堪为千古典范。

乙亥日，昭义节度使刘从谏入朝觐见。

大和六年（832）七月辛卯朔，甲午日，以谏议大夫王彦威、户部郎中杨汉公、祠部员外郎苏涤、右补阙裴休并充史馆修撰。这些人都是一时最佳人选。该年，裴休由中书侍郎进位同中书门下平章事。他当即上奏："宰相在皇上面前论政，掌权的高官当场记录以编为《时政记》，但各人关注点不同，所记内容多有出入，详记个人主张，而略于他人议论，致使《时政记》时有缺漏，史官难知其详。从今以后，请各位宰相个人记录个人所论的主张，一并交于史官。"皇上下诏曰："可。"裴休为相，注重协同上下，安定人心，消弭战祸，故被世人誉为"太平宰相"。

十二月甲子日，文宗立鲁王李永为皇太子。十二月乙丑日，牛僧孺罢为检校尚书右仆射、平章事、淮南节度使。

大和七年（833）岁次癸丑，二月二十八日丙戌，文宗命兵部尚书李德裕为同平章事。不久，又拜他中书门下平章事，封赞皇县伯。李德裕入谢，文宗说："你知道朝廷有朋党吗？"德裕回答说："如今朝中半为党人，后来的人，趋炎附势，往往也陷了进去。陛下若能重用无私中立的人，朋党自然就会消除。"文宗说："众人以为杨虞卿、张元夫、萧浣为党魁。"李德裕就请求将这些人贬为州刺史，文宗以为对。李宗闵说："虞卿任给事中，主政的州不应在元夫之下。李德裕长期外任，他了解得不如我清楚。虞卿天天在私第会见宾客，世人称'行中书'，所以，我没有给他更好的官。"李德裕反问道："给事中不是好官位，又是什么？"宗闵被呛得答不上来。

对朝中朋党互相攻讦，李德裕说："百官只有邪正两道，正必去邪，邪必害正，然而他们的话，听上去，都有可取之处，希望陛下能审慎取舍。不然，一并采纳，虽有圣贤经营，也难成功。"

前任邠宁行军司马郑注依仗王守澄，权势熏天，气焰逼人，文宗非常厌恶他们。

三月辛卯，幽州、卢龙军节度使杨志诚借布料不好，扣留了春衣使边奉鸾。

六月乙亥，李宗闵罢为检校礼部尚书、平章事，出为山南西道节度使、兴元节度使。李德裕代为中书侍郎、集贤殿大学士。七月壬寅，尚书右仆射，诸道盐铁转运使王涯为相。

九月十三日，侍御史李款在阁内上奏弹劾郑注，王守澄竟然把郑注藏在右神策军中。十一月三十日，李仲言请求改名为李训。

冬十二月十八日，文宗中了风，不能说话。王守澄便推荐了昭义行军司马擅长医术的郑注（？-835）。文宗召郑注到京师，配药诊治。吃了他开的药，很有效验，于是便受到格外恩宠。郑注，翼城人。本姓鱼，冒为郑姓，时人称他"鱼郑""水族"。他出身微贱，相貌丑陋，眼睛不能远视，一直以医术飘荡江湖。

王守澄又举荐了李训，说他"大才可用"，推荐其出任待诏。文宗大喜，用为近侍官，且欲授其谏官。李德裕说："过去，诸葛亮有言'亲贤臣，远小人，前汉所以兴盛；亲小人，远贤士，后汉所以倾颓。'当今，李训是个小人，倾咎恶暴天下，不宜用为左右。"皇上说："谁人无过，当容其改。且逢吉曾举荐其出任此职。"德裕答道："圣贤能改过，奸邪怎么能改！逢吉为相，庇护奸人，累及陛下，实属罪人。"皇上与王涯商量，可否给李训、郑注另行封个其他官职。李德裕暗中向王涯摆手示意，被皇上瞟见，心中十分不快。

此前，晚年的漳王养母杜仲阳回归浙西，朝廷曾下诏地方官予以关照。当时，李德裕受诏，就给镇海军留后写了一封亲笔信，让他们按诏书办理，悉心照顾。而漳王不久因罪被废，并赐死。几个奸人就与户部侍郎李汉一齐诬陷李德裕曾经重贿杜仲阳，诱引漳王图谋不轨。皇上心下疑惑，召来王涯、李固言、路隋进行核实。郑注、王璠、李汉一口咬定确有其事。唯独路隋说："李德裕是大臣，应该不会有这等事吧。"文宗没有说什么，这才使谗言陷害者的气焰稍微衰减。但是，仍然贬德裕为太子宾客，分司东都。不久，又贬他为袁州长史。路隋也被罢免了宰相。可是，没过多久，李宗闵因罪被罢斥，而郑注、李训等也相继败亡。皇上追念德裕显然是被诬陷而罢斥，就调李德裕去任滁州长史。

大和八年（834）岁次甲寅，三月，裴度徙为东都留守。以本官判东都尚书省事。对此，他在失落中却倍感庆幸。

不久，他又举荐刘禹锡为礼部郎中、集贤殿直学士，继而委任刘禹锡去分司东都。


三月三日乙酉，恰逢裴度过六十九岁生日，儿孙满堂，高朋满座，喜气盈门。

因为古俗诞辰宴讲究"女不过九，男不过十"（整十岁过生日，因九为最大的阳数，而十为阴数），故提前过七十大寿。令公因被奸佞排挤离开京城，分司东都，心情自然欠佳。故只于府中设了小型寿宴，仅请了几位好友，白居易、刘禹锡参与。寿堂中央用人参果摆了一个大大的寿字，

其旁用百鸟羽毛做了一对寿带鸟。儿孙叩头祝寿,鞭炮钟鼓齐鸣。白、刘二人向寿星深施一礼,口诵《诗经·小雅·天保》以贺寿:

天保定尔,以莫不兴。如山如阜,如冈如陵,如川之方至,以莫不增……如月之恒,如日之升,如南山之寿,不骞不崩,如松柏之茂,无不尔或承。天保定尔,福如东海,千寿无疆!

贺毕,献上一个大寿山,其上安放着一个大寿桃。人生七十古来稀,音容传世历来难。儿子们请画工为家父画了一幅写真肖像,尚算惟妙惟肖,但谈不上传神。晋公看了,也还算满意,便欣然命笔,题写一阕赞语:

尔身不长,尔貌不扬。胡为乎相,胡为乎将。灵台一点,丹青莫状。

过午,一帮亲友簇拥着老寿星去游春。三月三,是传统的祓禊节,裴度便与诗友们去游春踏青。

上阳宫在洛阳皇城西南洛水与谷水之间。隋文帝仁寿四年(604),隋炀帝在涧河以东,邙山以南,洛河两岸,修建了方圆二十七里的新洛阳城。新城分为宫城、皇城(百官办公处)与百姓居住的外郭城区。城内仿长安由"东西街、南北路"划分为百余个里坊区。上阳宫建于唐高宗上元年间(674—676),是安置老宫女的冷宫。其西还有一座西上阳宫,建于唐文宗时。其宫门朝东,门题"提象门",其正殿为巍峨的观风殿。

洛河边有一段魏王堤,夹岸遍植垂杨柳,积水在城南低凹处形成一泓碧水。贞观年间,太宗将之赐给魏王李素。池中种满了荷花与菱茨。为了方便游人,还在该池与洛河之间修了一道堤坝,两侧遍植杨柳花木,成为一处浏览胜地。堤下神女浦碧波荡漾,岸柳垂条拂风,游人如织,踏歌赏春。远处不时传来白居易《杨柳枝》的清唱：

  陶令门前四五树，亚夫营里万千条；何以东都正二月，黄金枝映洛阳桥。

这边刚唱罢，那边又传来了：

  杨柳枝，芳菲节，可恨年年赠离别。一叶随风忽报秋，纵使君来岂堪折。

不一会，又传来了贺知章的《柳枝词》：

  碧玉妆成一树高，万条垂下绿丝绦。不知细叶谁裁出，二月春风似剪刀。

须臾，又传来刘禹锡的同名词：

  炀帝行宫汴水滨，数枝残柳不胜春。如今绾作同心结，将赠行人知不知。

洛河由西往东横穿洛阳城，为东都增添了许多灵动与妩媚。隋代为了贯通洛城南北交通，修了一座用铁链锁定联结船只的浮桥，上铺木板。隋末，浮桥被瓦岗军首领李密焚毁。大唐贞观十四年（640），又于原桥遗址两岸垒起方形石桥橔，重建了洛阳桥。因该桥具有"天河津梁"的气派，故取名天津桥。白居易的《天津桥》就盛赞了桥畔那充满诗情画意的景致：

津桥东北斗亭（分流控制水量的斗门亭）西，到此令人诗思迷。眉月晚生神女浦，脸波春傍窈娘堤。柳丝袅袅风缲出，草缕茸茸雨剪齐。报道前驱少呼喝，恐惊黄鸟不成啼。

　　当众人散去，令公与夫人韩氏相对而坐，裴度感慨地说："常言道，少年夫妻蜜和油，中年玩下一窝猴，老来夫妻结冤仇。夫人啊，咱们今生'冤仇'未了，来生再做夫妻，好吧！"夫人说："咱二人生生世世做夫妻，岂不更好。"

　　常言道，无官全身轻，无事一心爽。令公虽然为东都分司，实则事儿全在可为不可为之间。这一天，可谓裴令公最轻松愉悦的一天。

　　裴相公年事已高，本想颐养天年，但朝廷却仍任命他为河南等道副元帅，裴度便让常衮拟写了《代裴相公让河南等道副元帅表》上呈：

　　臣某言：伏奉今月恩制，以臣兼东都留守、河南、淮西、山南东道副元帅。伏以东征之寄，相宅之选，皆周召之臣，保釐统一也。故"二南"风化，见美诗人。况洛邑经陆浑之戎，有旧染之俗。赖陛下发皇明以烛之，布阳和以煦之，流散稍归，伤痍甫起。然称君师之任，宜得经济之才。自河而南，至于吴楚，节制戎律，半乎天下。非宏略杰出，功冠一时，不可以专五侯九伯之征，总衣裳兵车之会。臣以衰朽薄劣，待罪台司，尘辱尸忝，无裨朝政。每趋宸陛，益愧周行。岂谓殊常之恩，屡出非望；注意之责，并在微躯。忧惧惭惶，寸刻难措。臣闻唯名与器不可假人。审己量力，未宜虚授。若贪荣冒宠，黾勉苟容，神明昭昭，必速其害。伏望历求百辟，委之兼才，以分三老之任，用增九鼎之重。则至公大行，群下知勤。无任恳迫之至。

同时，常衮还为裴相公代拟了《代裴相公让将相封爵表》：

臣某惶恐言：臣闻无德而禄，殃咎必至。又鬼神害盈而福谦。盖经籍之明言，圣哲之垂诫也。臣儒门孤贱，行拙性愚，自甘散弃，岂望荣达。时来骤进，任遇颇重。备位将相，无补圣朝。道恶其满，天与之疾。素有气癖，兼之风眩。又多烦躁，事剧则昏。伏以军国重务，猥承参决，强策驽朽，以亲事任。精爽潜耗，病源益深。近日有加，旷旬弥滞。食不知味，所进殊少，形神憔悴，悯悯不乐。圣慈怜悯，曲念微生。御膳名医，屡蒙降赐。霈然有喜，载感于渥恩；终亦无瘳，复增其沉痼。岂不以禄秩过量，忧负在心。强其不逮之分，促其有终之限。以兹速咎，固亦明征。且臣子之急，必告君父。在臣今日，实堪怜悯。以陛下之知臣，岂独厚其爵位也；以陛下之念臣，岂不存其骸骨也。臣以冒宠，则邻于危殆；辞荣则安于摄卫。伏冀特回宸眷，俯察愚诚，削除官爵，使养衰疾。庶垂白之年，受赐于陛下；生成之德，有过于天地。无任恳迫屏营之至。

然而，朝命一概不准，遂又上了《裴相公让将相封爵第二表》，曰：

臣某言：伏以衰疾沉绵，久旷枢务，忧惶迫切，不敢自安，所以昧死让将相列侯印绶，披沥丹愚，再有陈乞。顾景待命，还旨如初。穷情未达，转益危困。臣诚惶诚恐，顿首顿首。臣内顾微躬，自量拙分，无片善可取，无一事可称，皆缘际会，参务军国。尸荣窃位，公责所归。且智小谋大，鲜不败事。福过灾生，常然之理。一自婴瘵，旬朔未瘳。大减服食，晦明异候。窃料气力衰惫，恐失犬马，乞遂闲退，庶安形神。且臣素疵贱，敢期贵达。常虑薄质，不堪重任。今禄位俱极，过逾涯分，致此沉痼，得非害盈。思自损抑，冀通神理。又不亲政事，历受宠荣，废公旷时，益用惭惧。所以尘默疏陈，至于再三，情迫于兹，敢有所隐。愚朴之性，陛下素知。加以危顿，岂容矫饰。伏望罢其新授，贷以残生。昔汉魏近臣，有以暮年久疾者，则赐告就和，或再起复位。若大限未尽，羸疴渐平，圣慈不弃，驱策非晚。重得珥貂丹禁，条紫玉墀，则微效获伸，所乞无几。如或殆至深虑，何必楚荣。倘生遂其志，没无所恨矣。实冀皇天听卑于在上，太阳回舍于生成。俯纳诚祈，退令摄卫。衰朽余齿，殊私曲全。受赐则多，生涯之幸。臣无任恳迫之至。

他屡辞不准，只好从命。

十月辛巳日，卢龙军将史元忠又驱逐了杨志诚，得以节度其兵马。庚寅日，山南西道节度使李宗闵守中书侍郎、同平章事，为辅相。

十月甲午日，李训、郑注当权，李德裕又罢为检校兵部尚书、同平章事、山南西道节度使。

十一月癸丑日，成德军王庭凑病死，朝廷追赠他为太尉，其子元逵自领节度使。

武德县令臧史盗取巨额银钱后逃走，衙役搜捕不得。河阳节度使温造责令王赏尝还，将之关在监狱三年，老母死去，也不许其服丧。裴度写了《请释王赏状》，并向皇上谈及此事，王赏才得以获释。

## 第三十二章 诗酒怡情

唐代官员致仕,依例仍发半俸。官员退休,不预政事,称"悬车"。而弃官则称"挂冠"。裴度难得无官一身轻,于是便在东都洛阳集贤里精心修建府第,以示无心政治。

洛阳城南的裴村,为裴度午桥别墅,堂号"绿野堂"。别墅内,筑山穿池,竹木丛翠,有风亭水榭,梯桥架阁,松云岭,花木万株,岛屿回环,极都城之胜概。中起凉台奥馆,引甘泉贯穿其中,酾引脉分,映带左右;又植文杏百株,名其处曰碎锦坊。圆内遍植绿玉——竹子。轩前亭侧,丛丛翠竹,十分清雅。主人与竹为邻,以竹为友,效法其有节而虚怀风姿,物我为一,自然形成飒飒君子风,洋洋圣贤德。

午桥庄城门有一副石刻楹联为:"东都西京绿野堂,南伊北洛午桥庄。"其府第中明德堂联云:"绿野春浓喜见竹梧栖瑞凤,午桥浪暖欣看雷雨奋金鳞。"他还自拟楹联:"乃与国而舒卷,能随时以行藏。"由此可见,裴度晚年，已决意急流勇退，淡出政治，抱着一种他山远望云起云飞，临流静观流急浪涌的态度，以随流浮沉，来作为自安之计。这也是《诗经·大雅》所说的："既明且哲，以保其身"呀。

裴度《即事寄言》曰：

厅事之西，因依墉壑为数仞，有悬水焉。余理戎之暇，聊以息宴。此相国张公之所作也。缅怀高致，时濯尘缨，即时寄言，为赋斯什。

奇峰似天作，半依增城隅。何处通泉脉，潺湲竟朝晡。挂石悬一带，洒荷散千珠。固宜赏高人，何为对武夫。鼓鼙时铿訇，吏卒亦喧呼。愧尔来我所，顾我非尔土。乃是风流相，昔尝居此读。能移造化力，雅与山岁俱。多惭受成者，得此聊自娱。

视事之隙，他与诗人白居易、刘禹锡酬宴终日，以诗酒琴书共乐，当时名士多从之。

刘禹锡《奉和裴令公新成绿野堂即书》曰：

蔼蔼鼎门外，澄澄洛水湾。堂皇临绿野，坐卧看青山。位极却忘贵，功成欲爱闲。官名司管籥，心术去机关。禁苑凌晨出，园花及露攀。池塘鱼拨剌，竹径鸟绵恋。志在安潇洒，尝经历险艰。高情方造适，众意望征还。好客交珠履，华筵舞玉颜。无因随贺燕，翔集画梁间。

白居易《奉和裴令公新成午桥庄绿野堂即事》曰：

旧径开桃李，新池凿凤凰。只添丞相阁，不改午桥庄。远处尘埃少，闲中日月长。青山为外屏，绿野是前堂。引水多随势，栽松不趁行。年华玩风景，春事看农桑。花妒谢家妓，兰偷荀令香。游丝飘酒席，瀑布溅琴床。巢许终身隐，萧曹到老忙。千年落公便，进退处中央。

姚合《和裴令公新成绿野堂即事》（〈和裴令公游南庄忆白二十韦七二宾客〉）云：

四郊初雨歇，高树滴犹残。池满红莲湿，云收绿野宽。花开半山晓，竹动数村寒。斗雀翻衣袂，惊鱼触钓竿。樽前多野客，膝下尽郎官。劚石通泉脉，移松出药栏。关东分务重，天下似公难。半醉思韦白，题诗染彩翰。

白居易奉和令公《绿野堂种花》曰：

绿野堂开占物华，路人指道令公家。令公桃李满天下，何用堂前更种花？

白居易《和裴令公南庄绝句》曰：

陶庐僻陋那堪比，谢墅幽微不足攀。何似嵩峰三十六，长随申甫作家山。

白居易《代林园戏赠》曰：

题注：裴侍中新修集贤宅，成池馆甚盛。数往游宴，醉归自戏耳。

南院令秋游宴少,西坊近日往来频。假如宰相池亭好,作客何如作主人。

白居易《重戏赠》曰:

集贤池馆从他盛,履道林亭勿自轻。往往归来嫌窄小,年年为主莫无情。

白居易《戏答林园》曰:

岂独西坊来往频,偷闲处处作游人。衡门虽是栖迟地,不可终朝锁老身。

白居易《重戏答》曰:

小水低亭自可亲,大池高馆不关身。林园莫妒裴家好,憎故怜新岂是人。

裴度虽有职在身,但公务之余,他多在这里度过,与几位老友诗酒言欢,怀古论今,谈天说地,其乐融融。四季交替,各有其景。他时常邀请老友来,游春、观荷、访菊、赏雪,其乐无穷。白居易《酬裴相公见寄二绝》曰:

习静心方泰,劳生事渐稀。可怜安稳地,舍此欲何归。
一双垂翅鹤,数首解嘲文。总是迂闲物,争堪伴相君。

白居易还回了一首《和裴令公一日日一年年杂言见赠》，诗曰：

一日日，作老翁。一年年，过春风。公心不以贵隔我，我散唯将闲伴公。我无才能忝高秩，合是人间闲散物。公有功德在生民，何因得作自由身。前日魏王潭上宴连夜，今日午桥池头游拂晨。山客砚前吟待月，野人樽前醉送春。不敢与公闲中争第一，亦应占得第二第三人。

白居易晚年萧散，乐得做个裴门清客。刘禹锡又何曾不是如此。喜闻刘禹锡分司东都，挚友重聚，自是一大幸事，白居易便写了《喜梦得自冯翊归洛兼呈令公（度）》，诗曰：

上客新从左辅回，高阳兴助洛阳才。已将四海声名去，又占三春风景来。甲子等头怜共老，文章敌手莫相猜。邹枚未用争诗酒，且饮梁王贺喜杯。

温庭筠游了午桥别墅，还在竹影林亭上即兴题了《题裴晋公林亭》，诗曰：

谢傅林亭暑气微，山丘零落阒音微。东山终为苍生起，南浦虚言白首归。池凤已传春水浴，渚禽犹带夕阳飞。悠然到此忘情处，一日何妨有万机。

春和景明，暖风和煦，池水碧蓝。裴令公闲庭信步，心静意惬，便随口吟了一首七绝《傍水闲行》，诗曰：

闲余何处觉身轻，暂脱朝衣傍水行。鸥鸟亦知人意静，故来相亲不相惊。

刘禹锡和《裴相公傍水闲行》，诗曰：

为爱逍遥第一篇，时时闲步赏风烟。看花临水心无事，功业成来二十年。

裴府经常宴请众诗友，刘禹锡写了《酬乐天请裴令公开春加宴》，诗曰：

高名大位能兼有，恣意遨游是特恩。二室烟霞成步障，三川风物是家园。晨窥苑树韶光动，晚度河桥春思繁。弦管常调客常满，但逢花处即开樽。

三月三日，河南尹奉陪裴令公泛舟洛水，举行禊饮。刘禹锡则写了《三月三日与乐天及河南李尹奉陪裴令公泛洛禊饮各赋十二韵》，诗曰：

洛下今修禊，群贤胜会稽。盛筵陪玉铉，通籍尽金闺。波上神仙妓，岸傍桃李蹊。水嬉如鹭振，歌响杂莺啼。历览风光好，沿洄意思迷。棹歌能俪曲，墨客竞分题。翠幄连云起，香车向道齐。人夸绫步障，马惜锦障泥。尘暗宫墙外，霞明苑树西。舟形随鹢转，桥影与虹低。川色晴犹远，鸟声暮欲栖。唯余踏青伴，待月魏王堤。

仲春，桃红李白，季春，牡丹盛开，蜂蝶交戏。张籍《和裴仆射看樱桃花》，诗曰：

  昨日南园新雨后，樱桃花发旧枝柯。天明不待人同看，绕树重重履迹多。

白居易《令公南庄花柳正盛，欲偷一赏先寄二篇》，诗曰：

  最忆楼花千万朵，偏怜堤柳两三株。拟提社酒携村妓，擅入朱门莫怪无。可惜亭台闲度日，欲偷风景暂游春。只愁花里莺饶舌，飞入宫城报主人。

盛夏，他们则常在湖心岛上的亭子里把酒临风，观赏满池出水芙蓉，飘香菡萏，甚至睡在竹榻上。

裴度写了《凉风亭睡觉》，诗曰：

  饱食缓行新睡觉，一瓯新茗侍儿煎。脱巾斜倚绳床坐，风送水声来耳边。

刘禹锡《奉和裴晋公凉风亭睡觉》，诗曰：

  骊龙睡后珠元在，仙鹤行时步又轻。方寸莹然无一事，水声来似玉琴声。

秋高气爽之日，他们或重阳登临嵩高，或举杯邀月。《中秋夜听歌联句》曰：

云鬟方自照,玉腕更呈鲜。

刘禹锡《奉和裴令公夜宴》,诗曰:

天下苍生望不休,东山虽有但时游。从来海上仙桃树,肯逐人间风露秋。

裴度还写了《溪居》,诗曰:

门径俯清溪,茅檐古木齐。红尘飘不到,时有水禽啼。

冬日,他们少不了赏满园腊梅竞放,冰姿铁骨;看雪后山林银装素裹,玉宇澄清。一天,瑞雪纷飞,裴度备好酒肴,专候白、刘诸公前来赏雪,可久等不来,就写了首《雪中讶诸公不相访》,让人分送诸位诗友。其诗写道:

忆昨雨多泥又深,犹能携妓远过寻。满空乱雪花相似,何事居然无赏心。

当时,令公也请了令狐相会。令狐还写诗一首,约刘禹锡同去。张籍《和户部令狐尚书喜裴司空见招看雪》,诗曰:

南园新覆雪,上宰晓来看。谁共登春榭,唯闻有地官。色连山远静,气与竹偏寒。高韵更相应,宁同歌吹欢。

刘禹锡《和令狐相公以司空裴相见招南亭看雪四韵》,诗曰;

重门不下关，枢务有余闲。上客同看雪，高亭尽见山。瑞呈霄汉外，兴入笑言间。知是平阳会，人人带酒还。

白居易《酬令公雪中见赠，讶不与梦得同相访》，诗曰：

雪似鹅毛飞散乱，人披鹤氅立裴回。邹生枚叟非无兴，唯待梁王召即来。

刘禹锡写了《答裴令公雪中讶白二十二与诸公不相访之什》，其诗曰：

玉树琼楼满眼新，的知开阁待诸宾。迟迟来去非无意，拟作梁园座右人。

诗筒前脚到，诗人后脚就进了门。刘禹锡已进庭堂，但裴相与白居易只顾笑谈，并不理他。他站住脚，高声吟道："最难风雪故人来，何故二公不理睬？"白居易说："迟迟而来，不当受罚吗？"刘禹锡说："在下甘愿受罚。"白居易说："现有一隐语，刘宾客可否一猜？"刘说："白兄，请赐教。"白居易念道："'白不是，黑不是，红黄更不是。和狐狼猫狗仿佛，既非家畜，也非野兽。词不是，诗不是，辞赋也不是。对东西南北模糊，虽为短品，也属妙文。'打一游乐词语，到底是哪个？"刘禹锡略加思索，突然醒悟，他抬头看着二人，答道："莫非是'猜谜'二字。"闻言，座上二人哈哈大笑，连说："然也，然也。刘宾客真不愧才人耶！"刘随口道："既然如此，鄙人可否落座了？"不料，白居易却说："主人尚且未发话，宾客岂可入席。"裴度也笑着说："白少傅已罚过。阁下还欠老夫一罚。过得此关，方可入为座上宾。"刘说："请令公赐教。"裴度说："为兄也有四句隐语，每句一字，请刘客猜猜。"他念诵道："言对青山青又青，二人土坛分西东。三人牵牛缺支角,草木丛中藏一人。"刘刚听罢,接口答:"这是'请坐''奉茶'。"二人闻言,忙笑着说:"正是。快快请坐,书僮奉茶。"

半日欢聚,品茶赋诗,海阔天空,畅谈高论,宾主尽欢。看看天色将晚,几个谈兴正浓,于是又举行夜宴。裴晋公盛冬常以鱼儿酒饮客,制法系用龙脑融化后凝结,刻成小鱼形状,每用沸酒一盏,投一鱼于其中,顷刻融化,奇香满屋,又可提神醒脑。

白居易虽久别江南,却难以忘怀灵隐寺影钱塘湖,春酒竹叶西湖水。其香山园有两只丹顶鹤,裴度想将之请来放养其西园。他就寄给白居易一首诗《白侍郎有双鹤,留在洛下。予西园多野水长松,可以栖息,遂以诗请之》,其诗云:

闻君有双鹤,羁旅洛城东。未放归仙去,何如乞老翁。且将临野水,莫闲在樊笼。好是长鸣处,西园白露中。

刘禹锡的和诗为《和裴司空以诗请白侍郎双鹤》:

皎皎华亭鹤,来随太守船。青云意何在,沧海别经年。留滞清洛苑,徘徊月中天。何如凤池上,双舞入祥烟。

诗人张籍写了《和裴司空以诗请刑部白侍郎双鹤》:

皎皎仙家客,原留闲宅中。徘徊幽树月,嘹唳小亭风。丞相西园好,池塘野水通。欲将来放此,赏望与宾同。

白居易老来以鹤为伴，爱之甚殷。然而见了裴相公乞鹤诗，也只好忍痛割爱，将鹤慷慨相赠，并回诗一首《酬裴相公乞予双鹤》：

> 警露声音好，冲天相貌殊。终宜向寥廓，不称在泥涂。白首劳为伴，朱门幸见呼。不知疏野性，解爱凤池无。

翌日，白居易亲自送丹顶鹤到裴相公府上，其《送鹤与裴相临别赠诗》云：

> 司空爱尔尔须知，不信听吟送鹤诗。羽翮势高宁惜别，稻粱恩厚莫愁饥。夜栖少共鸡争树，晓浴先饶凤占池。稳上青云勿回顾，的应胜在白家时。

刘禹锡则写了一首和诗《和乐天送鹤上裴相公别鹤之作》，诗云：

> 昨日看成送鹤诗，高笼提出白云司。朱门乍入应迷路，玉树容栖莫拣枝。双舞亭中花落处，数声池上月明时。三山碧海不归去，且向人间呈羽仪。

这些诗歌，虽然都是应制唱和之作，恐无多大价值，但却足以娱悦性情。更重要的是，都是裴度故意做给政敌看的韬晦之策——"不与争锋"。

裴晋公湖园在闻喜董泽之阳，距祖庄裴柏村五里。李文叔有篇小记云：

> 园圃之胜不能兼者有六：务宏大者，少幽静；人力胜者，少

苍古；多水泉者，难眺望，兼此六者唯湖园而已。在唐有裴晋公宅，园中有湖，湖中有堂，曰百花洲、四并堂。其四达而当东西之径者，桂堂也；截然出于湖之右者，迎晖亭也；过横池，披林莽，循曲径而后得者，梅台知止庵也；自竹径望之，超然登之，翛然者，环翠亭也；渺渺重邃，擅花卉之盛，而前据池亭之胜者，翠轩也。若夫百花酣而白昼眩，青蘋动而林荫合，水静而跳鱼，鸣木落而群峰出，虽四时不同，而景物皆幽，则又不可殚者也。唯晋公湖园兼之于一。

当年，河东节度使上奏：五台山寺侧祥云出现，其中有金人乘狻猊，徒众十万如金仙，自辰时至巳时才消失。裴度奏道："天现海市蜃楼，是吉是凶，不必在意，天意难测，唯行天道，神佛必佑。"但彼一时，此一时。而今虽然已淡出政治，但朝中奸佞仍在时刻监视窥测。为了麻痹对方，他也装作信神信鬼了。据说，他还演了一出好戏。

据令公回忆：他年少时，有位术士说，裴度的命属于北斗廉贞星神，故应常怀敬意，以肴果美酒祭奠。裴度牢记在心，并按他的话做了，侍奉非常谨敬。等到做了宰相，机务繁冗，竟然遗忘。心中常感不足，然而从未对别人讲过，家人子女也不知道。京师一位道人来拜访，对他说："裴公昔年尊奉天神，何故中道而止？早年，崇护不已，亦有感于相公。"裴度一笑而已。后来家人生病，请女巫诊视。女巫弹奏胡琴，颠倒于地。许久，忽然如僵尸般站起，并说："请裴相公，廉贞将军遣老身传语'你太无情！'都不相知耶？将军甚怒。相公何不致歉谢罪。"裴度大吃一惊。女巫说："当择良日斋戒，于净院焚香，具备酒肉果品，廉贞将军亦想为相公现形。"举家人看得目瞪口呆。裴度斋戒了三天，等到了那一天，再行沐浴后，身着礼服，立在阶下，向东奠酒再拜，见一个人金甲持戈，高三丈余，向北而立。裴公汗流浃背，俯伏在地，不敢乱动。一会儿，就不见了。从此，裴度时时尊奉护命神，丝毫不敢怠慢。这正是：请神容易送神难，顶礼膜拜莫等闲。其实，这是裴度宣示有神灵护命，防止奸臣加害的计谋。为此，他还写了《真慧寺》（五祖道场）：

遍寻真迹蹋莓苔，世事全抛不忍回。上界不知何处去，西天移向此间来。岩前芍药师亲种，岭上青松佛手栽。更有一般人不见，白莲花向半天开。

皇甫湜气性偏直急躁，做尚书郎时，乘着酒劲使气发疯，屡次违忤同僚；等到酒醒，心中很不安，就主动请求分务洛阳。正值洛阳几年来缺粮，他以正郎滞曹多年，不得升迁。俸禄甚微，生活贫困。尝因冬日积雪，门前从无辙迹，厨突无烟。裴晋公大修洛阳府第，有人提到皇甫湜的困境，从此裴度把他辟为留府从事，经常关照优待他。在裴公讨淮西之日，朝廷恩赐巨万，贮在集贤里私第。裴公一向奉佛，就全部捐赠出来，用以维修东都福先寺。修寺竣工，准备请白居易撰写碑文，皇甫湜听到后说："近舍湜而远征白，想必是获罪门下呀！"裴公说："哪里，哪里！当初不敢以此事仰烦先生，恐被大手笔所拒。先生既然有意，这也正合我意呀。"于是，皇甫湜讨了一壶酒，吃了半壶，就回去了。他回家后，又饮了另一半，便乘醉挥毫，立刻完成。次日，拿着来献。裴公端详许久，见文思高古，字又怪僻，叹道："真乃木玄虚，郭景纯、江淹之流也！"命小校带着致谢书信，用车马载着缯䌽器玩大约价值千余缗酬谢他。不料皇甫湜正在看书，把来函摔在地下，当面叱责小将说："寄谢裴侍中，何相待之薄也！湜之文，非常流之文也。除曾给《顾况集》为序外，未尝造次许人。请制此碑，盖受恩深厚耳！其词约三千余字，每字三匹绢，更减五分钱不得。"小校把他的话如实转告裴度，裴度笑着说："真是个不羁之才呀。"立即派遣院公按数给他。送绢的车辆，从午桥别墅到皇甫湜宅第，车马相连，洛阳士民站街围观。这正是：君子额头堪走马，宰相肚里能撑船。

裴度曾劝皇甫湜戒急用忍，喜怒不形于色。但江山易改，禀性难移，无济于事。不久，他就又闹出了笑话。

皇甫湜生性褊急，与众人不同。曾经被蜂螫了手指，非常恼火，命令奴仆和街上的小孩，用簸箕收蜂窝，每个十文钱。不久，成千上万个蜂窝堆了半院，他就让用石臼绞取蜜汁，以涂在疼处。还有一件事，其子皇甫松，尝抄录诗词记诵，文字有点小错误，他大骂蹦跳，寻找竹杖打他儿子。但怎么也找不到，气得他用牙齿直咬自己的手，鲜血从手掌一直流到胳膊肘。

皇甫湜嗜酒如命，常醉得一塌糊涂。由于长期过量饮酒，极大地损害了他的健康。晚年，为酒所困的他，写了一篇《酒赋》，以告诫世人。其文曰："辱身灭名，瘘肺淫肢。狼狈猖獗，为大人嗤。不得尽年，玉色先衰。曾不如睹无醉时，使人罔若斯。"裴度看了，赞许地说："此赋可以传世。"

李训、郑注专权，嫉恨李德裕，一齐不时揭他的"短处"，从而罢免了李德裕。朝廷又召李宗闵出知政事。

大和八年（835），由于李训、郑注对德裕怀恨在心，设法排挤了李德裕，就召来李宗闵辅政，将李德裕驱逐出朝廷，去任兴元节度使。德裕向皇上辞行，表示愿意留在宫阙之下。于是，又改授其为兵部尚书。李宗闵仍想从中作梗，他上奏说："命令已下，不宜中止。"遂让李德裕赴镇海军去代替王璠。王璠奉调入朝为尚书左丞。李宗闵当国，屡称僧孺德才兼备，不应长期弃置外任，僧孺才以兵部尚书，出任平章事。

大和九年（836）岁次乙卯四月丙申，路隋罢为尚书右仆射、同平章事、镇海军节度使。戊戌，浙东观察使贾𬩽为相。

这时李训、郑注虽势单力薄，但他们巧妙地利用了宦官集团的内部矛盾和阉党与朝臣间的党争，接连放逐了李德裕、路隋、李宗闵三位宰相，威势震惊天下。平时与他们有一丝一毫怨仇的人，没有不遭到报复的。李训、郑注认为不投靠自己的人，就指斥为"二人党"，驱逐出朝廷。当时，人人自危。文宗就召来李宗闵、李德裕的亲家亲戚、门生故吏，告诉他们，从今后一切不得再过问追究，以相安无事。从此，人心才安定下来。但文宗还是常常哀叹："消灭河北叛贼较易，要消除朝廷朋党太难。"

五月辛末，王涯升为司空。

京城中谣传说郑注为文宗配制金丹，必须用小孩子的心肝。民间惊慌恐惧，文宗听说后很是厌恶。郑注一向痛恨京兆尹杨虞卿，就与李训共同设计陷害他，说"这些谣言一定是出自杨虞卿的家人"。文宗心中愤怒已极，李宗闵还要上奏营救，文宗怒斥道："你曾经认为郑覃一身妖气，现在你也成妖了。"

六月壬寅，贬李宗闵为明州刺史，再贬为处州长史。

七月辛亥，御史大夫李固言出任宰相。

李训、郑注弹劾李宗闵，曾暗中结交驸马都尉沈议，内人宋若宪、宦官韦元素、王践言等，进而谋取相位。他们又揭发李宗闵还曾说过："不久前皇上有病，曾秘密询问术师吕华，让他推究天命，回答是'十二月大凶'，而践言在剑南监军，却接受了李德裕的贿赂，另一面又与李宗闵私下交往。"于是，再贬李宗闵为潮州司户参军，进而又远逐柳州。元素等全贬到了岭南。

丁卯，李固言罢职。己巳，御史中丞舒元舆为刑部侍郎、翰林学士、兵部郎中，李训为礼部侍郎，拜为宰相。九月乙亥，王涯兼诸道盐铁榷茶使。

十月二十八日庚子，文宗李昂下《授裴度中书令制》，任命东都留守、司徒，兼侍中，其余的官爵照旧不变：

缉熙柄政，亮采皇猷。宏道德而辅昌图，调阴阳而平景纬。我唯求旧，人亦与能。正位台阶，实资元老。河东节度观察处置等使、开府、仪同三司、守司徒、兼中书令、太原尹、北都留守、上柱国、晋国公、食邑三千户、实封三百户裴度，星辰禀秀，山岳炳灵。文蔚采章，量包江海。负经邦之远略，怀许国之明诚。研机而识洞蓍龟，运筹而道光竹帛。风雨一致，仪型四朝。万方所瞻，百辟为宪。洎扬旌雁塞，建节龙山。谨管籥而戎索烟清，壮襟带而军牙气肃。虏绝南牧，声雄北门。懿兹殊庸，予所嘉叹。是用专授衡轴，俾清化源。统和神人，茂育区夏。夫宰相之任，作予股肱。外可以怀柔四夷，内可以亲附百姓。大可以赞亨，毒阜生成；小可以激贪，廉正雅俗。尔有休踢，予不重言。至于玉立岩廊，风行号令。端若植表，为时指南。开予胸襟，广我视听。实赖人杰，代兹天工。爰罢麾幢，再操舟楫。庶展乞言之礼，岂唯论道之尊。伫竭讦谟，无忝毗倚。可守司徒、兼中书令，散官勋封如故。

大臣上殿面君要解下佩剑，脱掉鞋履，以表敬意。唯有像裴度这样格外尊崇的大臣，才能剑履上殿。但裴度虽再度入主钧席，却从未如此，而有归隐田园之心。裴度在冬至将临之时，连写两首透露这一心思的诗歌《中书即事奉酬中书相公至日圆丘摄事于中书后阁宿斋移止于集贤院叙怀见寄之作》：

有意效承平，无功答圣明。灰心缘忍事，霜鬓为论兵。道直身还在，恩深命转轻。盐梅非拟议，葵藿是平生。白日长悬照，苍蝇谩发声。高阳旧田里，终使谢归耕。

其《奉酬中书相公至日圆丘摄事合于中书后阁宿斋…之作》曰：

翼亮登三命，谋猷本一心。致斋移秘府，祗事见冲襟。皓月当延阁，祥风自禁林。相庭方积玉，王度已如金。运偶唐虞盛，情同丙魏深。幽兰与白雪，何处寄庸音。

李训所奖掖提拔的，大多数都是些狂妄阴险、或长期被当权者所倾轧，投闲置散的人。李训就引荐他们复居高位。然而，李训等有时也举用一些天下德高望重的人，以顺应人心，如裴度、令狐楚、郑覃等人，都是历经几朝德高年迈的老臣。因此，不仅文宗一度也被他们迷惑住了，士大夫们也有期望他真的能够带来太平的。不过，有见识的人看他专横到极点，都估计他将要败亡了。

裴度为自己制定了人生十戒，内容为：慎勿多言、勿不服老、勿依卖老、勿提当年、勿过懒散、不畏老死、万勿自闭、切勿嫉俗、不宜固我、不辞顺适。这人生十戒堪为普天下老人颐养天年的养生之道。

集贤殿御书院有一轴《开元东封图》，画的是：开元十三年（725）元（玄）宗皇帝以天下太平，登封东岳的盛况。盛世文物，震耀古今。自秦始皇东封东岳泰山以来，均是皇家祀上天、贺成功、告太平的大典。裴度作为中书令，不同于历届前任，他首先着手整理多年未动的皇家文书。然而，这幅再现前代盛事的百年古画，却弃置于故纸堆中，几乎废毁。裴度发现了此图，如获至宝。裴度向皇上进奉此图，显然是期盼当今皇上继承弘扬列祖浩气雄风。

刘禹锡为此还写了《为裴相公进东封图状》：

伏惟陛下丕承耿光，再阐鸿业。祖宗盛事，绍复有期。臣所以写成此图，辄敢上献。至于绘画，躬自指搞。征史氏之文，纂礼容之要。山川气象，悉拟真形；羽卫威仪，咸稽故实。所冀睿情一览，遐想元踪。臣叨荣过深，抱疾已久。望陛下告成之日，心必前知。嗟老臣将谢之年，身恐不见。疲羸之际，感激倍深。前件图差某官乙谨诣光顺门奉进。谨奏。

裴度还有与众诗友的《西池送白二十二东归兼寄令狐相公联句》：

促坐宴回塘，送君归洛阳。彼都留上宰，为我说中肠（裴度）。威凤池边别，冥鸿天际翔。披云见居守，望日拜封章（刘禹锡）。春尽年华少，舟通景气长。送行欢共惜，寄远意难忘（张籍）。东道瞻轩盖，西园醉羽觞。谢公深眷眄，商皓信辉光（行式）。旧德推三友，新篇代八行。（以下缺）

裴度早年还有与诗友的《宴兴化池亭送白二十二东归联句》：

东洛言归去，西园告别来。白头青眼客，池上手中杯（裴度）。离瑟殷勤奏，仙舟委曲回。征轮今欲动，宾阁为谁开（刘禹锡）坐弄琉璃水，行登绿缛堆。花低妆照影，萍散酒吹醅（白居易）。岸荫新抽竹，亭香欲变梅。随游多笑傲，遇胜且裴回（徘徊）（张籍）。澄澈连天境，潺湲出地雷。林塘难共赏，鞍马莫相催（裴度）。信及鱼还乐，机忘鸟不猜。晚晴槐起露，新雨石添苔（刘禹锡）。拟作云泥别，尤思顷刻陪。歌停珠贯断，饮罢玉峰颓（白居易）。虽有逍遥志，其如磊落才。会当重入用，此去肯悠哉（张籍）。

## 第三十三章 甘露宫变

文宗为了维护自己的统治，极想铲除宦官势力。当时朝中分为牛李两党，水火不容。他们勾结宦官，互相倾轧，不可能帮助皇帝，何谈有益政事。文宗只好提拔寒微之士。李训、郑注正是这其中的代表人物。他们通过大宦官王守澄的推荐，拜见了文宗。文宗因郑注等人系王守澄所推荐，便重用他俩，估计不会引起王守澄的怀疑。于是，他们"朝夕计议，所言上无不从"。郑注遂向文宗提出了"先除宦官，次复河湟，次清河北，开陈方略，如指诸掌"的方略。李训、郑注在朝廷大臣中，又联络了舒元舆、王涯（？—835）、贾餗等人。

这正是：钢刷子遇铁锅，坏人自有坏人磨。以毒攻毒，两毒皆消。

王涯，字广津，太原人氏。他于贞元八年（792）中进士，十后年召为翰林学士，进位左拾遗补阙、起居舍人等。宪宗元和三年（808），因其外甥皇甫湜，于贤良方正科试中，指斥朝政，得罪了宰相李吉甫，坐贬虢州司马。多年后又迁袁州刺史。五年，才奉召回朝任吏部员外郎、工部侍郎、知制诰，再进翰林学士，封清源县男。王涯颇有文思，为文古朴雅正，甚得宪宗信任，遂得以借皇上依重，入宫住进光宅里官第。元和十一年（816），他出任宰相，又因讨淮蔡时"不发一言"而罢免。文宗大和四年（830），他由山南回京，任工部尚书、检校司空，兼领盐铁转运使，执掌财政大权。七年，拜相，进封代国公，食邑两千户。因奏改茶法"引起百姓反对"。

宦官集团中权势最大的是人物王守澄，他控制着神策军权，曾三度废立皇帝。李训他们决定先利用宦官仇士良和王守澄的矛盾，来消灭王守澄集团。这个计划得到了文宗的同意。不久，郑注等人的活动，也引起了宰相宋申锡、御史中丞宇文鼎等人的不安。宋申锡、宇文鼎便与王璠（759—830）密谋除掉郑注。王璠却将此事泄露给了王守澄，才保住了郑注。从此，郑注倾心与王璠交往，又贬逐了与王守澄争权的左神策中尉韦元素，而推荐仇士良出任此职，为王守澄树立一个对立面。宪宗当年驾崩逝世，人们都说是宦官陈弘志弑君。陈弘志被放逐，刚到了青泥驿。九月二十一日，李训定计用刑杖打死了他。

二十六日，李训、郑注为文宗出主意，以虚名去尊崇王守澄，夺去他的实权，架空他。文宗任命王守澄为左右神策观军容使，明升暗降，让他离开首都，来个釜底抽薪。初九日，派遣中使李好古胁迫王守澄以军容身分返回宅第。在内养斋饯行时，赐给他一杯鸩酒，毒死了他。不可一世的王守澄，呼天天不灵，喊地地不应，当即一命呜呼了。朝廷对外声称他暴病而亡，而后追赠他为扬州大都督。同时，先让宪宗时期勾结王守澄的宦官梁守谦、王践元、杨承和等出任监军。不久，又将他们诛杀殆尽。杨承和流放驩州，赐死于公安。韦元素流放象州，被中人刘忠谅杀死在武昌。这正是：恶贯满盈，必然遭殃。从此"贬逐无虚日，班列殆空"，其党羽无一漏网。

大和九年（835）秋，文宗任命李训和舒元舆、王涯为宰相，郑注为凤翔节度使，大理卿郭行余为邠宁节度使，太府卿韩约为金吾大将军。冬十月辛巳，李训、郑注秘密向文宗进言，请求在为王守澄送葬时，让全体宦官参加，准备里应外合，利用禁军除掉宦党，一举消灭以仇士良为首的宦官集团。计议已定，他赶赴凤翔，挑选壮士数百，衣内怀斧，手执白色铁棍，随时准备动手，除掉王守澄集团。这项稳操胜算的计划，令李训，郑注头脑发胀，低估了仇士良这位对手的能量。李训，郑注，虽说算不上忠正，但此举对铲除宦党，归政直臣，意义重大。如果成功，确属功莫大焉。古语云，二人同心黄土变金。同床异梦，败事一定。正可谓，不怕没好事，就怕没好人。但李训担心郑注独占大功，便想单独抢先下手，独占其功，从而打乱了整个战略部署，引发了甘露之变，从而失去了彻底铲除宦党的良机，将胜算变成了败局，致使宦官专权这一痼疾，直至唐末也未能根除，从而葬送了三百年大唐江山。

这年十一月二十一日，文宗在紫宸殿上朝。百官鱼贯而入，依班肃立。按照李训的布置，上殿奏称："左金吾亭后石榴树上出现甘露，说这是天降吉祥，是陛下圣德所致。"

百官闻报，纷纷向皇上行礼道贺，宰相也率领百官道贺。李训、舒元舆劝文宗亲自前往观赏，以承受天赐吉祥。文宗先命宰相和两省的官员到左仗去观看甘露。这些人许久才回来。李训奏报说："臣和众人查验过了，大概不是真的甘露，不可匆忙对外宣布，恐怕天下人纷纷上表道贺，空喜欢一场。"文宗说："怎么会有这种事呢？"回头示意左右中尉仇士良、鱼弘志率领众宦官前去察看此事。宦官们离开之后，李训急速召来郭行余、王瑶说："前来接受敕旨。"王瑶两腿战栗，不敢向前，只有郭行余跪拜在含元殿下。当时，二人的几百部下，都手执兵器，站在丹凤门外。李训已经先派人去召他们，命令他们进来接受敕令，却只有河东兵进宫，邠宁军兵竟然没有入宫。

仇士良等人来到左仗察看甘露，只见韩约脸色大变，直流冷汗，仇士良感到奇怪，说："将军为什么会这样？"顷刻间，一阵秋风吹来，帐幕被刮起，只见后面有很多手执兵器的人，又听到兵仗碰击的声音。仇士良等人惊慌地立即就往外跑，守门的人正要关上大门，仇士良大声呵斥他，门闩没能插上。仇士良等一涌而出，掉头跑到文宗面前，报告发生事变。李训看见他，急忙唤金吾卫士说："快上殿保卫皇上，每人赏钱一百缗！"宦官说："事情危急了，请陛下立即回宫。"说着，立即抬起软轿，扶文宗上轿，急匆匆往北而去。李训拉着轿子喊："臣奏事还没完，陛下不可进宫。"金吾兵丁这时已赶上殿来，罗立言率领京兆巡逻的士卒三百多人也从东面赶来，李孝本率领御史台二百多人从西面赶来，纵情击杀，宦官们流血死伤的有十多人。文宗乘坐的软轿一路曲折，直奔后宫，快到宣政门口时，李训又赶上来拉住软轿，大叫，"停轿，停轿！"。文宗呵斥他，宦官郗志荣奋力挥拳打在他胸口上，李训仰面倒地。软轿才逃进了宣政门，大门随即关上了，宦官们都高呼"万岁"，百官惊慌地逃散。李训知道事情不成，脱下随从的绿衫穿上，骑马跑出，一路大声嚷着："我有什么罪，而被放逐贬谪！"人们也就没怀疑他。王涯、贾餗、舒元舆返回中书省，商量说："皇上将会打开延英殿，召我们去商议这件事。"两省的官员探问这是怎么回事，几个宰相都说："不知道发生了什么事，诸位各自斟酌情况自行处理吧。"

仇士良知道文宗参与了这次计划，想将我等一网打尽，斩尽杀绝，心中又怨恨又气愤，出言不逊。文宗惭愧恐惧，没再说话。

仇士良命令左右神策副将刘泰伦、魏仲卿等各率禁军五百人，出阁诛讨逆贼。王涯等在政事堂廊庑，正要一起进餐，有个小吏报告说："禁军从宫内冲了出来，见人就杀。"闻讯，王涯等人狼狈逃跑，两省和金吾的吏卒一千多人争着往出跑，拥堵的大门不久就关上了。没能出来的六百多人，都被杀死。仇士良等分兵关闭各个宫门，搜索各个衙司，胥吏和在宫里做买卖的都被杀死，死人过千，尸体横陈，鲜血染红了地面。各衙司的印信和图籍、帷幕、器皿都被抢光。仇士良又派一千多骑兵，出城追捕逃亡的人。

舒元舆改换服装，单骑刚出安化门，就被禁兵追上捉住。王涯徒步走到永昌里的茶肆，禁兵把他抓入左军。王涯当时已七十多岁，被加上手铐脚镣，拷打刑讯，痛苦得忍受不了，就自己编造罪状屈招了，说是和李训谋逆，要尊奉拥立郑注为帝。王璠返回长兴坊的宅第，关上大门，派部下兵士护卫。神策军将领来到门口，高声呼喊说："王涯等人阴谋造反，朝廷想起用尚书您当宰相，鱼护军命令我们前来向您致意！"王璠大喜，出门来见。神策军将领们互相使了个眼色，就冲上来，王璠才知道上了当，只好流着泪被押走。到了左军，他看见王涯，说："二十兄你自己造反，为什么把我牵连进来？"王涯说："五弟你从前做京兆尹，不泄露机密给王守澄，怎么会有今天呢？"王璠听了，便低下头，不说话了。禁军又到太平里逮捕了罗立言以及王涯等人的亲属、奴婢，把他们都押进两军囚禁起来。

户部员外郎李元皋，是李训的同曾祖的堂弟，李训实际上与他并无亲情，但是也把他抓起来杀了。原岭南节度使胡证，家中特别富有，禁兵贪财，以搜捕贾𫗇为借口，进入其家，把他的儿子胡溵抓住杀了。禁兵们又进入左常侍罗让、浑詹事、翰林学士黎埴等人家中，抢掠他们的财物，扫地以尽，一点儿不留。贾𫗇换装藏在民间，过了一夜，自知无处可逃，便穿上素色衣服，骑着毛驴，来到兴安门，自己报称："我是宰相贾𫗇，被奸人所诬陷，你们可以把我送到两军去。"守门的士卒把他拘捕，送到右神策军。李孝本改穿了绿服，却还系着金带，用帽子遮挡着脸，独自一人骑着马逃奔凤翔，到了咸阳西面，仍被追上，抓住押回。

李训平日与终南山的和尚宗密友好，前往投奔他。宗密想为他剃度，把他藏起来，但是徒弟们不答应。李训只好出了终南山，投奔凤翔，被周至镇遏使宋楚捉住，戴上镣铐，押送京师。刚走到昆明池，李训害怕到了军中，要受更厉害的摧残污辱，求死不得，求生不能，就对押送的人说："捉到我的人就能富贵了。听说禁兵在到处搜捕，你的功劳必定会被他们抢走的，不如取下我的人头送去。"押送的人听了，就砍下他的头，送来京城。这正是：宁愿站着死，不甘跪着生，士可杀而不可辱。

这正是：谋事在人，成事在天。百密一疏，功败垂成。

十一月甲子，左帅神策中尉仇士良斩杀李训、尚书右仆射郑覃等于昆明池畔。次日乙丑，仇士良又集中了王涯、舒元舆、贾𫠏三位宰相、李孝本、罗立言、王璠、郭行余等，分别严刑拷问，没有不招供的。戊辰，京城白昼晦暗如夜。右神策军在崇义坊抓获右金吾卫大将军韩约，二十八日己巳，把他斩首。左神策军出兵三百人，用李训的首级引导着王涯、王瑶、罗立言、郭行余；右神策军出兵三百人，押着贾𫠏、舒元舆、李孝本，在东西两市游街示众，命令百官前去观看，献祭于宗庙社稷，然后腰斩于一株孤柳之下，弃尸并砍下人头，高悬在兴安门楼。围观的百姓，因为怨恨王涯征收茶税，有的骂他，有的扔瓦片石头打他。凡是这几个人的亲属不论远近，一律处死，连小孩子也不留；没有处死的妻子、儿女，没为官府奴婢。这正是：螳螂捕蝉，黄雀在后，杀人须防人杀我。云间日头门隙风，白蛇毒牙鹤顶红，寡妇老婆羊角葱，蝎子尾巴酒砒霜，一个比一个更毒啊！

以朝命发布的《诛王涯等敕》曰：

> 王涯等身为宰相，委任至重，与其徒恣行凶恶，潜构奸谋。郑注草莱卑末，宠遇殊常，而乃窃发殿庭，同为扶竖。险邪之状，古今未闻。赖宗社降灵，重臣协力，斯须消灭，京师晏宁。天下之人，所同欢快，谋恶之罪，国有常刑。其王涯、贾𫠏、舒元舆、王璠、郭行馀、李孝本、罗立言等，宜令左右神策差兵马

防援，准旧例，领赴郊庙及两市，令众讫，斩于独柳树下，并仰准法处分。

王涯有个同曾祖的堂弟王沐，家在江南，年老而贫穷。他听说王涯当了宰相，就骑着驴来投奔他，想求个一官半职。留在长安两年多，才见到王涯一面，王涯待他特别冷淡。很久以后，王沐借王涯亲信的奴仆说出自己的欲望，王涯许诺给他一个小官。从此，他就朝夕等候任命。到了王涯全家被捕时，王沐恰好在他的宅第中，结果与王涯一起被腰斩了。这正是：徒有疾恶心，奈何不知机（苏涣诗句）。这些人冤死，直至唐昭宗天复元年（901），才予平反。王涯传世的有《唐循资格》五卷、《王涯集》十卷。

舒元舆有一个族侄舒守谦，为人老实又聪明，舒元舆很疼爱他，跟随舒元舆已十多年。一天，他并没犯什么过错，舒元舆却忽然责备他。此后，天天加以斥责，奴婢们也看不起他。舒守谦觉得忍无可忍，请求回去。舒元舆也不挽留，舒守谦伤心叹息着离去了。晚上到了昭应，就听到了舒元舆被逮捕灭族的消息。只有舒守谦一人幸免。这真是：爱极逢危生恶言，恶语反成度人船。

二十二日，百官入朝。直到太阳老高，才打开建福门，每人只准带一名随从。禁兵手持利刃，夹道站立。众臣来到宣政门时，门还没开。当时没有宰相御史来主持位次，百官已经不再有什么站位次序。文宗来到紫宸殿，问道："宰相为什么没来？"仇士良说："王涯等人阴谋造反，关在狱中。"于是，把王涯亲手写的供状呈上，召左仆射令狐楚、右仆射郑覃等上殿，把王涯的供状给他们看。文宗悲愤得几乎难以承受，对令狐楚等人说："这是王涯亲笔写的吗？"他们回答说："是的。"皇上敷衍道："果真如此的话，那真是罪大恶极，死有余辜。"便命令令狐楚、郑覃留宿在中书省，参与决策机密要务。让令狐楚起草制书，宣示朝廷内外。令狐楚叙述到王涯、贾餗谋反的事实时，浮词空泛。仇士良等人心中十分不快。因此，令狐楚没能当上宰相。

当时，京城居坊集市上，抢掠事件时有发生。恶人乘机报私仇，胡乱杀人，抢掠财物，闹得烟尘蔽天，腥风扑面。

于是，朝廷命令左、右神策军将领杨镇、靳遂良等人各自率领五百人分别把守交通道口，用击鼓来警告抢掠的人，杀了十几个，京城秩序才安定下来。奸邪小人兴风作浪，大大加剧了政局的动荡与混乱。

二十三日甲子，任命尚书右仆射郑覃为相。乙丑，又任命权知户部侍郎李石为相。

当时，几乎没了僚吏。中书省只剩空室破壁，各种东西都缺乏。江西、湖南每年需朝廷进献衣服、粮食一百二十份，充作宰相召募随从人员之用。李石因胥吏减少，请求将江西、湖南两道例行进献的衣粮，一并停征。文宗批准了。

二十四日，任命户部侍郎、判度支李石为同平章事，兼任度支。前任河东节度使李载义也恢复了旧职。

文宗下诏，讨贼有功的，晋升官爵、赏赐财物。这一天，任命令狐楚为盐铁转运使，左散骑常侍张仲方暂时代理京兆尹。当时，是杀是留，大权全取决于左右神策军的两个中尉仇士良、鱼志弘，文宗预先也不知道。

当初，王守澄厌恶宦官田全操、刘行深、周元稹、薛士干等人，李训、郑注就乘势把他们分别派往盐州、灵武、泾原、夏州、振武、凤翔去巡察边防军，又命翰林学士顾师邕拟制诏书，颁赐给上述六道，让他们杀了这六个宦官。恰逢李训失败，六道虽然接到诏书，但都未便执行。二十五日，宦官们认为顾师邕伪造诏书，把他关进了御史台的监狱。

在此之前，郑注率领亲兵六百人，从凤翔赶到扶风。扶风县令韩辽心知他的意图，便不给他提供所需，反而自带印信，和吏卒逃奔武功。郑注得知李训已失败的消息后，就又返回了凤翔。仇士良派人带着秘密敕令前往，交给凤翔监军张仲清，命令他捉拿郑注。张仲清惶恐疑惑，不知该怎么办。押牙李叔和告诉张仲清说："我替您去客气地召郑注前来，屏退他的随从，再在座间抓捕他，事情立刻就成。"张仲清听从了他的主意，埋伏下甲士，专等郑注自投罗网。郑注仗恃着他有兵士护卫，就去见张仲清。李叔和逐渐地把他的随从兵士引到外面，用酒食招待，只有郑注和几个人入内。刚喝完茶，李叔和就抽刀杀了郑注，随即关闭了大门，关笼打狗，杀了他的亲兵。这才拿出秘密敕令，向将士们公示。于是，诛灭了郑注全家，一并杀了节度副使钱可复、节度判官卢简能、观察判官萧杰、掌书记卢弘等人，以及他们的党羽。当时，被杀死的有一千多人。欲加之罪，何患无辞。钱可复，是钱徽的儿子；卢简能，是卢纶的儿子；萧杰，是萧俛的弟弟。但朝廷不知郑注已死，二十六日，还下了道诏书，革除郑注的官职爵位；又命令相邻各道按兵勿动，以观察事态变化。任命左神策大将军陈君奕为凤翔节度使。二十七日夜，张仲清派遣李叔和等人带着郑注的首级入京呈献，于兴安门上悬首示众。当时人心惶惶，社会震悚。过了好几天，人们的惊恐情绪才稍稍减弱了些，京城的各军也各自回营。

接着便发布了《赏诛郑注功臣军士诏》曰：

朕以寡德，祗荷睿图，于兹十年，夙夜惟寅，尝恐至诚不达，景化未敷。屈己以安四方，推信以待百辟，岂有患生毗倚，变起奸凶，亦以失于任人，致此氛祲。然朕为人父母，子育生灵，忧万姓之靡宁，惧一物之失所。况至理之代，先德而后刑，以上下欢康，中外清晏，虑有连累，即伤太和，宜赏不逾时，式彰褒劝。

其今月二十一日，排难宣力，功成谋议，及能应机枭斩郑注者，节级各加官赏，其次立功及军队将士合在赏级者，即有差等处分，其将校等合与改转，委本军条疏具名闻奏。谋逆之人，已断腰领，子戮家破，俾当极诛。元恶李训、王涯家族，除已处置外，妻女奴婢并入宫，资货产业，天下所在，切加简责，据数闻奏。其余亲党，除同居知情外，不同谋计者，一切不问。诸色官吏所由，其受逆长指合欲出力同恶者，并已两军推问，寻捕处斩讫。尚虑因缘衅隙，妄告平人。自今以后，纵同官司微涉讹误者，一切不问。潜藏疑惧者，许三日内各归本司，不得辄相恐动。韩约首为诈恶，逆罪滔天，虽罗捕未获，终天网不漏。宜委御史台、京兆府两金吾速催促所由，齐出搜索，获日闻奏。如辄有人隐藏不告者，罪及一门；如知处隐藏，密来告说者，必当厚有赏赐。

于戏！朕求理之心，唯才是与，听言信行，不虑包藏，岂谓邪人，负我如此。其中诱陷，必有胁从，须挂刑名，载深冤叹。其中节目，梳理未尽，须更商量者，委中书门下续即条奏。宣示远迩，咸使闻知。

在许多人死于非命之时，仇士良等人却各自进阶升官，用无数鲜血染红了自己的官服。宦官得势，引起某些人的羡慕。各道每年向朝廷进贡阉儿，以闽中最多，名曰"私白"。

孟郊的《择友》揭示了人心的险恶：

今人表似人，兽心安可测。虽笑未必和，虽哭未必戚。面结口头交，肚里生荆棘。

三天后，裴度从其安插的内线人物处，惊悉宫变之事，急忙召来白居易，让他做好应变打算。裴度说："万幸，我等没有卷入这场惨剧。"白居易说："如果裴令公在朝堂执政调鼎，肯定就不会发生这场宫变。"裴度说:"我忧心的是社稷与皇上呀!"幸亏半月安然无事。白居易四十四岁被贬,至今已六十四岁。早年那革故鼎新的壮志,早已消磨殆尽。甘露之变发生时,他正与裴度游洛阳香山寺,恰得置身局外。当年他被贬时,落井下石的王涯却在政变中遭了横祸。他也不知是幸运,还是悲愤,感慨万端。于是,便写下了《九年十一月二十一日感事而作》:

祸福茫茫不可期,大都早退似先知。当君白首同归日,是我青山独往时。顾索素琴应不暇,忆牵黄犬定难追。麒麟作脯龙为醢,何似泥中曳尾龟。

诗中引晋代嵇康临刑前尚能从容弹奏《广陵散》,秦代丞相李斯至死方悔不能再自由打猎等,来表达应功成身退,洞明时务,及早退隐的心迹。

宦官们诛杀忠良,作恶多端。李商隐对他们恨得咬牙切齿,就写了一首诗《明神》:

明神司过岂令冤,暗室由来有祸门。莫为无人欺一物,他时须知石能言。

这是说连石头都会控诉他们的阴谋诡计与害人伎俩。
在律诗《咏史》中,李商隐又写道:

历览前贤国与家,成由勤俭败由奢。何须琥珀方为枕,岂得真珠始是车。运去不逢清海马,力穷难拔蜀山蛇。几人曾预南薰曲,终古苍梧哭翠华。

诗人喟叹文宗虽崇俭戒奢，但惑于谗佞，未倚重如千里马似的治国能臣裴度等，无力清除盘踞朝堂、掌握禁军、如蜀道长蛇般的挟君宦官，在甘露之变后大权旁落，受制于权宦，致使国运日衰，无可挽回。

从此，天下大小事都由北司宦官来决定，南衙宰相只是代行文书而已。宦官气焰熏天，胁迫天子，轻视宰相，欺凌大夫，侵暴衙署如同草芥一样。每当在延英殿议政，仇士良等人动辄引用李训、郑注的事例，来折辱宰相。郑覃、李石反唇相讥道："李训、郑注诚然是祸乱的罪魁祸首，但不知李训、郑注最初是依靠什么人而得以进用的？"宦官这才稍稍理屈词穷。朝官大为失势，宦官控制了朝廷，文宗实际成了一个傀儡。从此，文宗被软禁，形同囚徒，中官用事。文宗痛苦地写了首《宫中题》：

辇路遍秋草，上林花满枝。凭高何限意，无复待臣知。

此诗道出了文宗被宦官控制后形同囚徒，无人理解的苦恼。其实，并非无人可知？譬如，裴度就写了《二气合景星赋》（以"其状无常，出有道之国"为韵）：

景丽天中，君居人上。观星文之高朗，见君德之洪畅。剡乎景以为名，气之可望。徒亘其二方之色，靡知其千变之状。故隐不可思，见无与期。必潜拱而元感，乃粲然而著之。谅精诚之尽达，若影响而相追。且夫浩浩阴骘，昭昭元吉。匪乘运而生，将俟时而出。方今统三才而不爽，叶一德而无失。所以列其数而唯三，等其色而如一。既参差而比象，亦错落而为质。非烟非雾，相幂历以氤氲；散彩耀芒，远精明而成实。懿其烛彼天衢，同日月之列于三无；瑞我元首，旌号令之敷于九有。不然，何以浑青赤之悠扬，掩斗牛之荧煌。或助月于晦朔，或偶圣而昭彰。昔在周公之摄赞幼主，周武之肆伐大商。皆立功而本政，亦效祉而垂光。未若明庭而治国，无事而降康。斯时也，岂虚其应；斯瑞也，则唯其常。是以莹霏微之中，形璀璨之色。仰嘉气之来辉焕，喻他方之归道德。陋虞舜之近加于房，小唐尧之才出于翼。瞻之踊跃，如北面之事一人；照之清明，若南向之观万国。岂同乎彼躔次，行诸岁时。昏在昴中，示春物之将蠢尔；申为斗建，兆秋风之欲凄其。虽穷运数于晷刻，未甄邦国之清夷。绵邈兮元造，在休徵兮载考。何炜煜于重霄，信恢宏于治道。手抃目骇兮，载赓歌于大宝。

老子《道德经》曰："一生二，二生三，三生万物。""一"指太极，"二"指阴阳二气，"三"指天地人。然而，孤阴不生，孤阳不长。唯有阴阳交感，才能化生万物。《周易·咸》所谓："柔上而刚下，阴阳感应以相与。"景星，也称瑞星、德星。当然也属于阴阳二气所化生。《史记·天官书》曰："天精而见景星……其状无常，常出于有道之国。"景星出现，被认为是明君在位，政治清明而感动天地的极大祥瑞。

裴度以此赋祝颂"君德之宏畅"，"炜煜于重霄，信恢宏于治道"。读罢此赋，后人不能不佩服作者能写出饱含诸多天文知识、畅谈理想政治的传世之作，而更加欣赏其文情才气。

三十日，李石上奏说："宰相如果忠贞正直，无邪恶之念，神灵也会保佑他，即使遇上盗贼，也难能伤害他。如果内心满怀奸邪欺诈，即使设有许多护卫，鬼神也能杀了他。臣愿意竭尽赤忱，报效国家，只需依循惯例，以金吾士卒为前导和随从就足够了。朝廷官员们都仰赖郑覃、李石二人，坐镇支持，来行使职权。

春风又是一年。文宗想拓开新局面，成就一番帝业，便于丙辰年正月

改年号为开成,并下达《开成改元敕文》:

> 朕以寡昧,祗奉昌图,兢业为心,不敢自怠,庶乎播祖宗之光烈,致区宇之康平,推诚不疑,唯才是用。岂谓凶奸背德,宗社将危,中外叶谋,咸加显戮。知人则哲,实在帝而犹难;罪己兴怀,诚为君之不易。缅惭古理,良用惕然。是用因元正御正殿,先明首罪,仍布鸿恩。王守澄累朝奖任,久掌禁军,忠力虽多,愆误难掩,交通杂类,延进奸邪,专弄威权,蠹害时政。郑注、李训因缘引见,忝窃恩荣,二三旧臣,诬陷非罪,成予寡昧,抑有其由,遂使奸恶构连,窃起前殿。王涯、贾餗、舒元舆、李训,宰辅股肱,叶谋不轨;王璠,郭行馀,节将在京,率兵上殿;罗立言、李孝本,纪纲台府,深入领徒;韩约诱金吾卫兵,立成向背;魏逢驿骑来往,郑注自出成师。将相通谋,情状咸具,上天降佑,氛祲已清。讨其本因,已正刑辟。王守澄既已云亡,难议深责,自特进已下官爵及实封,并宜削夺。祸已终于既往,恩宜覃于有载,可大赦天下,宜改太和十年为开成元年。
> 
> 自正月一日昧爽以前,大辟罪已下,罪无轻重,常赦所不原,咸赦除之。其左降官量移,复资及才用有足称者,中书门下处分。贬流人中,元敕不许量移,及终身勿齿者,并与量移。其去年应缘朋党连累,并十一月二十一日坐罪流贬者,不在此限。其身亡伏法者,委所在州府量给棺殓,任所亲收葬制服。其户部度支盐铁,应有诸色欠负太和五年已前者并放免。诸道贺正、端午、降诞、贺冬进奉,起今权停三年,其钱充纽,放百姓两税;所在除药物、口味、茶果外,不得辄有进献。百司及诸道应宣索制造,一物以上者,并停三年。京畿百姓,两税已下,凡一岁之内征取者,并百官职田,并全放一年。其京兆府一年所支用钱物

斛斗草等，并勒盐铁使以开成元年直进绫绢充还。同州、河中、绛州去年旱歉，赋敛不登，宜放开成元年夏青苗钱。同州赐杂谷六万石，河中、绛州共赐十万石，委度支户部以见（现）贮粟麦充赐。三省、九列、御史台选黜陟使十人，视问风俗，进贤退不肖，兴行新制，务令通流。天下戎镇文武带宪官者，解补进退，并须奏闻。其边州令制译语学官，常令教习，以达异议。内外文武官及诸色人，任上封事，极言得失，有裨时政者，必加升擢，待以不次。其有藏器候时，隐身岩穴，奇节独行，可激风俗者，委常参官及所在长吏各以名闻。文武之道，合而兼济，勋臣子弟，有能修词务学，应进士、明经、及通诸科者，委有司先加奖引。河朔节将以州县归国者，有张茂昭、田宏正、程权，各与一子官。子弟堪任使者，委中书门下量加引用，应内外文武官进阶加爵有差。

郑覃、李石见仇士良、弘志还想牵连诛杀一些异己大臣，并报上了诸官司想杀戮的几十位大臣就来见裴度。裴度建议暗下文书，联络封镇大将，以"清君侧"的名义震慑权宦。

四月，昭义节度使刘从谏继二月质问王涯有何罪过，竟然要杀掉？不久，几路地方节度使纷纷上书，追问四位宰相被杀的真实原因。仇士良才害怕了。

裴度此举，震慑了仇士良集团，使之有些收敛，从中救活数十家著名士族。但文宗仍被软禁，内外不通消息。

四月，李珏罢户部。本年，朝廷始征茶叶税。但从江淮输送两税到河阳一带国库，每年费用多达十七万缗。护送行纲的官吏多因失盗、翻船等问题而入狱抵罪。裴休出任户部侍郎，任用判度支王彦威，深入基层，调查其中弊端，从而罢停多年以来的长定纲做法，命濒河各县令负责漕运之事，从江淮至河渭，配备畜力三万三千余，每日用一所驿站的车马转送，每年可输送四十万石米粮，省了大笔运费。由于用的是当地驿递，熟悉沿途情况，故避免了许多弊端隐患，减少了沉船与失盗等事故。他又规定：安全转送五万，可记为"上考"；多达七万，可免一次选拔考核；达五十万可免三次选考。直至两年后的开成初年（836），才制定了新长定纲。纲是地方政府向中央政府交纳两税时所编的车队或船队。所谓"长定"就是一种长期稳定不变的规制与交纳方法，规定护送官吏往来十年无差错，可授县令之职。安全护送轻货四万，可在考核中记为上等。这种激励机制，调动了各方积极性，充分显示了裴休的过人才能。

当时，文宗被软禁，大明宫不得进出。咫尺天涯，内外消息不通。裴度担忧皇上安危，就让府中一位胆大心细的侍女化装成宫女模样，前去探问。幸亏有皇上亲信接应，这位侍女才得以入内。皇上见了"宫女"，十分面生，就问："你是何人？"侍女答："皇上，裴丞相派我来问候皇上。裴相公赠给皇上两句话：'留得青松在，主仆有余荫。'"皇上十分感动，说："你是如何进来的？"侍女如此这般说了一遍。皇上赞叹道："裴爱卿真是多智啊！希望裴相记得汉代'周勃安刘'之事。"就打发她出了宫。侍女换了身衣裳，回来向裴公汇报，裴度才放了心，说："苍天庇佑，皇上安好，天下之幸。"

一天半夜，小太监召当值的崔慎由来到一间密室，仇士良对他说："皇上自继位以来，一直多病，朝纲不振。今奉皇太后懿旨，须另立皇帝，请学士拟诏。"崔慎由闻言大惊，说："皇上德溥四海，为臣不敢妄议。我崔氏宗族上千口，怎么敢做此等灭族之事？还望另择高人。"仇士良听罢，半晌无语，才打开后门，带他进入内室。文宗竟然就坐在那里。崔慎由叩见皇上，仇士良居然让他不必跪拜。仇士良一一历数皇上过失后，又说："如不是为了崔学士，你就不能坐在这里了。"文宗只是低头不语。仇士良这才送他出来，并叮嘱："今日之事，不得外泄，否则灭族。"从此，崔慎由十分痛恨宦官，暗中对儿子崔胤说："如有机会，一定要诛灭阉党。"

大厦将倾，独木难支。裴度年事已高，身体不佳，精力不足，再加对朝廷政治的失望，几乎无心于政事。但他还是告诫崔慎由父子："前车之鉴不远，宜慎之又慎。"

左仆射令狐楚上奏："王涯等人已经服罪，他们的家族也被夷灭，抛弃的累累尸骨仍无人收拾，恐有失人道。请让官府代为收敛埋葬，以承顺阳和之气。"文宗悲伤了很久，命令京兆尹收敛王涯等十一人的尸骸，埋葬在长安城西乱坟冈上，还各赐锦衣一件。仇士良却暗中派人掘开坟墓，把尸骨丢入渭水。或投入烈火，焚尸扬灰，何其毒也。裴度让京兆尹派兵暗中监视这些坟场，果然抓获了几名宦官与禁兵，数日后于帝前对质。那些人哀求仇士良、鱼朝恩保命，二人却翻脸不认帐，假装不知，反而让以有违圣旨的罪名杀了他们。这正是：卸磨就杀驴，当堂不认父。

四月甲午，山南西道节度使李固言出任宰相。

诗人元稹在朝堂一空的情况下，乘机升了官，志得意满，自觉脑袋比斗篮还大，尾巴翘得老高，走路都一跩一跩的，气焰冲天，旁若无人。元稹奉诏办差还京，住在敷水驿。仇士良随后也赶到这家客栈。他想要一套上房，已被元稹所占。仇士良就要元稹腾出精舍，元稹不依，竟被仇士良用马鞭打烂了面部。因此，还以轻视威权之名将元稹贬为江陵士曹参军。可见，宦官淫威的嚣张与酷毒。

四月十六日，文宗驾临紫宸殿，宰相因奏事拜见文宗。坊间流言纷起："天子有诏命令宰相掌管禁兵，宰相已经拜谢皇恩，并接受了任命。"这些传言代表了君心民意。

四月二十六日，刘从谏上书，罗列仇士良等的罪状，请求严正典刑。其奏书有言："内臣擅领甲兵，妄杀无辜，流血千门，僵尸万计，臣当缮甲练兵，入清君侧。"仇士良就请求为刘从谏加官晋爵，拜为司徒。刘又上表辞让，说："死未申冤，生难荷禄。"仇士良心里害了怕。从此，他才稍有收敛。这样一来，朝官们多少能行使一些职权。每逢官员从东都回京，文宗一定要问："卿见裴相国否？"

牛僧孺无力除去奸宦，便上表请求解除方镇职务，由检校司空出为东都留守。他治第归仁里，四处购求奇花异石，与宾客娱乐其间。八月己酉，郑覃兼任国子祭酒。李石判度支。

东都洛阳几乎成了失意文士的首选之地。

《答刘禹锡同州刺史谢表批》曰：

省表具知。卿任居三辅，职奉六条，累闻问俗之劳，载览勤人之志，言唯顾行，深慰朕怀。勉宏政经，以副优寄。所谢知。

次年春，刘禹锡途径洛阳。久别重逢，裴度约集友人，为他接风，诗酒言欢。刘禹锡远放归来，裴令公关切地询问最近可有得意之作。

白居易则以《和令公问刘宾客归来称意无之作》曲折回答。

水南秋一半，风景未萧条。皂盖回沙苑，蓝舆上洛桥。闲尝黄菊酒，醉唱紫芝谣。称意那劳问，请缨不早朝。

酒宴间，联句行令，遂成《喜遇刘二十八偶书两韵联句》：

病来佳兴少，老去旧游稀。笑语纵横作，杯觞络绎飞（裴度）。清谈如水玉，逸韵贯珠玑。高位当金铉，虚怀似布衣（刘禹锡）。已容狂取乐，仍任醉忘机。舍眷将何适，留欢便是归（白居易）。凤仪常欲附，蚊力自知微。愿假尊罍末，膺门自此依（李绅）。

自刘禹锡来到洛中，洛阳堪称诗坛群星荟萃。裴度便与乐天组织《文酒之会》。其小序云：

度自到洛中与乐天为文酒之会，时时构咏，乐不可支。则慨然共忆梦得，而梦得亦分司至此，欢惬可知，因为联句：

成周文酒会，吾友胜邹枚。唯忆刘夫子，而今又到来（裴度）。欲迎先倒屣，亦坐便倾杯。饮许伯伦右，诗推公干才（白居易）。久曾聆郢唱，重喜上燕台。昼话墙阴转，宵欢斗柄回（刘禹锡）。新声还共听，故态复相咍。遇物皆先赏，丛花半未开（裴度）。起时乌帽侧，散处玉山颓。墨客喧东阁，文星犯上台（白居易）。咏吟君称首，疏放我为魁。忆戴何劳访，留髡不用猜（裴度）。奉觞承鞠䕫，落笔捧琼瑰。醉弁无妨侧，词锋不可摧（白居易）。水轩看翡翠，石径践莓苔。童子能骑竹，佳人解咏梅（刘禹锡）。洛中三可矣，邺下七悠哉。自向风光急，不须弦管催（裴度）。乐观鱼踊跃，闲爱鹤裴回（徘徊）。烟柳青凝黛，波萍绿拨醅（白居易）春榆初改火，律管又飞灰。红药多迟发，碧松宜乱栽（刘禹锡）。马嘶驼陌上，鹢泛凤城隈。色色时堪惜，些些病莫推（裴度）。涸流寻轧轧，馀刃转恢恢。从此知心伏，无因敢自媒（刘禹锡）。室随亲客入，席许旧寮陪。逸兴穟将阮，交情陈与雷（白居易）。洪炉思哲匠，大厦要群材。他日登龙路，应知免曝鳃（刘禹锡）。

不久，又成《首夏犹清和联句》：

记得谢家诗，清和即此时（白居易）。余花数种在，密叶几重垂（裴度）。芳谢人人惜，阴成处处宜（刘禹锡）。水萍争点缀，梁燕共追随（行式）。乱蝶怜疏蕊，残莺恋好枝（张籍）。

草香殊未歇，云势渐多奇（白居易）。单服初宁体，新篁已出篱（裴度）。与春为别近，觉日转行迟（刘禹锡）。绕树风光少，侵阶苔藓滋（行式）。惟思奉欢乐，长得在西池（张籍）。

继成《春池泛舟》联句：

凤池新雨后，池上好风光（刘禹锡）。取酒愁春尽，留宾喜日长（裴度）。柳丝迎画舸，水镜写雕梁（崔群）。潭洞迷仙府，烟霞认醉乡（贾𫗧）。莺声随笑语，竹色入壶觞（张籍）。晚景含澄澈，时芳得艳阳（刘禹锡）。飞凫拂轻浪，绿柳暗回塘（裴度）。逸韵追安石，高居胜辟强（崔群）。杯停新令举，诗动彩笺忙（贾𫗧）。顾谓同来客，欢游不可忘（张籍）。

再成《西池落泉联句》：

东阁听泉落，能令野兴多（行式）。散时犹带沫，淙处即跳波（裴度）。偏洗磷磷石，还惊泛泛鹅（张籍）。色清尘不染，光白月相和（白居易）。喷雪萦松竹，攒珠溅芰荷（刘禹锡）。对吟时合响，触树更摇柯（张籍）。照圃红分药，侵阶绿浸莎（白居易）。日斜车马散，余韵逐鸣珂（刘禹锡）。

翌日，裴度邀众友共赏蔷薇花，遂成《蔷薇花联句》：

似锦如霞色，连春接夏开（刘禹锡）。波红分影入，风好带香来（裴度）。得地依东阁，当阶奉上台（行式）。浅深皆有态，次第暗相催（刘禹锡）。芳浓濡雨露，明丽隔尘埃（行式）。似著胭脂染，如经巧妇裁（白居易）。奈花无别计，只有酒杯残（张籍）。

不久，裴度举荐刘禹锡为礼部郎中、集贤殿直学士，并留宴多日，才依依不舍，送他赴京。而朝廷却又委任刘禹锡分司东都，任东都尚书省主客郎中。裴度、白居易闻讯，喜出望外。

刘禹锡自左冯赴汝南，途经洛中，写了《自左冯归洛下酬乐天兼呈裴令公》云：

新恩通籍在龙楼，分务神都近旧丘。自有园公紫芝侣，仍追少傅赤松游。华林霜叶红霞晚，伊水晴光碧玉秋。更接东山文酒会，始知江左未风流。

其中用王俭"江左风流宰相"句原典，显然是将裴度比作以少胜多，使前秦大军灰飞烟灭的东晋贤相谢安。

又成《刘二十八自汝赴左冯途经洛中相见联句》：

不归丹掖去，铜竹漫云云。唯喜因过我，须知未贺君（裴度）。诗闻安石咏，香见令公熏。欲首函关路，来披缑岭云（白居易）。貂蝉公独步，鸳鹭我同群。插羽先飞酒，交锋便战文（李绅）。镇嵩知表德，定鼎属铭勋。顾鄙容商洛，徵欢（一作歌）候汝文（刘禹锡）。频年多谑浪，此夕任喧纷。故态犹应在，行期未要闻（裴度）。游藩荣已久，捧袂惜将分。讵厌杯行疾，唯愁日向曛（白居易）。穷阴初莽苍，离思渐氤氲。残雪午桥岸，斜阳伊水滨（李绅）。上误尊右掖，全略静东军。万顷徒称量，沧溟讵有垠（刘禹锡）。

刘禹锡听说白居易戏说要用侍妾寄奴来换裴度的好马，便写了《裴令公见示消乐天寄奴买马绝句斐言仰和且戏乐天》：

常奴安得似方回，争望追风绝足来。若把翠娥酬骏耳，始知天下有奇才。

白居易《咏老赠梦得》曰：

与君俱老也，自问老何如？眼涩夜先卧，头慵朝未梳。有时扶杖出，尽日闭门居。懒照新磨镜，休看小字书。情于故人重，迹共少年疏。唯是闲谈兴，相逢尚有余。

刘禹锡《酬乐天咏老见示》曰：

人谁不顾老，老去有谁怜。身瘦带频减，发稀冠自偏。废书缘惜眼，多灸为随年。经事还谙事，阅人如阅川。细思皆幸矣，下比更修然。莫道桑榆晚，为霞尚满天。

裴晋公度在相位之日，有人送给裴度槐瘿一枚，想让他雕刻成枕头。他请能工巧匠制成后，裴公非常喜爱。郎中庾威，世人称他多闻博物，裴度就请他来甄别欣赏。庾威捧玩良久，对裴度说："这槐瘿是雌树生的，恐怕不能用。"裴度说；"郎中甲子多少？"庾威说："某与令公同是甲辰生。"裴公笑道："郎中便是雌甲辰，而我则是雄甲辰。正合用此妮，如美人伴眠。"言罢，两人开怀大笑。

这也是借题发挥，来暗讽阴人宦官。宦官专权成为整个唐代积久难除的痼疾，一直把世界第一强国——大唐王朝送进了坟墓。这一悲剧也为后世留下了惨痛的教训。

文宗只有两个儿子，长子李永为王德妃所生，次子宗俭由后宫才人所生。李永于大和四年（830）封为鲁王，六年才立为皇太子。

文宗《立鲁王永为皇太子诏》曰：

礼重承祧，义存继体，思崇守器，必务建储，王者所以固大本而贞万国也。鲁王永，温仁宽明，聪敏孝爱，动合至性，居无放心。乐善承颜，旷度容众。恭勤《诗》《书》之教，率由忠愿之风，懿兹徽猷，光我上嗣。朕纂奉宝位，丕宁圣图，钦若旧章，用建储贰。爰俾主鬯，以率问安，统正龙楼之荣，昭宣甲观之兆，宜膺茂典，允属元良。可册为皇太子，仍令所司择日，备礼册命。

不久，皇上又下《选皇太子妃敕》：

冢嗣元良，家国之庆，人伦之始，在娶元妃。虽吉事尚更于待年，而嘉偶宜深于善教，志于先定，冀选义方，属在德门，遂成好合。在东京委裴度，西京委宰臣，各申旨谕令本宗家长，举言十岁已来嫡女及妹侄孙女，两月内送中书门下，务令宜称，无有不尽。

但李永年幼贪玩，不喜欢读诗书。开成三年（838），文宗每月朔望派宫使去检视其学业，侍读每逢双日入对讲书。但太子不能循规蹈矩，少保、少傅屡屡告诫，他也不听。加上其母失宠，杨贤妃深得宠幸，常常说他的坏话。皇上竟然听信，并十分震怒，遂于延英殿召见群臣，说："太子过失甚多，不能将天下交给他，大家议一议，是否废了他。"群臣谏道："太子春秋盛年，虽有过失，还可改正。况且事关天下根本，不可轻易变更，希望陛下宽赦他。"御史中丞狄兼謩流着眼泪坚决抗争，皇上没了主意，方才罢休。皇上下诏让太子返回少阳院，由中宫监护，并杀了太子宠幸亲昵的几十个宦官，命令窦宗直、周敬复到院内讲经。而太子始终不能洗雪自己的清白，行为上更加不管不顾。因荒淫过度，当年，十月十六日，李永暴亡。太子死时，七窍流血，遍体青紫，显属中毒。有人说显然是被宦官所害死，但查无实据，只好不了了之，空留遗恨。皇上将太子宠幸的十个女人全为太子陪了葬，追谥"庄恪"太子。次年，又立敬宗第五子成美为太子。

秋九月十一日，李石向文宗说起"宋申锡为人忠贞正直，被人谗言诬陷，贬死在边远的地方，一直没得到平反昭雪"时，文宗低头沉思了很久。不一会儿，就流下了眼泪，伤心地说："这件事我早已知道是弄错了，只因奸人逼迫我，从社稷大计考虑，连亲子兄弟都不能保全，何况是宋申锡呢。当今之计，只能让有关衙司为我褒奖追赠，让他死后扬名吧。"不久，宋申锡追复右丞、平章事，赠兵部尚书，授其子慎微为城固尉。皇上还说："李德裕也可与宋申锡相比啊！"不久，便起用李德裕为浙西观察使。后来，他答学士问题，黎埴鞠躬说："李德裕与李宗闵一同被斥逐，唯独李德裕三次提升职位，事有不公。"皇上说："李宗闵他曾举荐郑注，而李德裕想杀郑注，你说现在该把官位给谁呢？"黎埴心中惊惧，灰溜溜地溜了出去。皇上又指着龙案前对众宰相说："这里就是李德裕参奏奸人郑注所站的地方。"

杨嗣复与李宗闵相友善，想起用他，又担心郑覃反对，就托宦官给皇上吹风。文宗借紫宸殿议政时对郑覃说:"宗闵贬斥已久,应授一官。"郑覃说:"调任稍近处即可,若再重用,臣请提前辞职。"陈夷行也说:"宗闵之罪,不杀就万幸了。他们朋比为奸,朝廷几乎亡在其手。"李珏说:"这是李逢吉的罪过。"陈夷行说:"舜斥逐了'四凶',天下才太平了。朝廷何必姑息几个恶人,再让他们祸乱纲纪呢!"杨嗣复说:"事当适宜,不可因爱憎而改变。"文宗问:"任个州刺史可以吗?"郑覃主张改授洪州别驾。不久,李宗闵调为杭州刺史,又再迁太子宾客,分司东都。不久,郑覃、陈夷行去职,杨嗣复又密谋让李宗闵辅政。可是,天意弗与,此事因文宗英年早逝,自然地搁置了。

十九日,文宗又对宰相说:"我与你们议论天下大事,有的事势所不能,情不得已。只好退朝后去饮醇酒,求得一醉解千愁而已!"令狐楚、李石等宰相回答说:"陛下,这都是为臣等的罪过呀。"

臣子请求为皇上上尊号,文宗自觉不配,特下《却上尊号诏》:

> 朕以否德,纂承睿图,业业乾乾,惧不克荷。是用法天地无私之道以成化,像日月无私之照以烛幽,慕唐尧、虞舜之为君,继贞观、开元之致理。朕以夕惕宵兴,不遑暇逸,冀将绍复圣哲,保绥华夷。至于洪名,尤不轻议,尚未富庶,岂可属心。卿等台铉重臣,翼宣元化,宜翊朕志,臻于缉熙。今阴雪伤和,尚资宽宥,乃以文武至德,加于朕躬,省视奏章,难从虚美。宜断来表,深谅予怀。

文宗堪称一位具有自知之明的贤君。

# 第三十四章 平叛易定

开成二年（837）初，李固言起为同州刺史，他尚未就职，又改任为太子少傅，晋爵冯翊县侯。岁次丁巳，四月甲辰，中书舍人、翰林学士兼侍书柳公权在侧。皇上将已洗过三次的袍服展示给群僚看，并说："这不也很好吗。"柳公权说："天子富有四海，贵在亲贤任能，退不肖，纳谏净，明赏罚，以致太平。服饰仅是末节。"皇上说："爱卿有诤臣风范。"遂任命其为谏议大夫。

开成二年五月，因裴度腿脚有病，不便朝谒，但年纪尚未衰老，皇上特地御赐鞍马，却是要让裴度以本官兼太原尹，上都留守、河东节度使。诏书说："卿虽多病，年未甚老，为朕卧镇北门可也。"裴度坚决以老病推辞。不愿再掌兵权，但皇上优诏不允。杜牧撰《又代裴相公谢告身鞍马状》：

> 右中使某至，奉宣圣旨，赐臣告身一通，马一匹，并鞍辔。
>
> 臣生逢圣代，窃位岩廊，奉告令之诏书，丹霄之雨露，犹湿锡代劳之骏马，内栈之风云，尚随宝轴焕纶之言，逸足骋奉奇之态。萤光爝火，何裨日月之明，弱质孤根，但荷乾坤之德。杀身宁极，抚己知惭。无任感恩忭跃恳悃之至。

节度使是统辖一方的最高军政长官，负有"节制调度"军民、兵械、物质、钱粮的责任，属于朝廷特命全权地方大员。何况，太原为李唐龙兴之地，实为"王业所基，国之根本"。该道下辖二十个府州，统领全国十分之一的兵力，担负着阻遏突厥南侵的重任，故称"北门锁钥""首都三辅"。因此，整个唐代的河东节度使共有七十位，竟然有二十二人是以使相身份兼领的。

文宗派遣吏部郎中卢弘宣谕东都，催促赴任。无奈，裴度只得上路。

裴相国将赴北都，众人自是依依不舍，但朝命难违，只能祖宴送别。白居易为裴令公饯行而作《裴令公席上赠别梦得》：

> 年老官高多别离，转难相见转相思。雪销酒尽梁王起，便是邹枚分散时。
>
> 为爱小塘招散客，不嫌老监与新诗。山公倒载无妨学，范蠡扁舟未要追。
>
> 蓬断偶飘桃李径，鸥惊悮拂凤凰池。敢辞课拙酬高韵，一勺争禁万顷波。

裴度途经故乡闻喜，时隔多年，才又一次重回故里。他虽衣锦还乡，但不事声张，只拜见了长辈宗亲，祭拜祖庙，悄然而过。待地方官员知晓，裴令公已离去两天了。

王建《送裴相公上太原》云：

还携堂印向并州，将相兼权是武侯。时难独当天下事，功成却进手中筹。再三陈乞炉烟里，前后封章玉案头。朱槊早朝排剑戟，绿槐残雨看张油。遥知塞雁从今好，直得渔阳以北愁。边铺警巡旗尽换，山城候馆壁重修。千群白刃兵迎节，十对红妆妓打球。圣主分明交暂去，不须高起见京楼。

张籍的《送裴相公赴镇太原》云：

盛德雄名远近知，功高尤乞守藩篱。衔恩乍遣分龙节，署敕还同在凤池。天子亲临楼上送，朝官集出道山辞。明年塞北诸藩落，应起生祠请立碑。

白居易《送卢郎中赴河东裴令公幕》曰：

别时暮雨洛桥岸，到日凉风汾水波。荀令见君应问我，为言秋草闭门多。

刘禹锡特地写了《奉送裴司徒令公自东都留守再命太原本封晋国公两任相去十六年》相送：

星使出关东，兵符赐上公。山河归旧国，管籥换离宫。行色旌旗动，军声鼓角雄。爱棠余故吏，骑竹见新童。汉垒三秋静，胡沙万里空。其如天下望，旦夕咏清风。

裴度一行以天子亲授的旌旗、棨戟仪仗开道，旗杆顶端饰有牦牛尾，或五彩鸟羽。裴度手持两端包金的节杖，象征着"口含天宪，代行王令"的威权。

裴度在太原疏浚了龙泉、晋水两股泉水。为了解决灌溉问题，他还挖出潢污泊的淤泥，营造了晋阳湖、黑龙潭，使太原从此免除了大旱之年颗粒无收的灾难。他还从江南引种了大米。从此，才有了远胜江南大米的晋祠大米。据说，他还从故乡引种了董泽湖畔的官庄莲菜这一特产，种植于晋阳湖边，但因气候关系，产量不高，只能让人们观赏荷花。不过，他沿湖植柳，又于湖心岛上修了观景亭，还在黑龙潭建了亭台楼阁，使这两处成为与晋祠齐名的胜地。

白居易《又和令公新开龙泉晋水二池》云：

旧有潢污泊，今为白水塘。笙歌闻四面，楼阁在中央。春恋烟波色，晴添树木光。龙泉信为美，莫忘午桥庄。

其《奉和裴令公三月上巳日游太原龙泉忆去岁禊洛见示之作（依来体杂言）》云：

去岁暮春上巳，共泛洛水中流。今岁暮春上巳，独立香山下头。风光闲寂寂，旌旆远悠悠。丞相府归晋国，太行山碍并州。鹏背负天龟曳尾，云泥不可得同游。

白居易的《寄献北都留守裴令公五言四十韵》曰：

天上中台正，人间一品高。休明值尧舜，勋业过萧曹。始擅文三捷，终兼武六韬。动人名赫赫，忧国意忉忉。荡蔡擒封豕，平齐斩巨鳌。两河收土宇，四海定波涛。宠重移宫籥，恩新换闸旄。保厘东宅静，守护北门牢。晋国封疆阔，并州士马豪。胡兵惊赤帜，边雁避乌号。令下流如水，仁霑泽似膏。路喧歌五裤，军醉感单醪。将校森貔武，宾僚俨隽髦。客无烦夜柝，吏不犯秋毫。神在台骀助，魂亡犹逃。德星销慧孛，霖雨灭腥臊。烽戍高临代，关河远控洮。汾云时漠漠，朔吹冷飕飕。豹尾交牙戟，虬髯捧佩刀。通天白犀带，照地紫麟袍。羌管吹杨柳，燕姬酌葡萄。银含凿落酸，金屑琵琶槽。遥想从军乐，应忘报国劳。紫薇留北阙，绿野寄东皋。忽忆前时会，多惭下客叨。清宵陪讌话，美景从游遨。花月还同赏，琴诗雅自操。朱弦拂宫徵，洪笔振风骚。近竹开方丈，依林架桔槔。春池八九曲，画舫两三艘。径滑苔黏屐，潭深水没篙。绿丝萦岸柳，红粉映楼桃。为穆先陈醴，招刘共藉糟。舞鬟金翡翠，歌颈玉蛴螬。盛德终难退，明时岂易遭。公虽慕张范，帝未舍伊皋。眷恋心方结，踟蹰首已搔。鸾皇上寥廓，燕雀任蓬蒿。欲献文狂简，徒烦思郁陶。可怜四百字，轻重抵鸿毛。

张祜上《献太原裴相公三十韵》，其诗曰：

万古元和史，功名将相殊。英明逢主断，直道与天符。一镜辞西阙，双旌镇北都。轮辕归大匠，剑戟尽洪炉。物望朝端洽，人情海内输。重轻毫在手，斟酌斗回枢。郇吉真丞相，陈蕃实丈夫。礼宾青眼色，忧国白髭须。几赖平中土，愁入五湖。旱苗今雨活，妖氛共风驱。料敌穷天象，开边过地图。黄河归博望，青冢破凶奴。虎豹皆亲射，豺狼例手诛。坐筹千不失，持钺四无虚。勇义精诚感，温良美价沽。夔龙甘道劣，贾马分材枯。曙色开营柳，秋声动塞榆。纵横追穴兔，直下灌城狐。举论当前古，推心及后儒。风云如借便，开眼即天衢。

声闻裴度出镇太原，河北藩镇私下议论："卧龙镇住诸虫，睡虎吓退群狼。"易定节度使张璠卒，子元益欲自立，裴度致函说服其束身归朝。这正是：虎老余威犹在，气使可定乾坤。

文宗在甘露之变后多次几乎被废。他感慨臣子无任何人理解自己的内心。

十月，国子监石经刻成。皇上请裴度进太学一同观赏石经。因路途遥远，他未能成行，仅寄诗以赞。当时，仅新罗在唐都长安的留学生就多达二百余人。中外文化交流形成一代之盛。

十月戊申，李固言罢职，出任西川节度使。

开成三年（838）岁次戊午，正月戊辰，户部尚书杨嗣复、户部侍郎李珏并为宰相。

中书侍郎、同平章事李石，不顾个人安危，倾心国事，法立令随，朝廷纲纪才得以基本重树。仇士良等人深深厌恶他，便暗中密谋刺杀他。

春正月初五日，李石入朝，中途突遭强盗用箭射他。乱箭飞来，李石中箭，只受了微伤，但其左右随从却四散奔逃。李石骑的马受了惊吓，跑回宅第。强人又在里坊的大门口拦击他，砍断了马尾，他仅仅免于一死，幸被家丁救起。文宗听说此事，大吃一惊，命令神策六军派兵护卫大臣府第，下令京城内外搜捕强盗。虽严令追索，但最终却一无所获。初六日，文武百官入朝的，只有九人而已。过了好几天，京城才算安定下来了。

李石心中恐惧，屡次上表，声称有病，要求辞官。文宗深知其中的缘故，但又毫无办法。十七日丙子，李石以同平章事身份，充任荆南节度使。由于他临危退缩，未能成为第二个裴度。

牛僧孺奉诏回京出任尚书左仆射。

二月，河南尹李侍价计划于三月三日上巳节于洛滨祓禊，启告裴令公。不日，裴度思念东都诸同道，便启程回洛。至上巳节，裴令公召太子宾客张籍、李仍叔、刘禹锡、中书舍人郑居中、太子太傅白居易等十五人，聚宴于舟中。自晨及暮，前女嬉而后妓乐，左笔砚而右银壶，望之若仙，观者如堵。裴晋公首先赋诗一首，四座继和，白乐天赋了一首十二韵的诗。

三月庚午，郑覃为太子少师。

三月中旬，各地报来祥瑞。裴度创作了《白乌呈瑞赋》，其文曰：

翩彼灵乌，贲然效质。披图牒而罔二，叶邦家而得一。备体有光，至真无匹。宗庙荐敬，帝王之孝克孚；天地感仁，洁朗之容可述。耻受彩以相混，故莫黑而独出。上琼树而若无，下瑶阶而乍失。怀恩反哺，方去去以凌云；养素来仪，且翩翩而就日。观夫载飞载止，厥状粲然。不染而成，因心之孝以立；匪召而至，感物之道遐宣。向皇风而自舞，与丽景而相鲜。人具尔瞻，既含章而效祉；我无尔诈，乃见素以守全。乃知王泽竭而退飞，帝道通而无遏。彼明心兮不妄至，知大节兮不可夺。像洁白而攸归，知爱敬之旁达。懿夫不污其色，罔违斯道。秀质安倚，凝光净好。美仁慈之及物，故易色于昭昭。恶赤黑之眩人，乃成形于皓皓。且夫应图咸若，鄙皋泽之鸣鹤；瑞圣不还，陋江湖之白鹇。谅饮啄于仁义，岂逃潜于阻艰。所以其出无常，其来有素。云凝标于羽族，玉润合于王度。常从碧海，随杲日而悠扬；今在华林，遇盛时而瞻顾。实由我后敬之昭假，皇矣光宅。垂拱而烛幽以明，禽鸟乃化元为白。逗祥光而聿至，望休气以来格。时哉时哉！奋翅英于紫陌。

历来天下乌鸦一般黑，但偶然会出现白乌鸦，古人认为这是神赐奇鸟，遂以为是四海清平的吉兆，殊不知这是色素变异的特异现象。在那科学不发达的时代，我们只能原谅其无知，而认同其良好愿望了。

裴度又写了《神龟负图出河赋》（以"作瑞前王，始启文教"为韵）：

茫茫积流，祚圣有作。动上天之密命，假灵龟以潜跃。盖欲以庆遥源，敷景铄。写物象之精秘，化人文之朴略。岂不以河之德兮灵长，龟之寿兮会昌。载徵符先呈於古帝，称大宝后遗于宁王。故将出也，感天地，动阴阳。浮九折之澄碧，散五色之荣光。然后蹈箭流而泳花浪，露元甲而明绣裳。初若沉圆璧而未没，稍似泛孤兔而欲翔。既而降芳莲，蹈清泚。五老游而共睹，列圣过而每喜。出朝日如耀其宝图。伏灵坛状陈其镂簋。布爻象之纠纷，蕴天地之终始。负谋谟之画，将化洪荒；当授受之时，岂思绿水。非臆对之可述，谅钩深而有致。所以出河宗，作天瑞。冯夷倚浪以相送，神鱼鼓舞而旋避。於戏！冥数宵然，自我而传。外骨明赟，中心善泉。将后天而思永，岂为赘而居前。至如鱼托素以达情，凤衔诏而展礼。未若祥开八卦，兆动四体。阐文教宁木铎之足传，赞贞明与日月而同启。洎乎形貌既著，品物类分。荣万化之茫昧，合一气之緼蕴。讖用光于夏叶，繇每焕于羲文。此乃天理用彰，神道设教。故跃波而委质，殊以文而饰貌。触纶诚怪于文鳐，隐雾徒嗟乎元豹。此悠久也，可是则而是效。

《周易·系辞传》云："河出图，洛出书，圣人则之。"孔安国《易传》曰："天与禹，洛出书，神龟负文而出，列于背，有一至于九。禹遂因而第之以成九常道。"《汉书·五行志》说："这九类常道为：五行、五常、八政、五纪,皇极、三德、稽疑、庶徵、五福。此赋实为一篇试体赋,在按"作、瑞、前、王、始、启、文、教"八字依次为韵的要求中,再于规定的字数内阐明了夏禹时代始制文字,开启文化,创始文明的创世之功。读罢此赋,不能不钦佩裴度深博的文化功底和提笔成章的过人才华。

七月,杨嗣复罢免盐铁使。九月己巳,陈夷行、李珏、杨嗣复分别为门下、中书侍郎。

牛僧孺见了皇上,陈述"君臣父子"为人伦大经,以规劝安慰皇上,文宗不由得泪如雨下。但他因足病,不能常上朝,调为检校司空、平章事。

十月,裴度染病。裴度对来看望的众人说:"吾死不足惜,但午桥庄松雪岭植被未成,软碧池中鱼尾未长,所著《汉书》未终,实为遗恨耳。"等客人散去,他才长叹道:"社稷安危,心头最忧。"常言道,人活七十古来稀。裴度已是年过七旬,两鬓染霜,风华不再,垂垂老矣。他深知,一代有一代的历史主角。长江后浪推前浪,一代新人换旧人,势所必然。当退则退,才是明智之举。自己这一介书生,该做的已做,该说的已说,堪称无愧无憾,知足而乐,也该享受天伦之福,安度晚年了。即使朝廷有急,也不过说句话,出出主意,敲敲边鼓罢了。

十一月,文宗下诏命裴度入知政事,兼任河东节度使,为司徒、中书令,并遣中使敦谕其上道。

十二月辛丑,皇上下诏命裴度入知政事。唐文宗李昂所下《给裴度俸料诏》曰:

> 司徒、兼中书令裴度,盛有勋烈,累任台衡。以疾恙未任谢上,须加优异,用示恩荣。其本官俸料,宜起今日,便付给所司。

裴度病重，未能上朝谢恩，又乞求回东都调养。

裴度又写了《钧天乐赋》（以"上天无声，昭锡有道"为韵）：

> 嘉大乐之同和，唯上帝之申锡。岂功成之可致，必神遇而来觌。吉梦足徵，奇音无斁。爰升天表，备听乎缴文如绎如；方悟人间，徒闻乎击石拊石。想夫秦穆赵简，游魂太清。下连霄而无觉，上和奏而有声。感之深，殊九变之曲；神而化，异三代之名。则知昭假于下，潜通在上。俾昼作夜，既尚寐而冥蒙；好乐无荒，乃克谐而浏亮。翕然并作，隐尔尽畅。所以娱其精诚，所以涤夫昏妄。既而受天锡，降天衢。空恍惚于冲漠，犹仿佛于虚无。余响愔愔而在听，抚躬眇眇而异途。原夫育万灵，腾九有。纵未央之娱乐，表不息之悠久。永为二主，观乐钧天。假梦中之高会，岂邦内之欢然。未若我皇冲一气而独运，协六律而相宣。发善令为钟鼓，播仁声于管弦。将兴庆于乾坤之内，非取乐于耳目之前。不识不知，顺天之道。旁流喜气，宁候于铿锵；尽得欢心，讵资于击考。斯乃常闻于率土，不閟于重霄。致中和而广被，诚教化之孔昭。是曰钧天之乐也，又何万舞之与九韶。

"钧天"即天下的中央。《吕氏春秋·有始》曰："何谓？九野中央曰钧天。其星（星野）角、亢、氐。"其注曰："钧，平也，为四方之主，故曰钧天。"此赋用了两个典故，其一见《文选》汉张平子（衡）《西京赋》："昔者，大帝说秦穆公而觐之，飨以钧天广乐，帝有醉焉。"其二见于《史记·扁鹊传》："（赵）简子寤（睡醒），语（告诉）诸大夫曰：我之（到）帝所，甚乐，与百神游于钧天，广乐九奏万舞。不类三代之乐，其乐动心。"钧天乐即指天上的音乐，也就是后人所说的天籁之音。他强调音乐顺天之道，协和六律，传播仁政德音，娱其精诚，涤荡昏妄，育万灵，腾九有的教化功能。

杜牧代裴度写了《代裴相公让平章事表》：

> 臣某言：伏奉今月日制书，除臣某官，同中书门下平章事。祗奉成命，进退失图。捧诏兢惶，衔恩战栗。臣诚惶诚恐，顿首顿首。臣本书生，仕逢圣代。掌纶言于西掖，作藩守于名邦。自顾才能，已是逾越。陛下奖遇不次，拔擢过分，春闱典贡，地官掌财，咸无政能，粗免僭阙，及擢为管榷，累受宠荣。虽竭尽疲驽，欲裨万一。而才智疏拙，不效涓尘。夫宰相之任，前贤有言，如涉川有舟，如幽室有烛。代天理物，为人具瞻。岂伊小臣而膺大任！今朝廷髦俊并作，名德森然，或多历庶官，皆有功实；或四方屏翰，已著勋劳。举而用之，无不可者。如臣凡浅，岂宜委任。伏乞俯回天鉴，更择时贤。必能丹青帝图，金玉王度。使微臣无尸禄之诮，圣主有得贤之名。非唯微臣获安，实亦天下幸甚。无任悃恳血诚之至。

不一日，朝廷仍以为宰相非裴度莫属，裴度又请杜牧写了《又代谢赐批答表》上呈：

> 臣某言：臣伏奉今月日批答，令臣宜断来表，不许牢让者，仰承鸿泽，跪奉芝缄，战越失图，启处无地。臣某诚惶诚恐，顿首顿首。都臣昨奉诏书，付以魁柄。自顾斗筲之器，朴樕之才，乘恩宠时，窃栋梁任。只合效蔡谟坚卧，孔霸恳辞，尚犹拜谢天颜，进见卿士。荣忝既积，忧惶实深。是以拜章上陈，恳辞自叙，径冀回圣鉴，更择时贤。岂意睿旨重临，纶言再下，不令徇志，且遣守官。大君之成命已行，微臣之丹恳不遂。誓当戮力尽

瘁,粉骨捐躯,知无不为,见死宁避。冀答君亲生成之德,用酬乾坤覆育之恩。无任感激血诚惭惶战越之至。谨奉陈谢以闻。

十二月丙午,郑覃罢为太子太师,每五天到一次中书省办公。

开成四年(839)己未春,闰正月,文宗下诏让裴度回东都途中,先返长安面君,说他十分想念相国。返京途中,裴度偶尔坐在田间地头与农夫攀谈,了解春耕情况。乡民言语之间,不知中书令是何等官职。事后,裴度吟了两句诗:"野人不识中书令,唤作陶家与谢家",引得众人都笑起来。

己亥日,裴度返京,以疾归第,特别是足疾疼痛,行走困难,不能入朝面君谢恩,故时人称之为"跛宰相"。皇上慰问赐赉,遣国医就地诊视。计日支给俸料,使者络绎不绝。

# 第三十五章 临终还带

裴度以老病乞求回归东都疗养,皇上请他回京一见,他便暂时滞留京师集贤里府第。静养两月余,裴度身体虽有好转,但仍感不适,便想趁仲春,出去散散心,便驱车登上乐游原。他望着晚霞灿然,夕阳余晖,思绪万千。于是便吟起了李商隐的《登乐游原》:

向晚意不适,驱车登古原。夕阳无限好,只是近黄昏。

痊愈之后,他才尊旨上朝入省秉政。其实他已接近生命尽头,仍是鞠躬尽瘁啊!

二月底,裴度病体日重,自感来日无多,便为身后事做起了准备。眼看病体不支,只好放弃了回东都洛阳的念头,留在长安府第。他渴盼儿子们早日归来,以见最后一面。裴府上书朝廷,朝廷特予准许其众子女暂辍政务，以为令公送终。从而得以从任所召回了七个儿子，已升南通府通判的唐碧也携爱妻黄娥与子女赶了回来，为恩公义父送行。

已是弥留之际，长子裴识跪问令公还有何吩咐，令公以微弱的声音说："老夫一生功过是非，留于后人去评说。余但求无愧于天地人而已。至于吩咐，自有余一生行事言谈在，足可资尔辈受用。何况更有我《裴氏家训》《裴氏家规》《裴氏族戒》，世代珍藏谨守，唯愿从尔辈口中闻其真传，严守不渝，践履如新。"十几个儿孙一起跪下，在裴识的引领下，齐声朗诵起来："重教守训，崇文尚武。德业并举，廉洁自律。""推诚为应物之先，强学为立身之本，勤俭为持家之基，清廉为做官之本。"听毕，令公说："一字不差。好！汝等再吟诵三遍。"儿孙们又齐声朗诵起来。那声音在厅堂里、天地间传扬、回响。

他希望：江山代有才人出，各领风骚数百年。

须知，裴氏家族确有这样的文化基因与光荣传统：北魏大将军裴良（475—535）编写的《宗制》，其的宗旨是："九族斯睦，事光圣典，实欲驱末返本……规模宏远，有可观焉。今则行于宗族，以为不刊之训。"尽管他没有使用"家训"一词，却比被称为"古今家训，以之为祖"的颜之推（531—?）《颜氏家训》早许多年。因裴良去世46年后，颜之推才出生。而后者始作于北齐，成书于隋代（581—617），至宋代（公元960年后）才以七卷本刊行。由此推算，《宗制》的刊行，要比《颜氏家训》至少早四百三十年，应是我国历史上的第一部家训。而且此后，历代均有修订。这一光荣传统，一直传承至今，其良好家风就是无形而又最强大的精神力量，也是裴氏精英迭出的根源。

人人都希望一切顺利，但世事却往往难以尽如人意，也不免会有风浪与坎坷。如果坚定信念，不忘初心，定能够闯过风波，跨越坎坷，生命之花就会绽放得更加灿烂，人生成就当会无比辉煌。

裴度临终自把其脉，淡然地迎接生命的涅槃。当初，裴度平淮西出征，宪宗赐他玉带一条，又恰是当年还带旧物。裴度临薨想奉还玉带，让门人作一纸奏书，但秀才们写了几稿，都不如意。裴公便令子辈执笔，口占状曰："内府之珍，先朝所赐。既不敢将归地下，又不合留在人间，谨却封进。"裴度说毕，闭目养神。闻者无不感叹，其已是弥留之际，仍简切不乱。想到这一节，他眼前油然浮现香山还带、临征赐带、玉带丢失、失而复得、凯旋赐带、夫妻玩赏玉带等画面。

三月三日为上巳节，正值他七十五岁诞辰。朝廷举行曲江宴，裴度因病体沉重，不能前往。四日丙戌，皇帝赐裴度一首五绝，写道："注想待元老，识君恨不早。我家柱石衰，忧来学丘祷。"李昂另有御笔书信一封，即《赐裴度御札》：

> 朕诗集中欲得见卿唱和诗，故令示此。卿疾恙未瘳，固无心力，但异日进来。春时，俗说难于将摄，勉加调护，速就和平。千百胸怀，不具一二。药物所须，无惮奏请之烦也。

听说裴度身体欠安，文宗又回了一封亲笔信：

> 方春慎疾为难，勉医药自持。朕集中欲见公诗，故示此，异日可进。

皇上虽一再眷顾，裴度却自知朝不保夕。他叮嘱儿孙："老夫一生行事，俯仰无愧天地，至于功过是非，其褒贬自有春秋。唯愿尔等在家为孝子，在国做忠臣。"众子孙跪地拜受遵命："谨记在心。"裴度然后吩咐："老身百年之后，唯后事宜一切从简，不得奢华，勿以金玉入圹，仅置瓦器数件可矣。先葬当地，以与亡妻韩氏合葬。三年后灵柩如有可能，再祔归闻喜凤凰垣祖墓。"安排了后事，他才含笑说："老父可以放心地魂归泉下,追随先帝,与列祖列宗而去了。"留下了这句遗言,令公再未说话。御医与家人看他安详地闭上双眼。一会,御医摸摸其中指根,说:"令公中指脉搏已消失。"约过了一刻钟,报说:"令公腕搏消失。"又过了一刻钟,报说:"令公肘弯脉消失。"不一会又报说:"令公腋脉已无。"御医将少许棉絮,放在令公唇上鼻前,观其动静。开始,棉絮还随其微弱的呼吸而晃动,动静越来越小,直至不动。御医悲咽地说:"令公殡天了。"几个儿子孙子孙女放声哭起"父亲、爷爷——"来。父辈与御医们制止他们:"先别哭,跪地祝祷,恭送令公英灵魂归泉台。"听到痛哭之声,白居易、刘禹锡等友人,也从寅宾院赶来,瞻仰令公遗容,送老友最后一程。于是,白居易吩咐:"女眷退后,子男近前,仅留长媳,为先令公洗面净身……"香汤洗沐已毕。放入角柶(齿)。剃发,剪手脚指甲,放入锦袋。白居易说:"为先府君着四季寿衣。"扎住袖口,与双脚(缀足)。口中放入珠玉(饭含),抬上尸床,下铺褥垫,上覆衾殓,盖上面巾。套上手袋,以珠塞耳。布置灵堂,抬至灵堂,点上长明灯,摆设供品,安放由大书法家柳公权手书的灵牌(设重),再焚香、烧纸、哭奠、大放悲声。下午,在府门前贴以孤哀子发布的布告,挑起纸幡共七十七条。裴晋公享寿七十五岁,遵从礼俗,天地各加一岁,故为七十七条。幡杆顶端吊一块炭。小殓就此完成。

当天,众子孙号哭祭奠,水米未进。让家人向嫡亲、世交、同年、乡谊、历任朝野同事,以至向朝廷史馆报送由白居易、刘禹锡二人起草的令公事迹行状、哀告。其中历述裴令公生平、业绩、著述,以便亲朋补充修改,呈交国史馆,为史馆立传提供翔实的资料。白、刘让其家属用些浓茶来提神,以防倒下。然后将哀告由报丧人分送各地,顺便通告下葬日期。同时请卜师占择葬日与时辰,列出"七单"。

文宗的诏书和御诗才送到裴府门口,而裴度已然薨逝。家人只好将皇帝的诗和诏书放置在灵几上。不一会,诏书又下,册赠裴度为太傅,谥号

"文忠"。须知这太傅官居一品，是朝臣死后的最高追封。文宗下令为裴度新丧辍朝四天，以致哀悼，并敕命京兆尹郑复亲往护丧。一切用度，均由朝廷供给。文宗《定辍朝例诏》云：

> 官至丞郎，皆朕所委，不幸云亡者，宜其为之废朝。况朝会班列，本在诸司三品之上，比限近敕，或乖通理，时因敕休殒丧，载深伤恻。自今丞郎，宜准诸司三品官罢朝一日。

皇上怪裴度没有遗表，问其家人，索取遗表草稿。家人也不知道，只好到处翻找，最后，在其锁着的柜子里，才算找到半纸奏稿，内容是以皇上储嗣未定为忧的，竟没有一个字提到家务私事。原来，大臣奏章往往事涉军政要事、核心机密，在上达天听之前，必须严格保密，连亲人也不得染手。否则，就会捅娄子，出大乱。

亲友吊唁。各地发来唁函。太原、东都、成都、襄阳、蔡州官衙，均派使前来吊唁、助赗与祭拜。朝官故吏，老友乡谊，络绎不绝，纷纷来祭吊。众子卧草枕块守灵。服丧期间，子孙们早、午仅食米粥各一溢，蔬食饮水，不得沾半点澧酒荤腥。

三日后，举行大殓。入棺时，众子哭踊阻止封棺。然后由长子洗最后一次脸，众亲属最后瞻仰遗容，并嘱告其封棺时"不要害怕"。封棺毕，焚香献饭，奠纸祭拜号哭。即殡，成丧服。每日早、午、晚哭奠祭拜，献饭罢，倒入插有枸杞根的发罐。殡礼长达半月。下葬前两日，对灵柩进行一次哭奠，称既夕哭。于前一日，将灵柩迁入闻喜裴柏宗庙，进行祖奠。发墓前祭奠土神。前一日之祭称"遣奠祭"。傍晚，众子亲赴墓地下圹点火"暖穴"因路途太远，提前遣一子前往。

裴度葬礼：放置遗像、灵牌的纸亭称"魂亭"；陈列于棺椁灵座前的四季衣服叫"魂衣"。众和尚不停诵经超度。灵堂前高悬"沉痛悼念裴晋国文忠公"横幅。献案，祭器、摆饭、香烛，侧挂挽幛、挽联。上书"浩气英风""天国垂顾""死而不已"。两侧对联为"附公者不皆君子，间公者必是小人，忧国胜家，千余年间遗直在；庙堂依之为长城，草野望之如时雨，疾恶如仇，八千里路巨星沉。"

温庭筠《中书令裴公挽歌词》二首曰：

王俭风华首，萧何社稷臣。丹阳布衣客，莲渚白头人。铭勒燕山暮，碑沉汉水春。从今虚醉饱，无复污车茵。

箭下妖星落，风前杀气廻。国香荀令去，楼月庾公来。玉玺终无虑，金縢竟不开。空嗟荐贤路，芳草满燕台。

引发日，护丧往河南管城（襄城，今开封南）新茔安葬。临发，由皇上亲赐御笔为重臣裴晋公牌位以丹朱红笔点主。出殡场面，依序为：号炮、乐队、铭旌、招魂幡、长子抱灵牌、仪仗、护卫、灵柩，众孝子拖哭丧棒痛哭，出城后，均转骑乘。灵柩出，摔碎焚纸盆。沿路撒纸钱冥币。进行路祭，吹打。半月后，方至坟园，按择日吉时进行墓祭，穿碑桩放下灵柩。哭奠、按公爵礼焚化冥器九十件。放入冥器、镇墓兽、墓荔、九经、剑、琴、棋、画、酒、钟、鼎、簋、食器等，起坟一丈八尺高，茔区方圆五亩。招魂幡插在坟头，于两边插入哭丧棒。安放翁仲、石兽等。痛哭一场。礼毕，众人脱去丧服，离开坟场。奉灵牌"显考裴晋国文忠讳度公神主之位"回至客栈，再于灵牌前拜哭祭奠，称返哭。次日凌晨，众孝子再至坟场复缮。

河南，曾是裴度建功立业的地方，此地为西周初年管叔封地，故称管城。其坟在郑县南三十里张柴村以北林锦店东南，当地人称"相爷坟"。

而另一路则奉衣冠灵柩回闻喜凤凰原，修造衣冠冢。那是他的诞生地和祖茔宗根。裴晋公灵车启程，当地官府万民设供祭送，各个无不泪如雨下。裴度七子及诸孙向众人叩谢后，随灵车号哭而去。那哀号直令愁云惨淡，日月无光，上遏行云，下止流水。

灵车虽已渐去渐远，消失在漫漫古道的尽头。人们还久久不肯散去。当地令尹、白居易、刘禹锡及知事官员一再拜谢，劝人们回去。

兹后，裴府比诸侯礼，举行七次虞祭，以安亡灵。初虞于柔日，终虞在刚日。二十七个月时的终虞则称禫祭，为亡灵饯行，让其灵魂从此离开家宅。同时将晋公灵牌移入河东闻喜裴柏宗庙供奉。

后来，朝廷颁诏，由裴识承袭其父晋国公爵位。这又是一大哀荣。

裴氏宗人在闻喜县东北紫金山下的凤凰原上又为裴度修了衣冠冢。家人亲友为故相立了墓碑，历述裴公一生功业。神道两侧立了一对翁仲、五对麒麟、狮、虎、驼、马。至唐末战乱，坟地已是"古垒萧萧芦荻秋"了。

然而，裴度一生，效忠大唐，历事六帝，四君拜相，几起几落，均如凤凰涅槃，浴火重生。正是这种"泰山压顶不弯腰，风刀霜剑奈我何"的精神所支撑，循道爱人蕴就了他的家国情怀，守真持正塑造了他崇高伟岸的人格，不屈不挠跨越了世道的坎坷，自强不息成就了他的人生传奇。其伟业英名镌刻在历史的丰碑上，其浩气英风充斥在广袤的宇宙间。

裴度临终，念念不忘的，仅仅在于立储君之事。这年冬十月，杨妃请求立皇太弟安王李溶为皇位继承人。文宗和宰相们商议，李珏反对这个主张。十八日，才册立敬宗的小儿子陈王李成美为皇太子。十九日，文宗到会宁殿观看演艺，有个小孩表演爬三丈高杆，其下一个男子，目不转睛，盯着上方，好像疯癫了一样，在下面前后左右来回地跑动。文宗很好奇，问："此为何人？"左右的人说："这肯定是小孩的父亲。"文宗闻言，忍不住伤心流泪地说："朕身为尊贵的天子，却不能保全一个儿子！"就召来教坊刘楚材等四人和宫人张十十等，责备他们说："设计陷害太子入罪的，都是你们这帮人。如今另立了太子，还想再这么干吗？"说着就把他们抓起来，交给了狱吏，二十一日，将这些人全都杀了。文宗因此而感伤，旧病复发，不几天，病情就加重了。

十一月二十七日，文宗的病情稍有好转，端坐思政殿，召来了值班的学士周墀，赐给他美酒，并问他说："我能够和前代哪位君主相比？"周墀回答说："陛下是尧、舜一样的君主。"文宗说："朕怎敢比尧、舜，我所要问你的是，比起周赧王、汉献帝如何罢了。"周墀惊讶地说："那些是亡国的君主，怎能与圣上的功德相比！"文宗说："周赧王、汉献帝受列强诸侯的控制，如今我却受着家奴的挟制。从这一点看，我恐怕还不如他们呢？"于是，又流下了眼泪，沾湿了衣襟。周墀慌忙跪伏在地，流着泪劝慰皇上"陛下多保重龙体"。从此，文宗不再上朝视事，仅下了一道《除朋党禁诏》：

> 朕承天之序，烛理未明，劳虚襟以求贤，励宽德以容众。顷者，或台辅乖弼亮之道，而具僚煽朋附之风，翕然相从，实敷彝宪，致使薰莸共器，贤不肖并驰。退迹者成后时之夫，登门者有迎吠之客，缪戾之气，堙郁未平，而望阴阳顺时，疵疠不作，朝廷肃清，班列和安，自古及今，未尝有也。今既再申朝典，一变浇风，扫清朋比之徒，整饬贞廉之俗，凡百卿士，维新令猷。如闻周行之中，尚蓄疑惧，或有妄相指目，令不自安。今斯旷然，明谕朕意，应与宗闵、德裕，或亲或故及门生旧吏等，除今日已前黜远之外，一切不问，各安职业，勿复为嫌。布告中外，令其知悉。

寒冬腊月，大雪茫茫。白居易触景生情，不由想到裴令公在日，经常同听《杨柳枝》歌，且每遇雪天，每每招客聚宴。而今景物如故，却物是人去，好不伤感。他难抑思念，不由脚踏木屐，冒雪来到裴令公门前，想到不见裴令公，徒增悲酸，遂至门而不入，遂口想吟《雪后过集贤裴令公（度）旧宅有感》，诗曰：

梁王捐馆后，枚叟过门时。有泪人还泣，无情雪不知。台亭留尽在，宾客散何之。唯有萧条雁，时来下故池。

他因事偶经集贤里裴令公旧宅，又做了《过裴令公（度）宅二绝句》以寄托哀思：

风吹杨柳出墙枝，忆得同欢共醉时。每到集贤坊地过，不曾一度不低眉。梁王旧馆雪蒙蒙，愁杀邹枚二老翁。假使明朝深一尺，亦无人到兔园中。

五年后，他与天人两隔的故友梦中相会，梦醒后遂作了首《梦裴相公》：

五年生死隔，一夕魂梦通。梦中如往日，同值金銮宫。仿佛金紫色，分明冰玉容。勤勤相眷意，亦与平生同。既寤知是梦，悯然情未终。追想当时事，何殊昨夜中。自我学心法，万缘成一空。今朝为君子，流涕一霑胸。

开成五年（840）岁次庚申，正月，文宗一病不起，便与杨嗣复、李珏商议，计划命太子监国。宦官仇士良与鱼弘志等得知消息后，觉得这样做虽名正言顺，且为太子顺利即位铺平了道路，但扶立之功就全归了朝臣，必然改变宦官挟天子以令诸侯的局面，令他们失去幕后掌控朝政的权力，他们岂能甘心，便活动于背后，策划于暗室，紧锣密鼓地加快了阴谋废立的步伐。他们闯入宫中，声称太子过于幼小，须另议所立。到了夜间，仇士良颁发伪诏，立穆宗第五子颖王李炎为皇太弟，将太子李成美废为陈王。仅过了两天，初四日辛巳，文宗崩于太和殿，终年仅三十三虚岁。癸未，仇士良迎来皇太弟，赐死杨贤妃、安王李溶、陈王李成美。敕旨大行皇帝于十四日辛巳举行殡礼，文宗入殓，武宗即位称帝于灵柩之前，紧接着就宣告成服。裴夷直上言说："日期太近。"言外之意不合礼制。帝王殡礼最短也应是二十七天。但执事秉承仇士良的主意，根本不听。当时，仇士良等人追怨文宗，不断诛斥贬谪异己，委任杨嗣复代理冢宰。

八月壬戌，文宗葬于章陵，谥号元圣昭献皇帝，庙号文宗。

十一月里，据前代惯例，新天子即位，两省官员须一同署名表示拥戴。谏议大夫裴夷直认为武宗的帝位来路不正，拒不签名，当时讳称"漏名"。他因此被贬为杭州刺史。途中，裴夷直及仆从等至河南，祭奠裴度陵墓后，才赶赴杭州。

会昌元年（841）岁次辛酉。唐武宗任命李德裕为门下侍郎，同平章事。武宗初立，追封列祖，追赠大臣。会昌元年正月，武宗下达由李德裕所拟的《赠裴度太师制》：

敕：尧之旧臣伯益，显庸于舜；禹周之元老召公，流美于成康。永唯其人，是属良相。裴度始以谋策除害，佐烈祖之中兴；终以忠贞立朝，毗累圣之鸿业。经纬之志，华皓不衰。功勋灿然，图史辉焯，奸邪所忌，跪脆于时，暨氛雾既开，鱼水将叶条风，孰见其喜愠零雨，皆美其来归。未践明庭，遽婴沉痼。威凤莫翔于旧沼，虚舟常往于夜川。徂谢之初，朋党异议。赠典不称，人情郁然。属告类上，元涣流大，号载怀先。正宜有襃崇，宠既极于维师，恩有加于在昔。岂必望鄢侯之垄，方念茂功；过梁道之祠，乃思遗美。以兹为劝，可不忽乎？

"太师"是群臣百年之后极高的追封。这是因为在整个中唐，裴度居功至伟。

仇士良到了老年，赢弱不堪驱驰，中宦们将送他回私第。他说："诸君善事天子，能听老父一语乎？"众人纷纷表示愿意洗耳恭听。仇士良说："天子不可令闲暇，闲则必观书，见儒臣，听规纳谏，智深虑远，减玩好，省游幸，吾等恩遇将变薄而权力转轻。为诸君献一计，莫若殖财货，盛鹰马，日以球猎声色蛊其心，极侈靡，使君王悦不知息，则必斥经术，阁外事，万机在我，要求恩泽权力，欲何往哉！"众人闻言，如醍醐灌顶，茅塞顿开，对他拜了又拜。仇士良贪婪残酷，专横跋扈二十年，杀了两个王子、一个妃子、四位宰相，自然有他的一套权术，所以虽然作恶多端，却能恩荣不衰。他死后第二年，才查抄了他家，发现私藏兵器几千件，皇上才下诏削夺了其官爵，没收财产，家属罚做奴隶。

唐武宗倡导灭佛，解放了大批劳动力，促进了社会生产。对内平定了藩镇，对外打败了回纥，使晚唐社会又一度呈现出了中兴的气象。

李德裕入宫谢恩，就劝说皇上："辨邪正，专委任，而后朝廷治。臣尝对先帝谈过，君不闻。正人称小人为邪，小人亦称正人为邪，何以辨之，譬之松柏与萝藤。唯辨忠奸，君臣无猜，则谗邪不得干扰作梗。""唯有让政令掌握在中书，才是政治的根本。"

皇上曾怀疑杨嗣复、李钰不忠，想遣使杀了他们。德裕知道武宗刚毅果断，就乘三位宰相求见延英殿之际，呜咽流啼地说："昔太宗、德宗诛杀大臣，事后没有不后悔的。臣恳请陛下全部留下他们的性命，无遗后恨。"这二人终得免死，分别贬为潮州、昭州刺史。裴夷直再贬为欢州司户。

当时，武宗多次畋猎游玩，直到深夜才回宫。上早朝很晚。李德裕上奏："国君举动应效法太阳，旭日东升，出而问政，日落西山，即便燕息。"他说:"《传》曰:'君就房有常节。'望皇上遵行《诗经》'敬天之渝,不敢驰驱'的告诫。"

武宗会昌二年(842),白居易七十一岁休致,彻底离开了官场,仅享半俸。其生活状况大不如前,但他仍十分乐观。当时,他写了一首《达哉乐天行》:

> 达哉达哉白乐天,分司东都十三年。七旬才满冠已挂,半禄未及车先悬。或伴游客春行乐,或随山僧夜坐禅。二年忘却问家事,门庭多草厨少烟。庖童朝告盐米尽,侍婢暮诉衣裳穿。妻孥不悦甥侄闷,而我醉卧方陶然。起来与尔画生计,薄产处置有后先。先卖南方十亩园,次卖东郭五顷田。然后兼卖所居宅,仿佛获缗二三千。半与尔充衣食费,半与吾供酒肉钱。吾今已年七十一,眼昏须白头风眩。但恐此钱用不尽,即先朝露归夜泉。未归且住亦不恶,饥餐乐饮安稳眠。死生无可无不可,达哉达哉白乐天。

武宗曾问朋党之祸,李德裕说:"小人相与比周,诬善蔽忠,附上罔下,车马驰驱,以趋权势,昼夜合谋,务在美官要选,非亲党不与。而君子则不然,忠于国则固心,闻于义则固志,退而各行其是,不交于私,所谓君子之交淡如水,绝不会拉帮结派,背道从恶。"这番话说得武宗直点头。

为了整顿史治,德裕提出:"省事不如省官,省官不如省吏,能裁汰冗官,诚治国之本。冗官多则互相推诿,必生周折,使朝廷威令不行。而朝廷威令,莫重于令。令重君尊,君尊国安。治人之本,莫要于令,务使令行禁止。故曰:'亏令者死,不行令者死,留令者死,不从令者死,五者无赦。'又说:令在上而论可否在下,是主威下系于人也。大和之后,风俗浸敝，令出于上，非之在下。此弊不止，无以治国。"

李德裕所居安邑里第，宅院称"起草"，亭名"精思"。他每每筹划大事，则独处其中，虽左右近侍不得干扰。他不喜饮酒，也无后房声色之娱。李德裕为官行政，大有裴度之风。

李德裕因平叛之功，也进封赵国公。李德裕固辞，才改封为卫国公。从此，武宗对李德裕言听计从。李德裕也尽心竭力辅佐，使唐王朝几于中兴。

会昌二年（842），牛僧孺因交通泽路刘从谏，黜为太子少保，分司东都，又贬循州司马。直至会昌年间，李宗闵改任湖州刺史。刘稹在泽潞叛乱。官军在平叛中，发现了李宗闵给刘稹的密信，才将之贬为漳州长史，流放封州。宣宗时，李宗闵又调作郴州司马，不久便病死在贬所。李宗闵结党营私，炽焰薰天，最终也因此而败亡。

会昌二年秋，刘禹锡去世，享年七十一岁，朝赠检校礼部尚书、秘书监。白居易《哭刘尚书梦得》曰：

> 四海齐名白与刘，百年交分两绸缪。同贫同病退闲日，一死一生临老头。杯酒英雄君与操，文章微婉我知丘。贤豪虽殁精灵在，应共微之地下游。

武宗会昌二年，追赐宋申锡谥号为"贞"。

武宗会昌三年四月，泽潞节度使刘从谏病死，其妻裴氏辅立其子刘稹为留后。裴氏是裴冕的裔孙女。李德裕上奏建议："泽潞属内地，非河朔可比。舍此不讨，无以示四方。"皇帝问："可胜乎？"德裕分析了周边形势，预料"必胜"。皇上才说："传语，有再沮用兵者，格杀勿论。"从此，才统一了满朝文武的认识。五月，朝廷削夺了刘从谏的官爵，以元逵和何弘敬为泽潞南北招讨使，不久，便平灭了泽潞叛军，杀死了刘稹。裴氏被赐死。朝廷下命挖开从谏之墓，于潞州市暴尸三天。石雄随后拉走了尸体，在球场剁碎并丢弃。

会昌三年八月，党项入寇盐州。唐宣宗大中三年八月，党项发兵侵扰。究其原因是因为守将贪婪暴虐，常用欺诈的手段夺取对方的牛马羊群。朝廷为了安边，采纳众臣建议，以右谏议大夫李福为夏州节度，以刑部侍郎毕諴为邠宁节度，以大理卿裴识为泾原节度使。发兵之日，皇上亲临轩城楼对将帅提出了一系列戒敕。

会昌四年甲子（844），白居易七十三岁，还与一位高僧捐出大笔款项，开凿了三门峡十里长的八节滩，排除暗礁，使危途变为安全水道，并写了《开龙门八节滩》：

七十三翁旦暮身，誓开险路作通津。夜舟过此无倾覆，朝胫从今免苦辛。十里叱滩变河汉，八寒阴狱化阳春。我身虽殁心长在，暗施慈悲与后人。

十一月，再贬牛僧孺为循州长史，李宗闵永久流放封州。

会昌五年（845）岁次乙未，唐武宗大举灭佛。

会昌六年（846）岁次丙寅，白居易（772—846）于洛阳履道里家中去世，享年七十五岁。白居易，字乐天，自号香山居士。他祖籍太原，后迁下邽（渭南）。他出生于一个世敦儒业的小官僚家庭，祖、父均系明经进士出身。他少年求学，即逢战乱，举家避难越中，"衣食不充"，"常索米丐衣"，备经颠沛流离。苦难砥砺了他的志节，常"志在兼济，行在独善"。贞元十六年（800），他二十九岁成进士，三十二岁"拔萃"登科，授校书郎。元和年间，他三十五岁时应制举"才识兼茂，明于体用"科，名列乙等第四名。十年之间，三登科第，使他名满天下。先授周至县尉，不久，调集贤校理；月内，又入为翰林学士。元和三年至五年间，担任过三年左拾遗。他"有阙必规,有违必谏,朝廷得失无不察,天下利害无不言",写下了许多讽喻诗,如《秦中吟》《新乐府》五十首等。

八月,白居易临终吟道:

令公上寿七五终,小可幸得与君同。同志同道亦同寿,无愧天年见令公。

白居易,享年七十五岁,果然与裴晋公同寿。白居易遗愿葬于香山寺畔琵琶山顶如满和尚墓塔之侧。其山顶如琵琶状,故称琵琶山。行人至此,无不忆起诗人的名作《琵琶行》。三年后,即宣宗大中三年(849),李商隐为香山寺撰写了碑铭,由其任宰相的堂弟白敏中书丹,刻石立碑。

李忱,也就是后来的唐宣宗,为悼念白居易还写了一首《吊乐天》:

缀玉联珠六十年,谁教冥路作诗仙。浮云不系名居易,造化无为字乐天。童子解吟长恨曲,胡儿能歌琵琶篇。文章已满行人耳,一度思卿一怆然。

六月,礼仪使上奏:"请将代宗的神主奉入太庙,又因敬宗、文宗、武宗为一代,在太庙东增设两室成为九代十一室。"朝议依从了这一建议。

六年三月,武宗因服丹中毒,久病不愈,遂命皇子改名李炎。辛酉,立光王李怡为皇太叔,更名为忱。甲子日,皇上驾崩,时年仅三十三岁。遗诏以李德裕摄冢宰。丁卯日,宣宗即位。李忱素来厌恶李德裕专权。即位之日,仍由李德裕奉上宝册。登基大典刚结束,李忱就对左右说:"刚才到我身边的莫非就是太尉吗?每当他看我,使我不由得毛发倒竖。"直至四月初一,皇上才亲政。当日,他便将李德裕贬为同平章事,充荆南节度使,又贬了其同党薛元赏、元龟。

会昌六年（874），追谥武宗为至道昭肃孝皇帝。八月壬申，葬武宗于端陵。

九月中旬，南方蛮夷入寇安南，经略使裴元裕率邻道兵马讨平了寇乱。

唐宣宗李忱（810—859）大中元年（847）丁卯，刚刚即位的唐宣宗特地下诏以裴度配享宪宗庙庭。唐宣宗李忱《以杜黄裳裴度配享宪宗庙庭诏》曰：

> 朕以宪宗皇帝道叶中兴，威加寰海。开启圣意，则有杜黄裳；弼成功业，则有裴度。著在国史，时无比伦。宜以杜黄裳、裴度同配享礼。

朝廷举行盛大的裴晋公奉神主入宪宗庙庭仪式。皇帝亲临，文武百官毕集，观众人山人海。

牛僧孺外调衡、汝二州。不久，刚还京任太子少师。他就不幸病卒，享年六十九岁，追赠太尉，谥文简。李德裕留守东都后，白敏中、令狐绹、崔铉，纷纷指摘昔日乱政，并揭发李德裕的隐私，大中元年，又将李德裕贬为潮州司马，再被贬崖州司户参军。老来他被贬到这天涯海角，地老天荒的鬼地方，回京无望，能不悲从中来？于是，便写了首《登崖州城作》：

> 独上高楼望帝京，鸟飞犹是半年程。青山似欲留人住，百遭千匝绕君城。

次年，备受打击的一代名相李德裕就在沦落失意中死于海南，享年六十三。

李德裕去世后，令狐绹连续几夜都梦到他对自己说："希望令狐公哀怜我，使骸骨得归葬祖茔。"他如实报告了皇帝，才得以让其灵柩回归故土。

大中五年（851）春，以兵部侍郎裴休为盐铁转运使。裴休，是裴肃的儿子。针对刘晏旧法的废弛，他制定了《漕法》十条，每年可以从江淮运送米粮食盐二十万斛至长安，保障了首都的供应。由于他政绩卓著，当年八月，甲子日，裴休就晋拜为礼部尚书，同平章事。

六年（852）十月，裴休请求早立太子。宣宗却说："若立了太子，朕就成了闲人。"裴休没再说话。不料裴休"鉴于穆宗、敬宗、文宗均享国不长的教训，须未雨绸缪"的忠心，却戳到了皇上的底线，似乎在用软办法逼皇上退位。二月丙戌，裴休请辞，皇上不许。六月戊寅，以中书侍郎、同平章事裴休为同平章事、宣武军节度使。

大中十四年（859）八月，宣宗背部痈疽发作，宰相朝臣均不得一见。感到天年已尽，太子未立。皇上才认识到了自己错怪了裴休。但木已成舟，悔之晚矣。皇上慌忙将其第三子夔王李滋托孤给王归长、马公儒、王居方，准备立为新君。他们三个担心素来不和的王宗实掣肘，便矫诏命宗实为淮南监军。宗实正准备赴任，左军副使亓元实提醒他："圣上不豫一月之久了，中尉只许隔着帘子问候皇上起居。今天的调任命令，真假难辨。何不见了皇上再走？"一句话提醒了宗实。亓元实以军兵护卫宗实径直来到寝殿，皇上竟然已驾崩，只好站在东首哭吊。宗实斥责归长假传圣旨，三位权臣这才抱着他的腿乞求饶命。于是，宗实就派宣徽院北院使齐元简去奉迎郓王李温。壬辰，下诏立郓王为皇太子，当即改名为漼。由太子执掌军国政事，他下令逮捕了三个奸臣，全部杀掉。癸巳，宣布遗制，以令狐楚摄冢宰。

宣宗英明沉着、果断，但又从谏如流，恭谨节俭，惠民爱物，执法无私，慎择官赏。大中年间的政治，讫于唐代灭亡，人们一直怀念传诵着。人们称宣宗为"小玄宗"。丙申日，李漼即位，史称懿宗。咸通元年（860）二月丙申，葬宣宗于贞陵。

## 第三十六章　千年回响

裴度有七个儿子，识、譔、谂、让、议、调、诩，兄弟均大有其父之德操风范，多以其才识并列方镇，世人都认为这是裴度一生功业的不朽荣光，也是晋公浩气英风的遗韵和再现。

大中元年（847）十二月，宣宗皇上每每见到宪宗朝的公卿子孙，大多都能擢拔任用。刑部员外郎杜胜奉诏面君，皇上问其家世，对曰："臣父黄裳，首请宪宗监国。"当即官除给事中。裴度七子也多有此类恩泽。如崔嘏等拟制的几则委任封授裴譔、谂弟兄的圣旨：

《授韦悫裴识等加阶制》曰：

敕：《论》曰："爵人于朝，与众共之。"盖以阶级既崇，宠荣斯异，疏封锡命，列土承家。尔等或才推粉泽，岂唯王宇之功。或任重藩垣，自茂一方之绩；或官居象月，或位应列星。或拥缇骑，而分九衢；或奉瑶墀，而总六尚。皆聿修官业，克绍家风，爰因庆泽之辰，业举山河之誓。宜思带砺，永保簪裾。可依前件。

从中可见其雄才大略。

裴识为检校尚书右仆射、兼御史大夫、银青光禄大夫，袭封晋国公，任上将二十三年，曾六任节度使，威震西北。

再如《授裴谂司封郎中依前充职制》：

敕：台郎望美，词凶地高，粲列宿之辉华，参起草之宥密。自非风仪玉立，器宇川停。搞揆天之雄文，蕴掷地之清韵，则不足以膺我妙选，为时美谈。翰林学士、考功员外郎裴谂袭庆于门，腾芳戴席，端庄抱吉士之操，谨默得贤人之风。灼若春华，皎如瑞素。自擢居文闱，参待瑶墀，进对益见其周详，词旨不离于雅厚。是宜仍金銮之旧职，荣粉署之新恩。保乃休光，更流芬馥。可依前件。

《授裴谂中书舍人制》则曰：

敕：居禁密之地，闻善则迁：当演纶之工，有劳斯陟。此所以光吾侍从，荣彼缙绅。翰林学士、司封郎中、知制诰裴谂家承茂勋，膻身有行。早袭弓裘之业，克隆堂构之基，闲淡自居，嚣浮不染。自擢居内署，掌兹制命，谨密无旷，馨香有闻。问对备见其一心，敏捷共推其七步。况臧孙有后，且闻得凤之音；枚乘多才，雅蓄雕龙之妙。爰因满岁，授以正名。尔宜思宏用以致君，励精诚而正己。慎尔闻见，奉吾周旋。无彰温树之名，克保词林之美。可依前件。

大中元年（847）十二月，宣宗巡幸翰林院，适逢翰林学士裴谂当值，裴谂上前见驾。皇上当面除裴谂承旨职衔，面除知制诰。时人称为"内相"，即不出头露面的宰相。《授裴谂制》曰：

敕：《传》曰："有功德于人者，其后必大。"伊尔烈考，勤劳王家，出有平寇之功，入有致君之志。式多令嗣，以承清基。唯尔谂生而有文，弱不好美，中蕴明敏，外涵清和，蔼然君子之风，蔚有贤人之操。自擢升翰苑，入侍禁闱，勋必知机，静而适道。大玉之韵清越，以长小山之资；贞芳自茂，是用资其粉泽。演我丝纶，斧藻方耀于凤衔，挥洒更期于鸿笔。式光帝裁，无郁王猷。可依前件。

皇上说："加官这件喜事，不和妻子共享，可以吗？于是，特地为裴谂放假回家。"裴谂再次舞蹈拜谢。皇上就将御案玉盘中的果品赐给他，裴谂就用紫衫袍袖跪着接受。皇上回头让一位宫嫔，取了一块帛巾裹了赐给他。

大中五年九月，又以裴谂权知兵部侍郎。十二月，又将其兄裴让由奉先令调为随州兵马使。数年之间，就官升三级，其委重程度，可见一斑。

大中十一年（857）四月，朝命以裴识为上柱国，袭晋国公、食邑三千户，实封一百五十户，为许州刺史，充忠武军节度使，陈许蔡观察军使。卒，赠司空，谥曰昭。裴识逝世后，被追赠三公之一的司空。

大中十三年（859），裴（诚）諴因与风流文人温庭筠过从甚密，而被贬斥为方城县尉。

宣宗对裴度诸子，何以恩宠有加？这是因为早年间，李忱尚在藩邸，封为光王，屡遭武宗所忌，便装作无心政治，晦迹放浪，四处游历。一次，他从江西奉新百丈山大雄峰归来，途经洛阳，专门造访裴晋公。晋公设宴款待。入夜，晋公屏退左右，想了解他的心胸，便向他索取题咏，他就手书了七律《百丈山》。其诗曰：

大雄真迹枕危峦，梵宇层楼耸万般。仙峰不间三春秀，灵境何时六月寒。更有上方人罕到，暮钟朝磬碧云端。

看过，晋公从中感受到了他那欲登大宝、君临天下的雄心，连连口称："殿下大才，真主之象。此乃社稷之幸，万民之望，江山之福。"说着就要下拜。光王忙说："哪里，哪里。"立即扶起了他。晋公这才附耳叮嘱："欲以问鼎，格外珍重，好自为之。"光王连忙还揖。直至三百年后，朱熹在福建漳州任知州创办白云岩书院时，还想起此段佳话，化用该典，题写了一副对联：

地位清高，日月每从肩上过；门庭开豁，江山常在掌中看。

广明元年（880）十二月，黄巢攻入长安，下令让文武百官凡是到赵璋私第投名状职衔的，马上就可以恢复其原任职官。豆卢琢、崔沆及左仆射于琮、右仆射刘邺、太子少师裴谂、御史中丞赵蒙、刑部侍郎李溥、京兆尹李汤，未能扈从皇驾逃出长安，藏匿在民间，因拒绝降贼而被黄巢搜捕后，坚决不肯做伪官，都被杀掉。

不过，忠臣义士是永远杀不绝的。留得根苗在，日后必成林。裴晋公气肃千秋，风行万代，其后裔名人迭出，代有闻达，绵延至今。其后裔在宋代有两人出任宰相，明代出过大将军，清代出过两个巡抚，一个翰林。

整个唐代，五度入相者仅三人，除裴度外，还有萧瑀、崔胤。但三人之中，仅裴度历仕德宗、顺宗、宪宗、穆宗、敬宗、文宗六朝，辅佐四帝，文治武功最为卓著。裴度不愧为中唐最杰出的政治家，其战略眼光，世罕其比。他一生实现了"仁者不忧，智者不惑，勇者不惧"的儒家理想人格。故史书称其为"社稷良臣"、数代"圣相"。《旧唐书》评裴度"夫人臣事君、唯忠与义，大则以讦谟排祸乱，小则以谠正诓过失，内不虑身计，外不恤人言，古之所难也，晋公能之，诚社稷之良臣，股肱之贤相……用之则治，舍之则乱。"这正是：世事苍茫似无常，实至名归却有定。

古人云："天下安，注意相，天下危，注意将。"裴度身兼将相，全才罕遇；威望德业，少有其比。他生逢乱世，面对藩镇割据，宦官专权，朋党倾轧，内不考虑身家，外不畏人言，奋志扬威，在朝能厘定政治，上马能戡乱平叛，以安天下，成为名副其实的社稷良臣，朝廷贤宰，中兴名相，远胜王导、谢安。难怪后世名相张浚、李纲等人均以裴度为楷模。《资治通鉴》评裴度曰："以身系国家轻重如郭子仪者二十余年。"实际上，裴度的历史功绩远胜于郭子仪。因为，郭子仪作为一介武夫，只是收复两京、平灭安史、击退吐蕃；而裴度身兼将相，上马摇旗能指挥千军万马，坐帐决策可决胜千里；入则使奸党权宦敛翼，出则令割据群藩丧胆；发言君听众从，定策政通人和。当之无愧，史称"中兴宰相"。

面对当时错综复杂的形势，裴度能建立空前的功业，这正应了一句格言："世上无难事，人间少丈夫。"

白居易《裴侍中晋公以集贤林亭即事诗三十六韵见赠猥蒙征和才拙词繁辄广为五百言以伸酬献》曰：

> 三江路千里，五湖天一涯。何如集贤第，中有平津池。池胜主见觉，景新人未知。竹森翠琅玕，水深洞琉璃。水竹以为质，质立而文随。文之者何人，公来亲指麾。疏凿出人意，结构得地宜。灵襟一搜索，胜概无遁遗。因下张沼沚，依高筑阶基。嵩峰

见数片，伊水分一支。南溪修且直，长波碧逶迤。北馆壮复丽，倒影红参差。东岛号晨光，杲曜迎朝曦。西岭名夕阳，杳霭留落晖。前有水心亭，动荡架涟漪。后有开阖堂，寒温变天时。幽泉镜泓澄，怪石山歆危。春葩雪漠漠，夏果珠离离。主人命方舟，宛在水中坻。亲宾次第至，酒乐前后施。解缆始登泛，山游仍水嬉。沿洄无滞碍，向背穷幽奇。暼过远桥下，飘旋深涧陲。管弦去缥缈，罗绮来霏微。棹风逐舞回，梁尘随歌飞。宴余日云暮，醉客未放归。高声索彩笺，大笑催金卮。唱和笔走疾，问答杯行迟。一咏清两耳，一酣畅四肢。主客忘贵贱，不知俱是谁。客有诗魔者，吟哦不知疲。乞公残纸墨，一扫狂歌词。维云社稷臣，赫赫文武姿。十授丞相印，五建大将旗。四朝致勋华，一身冠皋夔。去年才七十，决赴悬车期。公志不可夺，君恩亦难希。从容就中道，俛偭来保釐。貂蝉虽未脱，鸾皇已不羁。历征今与古，独步无等夷。陆贾功业少，二疏官秩卑。乘舟范蠡惧，辟谷留侯饥。岂若公今日，身安家国肥。羊祜在汉南，空留岘首碑。柳恽在江南，只赋汀洲诗。谢安入东山，但说携蛾眉。山简醉高阳，唯闻倒接䍦。岂如公今日，余力兼有之。愿公寿如山，安乐长在兹。愿我比蒲稗，永得相因依。

在诗中，他高度评价了裴晋公"十授丞相印，五建大将旗。四朝致勋华，一身冠皋夔"的丰功伟业，不啻对其毕生传奇的诗化总结。

在裴氏众多将相之外，闻喜县在宋代，还出了一位抗金名相赵鼎。说来也巧，两位宰相的故乡仅一河之隔，相距不到五里。至宋元之交，闻喜县乡绅、百姓，自发地捐资在闻喜城东门内兴建了"裴赵二公祠"。每逢二公诞辰、忌日，令长百姓，裴赵后人，均去上香供奉，千百年不绝。这正是：拯民报国升为神，不朽丰碑树人心。

宋代枢密使王钦若因景仰裴晋公大德高风，特于河南郑县之南兴建了晋公祠。至元代，因多年战乱，祠庙坍圮。蒲文苑出知郑州，奉诏崇秩社祀，以彰风烈。他查阅文献，访问故老，果于莽原荒草之中，隐然可见晋公陵园翁仲羊虎。雇请民夫掘地遍寻，果然喜获一块石头小碣，其上有字云："墓去庙三百九十步。"他据步寻索，果见大冢尚存。于是，他就重修裴度故庙，砌起墙垣，并挑选忠谨乡民赵诚，给他在坟茔四周划出良田十八亩，免其租赋，委托耕种，以所得维护修缮坟墓，并于清明、七月十五、十月一日这些为亡人送换季衣服的三节，洒扫祭奠。为此，蒲知州还免除了赵诚的户役。同时请浚仪名士吴炳，写了一篇碑记，并于裴晋公神道之侧立碑。今人考证裴晋公坟，其地在河南新郑龙湖镇林锦店村外。

裴度虽已退出了社会舞台，但作为伟人，他并未淡出历史，仍然隐显在无限的时空。

千余年来，裴晋公一直活跃在达官显贵、文人墨客的题咏歌吟里，这无疑都是历史的回声，唤起那一段段惊天动地的记忆。

温庭筠《题裴晋公林亭》曰：

谢傅林亭暑气微，山丘零落阕音徽。东山终为苍生起，南浦虚言白首归。池凤已传春水浴，渚禽犹带夕阳飞。悠然到此忘情处，一日何妨有万机。

刘洙绝句《午桥》曰：

午桥何所有，启户见南山。雨过岚气发，空翠两眉弯。

其《绿野堂》则曰：

偶过午桥庄，言寻绿野堂。黄鹂既不语，何处问残阳。

宋代张齐贤罢相归洛，购得裴晋公午桥庄，松竹池榭，风景绝胜，他每日与名士亲旧觞咏其间，以山水诗酒为乐。张齐贤《午桥庄》曰：

午桥今得晋公庐，水竹烟花兴有余。师亮白头心已足，四登两府九尚书。

赵嘏《谒晋公祠》曰：

四朝忧国鬓成丝，龙马精神海鹤姿。天上玉书传诏夜，阵前金甲受降时。曾经庾亮三秋月，不尽羊昙两路棋。惆怅旧堂扃绿野，夕阳无限鸟飞迟。

熊镗《过晋公祠》曰：

紫云含茆屋，灵卉嵌苍苔。公为间世出，乾坤气独培。博古通今识，匡时济世才。德谊早重积，谋猷翊运恢。我生汝南隅，淮蔡几徘徊。石羊桥畔柏，鹅鸭池水隈。橐鞬郊迎肃，妖寝胆魄摧。正朔向四国，宁谧溢八垓。孤忠英主谅，奇勒藻臣推。荒丘留遗像，绿野老松槐。我来惭碌碌，视公骥与骀。挥洒拂尘壁，岂为死者哀。雄心昭千古，山河与壮哉！

刘钦顺《过晋公祠》曰：

有天不共戴，一念欲秋孤。世上无难事，人间少丈夫。外夷还问讯，平蔡若摧枯。逢吉今安在？绯衣忍原诬。

屠隆《冬日经裴丞相故宅》曰：

非衣公谶是前因，日月光中现宝轮。尘净不漂罗刹国，道成得度宰官身。千秋留取慈航在，三亩今为古寺邻。读罢丰碑荒草里，寒溪落日照荆榛。

裴郢的《七律》是：

历时四朝鬓如丝，龙马精神海鹤姿。天上玉书传诏日，阵前金甲受降时。曾经庚岺三秋月，下尽羊膻一局碁。无限惆怅扃绿野，夕阳西下乌飞迟。

在元代曲坛上有"曲状元"之称的马致远《东篱乐府》中《夜行船·秋兴》则曰：

蛩吟罢一觉才宁贴，鸡鸣时万事无休歇。争名利，何年是彻？密匝匝蚁排兵，乱纷纷蜂酿蜜，急攘攘蝇争血。裴公绿野堂，陶令白莲社，爱秋来时那些：和露摘黄花，带霜烹紫蟹，煮酒烧红叶，想人生有限杯，几个登高节？吩咐俺顽童记者：便北海探吾来，道东篱醉了也。

杨荐时《过裴赵二公祠》曰：

良臣接踵起同乡，庙貌于今共一堂。相业两朝钟鼎勒，祠宫千载藻频香。功传雪夜桥头语，兆预金明箕尾光。才德兼隆称继美，执鞭愿效景休光。

王传《谒晋公祠》曰：

岗峦曲抱晋公祠，祠后人家是本枝。乔木阴森传世牒，华堂潇洒景威仪。四朝彝鼎香烟古，百代蒸尝奕叶垂。莫道壮心灰晚节，午桥绿野有深期。

其后裔裴志玺《午桥庄寨野外牧童》：

小儿坡前一群羊，群分类聚在村旁。借问前边何处寨，牧童指是午桥庄。

又有《午桥雪景》曰：

遥看四处白茫茫，雪满午桥宰相庄。文杏百株成玉树，小儿坡下几只羊。

又有《晋公别墅》曰：

堂前绿野何时开，花木有名俱早栽。燠馆凉亭如此好，堪夸月榭与凤台。

又有《拜扫唐宰相坟》云：

拜扫祖坟虎牢东,日走天边履管城。寄宿农家林锦店,县宰早欲同伴行。勋名中唐千载远,骨肉竟散闻喜东。云礽思慕兴绿野,欲建墓碑再重型。

河东闻喜县北五十里的裴柏村为裴氏祖庄,为世代阀阅之家裴氏的发祥地。栗在庭宦游晋地,途经这个充满传奇色彩的村庄,特地写了一首《过晋公故里》,诗云:

风尘秋日杪,行谒晋公祠。绿野余芳草,青原几仗藜。人疏三眷姓,肠断九龄碑(唐玄宗撰文,张九龄亲书的裴光庭碑)。莫忆淮西颂,驰驱任所之。

清代名士王士禛的《董伯懿示裴晋公平淮右题名碑诗用其韵和酬》云:

元和伐蔡何危哉!朝廷百口无一谐。盗伤中丞偶不死,利剑白日投天街。裹疮入朝议军旅,国火一再更檀槐。上前慷慨语发涕,誓出按抚出睽乖。指挥光颜战洄曲,阚如怒虎搏貙豺。愬能捕虏取肝膈,护送密乞完形骸。箱兵夜半投死地,雪湿不敢燃薪秸。空城竖子已可缚,中使尚作嘊儿哇。退之道此尤隽伟,当镂玉牒东燔柴。欲编诗书皤后嗣,笔墨虽巧终类俳。唐从天宝运中圮,廊庙往往非忠佳。诸侯纵横代割据,疆土岂得无离乖!德宗末年征战祸,一矢不试尘蒙韘。宪皇初起众未信,意欲立扫除昏霾。追还清明救薄蚀,屡救主府拘穷蛙。王师伤夷征赋窘,千里亦忌毫厘差。小夫偷安自非计,长者远虑或可怀。桓桓晋公忠且壮,时命适与功名偕。贤哉伟纯议北赦,仓促两伐尤难偕。重华声明弥万国，服苗干羽舞两阶。宣王侧身内修政，常德立武能平淮。昔人经纶初若缓，欲弃此道非吾侪。千秋事往踪迹在，岳石款记如湘崖。文严字丽皆可喜，黄埃蔽没苍藓埋。当时将佐尽豪杰，想此兵祷陪祠斋。君曾西迁为拓本，濡麝割蜜亲劀揩。新篇波澜特浩荡，把卷熟读迷津涯。褒贤乐善自为美，当挂庙壁为诗碑。

清代为戊戌变法而献身的六君子之一的闻喜名士杨深秀，在祭拜"裴赵二公祠"时写了一首《明志诗》，诗曰：

天下安危际，何人只手扶？一乡名世蕺，两代中兴臣。耻发俱生处，忠坚九死余。臣心同此誓，儿辈尚全躯。

他还有一首《狱中诗》：

久拼生死一毛轻，臣罪偏由积毁成。自晓龙逢非俊物，何曾虎会敢徒行？圣人岂有胸中气，下士空思身后名。缧绁到头真不怨，未知谁复请长缨。

字里行间就奔涌着晋公那种不惧牺牲的大无畏精神。

晚清的邑人杨喻时有一首《闻喜吊裴晋公》诗：

朋党难消奸难除，四海遗迹动欷歔。风裁陆贽词尤激，功齐汾阳福不如。岂有贤奸能并进，空言恩礼未全疏。萧条绿野堂中酒，世事伤心白首余。

他还有《过晋公祠》一首：

苍苍城郭绕西川，旧日中书今尤传。绿野迢遥看度鹤，香山寂寞听啼鹃。策平蔡地一千里，身系唐朝三十年。欲仰高风在何处，黄河水曲太行巅。

清代乡贤朱裴有一首《香山裴公祠》，诗云：

崇勋厚赐极人臣，社稷安危系一身。还带阴功昭日月，平淮显绩勒星辰。湖园著作著英美，绿野明浓宠赐频。父老于今尚拜祀，涓涓不断在河滨。

张钺《谒唐裴晋公坟》云：

四海安危仗此身，丹忱忧国鬓如银。虆鞿道左迎丞相，鹈鸠池中服蔡人。绿野园林娱晚岁，青编勋业轶前尘。郑原一片牛眠地，留于年年草木春。

逝者已矣，但是裴度的高大形象，一生风烈，仍活跃在舞台上。在传统戏剧《义还原配》《香山还带》《下蔡州》等传统剧目中，裴度的形象依然是那么活灵活现，可见他仍然活在亿万人民的心目之中。

宋代抗金名相李纲有一首词［念奴娇］《平淮西》：

晚唐姑息，有多少方镇，飞扬跋扈。淮蔡雄藩联四郡，千里公然屡拒。同恶相资，潜伤宰辅，谁敢分明语。婿娶群议，共云旄节应付。方今穆天子英明，不疑不二处，登庸裴度。往度全师威令使，擒贼功名归愬。半夜衔枚，满城深雪，忽以灭悬弧。明堂坐治，中兴高映千古。

这首词高度评价了中唐名相——裴度平灭淮西藩镇吴元济的盖世奇功。

作者万幸，忝为这位千古名相的乡晚后进，从小就听了许多关于裴度一生的传奇故事，心田无限仰慕前贤大德高风，不揣鄙陋，试作七律《浩气英风》一首，以表钦敬：

谁云无用是书生，魁星武运出河东。顾局识体辅臣怀，雄视高蹈良将风。遇刺脱险似神祐，除奸立君复兴功。平叛蔡郓制三镇，千秋功德传颂中。

而今，我们尚可看到的裴度遗著，只有《裴度集》二卷、《裴度诗》一卷。用心拜读，想象其风仪，从字里行间，仍能感受到他的气质俊爽、占对雄辩、雄视高蹈、指挥若定的伟人风采。

《旧唐书》《新唐书》《资治通鉴》、山西、河南、陕西等省府县《通志》、裴氏《家传》《谱牒》、笔记、史论、小说均载列着裴度的丰功伟绩。穿越时空的隧道，裴晋公仍在与今人、后人、未来之人进行着治国理政、长治久安，立意高远的对话。

这种心灵的启悟，精神的传输，需要庄严的仪式，更需要典雅的场合。为此，最晚在大唐贞观三年（629），河东闻喜裴柏的裴氏后裔就奉敕兴建了裴晋公祠。此后，朝代更替，历史变迁，屡废屡兴，递传不止。甚至官员、乡绅、百姓都自发地参与了进来。试看几例文字记载：

南宋孝宗年间朱实昌的《重修裴赵二公祠堂记》：

闻喜令张问行，修复裴、赵二相祠告成，谒记按状。二公各为一祠，祠皆为室三间，左右为廊，各三间，门三间，先门为楼，周以垣墙，累黝垩，焕然一新。四月，巡按王君士英至安邑，则专属以公祠石。

予唯公为宋中兴名相，独尊尚二程之学，召用其徒，功在万世，已具述于元欧阳先生。予唯公与唐裴晋公皆闻喜人，后先相去三百二十余年，至今称者必曰裴、赵二公，是岂徒以其名而里闬之同而已哉！扬榷其凡，公与晋公，皆进士起家。晋公论权嬖梗切，出为河南功曹；公斥章惇误国，出为洛阳令。晋公以西川帅武元衡表，掌节度府书记；公以宰相吴敏荐，为开封士曹。唐之中微，宋之南渡，时又相当。皆致位宰相而罢，罢而复相，其身系天下之重，无弗同者。方公之论崇宁绍述之党，与夫公论所与，如刘大中、胡寅之当用，妒善长恶，如赵霈胡世将之当去，即晋公"君子小人以类而聚"之说也。金人陷太原，朝廷议割三镇，公以祖宗之地不可与人，即藩镇为梗，廷臣唯在姑息，晋公以为"病在腹心，不时去，且为大患"之意也。晋公断以伐蔡；公则独赞亲征。晋公以王锷死责赏，恐将帅以为家虑；公则责户部进钱，恐开将来私献之端。晋公料李光颜之义而勇，当有成功；公奏岳飞深知上流事机，可复襄阳。晋公黜承偕之娇宠，以安昭义公，公则按王德之擅杀，以平世忠。晋公数请入内殿求立太子，帝以景王为嗣；公欲立资善堂，异监国礼数，使人知陛下有子。晋公领淮南节度，论事谓千里单辞，不可以误圣听；公出为川陕宣抚，陛辞谓："日侍宸衷，所陈已难，况在万里之外。"晋公释活元济胁从，论救裴寰，悯王赏之母死，逮系责负；公以来舟济李横之众，谏潘良，责常同之不可逐，论张浚之母老，不宜远窜。晋公以权纪未章，王室凌迟，常愤愧无死所；公则曰：

"丹心未泯，誓九死而不移。"晋公独厄于憸贼善谋之逢吉，公则终构于包藏观望之秦桧。及其卒也，晋公配享宪宗庙庭，公则配享高宗庙庭。

晋公之子七人，公则十二孙，至今云仍繁衍，望于闻喜，世为婚媾。而乡民相呼亦必曰赵、裴二氏子孙，是则迹其行事，观其用心，与夫建立于当时，而遗诸后者，真若符节之相合，则二公之贤，盖不独根本节目之同也。然窃有疑焉，晋公晚年韬晦，自全午桥绿野之乐，与白乐天、刘禹锡辈为诗社，享年七十有六。公则摈斥之余，门生故吏无敢通问，唯张宗元遣使渡海以醪米相遗。后竟卒于吉易，寿止六十三。议者谓修短有数，逢吉罢死，桧贼专政，且十八年，天也，非人之所能也。予则曰："晋公其智可及也，公其愚不可及也。"

祠在董泽，为公故里。有司以春秋致祭，公之子孙与乡人之有祈祷者，则月日拜焉。旧附有淫祠，今撤去之。

再看明代嘉靖年间吴过所记载的《裴赵二公祠记》：

嘉靖乙未（1535）冬，余奉命巡视河东盐政。明年春，按行郡国，过猗顿之墟，下蒲坂，登龙门，历故绛玉璧，已而至闻喜，慨汉武遗踪，河山盘纡，民风质朴，深加赏叹。时县尹罗子田曰："兹邑自汉魏来，名人萃出，其尤著者裴文忠、赵忠简二公，各为一代名臣，百世仰之。今邑独无专祠，非所以表先哲而垂式后人也。"余曰："然余固异兹地之多伟人杰士也。晋公身系天下安危，忠简称中兴贤相，功固烈矣。犹未论其心也，唐讨淮蔡，晋公独决策赞之。至盗刺杀用事大臣，不为沮；群臣以用兵不利、饷匮请罢，不为沮。且愿以身督战，卒底厥绩。此岂因人趑趄，侥幸成功者耶？宋图中原，忠简以固本养力为先。故来，赞以亲征；未来，谋以待之。至见忌秦桧，虽死不渝。此岂因循随势，苟且图存者耶？故论二公者以心为大。晋公曰：'臣誓不与贼俱生。'丰公曰：'誓九死以不移。'有是心，天下事何不敢为！其人品之隆，勋德之茂，为古今推重，有由然也。专祠于邑，扬先哲以式后人，亦观风者责也，亟图之。"于是，罗尹择地邑城之东，址基高阔。鸠工兴事。余为措其木石等费。守巡河东，张君谧、徐君敦嘉其事，捐金赞厥，成堂、廊、门、坊，屹然宏备。

　　罗尹请余志以勒诸石，使后之人知所始焉。呜呼！晋公唐相也，其平淮蔡之功为著。忠简经略中原，志以汴京为先。余与罗子俱汝、淮人也。今值其乡数百年未举之旷典，一朝成之，岂偶然也哉！盖事亦有待云。故为记。

在河东任职期间，吴过每年必定祭奠裴赵二公祠，在22年后，他又一次恭敬致祭，其《祭裴赵二公文》曰：

　　维二公生各异时，臣各异代。偕产斯土，皆陟相位。身任社稷，荡平淮蔡；志切恢复，中兴攸赖。两朝贤士，一乡之伟。始兹并祀（仲春、仲秋）牲陈醴。敬仰前烈，永昭千载。

又如王宗舜所记载的《创建唐裴晋公宋赵丰公祠记》：

　　夫乔木世臣，故国攸重。崇德表贤，风教攸关。闻喜之为邑也，旧矣。自汉武更名以来，代有闻人。而唐晋公裴氏、宋丰公赵氏为著。赵氏前后绝响，而丰公固元宗矣。裴氏宗族多贤，而亦晋公为著。邑称文献,非此之谓乎!故凡缙绅君子有至吾邑,辄加敬礼,或树之坊以表厥宅里,或给之田以作其后子弟,皆以寓钦仰之诚,而隆崇祀典也。

二公在学则有乡贤祠,有司春秋致祭;在其里则有祠堂,族人岁时奉祀。乡贤祠祀一邑历代之贤,泛而未专也。祠堂之祀止于其族,狭而未广也。兹则表二公而特祠之意,不为益至也哉!祠负城东郭古金塔寺废基,高阔爽垲,据邑之胜,堂室坊门,垣墉阶除备极,规制轮奂之美,仿佛文庙焉。是役也,嘉靖丁巳(1557)醾台毅斋、杨君肇举旷典,命邑侯杜子为之。庚申醾台容堂、吴君申饰故牒,命邑侯罗子继为之,又责成于安邑之罪人以佐之。既落成,解州二守丁子适署邑,遹观厥成,美兹伟绩,属予记之。予闻自古名卿硕辅,忠臣烈士之在其乡也,靡不特祠祀之。二公之为贤也著矣,顾寥寥千百载未有特祠祀之者,抵今二君始为之成。废兴迟速,固有数在,抑二君好德真诚,亦必有神交而意孚者矣。不然,仕于晋者多矣,何独二君知重二公,特有此举邪!二君位望日隆,德业日宏,其所建明将必与二公埒然,则是祠之建,良有以哉!虽然往哲遗行模范具存,鉴观前贤,激发由兴。君子入谒斯祠,则必慕其人,则必稽其行,而思以齐之。凡心之所以操存,身之所以践履,与夫时之所遭,事之所措,皆求无愧于二公。则是酬德报功之典,又所以为砺世激俗之具也。

予悉二公里人,窃常愿学焉。兹幸二君从而表章之,以示劝,谨为之记以自勖,且冀诸人云。

自明至清,近六百年,裴赵二公祠、晋公庙,在风雨剥蚀下,也难免颓圮坍塌,却没有像其他庙那样,任其消亡,而是屡废屡兴。能享受这种待遇的祠庙不多。请看清代康熙六十一年（1722），朝廷颁诏，以裴度等历代功臣四十人从祀帝王庙堂。

清代党九天所记载的《唐晋公庙重修记》：

> 天下有历世久远，使人敬事之不懈，是必忠贞激烈，推诚宽大，卓然有功于生民世教者能之。公事唐，淮蔡悖叛，诸将莫克。公请自往督战。至今读"有期""无日"，知誓心忠贞，言词激烈，足以动上之流涕。及淮蔡平，推诚以镇，吾人何疑，宽大以抚，烦苛丕理，大有功于生民也。帝王以正心穷理为学，礼乐教化为俗。上信邪教，韩愈上表切谏，大怒，将刑，出表以示宰相，宰相皆惧。公独正色为言，从宽乃贬。俗复归正，大有功于世教也。朝廷晋爵为公，而国于晋，天下祀之。虽历百世，人心敬事之不懈，若公使然，讵易能哉！父老相传庙在村中，地震裂为沟渠，天限以为南北，一庙两分。辄坏辄理，不知凡几。今照地出资，增修旧庙，以尚观观，因记于石，以诏来世，俾知永理。
>
> 　　　　　　康熙十二年（1747）岁在癸丑春王正月之吉
> 　　　　邑庠生党九天撰　□篆印一方□篆印二方
> 　　为首四人　余众三十九人（名略）　阖社仝立　李炫刊

历览各代纪念名人，朝廷无非是树碑、立传，建庙，从祀，陪葬先帝陵园，或由民间修缮祠庙，再就是编入小说传奇，甚至搬上舞台。这是历史的记忆，时空的荣光，更是一种人文精神的传承。这一传统一直绵延至今，也仍将传之久远。

公元二〇一五年三月四日，恰逢裴晋公逝世一千一百七十六周年忌辰。在当地政府的支持下，新郑林锦店裴度墓已修缮一新，建成了裴度陵园。在河南裴氏宗人的组织邀请下，数百裴氏后裔，于仲冬吉日，从全国以至海外多地，不远千万里，汇聚河南郑州以隆重纪念先贤，并为纪念碑揭幕，以寄托永远的怀念。由于污染严重，平日灰蒙蒙的天空，竟然变得晴空万里，艳阳高照。天公作美，似为这一文化盛典助兴。在香烟袅袅的高大陵前，面对敬奠祭众，朗声诵读了笔者执笔敬撰的《祭裴晋公文》湘绫长卷：

岁次乙未，时值仲冬，苍穹凝重，郑原凄清。为聚我族，治家兴邦，裴氏苗裔，汇聚古郑。群贤毕至，满座高朋，卜吉良辰，祖奠齐襄。兹于先祖晋国公逝世1176周年之际，缅怀晋公，洪烈高踪。谨以清酌时素、山珍海鲜，行鲜花雅乐之仪，沐手捻香之礼，祭拜于裴晋公茔之明堂。

辞曰：
乾坤孕育，文明发祥。　华夏子孙，百姓其昌。
河东裴氏，源远流长。　子承孙继，根深枝荣。
伯益之后，附庸蓇乡。　六世讳陵，解邑君封。
去邑从衣，开宗既往。　椒衍瓜绵，世代兴隆。
薪火相传，无二裴姓。　显赫历代，煌煌誉望。
兴自秦汉，六朝昌隆。　及至隋唐，最为盛强。
五代以降，四海流芳。　名卿贤杰，摩肩接踵。
将相继武，代有伟人。　二八世纪，史册备详。
屈指晋公，高名远扬。　德业文章，勋绩昭彰。
为相廿载，荐举贤能。　智斗权奸，心坚志刚。
力主削藩，平灭群凶。　平定淮西，功在朝堂。
元和中兴，拯世济民。　封公晋国，朝野敬仰。
宪穆敬文，五度拜相。　呕心沥血，尽瘁鞠躬。
晚年半隐，分司洛阳。　东都午桥，修阁建堂。

山池花木，绿野名堂。　遍邀名士，吟诗捧觞。
卧镇北门，抱恙前往。　衰病难支，请辞归养。
屡次册封，拒不敢当。　御医探视，仍发全俸。
开成四年，奄逝仙踪。　帝闻噩耗，悲痛哀伤。
辍朝四日，赠赙护丧。　春秋七五，赐谥文忠。
追封太师，配享庙堂。　知与不知，万民哀恸。
旋葬新郑，安息泉冥。　千秋功业，日月同光。
德操品格，万代景仰。　浩气英风，永志如铭。
先祖圣德，正气长扬。　伟哉我祖，肇启蒙郎。
同根同祖，同愿同行。　锲而不舍，不息奋强。
秉承祖训，续写华章。　耕读传家，辈出贤良。
弘我家教，弊革风清。　前仆后继，正道沧桑。
日月经天，江河奔腾。　裴氏洪胤，燕翼垂统。
欣逢盛世，矢志永铭。　振兴中华，民富国强。
苗裔云礽，盛举共襄。　祈祷吾祖，祐我宗邦。
敬奉薄仪，丹心敬呈。　馨香共荐，优惟尚飨！
天苍苍兮野茫茫，魂归茔庙兮晋国公。
享盛奠兮心当慰，护祐后裔兮安家邦。
吾辈承统兮当发愤，兴我中华兮永自强。

全国裴氏后裔<br>公元二〇一五年十二月十五日

　　人们纪念膜拜裴晋公，其实是在礼赞裴度那松柏般顶风傲雪的作风，感佩凛然刚直的正气，传承自强不息的精神。正如他的《岁寒知松柏后雕赋》（以"贞心劲节，翠贯四时"为韵）所讴歌的中华精魂：

穷阴忽至，品物尽瘁。唯良木之坚贞，映衰林而葱翠。桃蹊李径，闻别叶之互飞。松涧柏陵，见修条之自异。谅本性以无易，托斯时而不类。虽杀菽之霜再三，断篷之风数四。徒凛凛以终日，竟青青而在地。懿夫春夏荣滋，我不竞于芳时。秋冬凄冽，我不改其素节。遥分郁郁之烟，远映霏霏之雪。故其桑榆种其前后，杞梓植其行列。或萧瑟以柯空，或离披而条折。何在昔而相混，果迄今而旌别。观夫阳曜以芳菲为事，阴凝而肃杀为名。徒运彼以寒暑，岂齐我于枯荣。斯乃时累不能累其质，天损不能损其贞。亦被霜气，亦含风声。挺乔枝而易识，在灌木而难并。故苍然以殊致，岂蠢尔以丛生。异其郁郁秀色，亭亭高干。产二仪之内，我独后凋；处群木之中，孰云共贯。当其黄陨，方可瞻玩。庭有槐兮落际，山有榛兮雕阴。见枯槁之无色，识茂悦之有心。爱日照而逾静，严飙吹而转劲。或出众而标奇，或处幽而表正。虽结根山岭，移植轩屏，如全真而率性。客有择木务材，感衰叹盛。悟标劲无永，申蚍蜉之歌；爱坚贞不渝，发风雨之咏。松兮柏兮，犹君子之志行。

裴氏家规是文化的叮嘱，家训是格言式的价值观，家教是形象化的伦常，族戒是底线化的规范，家法是延伸化的法律，家风是具象化的道德。凤鸣岭巅如龙似凤，形状奇特的柏树，既是裴柏村的标志，也是裴氏家族优良传统的象征。柏树具有顽强的生命力，虽历尽风霜，但"野火烧不尽，春风吹又生"，千年郁郁葱葱。一阵阵清风穿过柏林，飒飒作响，那莫非是裴氏先贤的诗礼传家、耕读传家、正直为人、清廉做官的谆谆遗言，至今仍声声入耳。沐浴着盛世的阳光雨露，柏树将焕发出更磅礴旺盛的生命力，郁郁葱葱，永葆青春。

柏骨松风，犹如君子之志行，其浩气英风，正是永恒的赞歌。

两年后的公元二〇一七年，河南裴氏后裔，又于裴晋公墓前为其竖起一尊汉白玉雕像。

玉雕塑像虽仅高数米，但却附着一种伟大，那是让人难以企及的伟岸，让人高山仰止的品操。人生的境界，往往取决于人性、人品、人格、志向、心胸、格局。裴度于己、于人、于家、于国的那种崇高品格，究竟是怎么铸成的？这倒是一个值得我们每个人深入思索的永恒课题，毕生课程。

面对屹立天地间，器宇轩昂，傲视苍穹的裴晋公玉像那炯炯凝视的目光，需要一代又一代人递上让令公所期望的、时代所期许的一份份合格答卷。

# 附录一 裴氏主要人物关系

裴无悔 （655？—750） 为裴氏两眷第十四世，公绎子，袁州长史。

裴　宽 （681？—755？） 裴无悔之子。礼部尚书，太子太傅。冀国公。有传。

裴延龄 （782—796） 裴氏中眷第十九世，为裴旭之子。户部侍郎，尚书，判度支十二年。有传。

裴耀卿 （688—743） 裴氏西眷十五世裴守真之子。字焕之，举童子科。相玄宗，京兆尹，同平章事。赠太子太傅。有传。

裴遵庆 （686—775） 裴氏西眷十五世，蜷子，字少良。天宝赐进士第一。吏部员外，历侍郎，迁尚书右仆射，河东郡公，太子少傅。有传。

裴　冕 （703—769） 裴氏东眷第十五世，裴纪之子，字章甫。相肃宗，光禄大夫，中书侍郎，平章事，左仆射。有传。

裴有邻　（705？—775？）　裴度祖父，濮阳令。属裴氏冬眷十六世。

裴　谞　（719—793）　裴氏西眷第十六世裴宽之子，字士明。兵部侍郎，东都副留守，河南尹，有传。

裴　倩　（725—？）　裴氏中眷第十六世，裴積之子，字容卿。度支郎中，信州刺史，正平县男。谥节，广信祀名宦。有传。

裴　休　（787—860）　裴氏东眷第十六世，裴肃之子，字公美。进士第一，历官平章事，太子少卿。河东县子。有传。

裴　溆　（730？——781）　裴有邻之子，裴度之父，渑池丞。

裴　武　（？—809—？）　裴氏西眷第十七世，太府卿，鄜坊观察使。京兆尹，司农卿，镇州行营。有传。

裴　均　（600？—721？）　裴倩之子，字君齐。明经进士，左仆射，平章事，袭正平男，累封郇国公，赠司空。有传。

裴　寅　（725？—795？）　裴向之子，字子敬。御史大夫。有传。

裴　垍　（？—810）　裴度族叔裴耀卿之孙，字弘中。举进士，翰林学士，中书侍郎，平章事，封晋国公，有传。

裴　澈　（760？—887）　裴氏西眷第十六世，字深源。相僖宗，中和年间自贼中奔行在，复为平章事。

裴　潾　（770？—838）　裴向从弟。刑部侍郎，河南尹。赠户部尚书，谥敬。有传。

裴行立　（774—820）　裴度族叔　裴伯言之子。蕲州刺史。桂州都督，赠常侍，有传。

裴　格　（835？—905？）　裴度族叔，状元，父裴寅，光化三年状元及第，其弟裴枢为相。

裴思谦　（？—837—？）　裴度族弟，裴河子，状元，字自牧，凉王傅，分司卫尉卿，右散骑常侍，大理卿。有传。

裴夷直　（？—855）　字礼卿，落籍吴地，裴度与裴枢族侄。谏议大夫，杭州刺史，欢州司户参军，江州刺史，华州刺史，有传。

裴　度（765—839）宪、穆、敬、文四朝宰相，封晋国公，追赠太傅，谥文忠。属裴氏东眷第十八世。

裴度七子：

（三子）裴　识（796—864）字通理，过目不忘，推荫补京兆参军，擢累通议大夫、大理少卿。王师讨刘稹，为供军使。稹平，改司农卿，进湖南观察使，潭州刺史，又入拜大理卿，宣宗时为泾原节度使、检校刑部尚书、右仆射，徙凤翔、陇右、忠武、天平、邠宁、灵武等六节度使，许州刺史、陈许观察使。参与平淮西，出居上将二十三年。所莅皆有可述。大中十一年四月，为上柱国。袭晋国公半封，食邑三千户，实封一百五十户。卒，赠司空，谥昭。祀平凉名宦。有传。子，俏，监察御史；逈，司封员外郎。逈子纯懿，掌书记。

（长子）裴　譔（794？—872？）字宣业。长庆元年登进士第，翰林学士，工部侍郎。子造。

（次子）裴　谂（795？—881），考功员外郎。大中五年，自太中大夫检校右散骑常侍，历任御史大夫、翰林学士、宣州刺史、宣歙观察使，爵上柱国，食邑三百户。赐紫金鱼袋，权知刑部侍郎，工部侍郎，封河东郡公。后为太子少师。黄巢起义，迫其为官，坚拒，遇害。子沼，字化龙。

（四子）裴　让（800？—852？）初任京兆府参军，大和中，度出镇襄阳，奏乞让从行。

（五子）裴　议（805？—870？）字光鼎，字德原。

（六子）裴　调（809？—？）事迹不详。

（七子）裴　诩（812？—？）曾任河南府法曹参军。

关于裴度七子，《旧唐书·裴度传》仅记五子；而《裴识墓志》记，识为度第三子。其余各子排行则互有参差。

# 附录二 裴度年谱与中唐大事记

**唐玄宗李隆基**（685—712 先天 713 开元 742 天宝 755—762）

（755）天宝十四年十一月九日，安禄山反。十二月二日由灵昌渡过黄河。

十二月十二日 东都洛阳沦陷。封常清、高仙芝分别退守陕州、潼关，不久被杀。

（756）至德元年正月初一，安禄山于洛阳称帝。

正月十日，潼关失守，十三日玄宗逃离长安，十七日长安陷落。

二十日，马嵬兵变，杀杨国忠，赐死贵妃。

**唐肃宗李亨**（710—756 至德 758 乾元 760 上元 762）

天宝十五年七月九日，李亨灵武即位，改元至德。

（756）至德元年，七月底，睢阳沦陷，张巡被杀。

至德二年正月初一，安庆绪杀安禄山后称帝。

二月，永王李璘兵败被杀。

八月二十八日，广平王李俶收复长安。

十月十八日，收复洛阳。

（758）乾元元年九月，九节度使围安庆绪于邺城，六十万对五万，结果大败。

（759）乾元二年，史思明杀安庆绪，自称燕王，回军范阳，僭号大燕皇帝。

（760）上元元年，太上皇返回长安。

（761）上元二年，正月癸卯，史思明改元应天。在邙山大败李光弼，向长安进发。三月十三日，史思明被其子史朝义所杀。

（762）宝应元年四月五日，玄宗崩。四月甲戌，以李适为元帅。

**唐代宗李豫**（729—762—779）

（762）宝应元年即上元三年，只称元年。建巳月，肃宗寝疾，乃诏皇太子监国。而楚国献定国宝十三尊，天子说："楚州系太子封地，现在上天降宝于楚州，应该建元。"于是改元宝应。

退位的玄宗病逝后，张良娣皇后与赵王李係欲除宦竖，以立李係为帝。太子李豫与李辅国、程元振杀李係与李偘，入宫搜捕张皇后，惊吓了肃宗。四月十八日丁卯，肃宗惊惧而崩。四月二十日己巳，太子李豫即位，为代宗。

四月甲戌，奉节郡王李适为天下兵马大元帅，郭子仪罢副元帅，进适为鲁王。五月，李光弼与史朝义战于宋州。李俶为肃宗长子，玄宗长孙。乾元元年三月，徙封成王。四月，立为皇太子。出生之年，豫州献嘉禾，以为吉祥，遂改名为豫。

代宗诛杀谋害皇后的罪人。五月庚辰初一，捕王元振及其同谋四十余人，多杀之。

冬十月十七日壬戌，皇上使人刺杀李辅国，割取头臂。朝赠太傅，刻木为首以葬，谥曰酣。

九月丁未，加程元振为骠骑大将军兼内寺监。丙申，左仆射裴冕与程元振政见不合，贬裴冕为施州刺史。

（763）广德元年

正月，史朝义兵败，自缢于温泉栅，余众降唐。安史之乱平定。

五月，制分河北为幽州、成德、相州、魏州、淄青、泽潞管。

七月，仆固怀恩反。

十月一日，贬宦官程元振，削其爵，遣回其乡三原县。

吐蕃入犯奉天，程元振未及时报告，致使代宗仓皇避难陕州。

十二月，元载忌恨颜真卿，鱼朝恩总禁兵。

代宗返长安，神策军扈从，入京编为禁军。

（764）广德二年

正月，程元振听说唐代宗返京，私自化装成女人回京，图谋不轨，长流江陵，不久病死。唐始设青苗税。

正月卯日，立雍王适为皇太子。

吐蕃攻取凉州。

（765）永泰元年（裴度1岁）。

正月，仆固怀恩谋攻太原。郭子仪节度朔方，仆固归之。

三月三日，裴度诞生。

四月，裴谞奏河东灾情。

九月，仆固怀恩引吐蕃侵犯京畿，京师戒严。仆固怀恩兵败，死于鸣沙。

永泰元年闰十月，剑南节度使严武去世，其部下汉州（四川广汉）刺史崔旰攻打四川想请郭英乂为节度使，不久兵败。郭逃至简州（今四川简阳），被普州（今四川安岳）刺史韩澄杀死，蜀中再次大乱。杜甫该年冬写下了"前年渝州杀刺史，今年开州杀刺史。群盗相随剧虎狼，食人更肯留妻子"的诗句。

戎昱《入剑门》写道："剑门兵革后，万事尽堪悲。鸟鼠无巢穴，儿童话别离。山川同昔日，荆棘是今时。征战何年定，家家有画旗。"

十一月，段秀实入郭晞营，平息军乱，稳定汾州。

（766）大历元年（裴度2岁）。

二月，元载专权。

吐蕃攻取甘州、肃州，唐河西节度使徙治所于凉州。

南昭王阁罗凤立《南昭德化碑》于其都太和城。

（767）大历二年（裴度3岁）。

二三月，打金枝。

七月，代宗崇佛，回纥吐蕃入侵，逼近长安，代宗与元载、王缙、杜鸿渐三个崇佛宰相以颂《仁王经》禳之。这就是"仁王会"的来历。华严寺为华严宗祖庭。

（768）大历三年（裴度4岁）。

六月，幽州兵变，朱希彩、朱滔杀节度使李怀仙。

（769）大历四年（裴度5岁）。

十月，左仆射裴冕出任平章事，号称太平宰相。至十二月戊戌，裴冕去世。裴度随父祭裴冕。

至此，南衙朝官，裴冕、萧华与北衙宦官李辅国、程元振之争终于终止。

（770）大历五年（裴度6岁）。

三月，元载翦除宦官鱼朝恩。

（771）大历六年（裴度7岁）。

春正月，裴度入学，拜孔子像。

（775）大历十年（裴度11岁）。

田承嗣反，遣裴志清攻冀州。

（776）大历十一年（裴度12岁）。

秋，吐蕃攻取瓜州。

（777）大历十二年（裴度13岁）。

赐元载自尽。

（779）大历十四年（裴度15岁）。

五月辛酉，代宗崩，癸亥，太子李适即位，庙号德宗。

十月己酉，葬睿文孝武皇帝于元陵，庙号代宗。

**德宗李适**（742—779 建中 805）

（780）建中元年（裴度16岁）。

正月，唐废租、庸、调制。当时，全国土户180万，客户130万。始颁两税法，依丁壮和资产多少，定出户等，分夏秋两季征收，并废其他一切苛捐杂税。

御批韩翃为驾部郎中、知制诰。韩有《寒食诗》。

七月己丑，权臣杨炎设计赐死理财能臣刘晏。

裴度进学，成秀才。

（781）建中二年（裴度17岁）。

正月，成德李惟岳、淄青李正己、魏博田悦三将叛唐。

二月，山南东道梁崇义也叛乱了。

裴延龄得宠。

清明节，裴度随父回闻喜故里扫墓、祭祖、抄写家训，听读家谱。

六月，命淮西节度使李希烈讨伐梁崇义。

（781—786），藩镇联兵。

（782）建中三年（裴度18岁）。

四月，卢龙节度使朱滔叛乱。

十一月，河北三镇相约称王，又邀淄青李纳称齐王。

十二月，李希烈自称建兴王，联合四镇反叛。

（783）建中四年（裴度19岁）。

正月，唐与吐蕃会盟于清水，第三次议界。

三月，裴度父母分别死于兵乱，寄身姨父家。

不久，裴度被赶出家门。裴度困顿中仍坚持读书。

十月，自泾源赶往襄城的救兵不满赏赐太薄而骚乱，冲入长安宫城。皇上逃往奉天。乱兵拥赋闲的朱泚于长安称帝，杀段秀实。皇帝又逃往梁州。

唐朝始征茶叶税。

（784）兴元元年（裴度20岁）。

三月吉日，姨父为裴度举行冠礼。

五月，官军反攻，收复长安。

六月，朱泚被手下梁庭芬射中，坠入坑中，并被杀死。

七月丁亥，反贼李怀光杀死孔巢父。

八月，李希烈缢杀颜真卿，时年76岁。

草木知名张万福。

十二月，裴度香山还带。刘氏欲赠玉带感谢，却遭拒绝。

（785）贞元元年（裴度21岁）。

年底，裴度参加岁考，名列前茅。韩琼王母刘氏求裴延龄为夫申冤，献玉带，终得平反。延龄进带于帝。

（786）贞元二年（裴度22岁）。

四月，李希烈被部将杀死，"四王二帝"之乱平息。

八月，裴度参加乡试，未中举。

（788）贞元四年（裴度24岁）。

裴度中举。

诏定户等，规定户等税额一经审定，以为常式。

回纥改称回鹘。

（789）贞元五年（裴度25岁）。

中秋节，裴度参加殿试，举进士。新中进士题名大雁塔，游御花园。

裴度中宏辞科，补校书郎。

（790）贞元六年（裴度26岁）吐蕃攻占北庭。

（791）贞元七年（裴度27岁）。

（792）裴度应制科贤良方正异等，能直言极谏科，对策高等，授河阴县尉。

吐蕃攻占西州。

（792）贞元八年（裴度28岁）。

裴度考课优等，迁监察御史。

十月十九日，裴度撰刘太真神道碑。因论权嬖激切，出为河南府功曹参军。

（793）贞元九年（裴度29岁）。

八月，李晟薨，裴度为其撰神道碑文。

（794）贞元十年（裴度30岁）。

南昭异牟寻因吐蕃屡次犯境掳掠，与之绝交，并与唐合攻吐蕃，受唐封为南昭王。

（796）贞元十二年（裴度32岁）

六月，置左右神策军中尉，以宦官为之。

（801）贞元十七年，（裴度37岁）。

贾耽绘《海内华夷图》，撰《古今郡国县道四夷述》。

杜佑撰《通典》，完成。

骠国王子舒难陀率乐队及舞蹈家至长安。

（803）贞元十九年（裴度39岁）。

杜牧诞生（803-853）。

（804）贞元二十年（裴度40岁），日本学问僧空海来长安留学。

**唐顺宗李诵**（761—806 永贞 806）

（805）永贞元年（裴度41岁）

正月癸巳，德宗崩。谥神武圣文皇帝，葬崇陵。丙申，太子李诵即位。李吉甫撰《元和国计簿》成，全国方镇四十八个，州府二百九十五个，县一千四百五十三个，财赋仅能收江南八道四十九州，只有一百四十四万户，比天宝年间税户减少了四分之三。国家财政形势严峻，故决定改革。

改革派欲夺宦官兵权，反被宦官所制。八月乙巳，宦官俱文珍、节度使韦皋逼顺宗让位于太子李纯，史称永贞内禅。永贞革新失败。王伾、王叔文等被贬，史称"二王八司马事件"。刘禹锡、柳宗元等八人被贬为远州司马。九月，再贬其党。顺宗谥至圣弘道大圣大安孝皇帝，葬丰陵。

**唐宪宗李纯**（778—806 元和 820）

（806）元和元年（裴度42岁）。

正月甲申，顺宗崩。

四月丙申，策试制举之士，元稹、白居易、萧俛、独孤郁等中进士。

七月，葬顺宗。

（807）元和二年（裴度43岁）。

武元衡表裴度为节度府书记，不久，迁起居舍人。

（808）元和三年（裴度44岁）。

牛僧孺，李宗闵等人应直言极谏科，指陈执政过失。宰相李吉甫认为他们攻击自己，厌恶之，贬主考官，抑中式者。长达四十年的牛李党争开始，另一派为李德裕。两派互相攻击，更迭掌权。

沙陀族朱邪尽忠背吐蕃而归唐，途中被杀；其子执宜率余众至灵州，唐将他们安置于盐州，任为阴山都督府兵马使。

（810）元和五年（裴度46岁）。

十二月，裴度擢为翰林学士。

（811）元和六年（裴度47岁）。

十二月，裴度以司封员外郎知制诰，转本司司封郎中。

（812）元和七年（裴度48岁）。

八月，魏博节度使田季安死，军众拥立步射知兵马使田布，田兴归命于朝。

十一月辛酉，裴度宣慰魏博，田弘正郊迎趋跽，魏博六州归顺朝廷。裴度还拜中书舍人。

田弘正在平贼中屡立战功，直至长庆元年（821）被害。

（813）元和八年（裴度49岁），李吉甫撰《元和郡县图志》成。

（814）元和九年（裴度50岁）。

八月，淮西节度使吴少阳死，子吴元济自立，长期控制申（信阳）、光（潢川）、蔡三州。屯兵吴房（遂平）、洄曲（商水）。

多数朝臣主和，裴度认为淮蔡为不得不除的"心腹大患"，"其破败可立待"，从而坚定了宪宗信心，才于十月打响了讨伐淮西之战。

十月，改裴度为御史中丞。五坊小使诬告裴寰，武元衡婉诤，帝怒，裴度智释裴寰，打击了宦官势力。

（815）元和十年，（裴度51岁）。

三月，裴度同情刘禹锡等才子。

五月，裴度宣慰蔡州，视察行营诸军，回报预言李光颜当可立功。不日，李光颜果然击败敌时曲叛军。三日后，裴兼刑部侍郎。

郓州李师道痛恨主战派，阴谋阻挠。

六月三日癸卯晨，武元衡遇刺，伤裴度。养好伤后，宪宗"悉以用兵事付度"。

六月乙丑，御史中丞裴度拜朝议大夫，守中书门下侍郎、同中书门下平章事。

裴度以平贼为己任，请求于私第会客，宪宗准允。

八月，裴度屡上言严绶治军无方。

（816）元和十一年（裴度52岁）。

六月，宪宗采用裴度伐蔡建议。

八月庚申，庄宪皇太后葬仪，裴度为礼仪使。期间，帝不听政，议置冢宰，裴度不愿任此职，建议由中书门下议处即可。最终未设置。

十一月，裴度诛王锷二家奴，昭雪了王赏冤狱，以安天下将帅之心。

（817）元和十二年（裴度53岁）。

由于淮西用兵屡屡失利，主和派李逢吉、王涯等人以"师老财竭"请求罢兵；裴度面对有些动摇的宪宗，极言贼势实已窘迫，必败无疑。所以失利是因众将不统一，指挥不力，且言"誓不与贼俱生"。宪宗决心委任裴度总指挥战局。

七月丙辰，裴度为蔡州刺史，充彰义军节度使，淮蔡观察军使，仍充宣慰、处置、招讨军使，裴度因制书措辞不当，而请改制书。

八月三日庚申，裴度出征，表示："主忧臣辱，义在必死。若贼灭，则朝天有日；贼在，则归阙无期。"帝壮之，为之流涕。上御通化门，临遣赐通天玉带，竟是旧物。又发神策乘骑五百为卫，裴以胡证为其副。裴度担心奸臣中阻挠，宪宗遂出李逢吉于外任。

诸将观望，裴度召见王沛，让沛率五千人自孟津先渡黄河，汾阳、太原、宣武、魏博军相继渡河。裴度取消中使监军，使"兵柄专制于将"，且"严肃"军法，号令划一。从此，出战皆捷，扭转了战局，慰问前线将士，个个奋勇。

围郾城，迫降了邓怀金，二十七日，裴度至郾城，置幕府。裴度于白草原遇袭，失却玉带。吴元济转赠李师道，宣示胜利并定盟。

十月初，裴度制定伐蔡战略，密示诸将。不久，又批准唐邓随节度使李愬的奇袭蔡州计划。

十月十一日，生擒吴元济，淮蔡平。裴度安民，稳定秩序，恢复生产。蔡人始知人生之乐。

裴度以蔡人为卫士。裴度返途,遇梁守谦仗二剑至,怕其滥杀,又随之返蔡,赦免多人。

十一月二十八日,裴度回朝。

淮蔡初平,震慑河北。王承宗请以二子为质,愿献德棣二州。裴度使人说服王承宗归顺朝廷。

(818) 元和十三年(裴度54岁)。

正月,横海程权上表"请举族入朝"。幽州刘总以卢龙八州归顺。上缴赋税于有司。

韩愈奉诏撰《平淮西碑》文。

宪宗因天下大定,大兴木土,裴度上谏,停修麟德殿、龙首池、承晖殿。

二月,裴度封晋国公,策勋进金紫光禄大夫、弘文馆大学士、勋上柱国,食邑三千户,复知政事。不久,遭程异、皇甫镈排挤,裴度自上相印,三次上书,言二人不可委任。

李愬妻唐安公主听信挑唆,告状于帝,指使老卒砸碑,宪宗让段文昌重书碑文,重立。裴度使柏耆出使魏博。

四月,皇上依裴度计讨伐李师道。

五月丙申,李光颜讨伐淄青。

九月,处理杨朝汶事,杀之,释放了被牵连羁狱的千余人,打击了宦官势力。当时,裴度劝帝:"兵事不理,只乱山东,中人横暴,将乱都下。"

裴度痛斥程异、皇甫镈奸党,宪宗:"朕恶夫树党者"。裴度曰:"君子小人以类而聚,未有无徒者。君子之党同德,小人之党同恶。外甚类;中实远。在陛下观其所行则辨。"宪宗曰:"言者大抵若此,朕岂易辨之。"裴度退朝喜曰:"上以为难辨则易,若以为易辨则难。君子小人判矣。"十一月，发五道兵讨山东。裴度上奏宜从杨刘渡河，直逼敌要害。

（819）元和十四年（裴度55岁）。

正月，宪宗迎佛骨。韩愈反迎佛骨被贬，裴度上言开解，才轻贬韩愈。

二月，用兵七个月，终平李师道，收复淄青十二州。成德、卢龙两节度自请归朝听命。裴度欲撰《蔡郓用兵记》，上不许。唐之威令，几于复振，史称中兴。

四月丙子，裴度为程异、皇甫镈排挤，裴度为检校尚书、左仆射、门下侍郎、同中书门下平章事，兼太原尹、北都留守、河东节度使。

张弘靖被囚，田弘正被害，朱克融、王庭凑复乱河朔，围困了深州。

柳宗元去世（773—819），年仅四十九岁。裴度遥祭柳宗元。

（820）元和十五年（裴度56岁）。

正月，宪宗服长生药暴崩，传为宦官陈弘志所害。宦官梁守谦、王守澄拥立李恒为君，谥先帝为昭文章武大圣至神孝皇帝，葬景陵。闰正月丙午，穆宗李恒即位。不久，卢龙、成德复叛。

裴度自山西出兵，因元稹从中阻挠，卢龙、成德之役无功而返。

五月，葬宪宗于景陵。

罢免裴度军权，以元稹为相。度守司空、平章事，为东都留守。群臣极谏，才允裴度自太原经长安赴洛。

众议认为不宜罢裴度军权，于延英殿廷议，但皇帝却不再召议。

**唐穆宗李恒**（795—820 长庆824）

（821）长庆元年（裴度57岁）。

正月辛丑，穆宗改元长庆。三月，杨汝士、钱徽知贡举。裴譔等十人高中。

八月，段文昌上奏科录舞弊。帝让中书舍人王起，知制诰白居易于子亭复试，命题《孤竹管赋》《鸟散余花落诗》。裴度子裴譔等十人落榜。不久，裴譔又特赐及第。

杨汝士、李宗闵劝钱徽将段文昌请托的信件上交朝廷，以自证清白，钱徽不肯，人称君子。

八月己丑，以裴度为幽镇两道招讨使。

十月，朱克融、王庭凑乱河朔，以裴度为镇州四面行营都招讨使。

十月丁丑，裴度率兵马出承天军故关以讨伐幽州王庭凑，元稹、魏弘简从中阻挠，裴度三次上表请除朝中奸臣，将挠军败政的元魏二人贬为工部侍郎和弓箭库使。

（822）长庆二年（裴度58岁）。

正月，命裴度将太原全军，兼招讨使，四面压境，相机而动，数斩敌将。

三月，命韩愈为成德宣慰使，宣达裴度书信，晓以大义。不久，王庭凑、朱克融解了深州之围。

韩愈回朝称："裴度居东，人人失望。"帝召裴度入京。

三月戊申，裴度至京师，见上，先叙河北之役无功，再请肃清奸臣。

三月壬子，以裴度为淮南节度使，余如故。言者均以为裴度不宜外任。

三月戊午，穆宗以裴度守司空、扬州大都督府长史，充淮南节度使，中书侍郎，同平章事，进阶光禄大夫。

裴度刚回朝，徐州奏，节度副使王智兴自河北行营返，驱逐节度使崔群，自称留后。朝廷为之震骇。为了弹压藩镇，当时就封裴度为司徒，同平章事，复知政事，而以宰相王播代度出镇淮南。

厌恶裴度的奸党自襄阳召来李逢吉为兵部尚书，魏弘简、刘承偕在禁中，逢吉用其族子李仲言计谋，因御医郑注与中尉王守澄交结宦官，以为内助。

裴度揭露恃宠骄纵、凌辱昭义节度使刘悟的宦官刘承偕，让穆宗将之流放远州，智释刘悟。昭义军军心得安。

五月五日，李赏告元稹党（八关十六子）于方欲刺杀裴度，裴度隐忍不发。李赏却向神策军使告密，皇上让察，无验。

六月甲子，裴度与元稹同罢，裴度为左仆射。李逢吉代裴度为宰相。谏官上言："裴度无罪，不宜罢相。"魏博等河北三镇又恢复了其独立状态。

（823）长庆三年（裴度59岁）。

三月，立唐蕃会盟碑。

八月癸卯，裴度守司空，为山南西道节度使，不带平章事。

十一月，穆宗击球坠马中风，不能下地。裴度三次请立太子。癸巳，立景王李湛为太子。

（824）长庆四年（裴度60岁）。

正月庚午，长期服长生不老药解穆宗，中毒死，谥睿圣文惠孝皇帝，葬光陵。

丙辰，子李湛继位，是为敬宗。

王庭凑屠杀牛元翼全家三百余口，敬宗叹惋。

六月，韦处厚劝敬宗重用裴度。

六月丙申，裴度复兼同平章事。平反武昭之案。

韩愈去世，享年57岁。（768—824）

**唐敬宗李湛**（809—824 宝历 827）

（825）宝历元年（裴度62岁）。

十一月，裴度请入朝。

十二月，敬宗屡使人至兴元慰问裴度，密示让之不久还朝。

（826）宝历二年（裴度63岁）。

裴度自兴元回朝，逢吉党百般诋毁。

二月丁未，敬宗以裴度守司空，同中书门下平章事，复知政事，裴度对纷争采取中立态度。

裴度失印复得。

汴宋观察使令狐楚上奏亳州圣水出，饮者即愈，裴度让所在禁塞。

敬宗欲幸东都，裴度劝谏阻止。裴度妥善处理朱克融声称出五千工匠助修东都，并请大量赐春衣的事。帝用裴度之谋，果然杀了朱克融及其二子。

敬宗懒于上朝，裴度上疏劝其勤于政事。

十二月辛丑，敬宗被宦官刘志明等杀死。癸卯，裴度摄冢宰。谥睿武昭愍孝皇帝，葬庄陵。

十二月乙巳，拥立江王李昂继位，为文宗。裴度诛杀弑帝宦官刘克明等。

十二月庚申，裴度兼门下侍郎，兼太清宫使，集贤殿大学士，余如故。

李全略死，子从谏请求袭击沧景军，裴度请讨平之。

**唐文宗李昂**（809—827 大和 840）

（827）大和元年（裴度 64 岁）。

四月，裴度奏以高瑀代王沛，债帅少了。士人皆曰："韦处厚，裴度为相，天下无债帅。"百姓们也转告相庆。

文宗乙夜观书。国色天香。

七月，裴度担保史宪诚不会造反。

十月丙申，裴度辞度支，裴度罢度支，进阶开府仪同三司，实封三百户。固辞不可。

（829）大和三年（裴度 65 岁）。

四月，裴度平定沧景之乱。南昭乱，叛者攻占成都，掠男女工匠数万而去。

八月，裴度荐李德裕为相。李宗闵以宦官为内助，先执政，出德裕为郑滑节度使，罢裴度相位，引牛僧孺为助。从此，朋党牢不可破。

（830）大和四年（裴度 66 岁）。

六月丁未，裴度引疾不任政事，为特进、守司空，平章军国重事，散官勋封如故。三五日一入中书。

九月壬午，裴度为司徒兼侍中，充山南东道节度观察使，襄州刺史、临汉监牧等使。上言罢元和所置临汉监，以好田四百顷还襄人，裴度固请年老致仕，不许。裴度请让其子让从行（原任京兆府参军）。兄弟并列方镇，时人荣之。

元稹去世，享年五十三岁（779—831）。

（832）大和六年（裴度68岁）。

裴度上表辞官。

（834）大和八年（裴度70岁）。

三月，裴度任职东都留守，以本官判东都尚书省事。

（835）大和九年（裴度71岁）。

九月，李训设谋杀死弑宪宗的宦官陈弘志。

十月辛巳，郑注、李训遣人毒死宦官王守澄。

十月庚子，裴度以东都留守，进位至中书令。裴度累为奸邪所排，几至颠沛，便为自安之计，稍浮沉避祸。他不预朝政，治第东都集贤里，又营午桥别墅，号绿野堂。日与白居易、刘禹锡等诗酒酬唱。

十一月，文宗与李训、郑注谋杀宦官失败，史称"甘露之变"。仇士良杀李训、王涯等四宰相，软禁文宗。从此，中官用事。裴度上疏申理，全活数十姓。裴度为王赏平反冤狱。

当时，各道向朝廷进贡阉儿，首闽中最多，称"私白"。

（837）开成二年（裴度73岁）。

五月，帝对裴度曰："为朕卧护北门可也。"裴度以本官兼太原尹，北都留守，任河东节度使，不愿再掌兵，再三请老辞。不许，只得赴任。裴度再返故里，参拜祖庙。裴度平易定节度使张璠之子元益。

新罗在唐留学生达二百余人。

(838) 开成三年 (裴度74岁)。

三月,各地报祥瑞。

裴度以老病请回东都。

十二月辛丑,文宗召裴度入朝,守司徒,真拜中书令,再次入相,因病未谢,有诏给俸料。

(839) 开成四年 (裴度75岁)。

正月,诏许裴度还京。

闰正月己亥,裴度来朝。

上巳节,帝宴群臣于曲江池,裴度因病不能赴宴。赐诗与御札。

裴度临终,自为志铭。却还玉带。

朝使至,裴度已逝。时在三月四日。朝命谥文忠,册赠太傅,由京兆尹郑复护丧。葬管城。

(840) 文宗去世。谥元圣昭献孝皇帝,葬章陵。

**唐武宗李炎**(814—840会昌846)

会昌元年 裴度追赠太师。

会昌二年 刘禹锡去世,享年七十一岁(772—842)。

(845) 会昌五年,武宗灭佛。

(846) 会昌六年,白居易去世,享年七十五岁(772—846)。三月,武宗因服丹药而亡,谥至道昭肃孝皇帝,葬端陵。

**唐宣宗李忱**(810—846大中859)

(847) 大中元年下诏配享裴度于宪宗庙庭。十二月,宣宗幸翰林,当面除裴谂承旨。

(851) 大中五年九月,以裴谂权知兵部侍郎。

十二月,裴让由奉先令为随州司马。

(857) 大中十一年四月,以裴识为上柱国,袭晋国公,食邑三千户,实封一百五十户,为许州刺史,充忠武军节度使,陈许蔡观察军使。卒赠司空，谥曰昭。

（859）大中十三年，温庭筠贬方城尉。温与裴诚（调）相友善。

温庭筠才思敏捷，只要在地下踱几步，叉八下手，就可赋一首诗，故人称"温八叉"。

（880）广明元年十二月，黄巢攻入长安，太子少师裴谂被杀。

# 后记

　　裴度是中唐文治武功首屈一指的中兴名相。其一生德高望重,雄视高蹈,经天纬地,叱咤风云,功高盖世,名垂千古。其功过是非,无法回避,不能遗忘,难以抑损,也不得粉饰,更不宜拔高。如实道来,就是惊天动地的传奇,即成功德无量、感天动地的颂歌。

　　历史是已然定型的客观存在。不该是任人装扮的新娘,而应是朴实无华的本色母亲。唯其如此,她才能成为千古无数新娘的师娘。

　　严肃课题的娱乐化,崇高境界的庸俗化,深沉史鉴的浅薄化,戏说古人的媚风,涂抹历史的恶俗,随便演绎的篡改,不仅是对前人的不尊,也是对历史的不忠,还是对真实的背离,更是后人自作聪明的轻薄狂妄。因为,生造的历史,绝非信史。本无真情,岂能采信,更难让人震撼动情,触及灵魂,获得启迪,吸取教训,以致终身受益。

　　古人曾说:"国史失诬,家史失谀,野史失臆。"我们必须坚持正确的史学观,辨伪存真,古为今用,注重原创性、学术性、人文性、文学性,树立精品意识,优化著作品质,提高其文化品位。故本书在叙述传主事迹时,采用正史、方志、实录、笔记、家传的内容,甚至不惜采撷野史点滴，聊作印证，争取持之有据，所记真实，以反映历史的本真。但时隔久远，有的细节，权且采用了小说的笔法，稍加润色，实属不得已而为之。

每一个人都是天地社会的神奇造化，均系父母孕生，家庭养育，社会教化，族群培养，历史造就，机缘所成。故作者在历述裴度毕生功业时，拟用高远的战略考量、哲学的思维，洞彻深层的犀利目光，开阔宏大的视野，于其生前死后着墨，辅以政治、经济、军事、外交、文化背景，以至宗教因素，穿插相关历史人物的主要事迹，或陪衬，或对比，从全方位、多视角、各层次，聚焦重大事件，铺叙历史，塑造有血有肉的关键人物，突显传主在其所处的历史节点上所发挥的独特作用和历史贡献，及其死而不已的传奇本事，进行客观评价，揭示出人物的内心世界、品格情操、思想高度、精神风采，进而挖掘其深远的人文意义和巨大的社会价值，更好地服务于现实与未来。

一代有一代的文物和风尚。唐代是诗歌的国度与巅峰，朝廷典章制度十分完备。中唐由盛转衰的深刻根源、人物的作为与偶发事件等因素，积淀在这些珍贵文献中，凝结为治国理政的成功经验，以及人亡政息的惨痛教训，如宦官专权、奸臣秉政、君弱臣重、朋党争斗、藩镇割据、腐败滋生等，均触目惊心，令人喟叹，发人深省。故作者结合历史风云变幻，针对具体史迹，选取较多范例，择要呈献，以飨读者，以文学折射历史云烟的即时投影，充分展示唐风唐韵。

拙著虽为一代名相裴度的传记，在铺列他五度拜相、辅佐四君、执政秉国，曾"十授丞相印，五建大将旗"，操守坚正，以一身"系国家安危二十余年"。在其传奇经历中，侧笔勾勒出一幅幅壮阔时代画卷，似可作为一部中唐百年断代史来观。除社会因素外，裴度还是裴氏家教家风文化的产物及杰出代表，其涌现绝非偶然。因此，裴氏文化研究，必须将悠悠历史与典型个人、宏大视野与特定史实、历史意义与现实启迪、哲理沉思与文笔叙述有机结合，还要系统、规范、深入，就必须讲究科学方法，优化传统思维模式：在采录历史事实时，宜坚持历史唯物主义观点；在探讨人文传统问题时，宜采用变化发展的辩证思维方式；在探讨社会根源的问题时，宜采用内外并观的战略思维方式；在探讨制度环境的问题时，宜采用统揽全局的发散思维方式；在探讨心理基础的问题时，宜采用见微知著的底线思维方式；在探讨精髓传承的问题时，宜采用德主刑辅的双向思维方式；在探讨行为规范的问题时，宜采用潜移默化的教育思维方式；在探讨价值观念的问题时，宜采用成龙配套的系统思维方式；在探讨文本固化的问题时，宜采用典范模型的创新思维方式。因为裴氏家族2700多年来，在中国历史文化史上每领风骚，竟然创造了二三十个开创性的第一，令世人瞩目。如此辉煌的骄人伟绩，构成一部丰富多彩的裴氏文化学。裴氏家族文化——裴氏人文奇观，几乎涉及中华传统文化的所有领域，如人类学、民族学、宗法学、人口学、姓氏学、政治学、制度学、人才学、谱牒学、文化学、经学、哲学、宗教学、伦理学、法学、教育学、军事学、外交学、齐家（治家）学、语言文字学、音韵学、文学、天文学、历法学、史学、地理地图学、建筑学、科学、农学、医药学、艺术学等。一部裴氏文化学，就是中华文化的缩影和代表。作者希望这部《裴度传》能为"裴学"添上浓墨重彩的一笔。

若可基本实现这一系列性目标追求，能为创辟"裴学"权尽绵薄，则笔者夙愿足矣。

这部传记，虽然是我四十余年研究裴氏家族文化、陆续奉献的七八部著作之一，然而，自知之明告诉我：小器宏图，陋识八荒，难免挂一漏万，赘疣频现，瑕疵俯拾，贻笑大方，还祈望大雅不吝赐教，以尽借石攻玉之功。

是为至盼。

河东　西江<br>2018年8月28日